Für Papi von

Deiner

Susanne

Weihnachten 1978

# Helmut Schön

# *Fußball*

Ullstein

Reproduktionen Repro-Gölz, Ludwigsburg
Layout: Jürgen Stockmeier
Satz und Druck der Bildseiten: Süddeutsche Verlagsanstalt, Ludwigsburg
Druck der Textseiten und Bindearbeiten:
May & Co., Darmstadt
Printed in Germany 1978
ISBN 3 550 07676 2

416 Seiten
mit 236 Abbildungen

CIP–Kurztitelaufnahme der Deutschen Bibliothek
*Schön, Helmut*
Fußball. – Frankfurt/M, Berlin, Wien: Ullstein, 1978.
ISBN 3-550-07676-2

## *Inhalt*

*Bildnachweis*

Erich Baumann 2; Ferdi Hartung 1; Horst Müller 1; Schirnerbild 15; Privatarchiv Schön 37 (dpa 2, Gayer 1, Hubmann 1, Metelmann 2, Horst Müller 4, Nordbild 2, Schirnerbild 4, Sven Simon 1, v. d. Becke 2, Werek 2); Sven Simon 48; Ullstein Bilderdienst 128 (FMS 1, Frimke 2, Hartung 5, Horst Müller 19, Müller 1, Rzepka 2, Richter 1, Schirner 21, Sticha 1, Sven Simon 13, v. d. Becke 5, Werek 1, Witters 2); Karikatur Lutz Baldes.

## *Weltmeisterschaftstagebuch Argentinien 1978*

»Wie hat es begonnen mit dem Fußball, und wie ist es weitergegangen? Niemand kann es mit Bestimmtheit sagen. Aber wahrscheinlich ist es so gewesen, daß eines Tages ein Junge einen Weg entlangschlenderte, auf dem ein Stein lag, ein hübscher runder Stein von der Größe eines Hühnereis oder einer Walnuß, und daß es ihn überkam, den Stein mit dem Fuß weiterzustoßen, einmal, nach ein paar Schritten noch einmal, und noch einmal, bis er sich, der Stein, im hohen Gras oder Gebüsch verlor. Da ein Barfüßiger sich hüten wird, gegen einen Stein zu treten, kann sich das Ereignis nicht in grauer Vorzeit abgespielt haben, sondern erst zu einem Zeitpunkt, an dem es bereits üblich war, den Fuß zu beschuhen . . .«

Ich sitze bei mir zu Hause in Wiesbaden, still, es ist ein Wochenende ohne Fußball, ich denke nicht an Termine und Länderspiele, wann hat es das schon gegeben? In der Zeit vom 1. Juli 1964 bis zum 30. Juni 1978, in der ich Bundestrainer war, kaum. Meine letzte Weltmeisterschaft, die in Argentinien, ist nun auch vorbei. Vorher hatte ich als Bundestrainer bei allen Weltmeisterschaften nur die süßen Pillen zu schlucken bekommen; zum Schluß war es eine bittere. Sicher, mir wäre die bittere irgendwann zwischendurch lieber gewesen. Aber ich konnte es mir nicht auswählen. Daran sieht man, daß man es mit Menschen zu tun hat im Fußball, wie Manfred Hausmann es so klug schreibt, von dem ich gerade den Aufsatz zum sechzigsten Geburtstag des Deutschen Fußball-Bundes noch einmal nachlese.

»Das Besondere und Einzigartige des Fußballspiels besteht eben darin, daß es, da es letztlich eine ins Spielhafte übertragene, erhöhte und verdichtete Lebenswirklichkeit, eine Lebenswirklichkeit im Brennspiegel ist, von der ersten bis zur letzten Minute Beziehungen zur Alltagswirklichkeit herstellt. Es ist ja nichts Ausgeklammertes, das seinen Sinn nur in sich selbst hätte, es findet ja nicht unter einer Glasglocke statt, sondern in einem geistig-seelischen Kraftfeld. Tausend Wechselwirkungen gehen hin und her und kreuz und quer von den Rängen zum Spielfeld und vom Spielfeld zu den Rängen, von den Gedanken, Sorgen, Erinnerungen, Träumen und Aufwallungen der Zuschauer zu der streng geregelten und dennoch freien, von Siegeswillen und Kampfesleidenschaft durchbebten Welt, in der die Spieler eine Weile leben, und von den Anstrengungen, Triumphen, Enttäuschungen, Glücksgefühlen und Verbissenheiten der Spieler zu den bangenden oder vor Freude sich überschlagenden Zuschauern. So spüren die Zuschauer, wenn auch zumeist nur dunkel, daß die Vorgänge auf dem Rasen in einem merkwürdigen Sinne zu ihnen gehören, daß es ihr Spiel und ihr Leben ist, das da abläuft. Wenn jemand fragt: ›Was ist eigentlich Ritterlichkeit?‹, dann soll man ihm antworten: ›Sieh dir ein Fußballspiel an!‹ Und wenn jemand fragt: ›Was ist Strafe, was ist Sühne, was ist Gerechtigkeit?‹, dann soll man ihm abermals antworten: ›Sieh dir ein Fußballspiel an!‹ Vielleicht müßte man noch hinzufügen: ›Aber sieh es dir nicht nur mit deinen Augen an, sondern auch mit deinem Verstand und mit deinem Herzen . . .‹«

Ich will versuchen, den Fußball so zu sehen, trotz allem, was in den letzten Wochen geschehen ist. Ich bin der letzte, der nicht Verständnis für die große Enttäuschung aufbringen würde, die alle Fußballanhänger ergriff, als der Weltmeister des Jahres 1974 von einem bereits ausgeschiedenen Gegner wie Österreich aus dem Rennen geworfen wurde. Aber das Spiel mit dem Ball ist eben nur das: ein Spiel mit einem Ball. Kein verlorener Krieg. Tote nur unter Zuschauern, die sich allzusehr aufregen. Blicken wir zurück nach Argentinien, aber ohne Zorn.

30. Mai 1978
*Im Quartier in Ascochinga*

In achtundvierzig Stunden geht es gegen Polen ins Eröffnungsspiel dieser Weltmeisterschaft. Ich habe den Journalisten versprochen, daß dieser Auftakt nicht so harmlos wird wie die Eröffnung der letzten Weltmeisterschaften. Der polnische Trainer hat sogar behauptet, daß uns seine Mannschaft schlagen wird.

Ich wache zu früh auf in dieser reizvollen Landschaft, sechzig Kilometer von Cordoba entfernt. Das ozonreiche Klima meint es zu gut mit uns. Aber wir haben wirklich Glück mit unserem Quartier. Daran kann es nicht liegen, wenn wir verlieren sollten. Und auch um die Kondition der Mannschaft brauche ich mir keine Sorgen zu machen.

Die andere Seite ist die seelische. Schauen Sie sich diese zweiundzwanzig Spieler an, die wir nach Argentinien gebracht haben: Wie schrecklich jung die meisten doch sind. Nur sieben sind dreißig Jahre alt oder etwas darüber, neun sind zwischen fünfundzwanzig und dreißig, und sechs sind unter fünfundzwanzig – interessanterweise lauter Angriffsspieler: Dieter Müller, Karl-Heinz Rummenigge, Hansi Müller, Rüdiger Abramczik, Ronald Worm und Herbert Zimmermann (der ein offensiver Verteidiger ist).

Macht die Öffentlichkeit sich überhaupt eine Vorstellung, was es für einen Zweiundzwanzigjährigen heißt, unter den Augen von sechshundert Millionen Fernsehzuschauern auf das gegnerische Tor zuzulaufen, um den Schuß zu wagen – der ihn für den Rest seines Lebens der Lächerlichkeit preisgeben kann?

Ich denke an Uli Hoeneß, der die Europameisterschaft beim Elfmeterschießen entschied – gegen uns. Es gibt heute noch Leute, sogar Sportjournalisten, die mir vorwerfen, daß ich damals den Arm um seine Schulter legte. Ich weiß, was in dem Jungen vorging. Seine Sensibilität war seine Stärke und seine Schwäche zugleich. Oder der junge Rummenigge, ein großes Talent, ein Junge, der sich durch drei Abwehrreihen kämpft, dann allein vor dem gegnerischen Tor steht – und danebenschießt!

Bei einer Weltmeisterschaft gibt etwas den Ausschlag, das einem Spieler auch durch noch so viel Training nicht beizubringen ist: gute Nerven.

Was kein Trainer dieser Welt abonnieren kann, ist das Glück, das zu den guten Nerven gehört. Bisher hieß es immer, daß ich ein ausgesprochener Glückspilz sei. Wird das so bleiben? Mir kommen Zweifel. An unserem letzten Abend im Forsthaus Gravenbruch bei Frankfurt, kurz vor dem Abflug nach Argentinien, klingelte um 22 Uhr das Telefon. Am Apparat war Franz Beckenbauer aus New York. Es hat mich überrascht und gefreut, seine Stimme zu hören. Bestimmt hat er mühselig die Auskunft um unsere Telefonnummer bemühen müssen.

»Herr Schön«, hat er gesagt, »Sie reisen doch morgen. Ich möchte Ihnen unbedingt noch sagen, daß ich Ihnen und der ganzen Mannschaft beide Daumen drücke. Es wird schon werden!«

Ich war sehr bewegt, und ich glaube, auch dem Franz kam es seltsam vor, daß wir nun tatsächlich ohne ihn in das Abenteuer Argentinien gingen.

Die Mannschaft, die ich jetzt für Polen aufgestellt habe, ist aus den Vorbereitungsspielen und der Südamerika-Tournee hervorgegangen; letztlich aber hat das aktuelle Trainingsergebnis entschieden. Und die gegnerische Mannschaft.

Hier meine Elf: Maier im Tor, bedarf keiner Diskussion, genauso wie die Abwehr mit Vogts, Rüssmann, Kaltz und Zimmermann – davor

Rainer Bonhof. Im Mittelfeld baue ich auf Flohe, Beer und Hansi Müller, im Angriff auf das Gespann Abramczik und Klaus Fischer.

Der polnische Trainer Gmoch hat mir in seinem polnischen Englisch zugerufen: »Wie wäre es mit einem 1:1?« Das war bei der Auslosung. Er fand es spaßig. Aber wir sind entschlossen, auf Sieg zu spielen.

4. Juni 1978
*Enttäuschender Auftakt in Buenos Aires*

Die Air Force Number One der argentinischen Luftwaffe hat uns am Tag vor dem Eröffnungsspiel gegen Polen von Cordoba nach Buenos Aires gebracht; das sind siebenhundert Kilometer.

Wir sind nichtsahnend ins Hotel El Presidente gefahren – und in ein Wespennest geraten. Hunderte von Reportern aller Nationen haben uns erwartet – das geballte Aufgebot der Medien, das sich bald über das ganze Land, über die verschiedenen Stadien verteilen wird.

Ich schätze: Bei dieser Weltmeisterschaft hat jeder Spieler »seine« fünf Journalisten als ständige Begleiter. Jetzt aber hingen sie alle an uns: dem amtierenden Weltmeister, der das erste Spiel machen würde.

Da habe ich mich schleunigst verdrückt, um von all dem freizubleiben. Ein leises Kopfschütteln hier in Buenos Aires, und in der Heimat wackeln die Wände. Meine Mannschaft habe ich gedrängt, sofort ins Stadion zu fahren – nach dem Motto: Der Ball ist die beste Ablenkung.

Allerdings durften wir nicht ins River-Plate-Stadion hinein. Die Argentinier hatten mit dem Rasen Pech gehabt, er brauchte dringend Schonung. Aber wir konnten auf dem Trainingsfeld nebenan spielen.

Dort ereignete sich dann etwas, das mich zu der festen Überzeugung brachte, morgen packen wir die Polen! Die Mannschaft spielte wie der Teufel. Es war plötzlich eine solche Begeisterung, ein Leben, ein Tempo drin, daß ich mir sagte: ›Donnerwetter, das hätte ich jetzt in dieser Form gar nicht erwartet.‹ Auf einmal klappte alles.

Am nächsten Tag sah es leider ganz anders aus. Da hatten wir eine gespenstische Nacht in unserem Riesenhotel hinter uns. Rainer Bonhof sagte mir am nächsten Morgen, er habe die ganze Nacht im Geiste den Verkehr auf der Avenida unten, zwanzig Stockwerke tiefer, geregelt. Viele andere Spieler – und auch ich – taten kaum ein Auge zu, weil wir während der Nacht ein geheimnisvolles Ticken hörten, wahrscheinlich aus der Heizung. Eine oder zwei Minuten blieb es dann still, und man wartete geradezu ängstlich darauf, daß es wieder losging. Es war wie mit Zahnschmerzen: Kommen sie wieder? Gehen sie weg?

Es tickte weiter. Ich alarmierte das Hotelmanagement. Die gesamte Heizung des Riesenhotels wurde abgestellt. Aber es tickte und tickte.

Entsprechend zerschlagen fühlten wir uns am Tag des Spieles. Nun werden einige Leute fragen: Wie konnte man nur in solch ein lautes Hotel ziehen, vor einem so wichtigen Spiel?

Da hatte doch die deutsche Nationalmannschaft ein Jahr zuvor eine große Südamerika-Tournee gemacht und Zeit genug gehabt, sich umzusehen. Da waren Herren vom DFB, auch der Bundestrainer, vor der Weltmeisterschaft noch einmal auf Quartiersuche nach Argentinien gefahren. Im Fernsehen hatte man beobachten können, wie Helmut Schön sogar die Grashalme einzeln prüfte!

Wie konnte dann das mit dem Presidente passieren?

Eigentlich ganz einfach: Bei der Südamerika-Tournee hatten wir im Hindu-Club am Stadtrand gewohnt. Da waren nun die Italiener drin. Das Presidente war uns vom Organisationskomitee der Fußballweltmeisterschaft für die eine Nacht empfohlen worden. Wir hatten es uns auch angeschaut, es machte einen guten Eindruck. Aber wir hatten eben nicht darin geschlafen. So geht das ja auch manchem Urlauber in den Ferien: Wer ein Hotel nicht nachts testet, kann die schlimmsten Überraschungen erleben.

Was sollte aus diesem Tag werden, der so schlecht begonnen hatte? Für mich gab es noch weitaus ernstere Gründe zur Beunruhigung: Würde das Mittelfeld so harmonieren, wie ich es zusammengestellt hatte, mit Bonhof, Flohe, Hansi Müller, Beer? Das Mittelfeld, das war ein Problem und eine Geschichte für sich.

Als wir daheim unser Vorbereitungsspiel gegen Brasilien 0 : 1 verloren, mit drei Spitzen, hatte mich Hennes Weisweiler öffentlich bekrittelt: Gegen solche Gegner müsse man mit nur zwei Spitzen und einem verstärkten Mittelfeld antreten. Jetzt, gegen Polen, hatten wir dieses System, allerdings nicht wegen der Weisweilerschen Kritik. Ich betrachte Hennes Weisweiler nicht als meinen Lehrer.

Nein, wir mußten uns auch nach dem Gegner richten. Die Polen spielten mit einem ähnlich »überfüllten« Mittelfeld wie angeblich fast alle Mannschaften. Es war ein Trend dieser Weltmeisterschaft.

Die Frage stellt sich: Hätte unser Quartett im Mittelfeld besser aussehen können?

Es ist bekannt, daß ich mich lange vor der Weltmeisterschaft immer wieder darum bemüht habe, Jürgen Grabowski für eine Rückkehr in die Nationalmannschaft zu gewinnen, als Spielmacher, als Regisseur. Daraus entstand ein Gerücht: Heinz Flohe habe mir gedroht, wenn Grabowski spiele, dann müsse ich auf ihn und überhaupt auf die Kölner verzichten!

So kraß ist das sicher nicht gewesen. Aber etwas war schon dran. Denn bevor ich mal wieder versuchte, Jürgen Grabowski zum Comeback zu überreden, hatte ich darüber mit Heinz Flohe gesprochen.

Heinz Flohe sagte: »Das macht mir gar nichts aus, ich ziehe da voll mit!«

Jürgen Grabowski erklärte: »Ja, mit dem Heinz Flohe würde ich mich gut verstehen.« Er blieb aber schwankend.

Dann scheint man Heinz Flohe in seiner Kölner Umgebung eingeredet zu haben: »Ein Grabowski im Mittelfeld engt dich spielerisch ein! Mach das nicht!«

Ich hörte, auch der Vorstand des 1. FC Köln habe gesagt, Grabowski sei ein Nachteil für Flohe. Weisweiler äußerte sich angeblich: Flohe ließe in seiner Leistung nach, wegen der möglichen Rückkehr von Grabowski und unter dem Druck eines Konkurrenzkampfes um die Rolle des Regisseurs.

Zum Schluß mag Heinz Flohe das alles selber geglaubt haben.

Natürlich bekam Jürgen Grabowski Wind von dem, was man in Köln so redete. Dabei muß man seine psychologische Situation verstehen. Er war hin und her gerissen. Er wollte durchaus – und er wollte auch wieder nicht. »Wenn mir doch jemand zureden würde, es nicht zu tun!« hat er gesagt.

Ich kann mir denken, daß die negative Einstellung der Kölner zu einer Zusammenarbeit ihm dann eine Art Entscheidungshilfe war. Er sagte endgültig ab. Sehr schade. Grabowski war eine der großen Spielerpersönlichkeiten, deren Fehlen man immer so lauthals beklagte.

Endlich ging es zur Eröffnung ins River-Plate-Stadion. Aber wir durften wieder nicht auf den Platz. Weil dort die Eröffnungsfeier stattfand, schob man uns auf das Trainingsfeld ab. Wenigstens warm machen konnten wir uns da.

Die Spieler mußten dann in den Tunnelgang, der ins Stadioninnere führt: Man drängte uns, eine Viertelstunde vor Spielbeginn Aufstellung zu nehmen. Die Spieler waren heiß, wollten auf den Platz – und mußten jetzt plötzlich vor einem Schiebedach am Ende des Tunnels warten, bis der Umzug der Kinder mit den Schildern »Schottland« – »Holland« – »Deutschland« und so weiter vorbei war; das dauerte und dauerte, und ich merkte, daß die Spieler wieder kalt und kälter wurden, wie die ganze Spannung flötenging. Dabei waren sie so übereifrig gewesen, daß nur ja keine Sekunde verlorengehen sollte, und dann dies!

Es war von Anfang an ein Pokerspiel. Jeder kannte die Tricks des anderen. Jeder fürchtete die Stärken des Gegners. Jeder fühlte die eigenen Schwächen durchschaut. Keiner wollte sich blamieren, schon gar nicht vor einer Welt von Fernsehzuschauern.

Es waren nur noch wenige Minuten bis zum Beginn des Eröffnungsspieles, aber ich wußte immer noch nicht: In welcher Besetzung werden die Polen ins Stadion laufen?

Die Frage nach den Namen, nach den Spielern war zugleich die Frage nach der Taktik, mit der uns die Polen ihr Spiel aufzwingen wollten. Kannte man die Spieler, konnte man Gegenmaßnahmen einleiten, um den Polen unser Spiel aufzunötigen: Sinn aller Taktik.

Was hatten die Polen vor? Eine Hängepartie auf Unentschieden? Einen Sturmlauf zum Sieg, als Revanche für die verlorene Wasserschlacht von 1974 in Frankfurt?

Natürlich ließ ich »spionieren«. Die Polen wurden beobachtet, wie sie sich auf dem Nebenplatz warm liefen. Aber da war nichts zu holen. Mein Trainer-Kollege Jacek Gmoch, dieser schlaue Kopf mit der gewaltigen Kinnlade, hatte vorgesorgt:

Zbigniew Boniek, das große Talent des polnischen Fußballs, lief sich warm. Wollte Gmoch etwa den Einsatz dieses für eine solche Nervenpartie relativ unerfahrenen Spielers riskieren?

Boniek spielte dann doch nicht. Das Warmlaufen war nur ein Scheinmanöver gewesen.

Da sprintete Kasperczak, der Mittelfeldspieler, der auch ein guter Libero sein konnte. Also nicht der Riese Gorgon hinten im Abwehrzentrum? Das konnte für Klaus Fischer und seine Kopfbälle entscheidend werden.

Aber auch Kasperczak war sozusagen ein Pappkamerad in diesem Versteckspiel.

Der allzu große Respekt voreinander, alle Schach- und Winkelzüge belasteten diese Partie. Vom Anpfiff an schienen beide Mannschaften von einer Lähmung befallen zu sein. Nach zwei oder drei Stationen kam fast automatisch der Fehlpaß, bei uns oder bei den Polen. Es wurde ängstlich gespielt. Aus lauter Sicherheitsbedürfnis wurde der Ball quer hin- und hergeschoben, das Spiel in die Breite gezogen.

Sehr bald gab es die ersten Pfiffe. Ich konnte die Enttäuschung der Zuschauer verstehen. Schließlich spielte hier der Erste gegen den Dritten der letzten Weltmeisterschaft.

Ein so dynamischer Mann wie Rainer Bonhof war nicht wiederzuerkennen. Er stoppte den Ball, sah sich um, lief ein paar Schritte – und spielte zaghaft ab. Selbst ein Spieler wie Heinz Flohe, der doch ein hervorragender Techniker ist, kam mit dem etwas holprigen, harten Boden nicht zurecht und verhedderte sich.

Durch die nicht besonders guten Leistungen der »Antreiber« Bonhof und Flohe geriet unser Spiel nie so recht in Fluß. Es war keine Bewegung da, es gab kein schnelles, direktes Spiel. Nur manchmal blitzte etwas vom deutschen Tempo-Fußball auf, und ich dachte: »So! Jetzt geht es los! Jetzt kommen wir!«

Zimmermann machte einen hervorragenden Alleingang, doch als der Abschluß kommen mußte, schoß er nicht. Es war symptomatisch dafür, daß an diesem Tag einfach nichts laufen wollte. Die Pfiffe steigerten sich, die Spieler fanden keine Ruhe, sondern liefen unter dem schweren Druck herum: nur keine Fehler machen!

Warum befiehlt der Bundestrainer in einer so zähflüssigen, übervorsichtigen Partie nicht rigoros den Angriff? Dazu waren die Polen viel zu gefährlich, vor allem durch ihre schnellen, schußstarken Spitzen Lato und Lubanski. Wir hätten ihnen den größten Gefallen getan, uns für ihre Konter zu öffnen.

Warum habe ich in der Halbzeit nicht ein Donnerwetter in der Kabine losgelassen und die Mannschaft umgestellt? Das war nie meine Art. Die Mannschaft brauchte Vertrauen und die Chance, noch zu ihrem Spiel zu finden. Hektik ist der schlechteste Berater in der Kabine.

Wären wir besser dran gewesen, wenn wir zum Beispiel einen Mann wie Uli Stielike im Mittelfeld gehabt hätten? Die Frage der »Legionäre« ist ja unmittelbar nach der Weltmeisterschaft wieder heftig diskutiert worden. Heute hat es manchmal den Anschein, als ob ich es gewesen sei, der die »Legionäre« aus der Nationalmannschaft verbannte. Das ist nicht der Fall.

Man kann hinterher nicht sagen, ob Stielike wirklich eine Verstärkung gewesen wäre. Zur rechten Zeit hatten wir ihn ersucht, er sollte doch das eine Jahr vor der Weltmeisterschaft noch in Deutschland bleiben, um dann für die WM voll zur Verfügung zu stehen. Damals führten DFB-Präsident Neuberger, der Spielausschuß-Vorsitzende Baresel und ich im Frankfurter Haus des DFB ein Gespräch mit Stielike. Wir verwiesen Stielike ganz freundschaftlich auf das Beispiel von Rainer Bonhof, der ja auch seine Spanien-Ambitionen zurückgestellt hatte.

Stielikes Antwort lautete damals sinngemäß: »Ich weiß doch gar nicht, ob ich dann einen Stammplatz bekomme! Wenn nicht, verliere ich die glänzende Chance, zu Real Madrid zu gehen!«

Einen Stammplatz in der Nationalmannschaft konnten wir ihm natürlich nicht garantieren. Er war ja bis dahin noch keineswegs Stammspieler gewesen. Zwischen 1975 und 1977 war er nur fünfmal zum Einsatz gekommen.

Dazu mußten wir mit Problemen bei der Freigabeklausel durch Real Madrid rechnen. Es war klar, daß Real ihn nur dann zur Nationalmannschaft lassen würde, wenn der Verein nicht zur gleichen Zeit spielte. Das aber wäre öfter der Fall gewesen, denn zur Nationalmannschaft gehören eben auch die Tage des Trainingslagers.

In jenem Gespräch hat Uli Stielike mit allem Nachdruck gesagt: »Nein, ich will meine Chance, meine Freiheit. Meine Frau freut sich auch darauf, in den Süden zu kommen. Ich gehe zu Real. Ich verzichte auf die Weltmeisterschaft.«

Ein generelles »Legionärs-Verbot« hat es nie gegeben, schon gar nicht durch mich. Ich habe aus sportlichen Gründen nur immer darauf bestanden, daß auch die »Legionäre« für alle Vorbereitungen zur Verfügung stehen müßten. Das war der springende Punkt im Fall Beckenbauer (den ich an seinem Platz ausführlich erörtern werde).

Etwas anders lagen die Dinge mit Paul Breitner. Da spielten, gelinde gesagt, psychologische Dinge eine Rolle. Auch darüber werde ich im richtigen Zusammenhang einiges zu sagen haben.

Hätte das Polen-Spiel durch eine Auswechslung gerettet werden können? Warum saß Rummenigge auf der Tribüne, nicht einmal auf der Auswechselbank? Dieser Vorwurf ist nach dem Spiel erhoben worden. So war es nicht einmal möglich, Abramczik herauszunehmen, wenn er schwach spielte.

Meine Antwort: Nach den letzten Trainingseindrücken schien mir die Gefahr, Abramczik auswechseln zu müssen, vergleichsweise gering. Bei der Besetzung der »Bank« hatte ich andere Sorgen, mußte sehen, daß Ersatz für Positionen da war, die in diesem Spiel wichtiger waren als die von Abramczik.

Wenn man nur das nüchterne Ergebnis betrachtet, behielt ich dann auch recht. Wir erreichten das Klassenziel: nicht zu verlieren. Aber die Enttäuschung war riesengroß. Nicht nur in Deutschland, nicht nur bei Millionen Fußballfans in aller Welt. Auch bei uns in der Mannschaft tat sich allerhand.

5. Juni 1978
*Im Quartier von Ascochinga*

Wir hingen in der Luft, hoch über Argentinien, auf dem Rückflug von Buenos Aires, Kurs Cordoba, »nach Hause« ins Trainingslager von Ascochinga. Die Stimmung in der Maschine war gedämpft, bei manchem sicher auch bedrückt, wegen unserer Leistung gegen Polen.

Berti Vogts saß in meiner Nähe, in einer anderen Reihe. Wir unterhielten uns quer über den Mittelgang hinweg. Sicher, es war ein schlechtes Spiel gewesen, darin waren wir uns einig. Aber wir hatten wenigstens gegen den Mitfavoriten in unserer Gruppe nicht verloren. Da ging es um jeden Punkt.

»Noch ist alles offen«, meinte ich. Berti stimmte mir zu.

»Es kann nur besser werden«, sagte er mit einem Anflug von Galgenhumor. Wir lachten kurz. Eines war uns klar: Im Spiel gegen Mexiko mußten wir alles auf eine Karte setzen. Da konnten wir uns ein erneutes Unentschieden nicht erlauben.

Die Weltpresse ist ja nach dem Polen-Spiel ziemlich einhellig über uns hergefallen. Wir hätten eigentlich nach den teilweise vernichtenden Kritiken völlig verzweifelt sein müssen.

Das war aber durchaus nicht der Fall. Fußballer urteilen sachlicher, praktischer: Das Unentschieden war als Ergebnis durchaus in Ordnung. Und warum das Spiel – das unserer und der polnischen Mannschaft – so schlecht gelaufen war, hatte ich noch in Buenos Aires der internationalen Presse zu erklären versucht.

»Diese Eröffnungsspiele«, hatte ich gesagt, »sollte man lieber abschaffen. Es wäre besser, wenn alle Spiele zur gleichen Zeit anfingen und vielleicht das Spiel des gastgebenden Landes etwas feierlich gestaltet würde, meinetwegen mit einer Eröffnungsrede.«

Seit 1966 in England haben die extremen Erwartungen und Nervenbelastungen, die solch ein Eröffnungsspiel kennzeichnen, immer nur zu torlosen Unentschieden und allgemeiner Enttäuschung geführt.

Bei dem System der Gruppen, die um Punkte spielen, würde ich bleiben. Ich bin gegen ein k.o.-System: Es öffnet dem Zufall das Tor und läßt starke, zugkräftige Mannschaften unter Umständen zu früh stolpern. Gegen eine Erweiterung der Weltmeisterschaft auf vierundzwanzig Mannschaften bin ich ebenfalls: Das verwässert den Wettbewerb.

Die erste Nacht nach dem Polen-Spiel war für mich ziemlich kurz. Ich wachte in Ascochinga sehr früh auf.

Schon in diesen Augenblicken begann für mich insgeheim »mein« Spiel gegen Mexiko: Vorstellungen, Namen, Gesichter, Positionen, Qualitäten, alles im Kopf, still, allein. Wie jeden Morgen duschte ich und machte taufrisch meinen einsamen Spaziergang. Die Dämmerung hatte gerade eingesetzt, das helle Blau des argentinischen Winterhimmels begann zu leuchten, die Luft war frisch, der Rasen perlend feucht vor Tau, und die Vögel waren zu hören; ich ging allein über das Golfgelände – eine wunderbare Atmosphäre.

Ich dachte mir: Die Hintermannschaft änderst du nicht, sie hat sich im wesentlichen bewährt, kein Tor bekommen, natürlich auch dank Sepp Maier; sie ist eingespielt. Nur aus taktischen Gründen mußte ich Herbert Zimmermann, den eleganteren Spieler, gegen Bernhard Dietz, die größere Kämpfernatur, auswechseln. Ich brauchte die möglichst sichere Defensive, um vorn voll auf Angriff gehen zu können.

Die entscheidende Veränderung, die Schlüsselfigur meiner Überlegungen, war Dieter Müller. Ich wollte ihn mit Klaus Fischer als Doppelspitze bringen. Abramczik, der gegen Polen nicht sonderlich gut gewirkt hatte, machte Rummenigge Platz. Aus taktischen Überlegungen mußte ich auch Erich Beer opfern. Dabei hatte »Ete« im ersten Spiel unermüdlich gerackert und war bestimmt nicht einer der Schwächsten gewesen.

Er war wohl enttäuscht, was verständlich ist. Ich hörte später, daß er fragte: Warum ihm denn niemand gesagt hätte, daß er nicht aufgestellt würde? Warum ich ihm die Gründe nicht genannt hätte?

Das mag in dem einen oder anderen Fall ähnlich gewesen sein. Ich muß dazu sagen: Der Bundestrainer kann sich nicht immer gleich entschuldigen, wenn er jemanden nicht aufstellt. Die Spieler sind Professionals, sie wissen, wie es bei einer Weltmeisterschaft zugeht. Da sind lange Erklärungen fehl am Platze. Da muß der eine oder andere mal etwas einstecken – auch wenn er vielleicht glaubt, er würde ungerecht behandelt.

Es ist ja auch eine Frage der Autorität des Bundestrainers, daß er nun mal nicht jede Überlegung jedem einzelnen haarklein zu vermitteln versucht. Allzu ausführliche Erklärungen haben bisweilen einen eher negativen Effekt.

Aber ich bin nie der Typ gewesen, der die Spieler brüsk abfertigt. In den Mannschaftsbesprechungen habe ich immer wieder betont, daß es mir nicht leicht fällt, elf Mann zu nominieren und fünf auf die Auswechselbank zu schicken. Ich habe auch immer die Diskussion mit den Spielern über unsere Maßnahmen und Probleme gesucht. Es ging mir darum, Verständnis zu finden. Ich habe auch den Torleuten gesagt: »Ihr seht wohl ein, daß Sepp Maier unser Bester ist. Aber wir wechseln ab mit dem Ersatz, weil ihr nahezu gleichwertig seid.« Wir wollten eben alle gut spielen und weiterkommen.

Nach vielleicht einer halben Stunde Spaziergang durch den frühen Morgen hatte ich meine Mexiko-Mannschaft im Kopf, und ich traf mich noch vor dem Frühstück mit Jupp Derwall. Wir sprachen alles durch.

Jupp Derwall war, vor allem nach seiner schweren Bandscheiben-Operation kurz vor der Weltmeisterschaft, zu Hause von einigen Zeitungen recht unangenehm angegangen worden. Man spekulierte darüber, daß er mit bestimmten Nationalspielern nicht so recht

»könne«, und man sagte ihm eine nur kurze Karriere als Bundestrainer voraus. Angeblich sah es DFB-Präsident Hermann Neuberger gar nicht gern, daß Derwall uns überhaupt nach Argentinien nachgereist war.

Von meiner Seite aus habe ich es ausgesprochen begrüßt und gewünscht, daß Jupp Derwall noch zu uns stieß. Er war wirklich alles andere als eine »unerwünschte Person«. Freilich: Er wäre eine Belastung gewesen, wenn er als medizinischer Behandlungsfall nach Ascochinga gekommen wäre. Nur das hat, wenn überhaupt, DFB-Präsident Neuberger gemeint.

Jupp Derwall hat mich sofort weitgehend und wertvoll unterstützt. Er konnte im Verlauf unseres Aufenthaltes dann auch das Training wieder leiten, wenn Erich Ribbeck – wie ursprünglich vorgesehen – andere Spiele beobachtete. Das ist die simple Erklärung für alle Gerüchte. Ich brauchte Jupp Derwall, um mit ihm über die Entscheidungen zu reden. Das habe ich immer für besser gehalten als einsame Entschlüsse.

Ich wundere mich, daß bestimmte Personen und Kreise Antipathien oder Aversionen gegen Jupp Derwall haben. Für mich ist er ein sehr sachverständiger Fußballtrainer, man muß ihm nur endlich einmal Vertrauen schenken.

Gleich nach dem Frühstück probten wir auf dem Trainingsplatz dann die »Mexiko-Elf« durch. Für die Spieler war das Einteilen der Formationen ein Signal. Ich beobachtete: Dieter Müller schien sich besonders zu freuen, daß er endlich »drin« war. Er zerriß sich förmlich in diesem Training. Ich sah das gern. Es war seine Antwort auf all den Hickhack, den es vor der Weltmeisterschaft um seine Person gegeben hatte, ob er verletzt wäre oder doch nicht, ob er sich für die B-Mannschaft zu schade wäre, und was sonst noch lief, bis zu einem recht deutlichen Wortwechsel zwischen uns im Fernsehen.

Jetzt war dieser sensible Stürmer voll da. An ihm, an der Mannschaft überhaupt, meinte ich zu spüren: Der Knoten ist geplatzt.

## 10. Juni 1978
## *Ein einziger Sieg*

Ich wollte endlich einmal mit mir allein sein. Es war nur noch ein Tag bis zum Spiel gegen Mexiko. Die Mannschaft hatte am Vormittag trainiert – nicht zuviel. Ich mußte jetzt einmal raus aus dem Quartier, weg von den Spielern und all diesen bekannten Gesichtern, den Assistenten, Helfern, Journalisten. Ich brauchte eine andere Umgebung, in der ich gedanklich etwas freier war. Hatte ich alles richtig überlegt für die entscheidende Partie morgen im neuen Estadio Chateau Carreras in Cordoba?

Ich setzte mich in einen Privatwagen und fuhr die sechzig Kilometer nach Cordoba. Würde das auch in der Praxis zusammengehen, was ich mir vorstellte? Wenn ich nur Namen und Funktionen aufzählte, hörte es sich wie Fußball-Latein an: Klaus Fischer und Dieter Müller als Speerspitze. Rechtsaußen Rummenigge, Linksaußen Hansi Müller, beide auch im Mittelfeld spielend, und dahinter Flohe und Bonhof. Das war etwa so aufregend, wie wenn man bei Caesar eine Schlachtaufstellung las. Aber diese Namen standen ja für eine organische Kombination von besonderen, unterschiedlichen Persönlichkeiten, Fähigkeiten und Temperamenten. Würde diese Kombination miteinander auskommen, sich ergänzen, hochjagen, Erfolg haben?

Ich versuchte, es mir vor Augen zu führen, während ich auf das Stadion in Cordoba zusteuerte. Nebenbei wollte ich natürlich auch den Rasen für morgen begutachten, wegen der Stollen an den Schuhen.

Plötzlich sah ich da die Mexikaner trainieren, unverkennbar durch den fast maskenhaften, großen, schwarzen Haarschopf einiger Spieler. Natürlich habe ich mich nicht an den Platz gestellt und zugeschaut: Na, nun spielt mal schön! Es wäre wohl die billigste Form von Werkspionage gewesen. Ich fuhr zurück.

Als ich am Mittag wieder in Ascochinga war, hatte ich das Gefühl: Auch mit Distanz betrachtet, waren meine Maßnahmen richtig.

Die Mexikaner hatten – höchst überraschend – in ihrem ersten Spiel gegen Tunesien verloren, immerhin mit 1:3. Das bedeutete, daß die Mexikaner angeschlagen und zugleich angestachelt waren. Sie würden alles versuchen, um gerade gegen den Weltmeister die Scharte auszuwetzen. Ich warnte unsere Spieler noch einmal inständig vor diesen Mexikanern. »Bewegt euch! Macht den Ball schnell! Schießt!«

Und dann hat unsere Mannschaft wirklich einmal so gespielt, wie ich es ihr immer wieder gesagt hatte und wie sie es – das wußte ich doch! – auch längst konnte. Ja, sie liefen sich frei, sie ließen den Ball laufen, sie schossen. Als erster traf Dieter Müller. Dann ergab sich geradezu ein Schützen-Wettbewerb, sechs Tore durch vier Stürmer. Es freute mich besonders, daß sich der Segen so verteilte und damit die Ausgewogenheit der Aufstellung demonstrierte.

Ich weiß nicht, wem ich einen Preis für das Tor des Tages hätte verleihen sollen. Es waren schön herausgespielte Treffer, allesamt. War das von Flohe am effektvollsten? Oder eines von den beiden durch Rummenigge? Oder das von Hansi Müller? Auf jeden Fall: das schönste Tor, das nicht gefallen ist in diesem Spiel, ging auf das Konto von

»Flocke«. Es war eine Billard-Karambolage Innenpfosten – Torlinie – Innenpfosten, dann aber wieder heraus, leider.

Ich muß hier eine Lanze für den Stürmer brechen, der kein Tor geschossen hat: für Klaus Fischer. Er, der Mann mit dem größten Torinstinkt und den attraktivsten Toren, ging zwar leer aus, aber er riß unermüdlich Lücken in die gegnerische Abwehr. Doch wenn er einmal kein Tor schießt, wird er gleich als schlechter Spieler hingestellt. In Cordoba gegen Mexiko hat er an diesem 6. Juni gezeigt, daß er auch etwas anderes kann als Tore machen. Er hat gearbeitet wie ein Pferd, für die anderen, ohne Eigennutz, er hat die Nebenleute ins Spiel und damit in ein besseres Licht gebracht, sogar seinen »Rivalen« Dieter Müller. Eine glänzende Leistung.

Was das Torverhältnis betraf, standen wir nun gut da. Sollten die Polen erst einmal mehr als sechs Tore gegen die Mexikaner schießen! Es war immerhin der bisher reichste Segen in diesem an Toren so armen Weltturnier. In der Punkte-Mathematik unserer Gruppe konnten wir uns für das halbe Dutzend Tore praktisch einen gewonnenen Punkt mehr gutschreiben.

Aber ich bremste wohlweislich die Freude unserer Mannschaft: »Trotz allem – wie Weltmeister habt ihr noch nicht gespielt!« In der Einzelkritik ging ich sogar schärfer vor als gewohnt. Nichts ist so gefährlich wie die Einstellung: »Jetzt haben wir's in der Tasche!« Ich hasse Überheblichkeit.

Doch ausgerechnet in die Falle der Selbstüberschätzung sollten wir, ungewollt und unbewußt, gleich nach dem Mexiko-Spiel gehen.

Während wir in Cordoba gegen Mexiko spielten, hatte es Polen in Rosario mit Tunesien zu tun. Bei uns in Ascochinga ließen wir die Übertragung dieses Spietes mit einem Video-Recorder aufzeichnen und sahen uns das Spiel dann am nächsten Tag an.

Die Tunesier machten bekanntlich auch den Polen außerordentliche Schwierigkeiten und verloren nur 0:1. Dennoch muß sich durch diese Übertragung ein bestimmtes Gefühl in unseren Spielern eingenistet haben: ›Klar, die Tunesier sind nicht zu verachten, aber schaffen werden wir sie mit Sicherheit.‹ Verstärkt wurde diese Einstellung durch das, was Erich Ribbeck mit eigenen Augen bei den Tunesiern beobachtet hatte. Auch er hob ihre verschiedenen Stärken hervor, meinte aber doch, daß Tunesien bei entsprechender Konzentration sicher zu packen sein müßte.

Jupp Derwall, Erich Ribbeck und ich studierten alles Material, das über die Tunesier greifbar war (darunter befand sich auch eine alte Studie von Rudi Gutendorf, aber es ist Unfug, daß sie zur Basis unserer taktischen Überlegungen wurde). Wir sprachen über die Tunesier mit der Mannschaft, um auch ihre Meinung zu berücksichtigen.

Es war ja wohl kein Zufall, daß mein polnischer Kollege Gmoch einen Heidenrespekt vor diesen Tunesiern gehabt hatte. Darum predigte ich immer wieder: »Nehmt die bloß nicht zu leicht! Da gibt es Spieler, um die reißen sich die besten französischen Klubs.«

Es war ein Treppenwitz, aber auch das liegt nun einmal im Fußball drin: Die technisch perfekte Vorbereitung dank Video, die persönliche Beobachtung durch einen Fachmann, das Sondieren aller Informationen, der Appell an die Spieler – alles zusammen sollte uns später eher ins falsche Fahrwasser bringen.

Wo so intensiv gewarnt wird, stellt sich leicht der Eindruck ein, ganz so schlimm kann es ja wohl nicht sein – wenn der Trainer und seine Helfer sich solche Mühe geben müssen, uns mit den Tunesiern zu erschrecken!

11. Juni 1978
*Immer noch in Ascochinga*

»Was drehen die denn für Dinger?« fragte einer von uns. Wir hatten einen Zettel mit der Mannschaftsaufstellung der Tunesier bekommen. »Wieso lassen die denn ihre beiden besten Spieler draußen?« Wir schüttelten die Köpfe. Ein Trick? Taktik?

Tatsächlich: Dhiab Tarak, der Halbstürmer von Esperance Tunis, und Hezami Temime, »Legionär« beim Klub Ahli Jeddah in Saudi-Arabien, waren nur als Reservespieler nominiert.

»Was soll's?« werden manche Fußballfans in Deutschland rufen »Ob die nun mit Herrn Ali Baba oder nicht antreten, kann doch einer Fußballnation wie uns piepe sein!«

So großspurig konnte ich das nicht sehen. Ich redete in der Mannschaftsbesprechung ausführlich mit unseren Spielern darüber. Es war schon wichtig, ob dieser Temime aufs Feld kam, ein Mann, der sich überall herumtrieb. Oder spielten sie defensiv, nahmen sie wirklich für die beiden Stürmer Abwehrleute hinein? Erwartete uns sozusagen eine tunesische Mauer?

Sicherheitshalber stellten wir uns auf beide Möglichkeiten ein. Man mußte ja dieses Tunesien-Spiel vor seinem Hintergrund sehen: Verloren wir, dann saßen wir am nächsten Tag im Flugzeug nach Hause, dann hatte ich mein letztes Spiel als Bundestrainer gemacht, dann war das ein deprimierender Abschluß dieser Weltmeisterschaft und auch meiner Laufbahn.

Erinnerungen drängten sich auf: An wem waren die großen Italiener 1966 in England gescheitert? An Nordkorea! Wie mühselig hatten wir 1970 in Mexiko gegen eine andere afrikanische Mannschaft, gegen Marokko, 2:1 gewonnen! Wie knapp konnten wir 1974 Chile mit 1:0 ausschalten!

Bei dieser Weltmeisterschaft in Argentinien schien inzwischen jede Überraschung möglich zu sein:

Tunesien schlägt Mexiko und bringt Polen zum Wanken. Österreich setzt sich klar über Spanien und Schweden hinweg an die Spitze seiner Gruppe. Holland spielt gegen Peru 0:0, Peru schlägt Schottland, der Iran knöpft den Schotten danach einen lebenswichtigen Punkt ab.

Große Fußballnationen wie Frankreich, Ungarn, Schottland, Spanien, Schweden werden hier die erste Runde nicht überstehen – und beim dreifachen Weltmeister Brasilien sah es bis zuletzt höchst mulmig aus.

Außerdem durfte man doch eines nicht vergessen: Die Tunesier hatten nichts zu verlieren. Ich wußte: Selbst wenn wir die Burschen 3:0 besiegen, jubelt ganz Tunis. Und Staatspräsident Bourgiba empfängt sie mit den Worten: »Ihr habt euch phantastisch für das Vaterland geschlagen! Ihr seid die Helden der Nation!«

Als wir schon in der Kabine saßen, wurde uns die endgültige Mannschaftsaufstellung der Tunesier hereingereicht. Die beiden Stürmer spielten doch. Wir hatten es mit den Tunesiern in ihrer ganzen Stärke zu tun.

Sie führten dann auch einen erfrischenden, lockeren, gewitzten Fußball vor. Unsere Spieler dagegen wirkten mal wieder verkrampft, das alte Leiden. Nach dem Mexiko-Hoch bahnte sich wie zwangsläufig das Tunesien-Tief an.

Die Tunesier gingen leichtfüßig über den Platz, behandelten den Ball behende. Wir taten uns buchstäblich schwer.

Vor dem Spiel hatte man in Deutschland immer wieder ziemlich gönnerhaft und überlegen darauf hingewiesen: Der tunesische Trainer »Majda« Chetali habe 1968/69 den Trainerkursus an der Sporthochschule in Köln besucht und sei zusammen mit Berti Vogts ausgebildet worden. Folglich sei der tunesische Fußball im Grunde deutscher Entwicklungshilfe-Exportfußball.

Da überschätzen wir uns wohl mal wieder. In Tunesien ist auch vor Chetalis Wirken schon guter Fußball gespielt worden. Als Sepp Herberger und ich 1964 in Algier das Spiel einer tunesischen Juniorenmannschaft beobachteten, waren wir verblüfft, was für Fußballer sie hatten.

Ich glaube, dieser Menschenschlag in Nordafrika bringt viel Talent mit, nicht nur für die Leichtathletik, was wir alle längst wissen. Auch die Bewegungsabläufe und das Spielerische im Fußball kommen ihrem Naturell entgegen.

Dazu kam dann eine spezielle Schulung durch Männer wie Chetali. Er nutzte deutsche Erfahrungen intensiv, sah sich in jedem Jahr die Bundesliga an; schließlich ist er mit einer Düsseldorferin verheiratet. Unsere Nationalspieler kennt er ganz genau.

Dennoch spielte seine Mannschaft keineswegs »deutschen« Fußball. Im Stil ähnelte er eher dem latein-europäischen. Als Fußball-Völkerkundler könnte man sagen: Er gehört zum französischen Kulturkreis . . .

In diesem Spiel, in dem nichts voranging, wurde ich mir meiner Ohnmacht auf der Bank wieder einmal bewußt. Wenn das Spiel erst einmal in Gang ist, hat man als Trainer nur noch geringe Möglichkeiten, neue Impulse zu geben, eine Kurskorrektur vorzunehmen, das Steuer herumzureißen.

Die stärksten Mittel sind noch, wie jeder weiß, der Spieleraustausch und die handfeste Ansprache in der Kabine während der Halbzeit. Aber sonst? In Cordoba saß ich in der Versenkung, in einem Graben am Spielfeldrand. Ich sah das Spiel aus einer Art Froschperspektive. Die Spieler auf der anderen Seite des Feldes hatten für mich keine Füße, sie begannen für mich erst von den Knien aufwärts.

Was kann man in ein solches Spiel an Anweisungen hineinschreien? Fast nur Urlaute: »Los!«, »Decken!«, »Mehr schießen!«, »Schneller spielen!«.

Ich habe keine besondere Kontaktperson auf dem Platz, die meine Anweisungen von außen ins Spiel bringt. Wer gerade an der Außenlinie in der Nähe ist, zum Beispiel einen Einwurf machen muß, dient als Übermittler.

Berti Vogts hat bei dieser Weltmeisterschaft als Kapitän alles versucht, natürlich auch mit Lautstärke, um Einfluß auf die Mannschaft auszuüben. Ich meine, daß er seine Sache in dieser Beziehung im großen und ganzen gut gemacht hat. Und was das Spielerische bei Berti Vogts betrifft, an dem sich so mancher Außenstehende gerieben hat: Ich muß sagen, daß er in Argentinien viel besser gespielt hat als in den letzten Partien der Bundesliga.

Bei diesem Spiel gegen Tunesien wurde ich in der Halbzeit deutlich: »So geht es nicht weiter! So können wir keinen Blumentopf gewinnen!«

Ich rügte den Rückfall in die Kardinalfehler: zu wenig Bewegung im Spiel, zugleich überhastetes Spiel, zu wenige Schüsse.

»Wir müssen auch mal wieder den Ball halten, um Ruhe in unser Spiel zu bringen. Aber: Um Ruhe in ein Spiel zu bringen, muß man sich auch bewegen! Ihr müßt euch freilaufen, um endlich anspielbar zu sein. Ihr müßt direkt spielen, um Luft, um Raum zu bekommen.«

Trotz allem fanden wir uns mit diesem Gegner nicht zurecht, der ausgesprochen clever spielte. Es blieb beim 0:0.

Jeder spielt eben so gut, wie es der Gegner erlaubt. Das Paradoxe daran war: Ich freute mich nun auf die nächsten Gegner, weil sie sehr viel stärker waren.

15. Juni 1978
*Im Hotel Liberdator in Buenos Aires*

»Da seht ihr's! Im vergangenen Oktober habt ihr all das schon gekonnt, was ich hier von euch verlange!« rief ich ins Dunkel. »Und jetzt muß ich euch das wieder und wieder sagen, als hättet ihr davon noch nie etwas gehört!«

Die Mannschaft saß schweigend da und sah sich in Ascochinga noch einmal die Aufzeichnung unseres Länderspiels gegen Italien in Berlin an, das wir damals 2 : 1 gewonnen hatten. »Wir müssen endlich wieder schnell spielen – wie in Berlin. In Bewegung sein! Wenn der Ball verloren ist, ihn so schnell wie möglich wiedererobern! Und vor allem: Jeder Spieler muß für den anderen da sein! Daß er nicht, wenn der Gegenspieler eines anderen mit dem Ball davonzieht, sich sagt: Das geht mich nichts an! Das ist dessen Sache!«

Das Italien-Spiel vom Herbst 1977 ließ sich in mancher Hinsicht mit unserer bevorstehenden Auseinandersetzung bei der Weltmeisterschaft vergleichen. Auch damals hatten wir fast turniermäßige Bedingungen: Wir konnten uns nahezu eine Woche auf die Partie vorbereiten. Und: Bei den Italienern wie bei uns würde auch diesmal fast dieselbe Besetzung spielen.

Wir wußten also ganz genau, worum es ging. Wir konnten uns endlich von der Bürde befreit fühlen, Favorit zu sein. Italien war ohne Punkteverlust, sogar mit einem Sieg über Argentinien, in seiner Gruppe Erster geworden. Holland hatte sein wahres Gesicht noch nicht gezeigt; man konnte von unserem Final-Rivalen von 1974 noch eine große Steigerung erwarten. Österreich war vielleicht die Sensationsmannschaft des Turniers überhaupt und bestimmt gerade auf uns besonders scharf.

Ich hoffte, daß nun endlich die Befreiung von allen Verkrampfungen kommen mußte, provoziert durch den großen Gegner. Es war mir unerklärlich, warum unsere Mannschaft so unterschiedlich spielte.

In den meisten Fällen haben sich deutsche Nationalmannschaften nach schwächeren Spielen vor oder am Beginn von Weltmeisterschaften enorm steigern können. Wir waren bekannt dafür, immer ausgesprochene Turniermannschaften zu haben.

Hier aber ließen wir uns zu oft die Butter vom Brot nehmen.

Vielleicht war Rainer Bonhof ein besonders deutliches Beispiel für eine Diagnose unseres Zustandes. Er war in meinen Berechnungen für die Weltmeisterschaft ein großer Aktivposten. Bei ihm konnte ich sicher sein: Er tut alles, er will alles, er weiß, worum es geht.

Ich habe mich sehr gefreut, daß er sich nach seiner unglücklichen Oberschenkelzerrung im letzten Bundesligaspiel durch diszipliniertes Verhalten und konstantes, wohldosiertes Training auskuriert und in Form gebracht hat. Er war fit.

Was ihm aber verlorengegangen war, aus eigentlich rätselhaften Gründen, war das Selbstvertrauen. Vielleicht lag es daran, daß daheim der Vereinswechsel zu Valencia noch immer nicht perfekt war, daß er also beruflich zwischen zwei Stühlen saß. Vielleicht horchte er in sich hinein, ob trotz der Verletzung auch wirklich alles klappte, und entwickelte so eine Hemmung. Ich kann mir sogar vorstellen, daß sein vorbildlicher Ehrgeiz sich plötzlich als Belastung auswirkte. Er wollte eine große Weltmeisterschaft bieten – und es gelang ihm einfach nicht. Er versuchte, sein Glück mit Gewalt zu zwingen, trainierte wie besessen »seine« Freistöße, »seine« Eckbälle. Aber der Durchbruch blieb aus. Rainer Bonhof hatte zuviel mit sich selber zu tun.

Natürlich habe auch ich mir Gedanken über seinen Zustand gemacht. Wir haben mehrere Gespräche geführt. Auch Berti Vogts kam zu mir und sagte: »Sie müssen noch mal mit dem Rainer sprechen!«

Bonhof war mit sich selbst uneins. Ich versuchte, ihn aufzubauen, denn ich sah ja Tag für Tag beim Training Ansätze zu Verbesserungen. Das sagte ich ihm. Bonhof ist außerordentlich selbstkritisch. Er wird sehr schnell unzufrieden mit sich selbst, läßt das dann auch gleich durchblicken und redet sich mehr Negatives ein, als ihm guttut.

Die Gespräche, die ich mit ihm geführt habe, lassen sich schwer wiedergeben. Professionals wie wir verstehen sich ohne viele Worte. Will man das, was ich Rainer Bonhof sagte, auf einen Nenner bringen, dann läßt es sich etwa so ausdrücken: ›Vergiß, was zu Hause ist. Denk nur noch daran, daß wir hier bei einer Weltmeisterschaft sind. Laß den Kopf nicht vorschnell hängen. Ich vertraue dir.‹

Bonhofs Zustand übertrug sich auf die anderen Spieler. Der Rainer ist ja kein Spielmacher im eigentlichen Sinn, aber er hat immer eine besonders starke Ausstrahlung auf die Mannschaft gehabt. Mit seinem kämpferischen Einsatz und seinem enormen Willen hat er oft die anderen mitgerissen.

Sicher war sich Berti Vogts ebenfalls nicht immer ganz grün, obwohl er hier besser spielte als zuletzt zu Hause. Auch er ist besonders selbstkritisch und, was seine Leistung angeht, sensibel. Er braucht eher Zuspruch, wenn er sich nicht wohl in seiner Haut fühlt, als daß er Zuversicht auf andere ausstrahlt.

Oder nehmen wir Klaus Fischer. Es ging ihm wohl nicht ganz so wie Rainer Bonhof. Aber er wurde von den anderen Mannschaftsteilen zu oft »hängengelassen«. Es kam zu wenig, woraus er hätte Tore schießen können. Unsicherheiten hinter ihm machten ihn vorn unsicher.

Nun ist die Psychologie eines Torjägers wie Klaus Fischer nicht übermäßig kompliziert. Er hätte unbedingt ein Tor schießen müssen, um wieder Selbstvertrauen zu finden. Aber Spiel um Spiel war vergangen, ohne daß Fischer auch nur einmal traf.

Der Klaus ist, wie man sagt, ein Torjäger – oder er jagt den Toren hinterher.

Ich erwähne all das nur als Beispiele für den Seelenzustand unserer Mannschaft. Da sind ausschließlich Profis beisammen, die genau wissen, was sie wollen und können. Doch ungreifbare psychische Vorgänge verhindern das Erreichen der besten Leistung.

Nun fiel der Vorschlag, gerade deswegen, auch wegen der Gruppenbildungen und Aggressionen in einer Mannschaft, einen Psychologen mitzunehmen.

Ich bin dagegen. Ich halte den Ausgleich von Spannungen, das Aufbauen von geknickten Spielern für eine der wichtigsten Aufgaben des Trainers. Ein gelernter Psychologe wird möglicherweise in das mannschaftliche Geschehen hineinreden. Das ist gefährlich, wenn er nichts von Fußball versteht. Versteht er aber etwas von Fußball, ist es noch gefährlicher: Denn dann kann die Stellung des Trainers geschwächt werden.

Wir begannen sehr frech gegen Italien. Schon in den ersten Minuten schien der ganze psychische Ballast abgeworfen zu sein. Da stieg Klaus Fischer vor dem italienischen Tor hoch, erwischte den Ball in seiner typischen Manier mit dem Kopf . . . Latte.

Wir sahen es gleich in diesen ersten Minuten: Die Italiener waren trotz ihrer Klasse anfällig. Da ließ sich etwas machen. Hölzenbein schoß herrlich volley von der Strafraumgrenze. Doch der großartige Dino Zoff hielt.

Ich freute mich, wie die Mannschaft auftrumpfte. Nach zwanzig Minuten sagte ich mir: »Hier entwickelt sich unsere Turniermannschaft für die weiteren Spiele.«

Würde dieses Hoch endlich anhalten, nach all den Wetterwechseln der letzten Tage und Wochen?

Was mich optimistisch machte, war: Wir diktierten den Italienern mehr das Spiel als sie uns. Dabei war diese »squadra azzurra« eine Klasse für sich und mit Recht zu einem der großen Weltmeisterschaftsfavoriten avanciert. Italien hatte ein großes Plus: die Blockbildung, mit acht Spielern vom Meister Juventus Turin. Sie verstanden sich blind. Das Glück hatte es gewollt, daß wirklich die überwältigende Mehrheit der besten Spieler bei »Juve« konzentriert war. Es wurden nicht etwa – um einer alleinseligmachenden Blockbildung willen – schwächere Spieler aus Turin stärkeren aus Mailand oder Rom vorgezogen.

Ich beneidete die Italiener um ihren Block. Bei uns hatte sich etwas Ähnliches einfach nicht machen lassen.

Diese Italiener konnte man nicht mehr mit jener Mannschaft gleichsetzen, die wir in einem klassischen Spiel 1970 in Mexiko als ein Ensemble hochkarätiger Stars und Individualisten kennengelernt hatten.

Vor allem in den letzten zwei Jahren hatten sich die Italiener in ihrer spielerischen Auffassung geändert. Der »Catenaccio«, der Riegel, ist nicht mehr der Weisheit letzter Schluß, es wird nicht mehr alles aus einer verstärkten Abwehr heraus gespielt. Die Italiener haben das Mittelfeld wiederentdeckt und entfalten sich dort sehr gekonnt. Der Angriff ist nicht mehr Domäne einsamer Solisten wie Gigi Riva.

Wir hatten diesen neuen italienischen Stil im Oktober 1977 schon in Berlin erlebt. Was es gegen Italiener lange nicht gegeben hatte, entwikkelte sich dort: eine offene Feldschlacht.

Die Gemeinschaftsarbeit war in dieser italienischen Mannschaft erheblich gestärkt. Wenn man das feststellt, darf man allerdings nicht vergessen, daß jeder einzelne Italiener immer noch ein Könner am Ball ist und sein südländischer Individualismus nicht unterdrückt wird. Die Eigenwilligkeit bewegt sich jetzt nur in nützlicheren Bahnen.

Herbert Zimmermann vom 1. FC Köln war für mich der Mann, mit dem ich bei diesen Italienern den Haken ansetzen wollte. Er mußte im Mittelfeld operieren, so offensiv wie möglich, so defensiv wie nötig.

Ich glaube, Mittelfeld und Angriff verkörperten bei uns eine angemessene Mischung aus Schußkraft, Dynamik, Technik, Kampfgeist: mit Flohe und Bonhof neben Zimmermann, dann mit Hölzenbein, Fischer und Rummenigge. Das waren Spieler, die die italienische Hintermannschaft auf die verschiedenste Weise in Verlegenheit bringen konnten.

Ein großes Problem stellte sicher die Hintermannschaft dar: einfach weil die drei italienischen Spitzen Rossi, Bettega und Causio so eminent gefährlich sein konnten.

Unser Konzept sah so aus: Bonhof sollte gegen den begabten Mittelfeldspieler Giancarlo Antognioni aus Florenz spielen, der allerdings während dieser Weltmeisterschaft nicht die volle Stabilität erreichte und meistens in der zweiten Halbzeit ausgetauscht wurde.

Berti Vogts hatte in Berlin gegen Roberto Bettega aus Turin – den Spieler mit dem grauen Haar – sehr gut ausgesehen. Dabei sollte es bleiben, trotz der kleinen Statur von Berti Vogts und trotz der gefährlichen Kopfbälle von Bettega.

Rüssmann sollte den kleinen Paolo Rossi aus Vincenza nehmen; wechselte Bettega von seinem Linksaußenposten in die Mitte, kam es zu Freistößen oder Eckbällen, dann hatte der lange Schalker Bettega zu übernehmen.

Dietz deckte wie in Berlin Franco Causio aus Turin, einen der italienischen Spielmacher, einen verkappten Rechtsaußen mit Drang zur Mitte.

Ich schildere das hier so ausführlich, weil die Geschichte maßlose Kritik in der Presse hervorrief, von wegen »Unsicherheit des Bundestrainers« und »sieht doch ein Kind, daß ein Großer zum Großen und ein Kleiner zum Kleinen gehört«. Es ist das Vorrecht der Presse, vorschnelle Urteile zu fällen, ohne hinter die manchmal diffizilen Zusammenhänge schauen zu können.

Sicher, wir haben in der Pause umgestellt: Rüssmann übernahm Bettega ganz, und Berti Vogts ging zu Rossi. Dieses Spiel aber ist nicht durch die Gretchenfrage: »Vogts gegen Bettega?« oder: »Rüssmann gegen Rossi?« entschieden worden, sondern viel banaler und unglücklicher.

Plötzlich signalisierte Herbert Zimmermann zur Bank: verletzt! Er war mit dem Knöchel umgeschlagen. Wir riefen: »Spiel' weiter!« Er versuchte es. Dann kam er aber wieder an die Linie.

Er wurde behandelt. »Bleib drin bis zur Pause«, sagte ich. »Das kann durch einen guten Verband kupiert werden.«

Er versuchte es. Als wir ihn dann in der Pause noch einmal untersuchten, fragte ich ihn: »Hast du denn einen Schlag bekommen?«

»Nein, ich bin in einem Loch umgeknickt.«

Und das im Weltmeisterschaftsstadion! Als ich im Januar 1978 das River-Plate-Stadion in Buenos Aires begutachtete, hatte ich gesagt: »Da muß aber etwas geschehen mit dem Rasen!«

Das war auch die Meinung der Argentinier. Aber es müssen bei der Düngung und Pflege des Rasens Fehler gemacht worden sein. Man modelte noch einmal alles um, und so war der Platz trotz aller Mühe schließlich nicht WM-reif.

Beim Halbzeitpfiff hatten uns die Zuschauer mit Beifall verabschiedet. Die Vorzeichen schienen günstig. Trotz großer Chancen der Italiener mußte man sagen: Wir hatten etwas mehr von der ersten Halbzeit gehabt. Die Hintermannschaft hatte gut gespielt, auch der oft gescholtene Kaltz, dessen artistische Rettung auf der Torlinie dann Furore machen sollte. Auch Sepp Maier war mal wieder Extraklasse.

Zimmermanns Verletzung zerstörte unseren Aufwärtstrend. Als sich dann noch Heinz Flohe – ohne Einwirkung des Gegners – bei einem akrobatischen Schußversuch verletzte, ging nichts mehr. Es handelte sich um eine schwere Zerrung, verursacht durch einen tollen, riskanten Sprung, bei dem eigentlich der ganze Bewegungsablauf gegen die Natur war.

Was blieb, war Stückwerk. In der zweiten Halbzeit waren die Italiener dem Sieg näher als wir, ohne haushoch überlegen zu sein.

Ich ärgerte mich außerordentlich, daß wir von unserem Spiel durch so unglückliche Umstände abgebracht worden waren.

Fischer erhielt zu allem Überfluß einen Schlag gegen die Unterlippe, die später genäht werden mußte. Nun fehlte vorn der Druck. Wir mußten schließlich mit dem 0:0 zufrieden sein. Es war bereits das dritte. Wieder hatten wir ein Wechselbad hinter uns.

Wie ließ sich das erklären? Ich will es so formulieren und meine es keineswegs abwertend: Unsere Mannschaft erwies sich nicht als Persönlichkeit. Es gibt Einzelspieler, die eben Persönlichkeiten sind – oder nicht. Das gilt auch für Mannschaften. Nie kam bei uns die gemeinsame Selbstsicherheit auf: »Wir sind wer«. Das war mein großer Kummer. Und das war der Grund für die wechselhaften Leistungen.

Trotzdem war noch alles möglich, sogar der Einzug ins Endspiel.

19. Juni 1978
*Im Quartier von Ascochinga*

Die Mannschaft war angeschlagen durch die Verletzungen von Flohe, Fischer, Zimmermann. Bei Flohe stand es so arg, daß er wegen seiner schweren Zerrung sogar beim Sitzen Schwierigkeiten hatte. Auf ihn konnte ich mir keine Hoffnungen mehr machen.

Der Rhythmus unserer Vorbereitungen war gestört, weil wir wegen schlechten Wetters in Buenos Aires festgehalten wurden, im Hotel herumhingen und mehr als einen Tag Vorbereitung für das Holland-Spiel verloren. Wenigstens gingen unsere Zimmer diesmal nach hinten hinaus, so daß wir einigermaßen Ruhe hatten – soweit das in Buenos Aires überhaupt möglich ist.

Die Stimmung war, was das Italien-Spiel betraf, recht gut. Daß wir nicht verloren hatten, gab uns Auftrieb. Sonst aber litt unsere Gemeinschaft noch unter den Nachwehen dessen, was sich bereits nach dem Tunesien-Spiel ereignet hatte.

Damals war ich von ZDF-Reporter Dieter Kürten gefragt worden, ob ich es für möglich hielte, daß der Präsident des DFB nun auch die Nationalmannschaft übernehmen würde. Ich hatte darauf geantwortet: »Das ist eine amüsante Frage.«

In Wirklichkeit fand ich das, worauf Kürten anspielte, keineswegs amüsant. Es hat mich tief getroffen, daß Präsident Hermann Neuberger mir am Ende meiner Laufbahn berufliche Fehler vorwarf, was nicht haltbar war.

Es stimmte einfach nicht, daß unsere Mannschaft zu wenig trainiert hatte.

Es war falsch, daß wir nicht genug Kondition hatten.

Spätestens das Spiel gegen Italien hatte das nun klar bewiesen, und ich bin überzeugt, daß Präsident Neuberger seine Äußerungen anschließend bedauert hat.

Er hat die Worte, die da gefallen sein sollen, ohnehin als nicht authentisch bezeichnet. Ich muß ihm das glauben, doch irgendetwas in dieser Richtung wird geredet worden sein, sonst hätte der Sport-Informations-Dienst es nicht veröffentlicht.

Auch die Spieler haben davon gehört, und es hat nicht gerade zur guten Laune beigetragen.

Nach lähmendem Warten kamen wir von Buenos Aires weg. Auf dem Militärflughafen, von dem aus wir nach Cordoba fliegen sollten, trafen wir die Frauen und Bräute der Österreicher. Sie warteten auf ihre Männer, die gerade in Cordoba gegen Holland 1:5 untergegangen waren.

Das Ergebnis traf uns – sicher auch die Italiener – wie ein Schock. Damit hatten die Holländer praktisch einen Punkt mehr beim Kampf um den Einzug ins Finale.

Was die Frauen-Expedition der Österreicher betraf, mußte ich lächeln. Es war doch ein Glück, daß die Frauen ihre Männer erst nach der schweren Schlappe trafen. Was hätte es sonst für ein Gerede gegeben! Aber die Frauen waren nicht schuld.

Ein österreichisches Geldinstitut hatte sie – für meinen Geschmack mit allzu deutlichem Werbeeffekt – nach Argentinien eingeladen. Was hätten eigentlich wir gemacht, wenn eine deutsche Bank einen ähnlichen Damenausflug finanziert hätte?

Das Thema Damenbesuch stellte sich bei uns nicht. Erstens einmal hatten die Österreicher zu diesem Zeitpunkt in sportlicher Hinsicht nichts mehr zu verlieren. Wir aber standen noch an der Schwelle zum Endspiel. Zum anderen hatten auch wir mit einigen Spielern darüber

Bunte Luftballons, zu überdimensionalen Trauben zusammengebündelt, stiegen in den Himmel über Buenos Aires, als die XI. Fußballweltmeisterschaft durch den argentinischen Staatspräsidenten eröffnet wurde. Zwei Stunden zuvor waren in der argentinischen Hauptstadt die umfangreichsten Sicherheitsmaßnahmen angelaufen, die je vor einem sportlichen Großereignis getroffen wurden.

Vor dem Abflug nach Argentinien glaubte ich nicht, daß die deutsche Nationalmannschaft noch einmal Fußball-Weltmeister werden könnte. Aber ich wußte: Wir würden kämpfen, und wenn wir verlieren würden, müßten schon andere Mannschaften besser spielen als wir.

Das Eröffnungsspiel gegen die polnische Nationalelf war kein sehr glücklicher Auftakt für unsere Mannschaft. Wir wollten unser eigenes Spiel machen, nicht defensiv spielen. Aber die polnische Mannschaft hat unser Spiel zerstört. Ich war mit dem 0:0 halbwegs zufrieden, keineswegs aber mit unserer Leistung.

STEWART WARNER
CAMPARI

Wiedergutmachung . . . Nach dem mißlungenen Auftakt gegen Polen spielte die deutsche Elf gegen die Mexikaner so, wie es das Publikum und die Anhänger in Deutschland erwarteten – fast weltmeisterlich: gelungene Kombinationen im Mittelfeld, torgefährliche Aktionen im Angriff und – sechs herrliche Tore. Unsere Spieler beschworen vergangene glanzvolle Tage wieder herauf. Ich hatte eine Mannschaft gefunden, die zwar noch immer nicht ganz Weltklasse war, auf der ich aber aufbauen konnte.

Heinz Flohe und Karl-Heinz Rummenigge gehörten bei diesem Spiel zu den großen Aktivposten unserer Mannschaft. Rummenigge löste seine Dekkungsaufgaben vorbildlich und war zudem torgefährlich. Heinz Flohe sprühte vor Tatendrang und Spiellaune.

Ich hatte vor allzu großer Euphorie gewarnt . . . Der Afrika-Vertreter Tunesien spielte respektlos und mit profihaftem Einsatz. Es blieb beim torlosen Unentschieden, das für die Tunesier zweifellos ein großer Achtungserfolg war.

Wir waren zwar weitergekommen, wir konnten auch in Ascochinga bleiben. Aber der nächste Gegner war – Italien. Es blieb nicht aus, daß man sich an das brisante und dramatische Spiel der beiden Mannschaften im Halbfinale in Mexiko 1970 erinnerte. Ich dachte mehr an die Elf, die Italien im Herbst 1977 in Berlin bravourös geschlagen hatte . . .

Ich wußte, daß Italien ein starker Gegner sein würde. Das Team von Enzo Bearzot, dem man noch kurz vor der Abreise nach Argentinien nachgesagt hatte, es sei die am schlechtesten vorbereitete Mannschaft des Turniers, war dann aber Gruppensieger geworden.

Experten und Fans schwärmten vor dem Spiel vom neuen italienischen Team, von glanzvollem Offensiv-Fußball und exzellenter Technik.

Dank einer großen kämpferischen Leistung sicherte sich unsere Elf mit einem 0:0 gegen die italienische Mannschaft eine gute Ausgangsbasis für die beiden übrigen Spiele der zweiten Finalrunde. Aber sie benötigte dafür nicht nur die bis dahin beste Leistung überhaupt, sondern auch sehr viel Glück. Es wurde auch in diesem Spiel deutlich, woran es unserer Mannschaft fehlte: an Torgefährlichkeit.

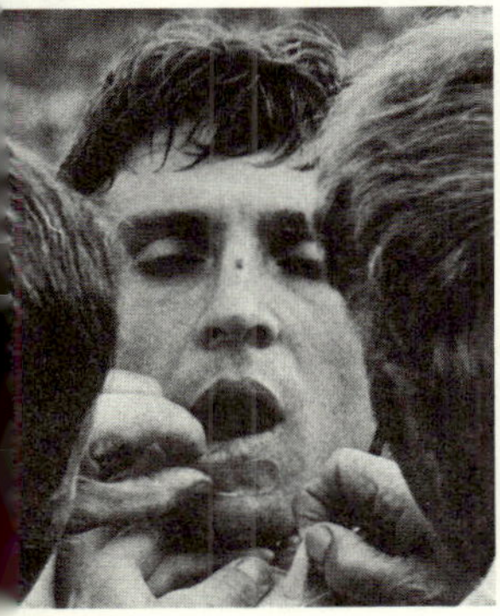

Vor vier Jahren waren wir noch Gegner im Finale. Jetzt war Rinus Michels nur noch FIFA-Beobachter.

Im Spiel gegen die Italiener hatten sich Flohe und Zimmermann so schwer verletzt, daß sie für die weiteren Spiele des Turniers ausfielen.

Es begann eigentlich wunschgemäß . . . Schon nach drei Minuten ging unsere Mannschaft in Führung. Der holländische Torwart Schrijvers konnte den Freistoß von Rainer Bonhof nur abklatschen, Abramczik erzielte im Nachschuß den Führungstreffer. Die Holländer steckten aber nicht auf und schossen in der 27. Minute den Ausgleich.

Nach unserer erneuten Führung stürmen die Holländer wieder. In der 84. Minute bringt René van de Kerkhof den Ball in Sepp Maiers Tor unter – 2 : 2. Der Traum vom Finale ist ausgeträumt.

Meine Rechnung schien aufzugehen. Nach neunzehn Minuten schoß Rummenigge zum ersten Mal auf das österreichische Tor und erzielte das 1:0. Doch dann, nach einer Stunde, lenkte Berti Vogts den Ball ins eigene Tor – 1:1. Auch der zweite deutsche Treffer durch Bernd Hölzenbein konnte den Sturmlauf der Österreicher nicht bremsen.

Optimisten hatten nach dem Unentschieden gegen Holland durch Rechenexempel vorgeführt, unter welchen Bedingungen die deutsche Mannschaft doch noch ins Finale vorrücken könnte. Ich war realistisch. Ein hoher Sieg über Österreich war wohl unser Wunschtraum, aber zunächst einmal galt es, die Österreicher überhaupt zu schlagen. Aber die Mannschaft hat alles vergessen, was wir besprochen hatten. Meine Enttäuschung über unser Ausscheiden konnte ich nicht verbergen.

er Österreicher Krankl
eigte, wie man's macht:
weimal bezwang er Sepp
aier und besiegelte damit
e Niederlage unserer
annschaft.

Der Brasilianer Dirceu krönte seine hervorragenden Leistungen während des WM-Turniers mit dem 2:1 Siegestreffer gegen die Italiener.

In einem spannenden, aber nicht hochklassigen Spiel besiegte Brasilien die italienische Mannschaft mit 2:1. Die brasilianische Mannschaft, die in den ersten Spielen enttäuscht hatte, verwies damit Italien auf Platz vier und wur de durch Tore von Nelinh und Dirceu Weltmeisterschaftsdritter.

Es ist vielleicht bezeichnend, daß mit Luis Cesar Menotti ein Trainer seine Elf ins Finale brachte, der vor unpopulären Entscheidungen nicht zurückschreckte und dem Verlangen des Publikums keinen Tribut zollte.

Daß ich das Endspiel nicht auf der Trainerbank im River-Plate-Stadion verfolgen konnte, stimmte mich schon ein wenig melancholisch. Bis zur 37. Minute hatte keine der beiden Mannschaften deutliche Vorteile. Doch dann sicherte Mario Kempes mit zwei Treffern den Sieg der

argentinischen Mannschaft. Holland wurde – trotz eines Gegentreffers – wieder einmal nur Zweiter. Fans und Zuschauer feierten den 3:1 Sieg nach der hochdramatischen Verlängerung frenetisch. Argentinien ist zum ersten Mal Fußballweltmeister.

Die XI. Fußballweltmeisterschaft, meine letzte, nahm vom Niveau her einen ähnlichen Stellenwert ein wie die von 1962 in Chile. Es ist wahrscheinlich richtig, daß sie Ausdruck eines leistungsmindernden Generationswechsels im Fußball gewesen ist. Mir drängt sich eine neue Parallele zwischen meiner Trainerlaufbahn und der von Sepp Herberger auf: Beide konnten wir unsere Karriere nicht mit einem Triumph beschließen. Aber ich bin überzeugt: So wie damals der Fußball einen neuen Aufschwung nahm, kann auch jetzt ein neue Generation von Spielern, Mannschaften und Fußball-Lehrern dem Fußball neuen Elan und neue Begeisterungsfähigkeit geben.

geredet, ob man nicht die Frauen und Bräute nachholen sollte.

»Das ist sehr schön«, lautete die Antwort, »aber es könnte uns doch bei der Konzentration stören. Wir müssen uns dann auch um die Frauen kümmern, ob sie sich wohlfühlen, ob sie mit dem Programm zufrieden sind, ob ihnen die Unterkunft gefällt und was sonst noch.«

Ich meinte damals: »Sollte es auch bei uns solch eine Stiftung geben wie bei den Österreichern, dann wäre es wahrscheinlich besser, wenn die Spieler mit ihren Frauen ein paar Urlaubstage in Rio de Janeiro an die Weltmeisterschaft anhängten.«

Die Italiener hatten zum großen Teil ihre Frauen mit dabei. Das war sehr dezent gemacht worden, nicht marktschreierisch; es handelte sich ja auch nicht um eine Werbeaktion.

Bei uns wurde über das Thema schon während der Vorbereitung in Malente diskutiert. Ich hatte nach Rücksprache mit dem DFB vorgeschlagen, die Spieler sollten doch »in Begleitung« kommen. Das sollte nicht nur für die Frauen gelten, sondern auch für die etwaigen Kinder. In Malente standen wir ja noch nicht unter dem Druck des Turniers. Die Frauen hätten im nahen Hotel wohnen und die Spieler in der Sportschule zweimal täglich trainieren können.

Doch schon damals kam aus der Mannschaft die Meinung: »Das muß nicht unbedingt sein, allein können wir uns besser auf die sportlichen Aufgaben konzentrieren.«

Nach den Erfahrungen von Malente 1974 war das für mich hochinteressant. Ich hatte den Spielern das Bällchen zugeworfen, aber sie hatten es nicht angenommen.

Um unser Spiel gegen Holland wurden auf beiden Seiten natürlich die Trommeln der Revanche für 1974 geschlagen. Was die Mannschaften selber betraf, konnte ich von solchen Emotionen nichts spüren. Es war eine andere Zeit, die Mannschaften hatten sich geändert, und aus jenem Münchner Endspiel waren auch keine bösen Gefühle zurückgeblieben.

Unsere Mannschaft griff die Holländer frech und frisch an, wie ich es mir immer gewünscht hatte. Ich beobachtete es von der Tribüne, wo ich saß, um endlich besseren Überblick zu haben. Rainer Bonhof schoß in der zweiten Minute einen prachtvollen Freistoß, und Abramczik köpfte den Abpraller ein: wieder Hoffnung, wieder ein Hoch, wieder das Gefühl: »Jetzt platzt der Knoten!«

Daß Abramczik wieder zum Zug kam, hatte seine Gründe, die man in der Heimat wohl nicht so recht mitbekam. In der letzten Woche hatte er sich im Training gleichsam zerrissen und auf mich heiß und hungrig gewirkt. Jetzt belohnte er mein Vertrauen gleich mit diesem Treffer.

Das Spiel danach wurde – wie mir der berühmte englische Alt-

Internationale Jackie Charlton später bestätigte – zu einer Demonstration offensiven Fußballs.

Dann kam wieder die kalte Dusche: ein phänomenaler Weitschuß von Haan, Kaltz zog im Reflex für den Bruchteil einer Sekunde den Körper ein, Sepp Maier war die Sicht verdeckt – der Ausgleich.

Dieter Müller köpfte nach einer schönen Flanke von Beer geradezu schulmäßig das 2 : 1 ein. Abramczik hatte eine große Chance, auch noch das 3 : 1 zu machen. Wir waren dran. Meine Kommandos von der Bank lauteten: »Jetzt nicht abstoppen!« In der zweiten Halbzeit hatte ich mich wieder zu den Auswechselspielern und meinen Helfern hinunter gesetzt.

Wir riefen den Spielern immer wieder zu: »Guckt auf die Anzeigetafel!« Italien führte erst 1 : 0 gegen Österreich, und es waren nur noch wenige Minuten. Das Endspiel rückte näher.

»Konzentriert spielen!« schrie ich. »Decken!« Bei einem solchen Stand so kurz vor Schluß kann man nichts mehr ummodeln. Manche Experten haben nachher gemeint, ich hätte in diesen letzten Minuten Leute wie Schwarzenbeck und Cullmann hereinnehmen müssen. Hätte, hätte, hätte. Und was hätte man mit mir gemacht, wenn Schwarzenbeck oder Cullmann, noch kalt und nicht eingestellt auf ihre Gegenspieler, ein Tor verschuldet hätten?

Man hätte gefragt: »Ist der Schön verrückt geworden?«

In solch einem Fall gibt es immer zwei Meinungen. Scheinbar recht behält, wer den Erfolg oder das Glück hat. Ich hatte es diesmal nicht. Sechs Minuten vor Schluß schafften die Holländer den Ausgleich: aus ihrer Sicht sehr geschickt, aus unserer doch unnötig.

Es hat mich sehr geärgert, daß wir die Endspielchance so vertan hatten.

22. Juni 1978
*Im Quartier von Ascochinga*

Es ist gekommen, was nicht kommen mußte, aber was schließlich doch gerecht war: Wir haben gegen Österreich 2 : 3 verloren.

»Helmut, mach' es uns nicht so schwer!« hatte ich vor dem Spiel noch lachend zu meinem Freund, Österreichs Nationaltrainer Helmut Senekowitsch, gesagt. Auch er lachte, wir wünschten uns viel Glück und meinten dabei, wie das so üblich ist, das Gegenteil.

Wie schwer hat es der Helmut uns dann gemacht!

Die letzte Chance fürs Endspiel verfehlt, sogar das »kleine Endspiel« nicht erreicht – in Deutschland löste das tiefe Enttäuschung aus, und bei den Österreichern überschlug sich nicht nur die Stimme des Reporters vor Freude.

Wie war die Niederlage möglich? Stellen wir diese Frage, die sicher sehr oft im Zorn ausgestoßen worden ist, jetzt einmal ganz ruhig.

Österreich – das war für viele Fußballanhänger lange Jahre eine Art gehobener Fußballzwerg. Da drüben kickte nach der Meinung deutscher Ballchauvinisten »Kamerad Schnürschuh«.

Ich habe diese Meinung nie geteilt, hielt sie für dumm. Ich war immer ein Liebhaber des guten österreichischen Fußballs der dreißiger und vierziger Jahre gewesen; ich habe ja mit Österreichern selbst in der sogenannten »großdeutschen« Nationalmannschaft gespielt.

Daß sie ausgezeichnete Fußballer hatten, habe ich immer gewußt. Sicher, es gab Zeiten, da waren sie konditionell und kämpferisch im Rückstand, schon deswegen, weil sie viel zu spät ihre National-Liga bekamen. Und dann gaben sie Jahr für Jahr ihre besten Spieler ins Ausland ab. Wohl kein Land hat so viele »Legionäre« in den europäischen Profi-Fußball geschickt wie Österreich.

Das war für den österreichischen Team-Chef immer eine besonders schwierige Situation. Und mit welchen internen Schwierigkeiten mußte ein so nobler und fachkundiger Mann wie der einstige Nationaltrainer Stastny kämpfen!

Meine Beziehungen zu dessen Nachfolger Senekowitsch sind seit langem eng. Wir haben uns viel über die gemeinsamen Probleme unterhalten, beispielsweise bei WM-Vorbereitungen. Einmal besuchte er uns für ein paar Tage vor einem Länderspiel in München und beobachtete uns. Er kam zu einer Bundesliga-Trainer-Tagung und hielt dort ein Referat. Wir sind wirklich gute Freunde.

Ich habe nie übersehen, daß der österreichische Fußball in den letzten Jahren zu bemerkenswerter Stärke gefunden hat. Erfolge in den Qualifikationsspielen für Weltmeisterschaften haben das gefördert.

Vergessen wir doch nicht: Im Vorfeld der WM 74 wurden die Österreicher erst in einem Entscheidungsspiel in Gelsenkirchen durch einen höchst unglücklichen Torwartfehler von den Schweden ausgeschaltet – von eben jenen Schweden, die wir dann mit so viel Mühe 4:2 bezwangen.

Und vergessen wir doch unsere eigenen Ergebnisse gegen Österreich nicht! Sie waren oft sehr knapp: etwa das 1:0 und 1:1 von 1969, oder das 2:0 von 1975.

Welche Schwierigkeiten hatten unsere Klubmannschaften in europäischen Pokal-Wettbewerben, etwa Mönchengladbach mit den Innsbruckern.

Trotz allem schienen viele Deutsche sogar von einem Sieg mit fünf Toren Unterschied zu träumen, was uns die letzte Final-Chance erhalten hätte. Ich habe unsere Spieler immer wieder gewarnt: »Denkt nicht an ein 5 : 0! Zunächst einmal ist es wichtig, überhaupt zu gewinnen! Seid bloß nicht überheblich!«

47 Jahre ohne Sieg gegen die Deutschen, das allein war ein enormer Ansporn für die österreichische Mannschaft.

Sie war sehr ausgeglichen besetzt, mit einem guten Torwart wie Koncilia, einem erstklassigen Deckungsspieler wie Pezzey, einem so guten Mittelfeldspieler wie Prohaska.

Und im Sturm standen Leute, die zur Sache gingen: Kreuz und Krankl.

Das sind Spieler, die in Europa einen guten Namen haben. In den letzten Monaten hatten sie enorm an Selbstbewußtsein zugelegt: Wer in der WM-Qualifikation die DDR ausschaltet, die Türken im Hexenkessel von Izmir schlägt, wer im Europacup ins Endspiel kommt wie die Wiener Austria, wer schließlich bei der WM Spanien und Schweden schlägt und gegen Brasilien und Italien nur 0 : 1 verliert – der muß sich nicht verstecken.

Nach unserem schnellen, gut herausgespielten Tor durch Rummenigge schlich sich bei uns wohl doch allzu viel Selbstsicherheit ein. Es gelang uns nicht, vor der Pause ein weiteres Tor zu schießen.

In der zweiten Hälfte schickte ich Hansi Müller aufs Feld, der es damit auf vier WM-Einsätze brachte; wer hätte das gedacht? Auch ich nicht . . . Der blutjunge Stuttgarter hat diese schweren Prüfungen mehr oder weniger gut bestanden. Er ist eine große Hoffnung des deutschen Fußballs, nur darf er sich nicht ablenken lassen und glauben, daß er schon ein dominierender Mann ist. Er muß noch sehr an sich arbeiten, konditionell immer in bester Verfassung sein, um seine glänzende Technik durchzusetzen, und er muß vor allem Abwehraufgaben übernehmen, wenn es notwendig ist.

Ich habe mehrmals gesagt: »Den Hansi Müller sieht man meistens nur, wenn er am Ball ist, weniger, wenn der Gegner den Ball hat.«

Von Hansi Müller erhoffte ich mir im Österreich-Spiel mehr Druck im Angriff. Aber dann prallte eine Flanke von Krieger unglücklich an das Schienbein von Berti Vogts, und es stand 1 : 1.

Krankl holte sich eine Flanke, die wieder von Krieger kam: 2 : 1.

Zwei Minuten später köpfte Hölzenbein einen Freistoß von Bonhof zum Ausgleich ein – 2 : 2.

Er rannte an die Außenlinie und schrie: »Reicht das?«

»Das reicht!« schrien wir zurück.

Es hätte gereicht, um wenigstens unter die letzten Vier zu kommen. Holland spielte zur selben Zeit gegen Italien und führte mit 2 : 1. Das bedeutete: Holland war im Endspiel, Italien ausgeschieden, wenn ...

Nur noch wenige Minuten. Da, eine etwas zu legere Abwehr, und Krankl schießt ein. 2:3. Die Österreicher haben verdient gesiegt. Es war kein nationales Unglück, nur eine sportliche Niederlage.

Für mich brach in diesem Augenblick eine Welt zusammen. Ich hatte mir den Abschluß meiner Laufbahn anders vorgestellt. Das Spiel um den dritten Platz, gegen Brasilien, das war mein Traum. Das hätten wir dann meinetwegen verlieren können, ich wäre darüber nicht traurig gewesen.

Nun beginnt für mich ein anderer Traum. Meine Zeit als Bundestrainer ist vorbei. Sie war schön. Vierzehn Jahre mit jungen Menschen, die Fußball spielen können – wenn auch nicht immer siegen. Aber darum geht es ja auch nicht allein.

Mein Traum ist real. Ein Liegestuhl in meinem Garten in Wiesbaden. Samstagnachmittag. Die Bundesliga-Glocken läuten im Land. Ich schaue in die Sonne oder in den Regen und frage meine Frau, ob sie was dagegen hat, wenn ich mal eben ins Waldstadion nach Frankfurt fahre.

»Geh nur«, sagt sie.

Vielleicht gehe ich, vielleicht bleibe ich auch liegen. Ein Leben ohne Verantwortung und Stress ist auch was wert. Vielleicht träume ich ein bißchen von früher. Vielleicht von meinem ersten Länderspiel.

## *Vier gegen vier in der Struvestraße*

Die Schuhkiste wanderte von Zimmer zu Zimmer. Darin waren die Klötzchen, die Nägel, der Hammer, der Dreifuß, damit wir unsere Fußballschuhe selber beschlagen konnten. Schraubstollen gab es noch nicht. Es war eine völlig andere Fußball-Welt als die von 1978.

In unserem Hamburger Hotel hörte man es an diesem Abend überall klopfen. Die deutsche Nationalmannschaft bereitete sich auf ihr Weltmeisterschafts-Qualifikationsspiel gegen Schweden vor. Ich hämmerte ziemlich nervös an meinen »Töppen« herum. Und haute mir schließlich auf den Daumen.

Hans Jakob von Jahn Regensburg, mein Zimmernachbar, brummte amüsiert: »Ja, da schau her! Bist du denn narrisch?«

Er war ein Riese und die Ruhe in Person: unser Torwart. Er entsprach dem Ideal jener Zeit vom Mann zwischen den Pfosten: So groß war er, daß er nicht einmal den Arm ganz ausstrekken mußte, um die Latte zu berühren; so athletisch und massiv gebaut, daß jeder Stürmer Angst bekommen mußte, mit ihm zusammenzuprallen. Torwärter wie Hans Jakob blieben nicht auf der Torlinie stehen und fischten sich die Bälle in kühnen Flugparaden aus den Ecken. Jakob marschierte mit Siebenmeilen-Schritten hinaus in den Strafraum. Dort ging er durch die Angreifer hindurch, daß diese wie die sieben Zwerge auseinanderpurzelten. Er faustete den Ball dreißig oder vierzig Meter zurück ins Feld, als wollte er dem Leder eine Lehre erteilen: Bei mir nicht! Und nie wieder, verstehst?! So einer war Hans Jakob, der Riese aus Regensburg.

»Ja, also, was führst dich so auf?« fragte er mich väterlich rauhbautzig. »Haut sich den Daumen platt!«

Für mich, den Sachsen, den Youngster, war diese Art bayerischer Gemütlichkeit neu, aber ungemein beruhigend.

»Entschuldige Hans, aber du weißt doch: die Ehre, für Deutschland . . . Wo ich doch das erste Mal spielen darf . . .«

Das war der Ton der Zeit. Ich hatte immer noch einen Brief im Kopf, den Reichstrainer Dr. Otto Nerz allen Nationalspielern ein paar Wochen vorher geschrieben hatte:

»Kameraden! Wichtige Aufgaben liegen dicht vor uns! Da heißt es gerüstet sein! Ich bitte Euch alle, dafür zu sorgen, daß Ihr bereit seid, wenn der Ruf an Euch ergeht! Scharfes Konditionstraining (Laufen und Kopfspiel) ist besonders notwendig, denn es wird viel von Eurer Kraft und Ausdauer abhängen. Die Weltmeisterschaft des nächsten Jahres zwingt zu besonderer Sorgfalt in der Auswahl! Seid bereit! Heil Hitler!«

Wenn »der Ruf« in dieser Art heute an die Nationalspieler ergehen würde, ich glaube, sie würden laut lachen.

Für mich und meine Kameraden war dieser Ton damals selbstverständlich. Nationalspieler galten manchen – vor allem denen an der Spitze – als eine Art Fußball-Soldaten des Vaterlandes in vorderster Front.

Hans Jakob lächelte vor sich hin. Er sah es sicher ganz zivil.

Am nächsten Tag, dem 21. November 1937, fand das Länderspiel statt. Hamburg, damals schon eine Zwei-Millionen-Stadt, hatte acht Jahre lang auf ein solches Fußball-Ereignis warten müssen und sich entsprechend geschmückt: Fahnen neben Fahnen an den Verkehrsknotenpunkten, vor dem Rathaus und dem Hauptbahnhof, die Straßen entlang, die zum Volksparkstadion in Altona führten. Natürlich überwogen die langen Hakenkreuzfahnen.

Die S-Bahn hatte Sonderzüge eingelegt. An den Straßenbahnen hingen die Menschen wie Trauben. Eine Völkerwanderung von Fußgängern schob sich in mehreren endlosen Kolonnen in Richtung der vier Tribünen des Volksparkstadions, die man schon von weitem sehen konnte. Daß einmal eine Zeit kommen würde, in der fast jedermann im eigenen Auto zum Fußball fährt, hätten wir uns damals nicht träumen lassen. In ganz

Deutschland – ich habe es einmal nachgeschlagen – waren am 1. Juli 1937 gerade gut 1,1 Millionen Personenwagen zugelassen. Motorräder gab es mehr, über 1,3 Millionen. Man knatterte per »Krad« zum Länderspiel, man kam mit dem Fahrrad und schloß es dann an eine Laterne, an einen Zaun.

Schweigend, diszipliniert und dunkel schoben sich die Massen auf das Stadion zu. Da sah man nichts von den Faschings-Farben, die heute üblich sind. Da waren keine bunten Vereinsschals, grellen Pullover, Vereinsmützen, Fahnen, die über der Menge schwanken. Keine Trompeten schmetterten, keine Signalhörner heulten auf, und die Sprechchöre rief man auch nicht schon unterwegs. Männer trugen Sonntagsstaat, hatten ihre besten Hüte auf. Die wenigen Frauen, die sich auf der Haupttribüne blicken ließen, kamen im sportlichen Rotfuchs, mit Silberfuchscape; auch Waschbär war sehr modern, Bisam galt als chic.

So boten die 55 000 Zuschauer, die sich schließlich im Volksparkstadion drängten, ein ziemlich düsteres Bild. Es war ja auch ein trüber Tag. Es hatte über Nacht geschneit, ein Teil der Aschenbahn und des Rasens waren mit Schnee bedeckt.

Ich saß in der Kabine und legte mir mit zittrigen Händen die überlangen, überbreiten, schneeweißen Schnürsenkel zurecht, die ich mir extra für dieses Spiel in meiner Heimatstadt Dresden gekauft hatte. Vor einem großen Match zog ich mir immer neue Senkel ein. Das war mein Ritual.

Mir kam es so vor, als wären die Senkel unwahrscheinlich breit und die Ösen ganz klein geworden. Ich fädelte und fädelte. Hans Jakob beobachtete mich lange. Dann brummte er:

»Nun mach dich doch nicht verrückt! Du kannst doch was!«

Jetzt sprach er richtig hochdeutsch. Der gute Jakob! Plötzlich paßten die Senkel in die Ösen.

Ich wußte ja: War ich erst einmal auf dem Platz, würde die Nervosität von mir abfallen. Hatte ich den Ball, war alles gut. Der Ball war mein ein und alles. Er gab mir Sicherheit. Er gehörte zu mir, seit ich denken konnte.

Ich bin oft nach dem »Geheimnis meines Erfolges« gefragt worden. Ich kann auch heute nichts anderes dazu sagen: Ich war immer eine Spieler-Natur – im sportlichen Sinn. Das Spiel mit Bällen erzeugte in mir ein unerklärliches Wohlbehagen. Ich hatte das Gefühl, daß ich mich erholte, wenn ich einen Ball berührte. Eine Energie ging von ihm aus und versorgte meinen Körper, meine Nerven. Er gab mir Kraft. Jeder Ball weckte in mir eine seltsame Freude. Das war – und ist – ein ganz irrationales Verhältnis, vielleicht angeboren.

Mit dem Ball läßt sich allerdings auch ganz schnell feststellen, wer der Stärkere ist – denn man spielt ja mit anderen zusammen. Der Ball war für mich ein Mittel zur Selbstbestätigung. Darum wollte ich in der Ball-Behandlung immer besser sein als die anderen, darum übte ich heimlich. Ich konnte mir mit dem Ball zweierlei beweisen: Du beherrschst die Materie, und du beherrschst die anderen Menschen, natürlich innerhalb der festen Regeln. Ich hatte immer den Ehrgeiz, besser als die anderen zu sein.

Wir trabten auf den schneeverschlickten Platz des Volksparkstadions. Ich weiß: Da lag ein Steinchen auf der Aschenbahn. Ich stieß es weg. An den Ball, auf den ich so gierig war, sollte ich allerdings noch lange nicht kommen.

Die Nationalhymnen! Im Mittelkreis aufgereiht, Deutsche und Schweden in Reih und Glied, hörten wir sie uns an.

Es gab zu dieser Zeit längst eine von unserer politischen Führung bei öffentlichen Anlässen vorgeschriebene Armhaltung, die man den »Deutschen Gruß« nannte: rechter Arm bis in die Fingerspitzen straff nach vorn gestreckt und leicht angehoben – als wollte man mit dem Handrücken prüfen, ob es draußen regnet.

Wir hörten uns die schwedische Hymne mit unerschütterlichem »Deutschen Gruß« an. Dann kam das »Deutschland-Lied«. Mein Arm begann zu zittern. Ich hätte ihn gern mit dem linken etwas abgestützt, in diesen feierlichen Augenblicken. Die Hymne hörte und hörte nicht auf. Denn wir hatten nicht nur eine, sondern gleich zwei. Auf »Deutschland, Deutschland über alles« folgte das »Horst-Wessel-Lied«, das mit den Worten begann: »Die Fahne hoch . . .«

Mir fiel fast der Arm herunter. Aus dem Zittern wurde mehr und mehr eine Art verkrampftes Winken in Richtung Haupttribüne, auf der »Reichssportführer« Hans von Tschammer und Osten in vollem Uniform-Putz Platz genommen hatte: ein gutaussehender, eitler, wichtigtuerischer Mann.

Das unfreiwillige Winken paßte sicher wenig zu jener »Großen Zeit«, in der wir uns seit vier Jahren, seit Hitlers Machtergreifung, befanden. Wir Nationalspieler trugen auf dem Jersey im Reichsadler das Hakenkreuz der Nationalsozialisten. Auch der Fußball war ein Teil der Politik und Staatsdarstellung geworden.

Als der letzte Ton des »Horst-Wessel-Liedes« verklungen war, sauste ich los, schnappte mir den Ball – und spielte bis zum Anpfiff nur für mich allein. Vor einem Länderspiel tat man das nicht, unmöglich. Ein Warmmachen wie heute gab es damals nicht. Aber ich brauchte es.

Als das Spiel endlich angepfiffen wurde, begann das, wovon ich Tag und Nacht geträumt hatte, seit ich ein Knirps war: meine Karriere als Nationalspieler.

Ich war gerade zweiundzwanzig Jahre alt.

Das Spiel begann auch wie ein Traum. Schon in den ersten Augenblicken, als sich unser Angriff entwickelte, bekam ich den Ball in halbrechter Position – und habe mich mit einem Schlag von allen meinen Hemmungen frei gemacht:

Ich schoß, aus 16 oder 18 Metern, aufs Tor. Der Ball zischte in Richtung lange Ecke. Es wurde immer länger, immer länger, unhaltbar . . . und krachte an den Pfosten.

Unser Mittelstürmer Otto Siffling nahm den Abpraller auf und donnerte ihn über die Latte.

Das war auch für ein Länderspiel ein spektakulärer Auftakt. Und – befreiender hätte bestimmt kein Länderspiel für einen Neuling beginnen können. »Mensch«, dachte ich, »hallo, das ist ja wie zuhause!«

So heimelig war es leider nicht. Kaum hatte ich den Ball

wieder am Fuß, hörte ich einen durchdringenden Ruf: »Spiel ab! Hopp!«

Es war Fritz Szepan, Mannschaftsführer und noch viel mehr: der Spielmacher überhaupt. Dieser blonde, athletische, mittelgroße Mann gab in der Nationalmannschaft den Ton an. Er war nicht schnell, aber er konnte ein Spiel schnell machen durch die Art seiner Vorlagen. Er konnte das Tempo einschläfern und hochjagen, wie es beliebte. Wenn Schalke 1934, 1935 und 1937 Meister geworden war, dann wesentlich wegen seiner Dirigentenkunst.

Nun haben es Dirigenten allerdings nie besonders gern, wenn sich jemand neben sie aufs Pult drängelt. Ich aber, der junge Spund, tat das, ohne es zu wollen – indem ich einfach so spielte, wie ich es von zuhause gewöhnt war. Denn beim Dresdner Sport-Club gab ich den Takt mit an.

»He, Langer, spiel schneller!«

Es war schon wieder Fritz Szepan. Ich führte den Ball und wollte gerade meinen Rechtsaußen einsetzen. Szepan aber war es gewöhnt, daß alles über ihn lief und er dann über die Ballverteilung entschied.

Mein schönes frisches Selbstbewußtsein erlitt einen Knacks, weil der große Szepan so ungnädig war.

Glücklicherweise hatten wir sonst keine Sorgen. Linksaußen Urban, auch ein Schalker, hatte in der zweiten Spielminute flach geflankt, Mittelstürmer Siffling den Ball kurz hinter dem Elfmeterpunkt erwischt und aus der Drehung verwandelt – 1:0.

Schon sechs Minuten später paßte Siffling zu Szepan, der lief noch einige Schritte – fertig war das 2:0. Das bestärkte Fritz Szepan natürlich auch darin, daß er mir in aller Freundschaft zu sagen hatte, wie hier der Hase lief.

Beklommen ging ich bei Halbzeit vom Platz. Ich bin nun mal auf ein positives Echo angewiesen.

»Weiter so, Schön!« rief jemand von der Ehrentribüne. Es war der »Reichssportführer«. Ich war völlig baff. Dann konnte es ja so schlimm nicht gewesen sein.

Ich erinnere mich noch genau an den Weg zur Kabine. Wir

mußten hinter der Tribüne ein paar Stufen hinauf ... Da tauchte aus dem Dunkel der Zuschauermassen ein Herr auf. Er zeigte mit dem Finger auf mich.

»Helmut Schön, kommen Sie mal her! Ich habe beobachtet, wie der Szepan Sie getadelt hat. Lassen Sie sich nicht ins Bockshorn jagen! Sie haben Ihre Sache glänzend gemacht! Weiter so ...«

Diese Worte waren für mich Medizin. Es war wohl das erste Mal in meinem Leben, daß ich merkte, welch außerordentlich positive Wirkung von solch einem Zuspruch ausgeht. Fußball spielt man nicht nur mit den Beinen und mit dem Kopf. Ich habe später versucht, selber junge Spieler immer wieder durch ein paar Worte aufzubauen.

Noch heute stehe ich mit dem Mann, der mir damals so geholfen hat, in Briefverkehr. Er heißt »Pauli« Sternberg, war damals ein leidenschaftlicher Anhänger des FC St. Pauli und von Beruf Direktor bei der Deutschen Bank.

Seine moralische Aufrüstung zahlte sich aus. Gleich zu Beginn der zweiten Halbzeit des Schweden-Spiels schlug meine Stunde.

Adolf Urban von Schalke 04 hob von der linken Seite eine Flanke herein. Ich lief in den Strafraum, dem Ball schräg entgegen – und schoß ihn aus der Drehung mit dem linken Fuß volley in die rechte Ecke. Entfernung: acht bis zehn Meter ... Es war die 48. Minute.

Ich sehe das alles noch wie im Film vor mir. Mein Kopf steckt voll mit solchen Fußball-Szenen, auch wenn sie sich vor vierzig oder fünfzig Jahren in Sekunden abgespielt haben.

Das zweite Tor, das ich in diesem Länderspiel gegen Schweden schoß, war eines der schönsten, das mir je gelungen ist.

Wieder kam eine Flanke von links. Ich stoppte den Ball mit der Brust, ließ ihn fallen und nahm ihn im Augenblick des Auftippens mit links voll als »drop kick«. Er rauschte unhaltbar oben in den Winkel.

Was habe ich mich gefreut! Ich rannte über den ganzen Platz und sprang immer wieder hoch. Man wurde damals von seinen

Mitspielern noch nicht auf den Boden geworfen und abgeküßt . . .

Wir gewannen 5 : 0. Am nächsten Tag stand in einer Hamburger Zeitung: »Deutschland fand einen neuen Szepan«. Das war damals die Erhebung in den fußballerischen Adelsstand. Ich las:

»Schön in großer Form«

»Schön hat sich die Herzen der Zuschauer erobert. Immer wieder wird er angefeuert und zu neuen technischen und taktischen Leistungen angespornt. Zusammen mit Lehner bildete er einen unerhört gefährlichen rechten Flügel, der damit auch das deutsche Angriffsspiel mit sich riß.

Vor allem war es immer wieder Schön, der durch seine kaum zu überbietende technische Sicherheit und sein fast englisches Kopfballspiel die Massen fesselte.«

Jetzt »war ich einer«, wie man in Dresden sagte. Und man sollte nicht vergessen: Fußball war damals, mangels Fernsehen, das Freizeit-Vergnügen Nummer 1. Beim Länderspiel England–Schottland hatte es im selben Jahr einen Weltrekord gegeben: 150 000 Zuschauer.

Ich stand mit den Jungen aus meiner Straße vor der hohen, düsteren Mauer, die die »Greiling«-Zigarettenfabrik in Dresden umgab. Sehnsüchtig guckten wir hoch, als läge dahinter das Schlaraffenland, Italien oder sonst etwas Wunderbares. Wir riefen im Sprechchor:

»Bil–der! Bil–der!«

Wir schrien uns fast die Lungen aus dem Hals:

»Bil–der! Bil–der!«

Immer wieder, eine Viertelstunde lang. Bis wir denen hinter der Mauer mit unserem Krach auf die Nerven gingen.

Plötzlich flatterten dann Fußballerbildchen auf uns herab. Wir hechteten danach. Da waren unsere Idole: Der Sindelar aus Wien . . . So wie er wollte ich immer sein, technisch, elegant . . . Oder der Richard Hofmann aus Meerane, dieser tolle Spieler und unbarmherzige Torschütze . . . Ich war ja kaum neun, also mitten im Nachahmalter. Fernsehen gab es nicht, die

Kino-Wochenschau kam für unsere Verhältnisse noch nicht in Frage. So mußte ich mir, was ich von meinen Lieblingen wissen wollte, aus den Zeitungen zusammensuchen – aber die berichteten nur in den allgemeinen Redewendungen, wie: ». . . zeigte einmal mehr, daß er in guter Verfassung war«.

Auf den Fußballerbildchen, die den Zigarettenschachteln beigegeben waren, sah man jeweils einen Klassespieler, meistens in Schwarz-weiß, selten in Farbe: nur Kopf und Brust, markiger Blick, Scheitel wie mit der Axt gezogen. Darunter stand: »Walter Soundso, Dresdner SC, geboren am 8.9.1900, ist kaufmännischer Angestellter. Er steht als bester sächsischer Verteidiger ständig in der Auswahlmannschaft des Gaues . . . Gaumeister, eine wirklich gute Zigarette!«

Das war damals Fußball und Werbung. Als sich Richard Hofmann einmal mit einer Schachtel »Bulgaria Krone«-Zigaretten fotografieren ließ und dafür ein paar Mark kassierte, wurde er »lebenslänglich« gesperrt – und erst nach Zuschauerdemonstrationen vor einem Länderspiel 1935 begnadigt.

Zuhause habe ich aus diesen Zigarettenbildchen meine Traum-Mannschaften aufgestellt. Ich legte sie auf dem Tisch aus: den Torwart, die Verteidiger, die Läufer, die Stürmer . . . Oft fehlte mir ein Linksaußen. Als Bundestrainer hatte ich später auch hin und wieder gerade diese Sorge: Wo gibt es den richtigen Linksaußen? Damals, als Junge, konnte ich hinunter auf die Straße gehen und einen Linksaußen gegen den Torwart Heiner Stuhlfaut eintauschen, den ich doppelt hatte. Ich konnte die elf Besten nehmen, ohne daran denken zu müssen, daß die elf Besten selten auch die beste Mannschaft ergeben. Besser als die Besten ist die richtige Mischung von Spielgestaltern und ihren Helfern.

»He, spielen wir vier gegen vier!«

»Klar. Pfosten ist Hauseingang Nummer 24 und die Laterne.«

»Und bei uns Nummer 32 und die Laterne.«

»Tor gilt nur bis Kopfhöhe.«

»Und drei Ecken 'n Elfer!«

Mit einem solchen Rezitativ begannen immer wieder die vielen hundert Fußball-Arien, die wir auf unsere Straße, der Struvestraße in Dresden, abzogen.

Wir spielten den Bürgersteig entlang. Passanten waren ebenso hinderlich, wie es Schiedsrichter in einem richtigen Spiel zu sein pflegen. Man mußte sie eben umspielen – oder so geschickt gegen das Einkaufsnetz kicken, daß sich daraus ein Doppelpaß ergab.

Autos fuhren kaum durch unsere Straße. Damals kam ja überhaupt erst der Ballonreifen auf. Die Struvestraße lag in einer ruhigen, gutbürgerlichen Wohngegend am Rande der Innenstadt, mit vierstöckigen Häusern, Fünf- und Sechs-Zimmerwohnungen. Sie mündete in Dresdens elegante Einkaufsstraße, die Prager Straße.

Ich war zwar erst fünf oder sechs, als ich mit dem Straßenfußball begann. Aber es hat nie jemand gewagt, mich ins Tor abzuschieben, wie es das Schicksal mancher Knirpse beim Pflaster- und Asphaltfußball ist: »Kleine und Doofe müssen in den Kasten«. Bei mir nicht!

Ich ließ den Ball ins Souterrainfenster rauschen. Meine angeschnittenen Flanken drehten sich genau in die Scheiben im Parterre. Und wenn ich in der Defensive zu einem Befreiungsschlag gezwungen war, verschwand der Ball auch mal klirrend in der ersten Etage. Da lernte ich blitzschnellen Antritt, um zu verschwinden, wenn nichts mehr zu kitten war. Aber im übrigen achteten wir schon auf möglichst genaues Schießen – damit das Spiel weitergehen konnte.

Auf der Straße wurden meine besonderen Talente, Ballgefühl und schnelle Reflexe, geschult. Noch heute ist mir davon einiges geblieben: Wenn mir in der Küche ein Teller hinfällt, fange ich ihn immer noch mit dem Fuß auf.

Die Straße wurde für uns zur Hohen Schule des Fußballs, wie sie es einst überall gewesen ist: in Gelsenkirchen wie in Manchester, in Turin wie in Nürnberg. Mit Tennis-, Gummi- und Stoffbällen haben wir jedes Hindernis überwunden, jede Schwierigkeit zu unserem Vorteil ausgenutzt.

Heute ist »die Straße« als Welt-Akademie des Fußballs längst vom Auto überrollt. Mancher Experte befürchtet darum auch ein allmähliches Versinken der Kickerkunst im Mittelmaß des Wohlstandes. Ich glaube das nicht: Gute Übungsleiter selbst in kleinsten Vereinen machen das Fehlen von Laterne und Bordsteinkante wieder einigermaßen wett . . .

Bei uns auf der Struvestraße »knödelten« Kinder aller Gesellschaftsschichten. Da waren der Sohn eines Papiertütenhändlers von der Großmarkthalle, der Sohn eines Journalisten, der eines reichen Ziegelei-Besitzers. Wir hatten Kinder von Beamten, Angestellten, Arbeitern – und sogar bescheidenen Adel: zwei »von«.

Am Ball waren alle gleich.

Ich umdribble gerade Erich von nebenan, lüpfe den Ball an die Hauswand, nehme den Abpraller geschickt mit dem linken Bein auf, wie Sindelar, und . . .

Ein schriller Pfiff. Auf vier Fingern. Unerträglich, das kribbelt richtig im Ohr. Aus. Ich weiß: mein Vater. Er hat mich mal wieder beim Fußball erwischt. Er hielt Fußball nicht nur für einen »Proletensport«, wie so viele Leute damals. Er ist viel radikaler: »Sport ist Mord«, lautet seine Devise.

Ich schleiche verschwitzt, verdreckt dorthin, wohin mich sein gebieterisch ausgestreckter Arm weist: nach Hause. Ich sehe ihn vor mir, den Kunsthändler Anton Schön, ein hagerer, aber kräftiger Mann, wie er die Straße hinuntergeht zu seinem Geschäft in der nahen Lüttichaustraße. Dort setzte er sich hin, zwischen Barockkommoden und Biedermeier-Schränken, Meißener Porzellan und kolorierten Ansichten von Dresden oder Neapel. Dort wartete er darauf, daß ein Ehepaar aus England, ein reicher Amerikaner oder eine Dame aus Prag seine Kunsthandlung betraten und vielleicht etwas kauften. Die Deutschen verfügten zu dieser Zeit, Anfang der Zwanziger Jahre, kaum über Geld für noble Kinkerlitzchen. Sie verkauften eher die alten Erbstücke, Orientbrücken, Truhen, Porzellan. Die Ernährer waren im Ersten Weltkrieg gefallen, das Leben war hart.

Auch bei uns zu Hause gab es schon mal Kohlrüben. Wir fuhren aufs Land, um eine Perserbrücke gegen Kartoffeln und Butter zu tauschen.

In Rußland wüteten Hungersnöte; wir mußten wenigstens nur knapsen. Die Mode machte einen Kult daraus, daß die Menschen unfreiwillig schlank waren.

Auf der feinen Prager Straße lehnten die Kriegsinvaliden an den Häuserwänden und streckten den unversehrt gebliebenen Bürgern die schmutzig verbundenen Stümpfe ihrer Arme und Beine entgegen: Langemarck, die Marne, die Somme, Verdun, das Inferno der Gräben in Flandern waren noch nicht vergessen – und der Kaiser hackte im holländischen Doorn wie ein Verrückter Holz. Ich sehe das Bild aus der »Berliner Illustrirten« noch vor mir.

In jener Nachkriegszeit nahm mich mein Bruder Walter zu meinem ersten Länderspiel mit, Deutschland–Österreich, 3:3. Ich habe nur noch wenige Eindrücke davon.

Das Gedrängel der grauen Massen, die mich fast totdrücken ...

Dann dieser Riese Stuhlfaut im Tor, der beim Warmschießen zwei Bälle gleichzeitig wegboxt.

Stuhlfaut – das war bis Fritz Walter der einzige Fußballer, der ganz Deutschland in Atem hielt. Heiner der Große stand beim 1. FC Nürnberg im Kasten, damals Deutscher Rekordmeister. Doch eigentlich stand Heiner Stuhlfaut gar nicht im Kasten. Er ging raus, der Strafraum war sein Schrebergarten, den er beakkerte. Da durfte keiner auf seine Beete. »Dritter Verteidiger«, wie man ihn damals nannte, ist eine schwache Beschreibung. Der fränkische Hüne war ein Bild deutscher Wehrhaftigkeit – als mit den Deutschen sonst nicht viel zu bestellen war. Vielleicht begründet das die legendäre Popularität des Mannes mit der grauen Schiebermütze und den Gummi-Knieschonern.

Als ich diesen Heros deutscher Nation das erste Mal sah, war ich noch nicht sechs Jahre alt; es war der 5. Mai 1921. An diesem Tag stellten die Siegermächte des Ersten Weltkrieges dem geschlagenen Deutschland im sogenannten »Londoner Ultimatum« unerbittlich letzte Bedingungen: schnellere Entwaffnung, eiligere Bezahlung der 132 Milliarden Goldmark »Reparationen«. Eine Goldmilliarde wurde innerhalb von fünfundzwanzig Tagen fällig – die letzte sollte 1982 gezahlt werden–, Aburteilung der »Kriegsverbrecher« Ludendorff und Hindenburg, die Androhung, bei Nichterfüllung der Forderungen schon am 12. Mai das Ruhrgebiet zu besetzen.

Vater wußte nichts davon, daß ich beim Länderspiel war.

Er war nicht immer Kunsthändler gewesen. Er stammte aus einer handfesten Bauernfamilie im Schlesischen, hatte feine Lebensart als Kammerdiener adliger Herren in Deutschland gelernt und war schließlich Butler englischer Aristokraten geworden; er sprach auch recht anständig Englisch, was damals durchaus nicht selbstverständlich war.

Er war schon achtundfünfzig Jahre alt, als ich zur Welt kam. Konnte er noch begreifen, daß Fußball auch eine Kunst war? Für ihn war es Mord.

Mörderisch war mein Lieblingssport auf jeden Fall für die hohen Schnürschuhe oder Sandalen, die ich beim Fußball auf der Straße trug. Nach Vaters »Abpfiff« stand ich mit zertretenen Schuhen vor der Wohnungstür. Ich spukte schnell noch mal aufs ramponierte Oberleder und wienerte es nach Kräften mit einem Taschentuch, das danach entweder zerrissen oder unbeschreiblich verdreckt war.

Meine Mutter öffnete: eine schöne, gütige, liebe Frau, hochgewachsen; von ihr habe ich wohl meine Länge.

»Was ist denn bloß wieder mit den Taschentüchern?!« ist einer ihrer klagenden Sätze. Aber sie verzieh tausendmal. Sie mußte Tag für Tag, Jahr für Jahr sagen, was die Mütter allen ihren fußballspielenden Kindern immer wieder vorbeten: »Gib acht auf deine Schuhe! Mach dich nicht so schmutzig! Komm nicht so spät nach Hause!«

Der Schwund an Schuhen und Taschentüchern traf die Familie ziemlich hart. Mein acht Jahre älterer Bruder spielte ja auch leidenschaftlich – und ausgezeichnet – Fußball.

»Ich glaube, heute gibt es was Feines«, sagte mein Vater. Ich hatte gerade einen Ball in der Hand. Meinte er die Rouladen? »Zinnsoldaten«, sagte er. Da gab ich dem Ball einen Tritt.

Wir liefen beide durch Dresden, nebeneinander, aber ohne uns an der Hand zu halten. Das ist eine der merkwürdigsten Geschichten, die es zwischen Menschen gibt: wenn Vater und Sohn gemeinsame Sache machen wollen. Der eine möchte dem anderen seinen Schatz im Silbersee zeigen. Es ist die stärkste, zärtlichste Verbindung der Welt.

In der Pirnaischen Straße – einer kleinbürgerlichen Gegend mit Tante-Emma-Läden – befand sich ein Auktionslokal, in dem Nachlässe versteigert wurden. Man wand sich durch mehrere Räume, in denen es ziemlich chaotisch aussah: Vertikos, Standuhren mit Perpendikel, dunkle Ehe-Betten aus Mahagoni, Schränke, Klaviere, Bronzefiguren – eine nackte Frau, Schleier um die Schenkel, nach einem Ball haschend – als Tischaufsätze. Das stapelte sich. Man hatte ein ganzes Zeitalter – die sogenannte gute alte Zeit – verräumt. Es war Menschen-Nachlaß, lieblos zusammengeschoben.

Vater und ich gingen in einen größeren Raum, in dem das Pult des vereidigten Auktionators stand. Wir nahmen auf einem der vielen Stühle für die Interessenten Platz.

Ich wackelte auf meinem Stuhl ungeduldig hin und her, bis der Auktionator rief: »Zinnsoldaten-Sammlung, neunzehntes Jahrhundert, vor allem Befreiungskriege und siebzig-einundsiebzig, mit Kanonen und Trainwagen ...«

Ich bekam heiße Ohren. Zinnsoldaten waren die einzigen Objekte, die mich genauso faszinierten wie Bälle. Es waren Figuren, mit denen man Gefechte aufstellen, Strategien inszenieren konnte – wie man wollte. Wie ich wollte! Sah ich sie an, dann bewegten sie sich und taten, was in meinem Kopf war.

Ich bettelte: »Vater, kauf mir doch die Zinnsoldaten ...« Ich zog ihn am Jackett. Er wurde unwirsch. »Das kommt nicht in Frage!«

»Aber Vater ...«

»Nein! ... Vierzig Mark sind eine Menge Geld!«

»Aber sieh doch mal die Kürassiere und die kleinen Kartätschen!«

Vater schüttelte den Kopf. Aber er sah mich dann merkwürdig an, irgendwie gerührt. Ich stand auf, bockig, enttäuscht. Vater blieb nochmal zurück, dann gingen wir stumm nach Hause. Ich schwieg trotzig und hätte doch am liebsten laut geheult.

Als wir nach Hause kamen, waren die Zinnsoldaten bereits da. Ich war der glücklichste Junge der Welt. Mein Vater hatte wieder diesen gerührten Ausdruck im Blick. Ich baute sofort die Soldaten auf.

Wollte Vater mich vom Fußball weg in seine Welt locken? Ich weiß es nicht.

Unsere Sechs-Zimmer-Wohnung konnte sich schon sehen lassen: Vater hatte die schönsten Stücke nicht im Geschäft, sondern zuhause. Ich wuchs auf zwischen Barockkommoden und Eckschränckchen im Biedermeierstil, auf Orientteppichen, unter schönen Stichen und Gemälden. Die Tapeten waren, dem Geschmack der damaligen Zeit entsprechend, dunkel, üppig gemustert. Es war gemütlich bei uns.

In diesem durchaus stilvollen Haushalt gab es auch eine große Küche. Und wenn es regnete, kickte ich dort mit meinem Bruder. War die Luft ganz rein, durfte auch mal ein Junge von der Straße mit herauf. Der Herd war schön. Ein Teil war gekachelt, da konnte man Dampfnudeln in die Röhre schieben. Dann gab es die Feuerstelle mit den Eisenringen und auch noch die Gasbrenner. Am Küchentisch aß die Familie tagtäglich. Über dem Tisch hingen schöne Meißener Zierteller.

Für Küchenspiele war entscheidend: Unter dem Fenster gab es eine Art Kühlfach, dessen Türen ein ideales Tor abgaben – und genau gegenüber lag die Küchentür, die in die Diele führte: das andere Tor.

Da wir hier meistens unter Zeitdruck spielten, haben wir auch nie die Zierteller vorher in Sicherheit gebracht.

Darum wurde ab und zu ein kostbares Stück »abgeschossen«,

und wir mußten dann die Teller geschickt neu ordnen, um die Lücke auszugleichen. Ich erinnere mich noch mit Grauen, wie mein Vater einmal bei Tisch hinaufsah und ganz langsam und gedehnt fragte:

»Wo ist denn eigentlich der rote Drachenteller?!«

Das war für uns das Zeichen, die Küche schleunigst zu verlassen.

Das Fußballspielen vollzog sich bei mir in einem stufenweisen Aufstieg. Von der Straße wechselte ich mit sieben, acht Jahren hinüber in die nahen Grünanlagen der »Bürgerwiese«, einen Park auf dem Gelände eines vor 500 Jahren ausgetrockneten Sees. Hier hat der junge Dichter Gerhart Hauptmann im vergangenen Jahrhundert einem schönen Mädchen seine Liebe erklärt. Jetzt flanierten wohlanständige Bürger – viele Beamte – durch die grünen Kulissen.

Wir sahen, für heutige Begriffe, ziemlich komisch aus, wenn wir zum Fußballspielen gingen. Die meisten trugen eine Sportmütze. Die kurzen Hosen waren knielang. »Reiche« Jungen erkannte man an Kniestrümpfen und Schuhen. Mindestens zwei »Spieler« mußten mit Jacken erscheinen – die brauchten wir als Pfosten. 1 Baum + 1 Jacke = 1 Tor – das war die Formel.

Durch die Jacken-Pfosten kam es natürlich oft zu Streitereien, die leidenschaftlicher geführt wurden als die Diskussion um das »dritte Tor« beim WM-Finale 1966 zwischen England und Deutschland. Was war bei einer Jacke »Innenpfosten«? Manches Spiel mußte wegen Handgreiflichkeiten abgebrochen werden.

Ein Ball, ein richtiger Fußball aus Leder, war damals etwas ganz anderes als heute: nicht das preiswerte Produkt einer Massenkonfektion, aus der man sich nach Belieben ein Modell in Orange-Grün oder Schwarz-Weiß oder Gelb-Blau aussuchen konnte. Ein Lederball war eine Kostbarkeit – auch wenn er keine definierbare Farbe mehr hatte und so oft getreten worden war, daß er eher wie ein Ei aussah. Solche Lederbälle waren von irgendeinem Fußballverein ausrangiert und von einem Jungen dann »organisiert« worden. Oder ein begüterter Junge hatte die Wunderkugel von einem Onkel geschenkt bekommen. Meistens waren bei diesen »Pillen« die Nähte geplatzt, und wir mußten vor dem Aufpumpen vorsichtig ein Stück Leder unter die geplatzte Stelle schieben, damit die Gummiblase nicht hervorquoll und dann platzte.

Es kam die Zeit, da besaß auch ich einen Lederball. Wenn ich zum Fußball in die Anlagen ging, trug ich die »Pille« stolz unterm Arm, und die anderen sagten mit einer gewissen Andacht: »D'r Meester kommt!« Das bezog sich nicht nur auf meine Fertigkeit beim Spiel, wichtig war vor allem der »Ballbesitz«.

Das Stück, auf dem wir spielten, hieß »Polizeiwiese« – leider nur zurecht. Immer wieder schnappten patroullierende Polizisten die Bälle weg. Oder es ertönte plötzlich wildes Indianergeheul: Die älteren Jungen, die zwölf- bis dreizehnjährigen, machten Jagd auf unseren Ball.

»Ball einziehen! Die Großen kommen!« schrien wir und rannten wie die Bürstenbinder.

War mal wieder ein Lederball futsch, ging ich zu den Tennisplätzen am Großen Garten und arbeitete für ein paar Pfennige als Balljunge. Da kam es schon mal vor, daß ich während eines Matches einen Tennisball zum Zaun kugelte, ganz unbemerkt, und die kleine Hand eines Kameraden schlüpfte unter dem Maschendraht hindurch und schnappte ihn sich.

Ich nahm gar nicht wahr, in was für einer Stadt ich lebte, wie schön Dresden in den Jahren meiner Kindheit war. Natürlich haben sie uns in der Schule genug über August den Starken erzählt, wir machten auch einen Schulausflug in den »Zwinger«, kannten die berühmte weiße Elbdampfer-Flotte.

Aber Dresden war mehr, als ich ahnen konnte. »Deutsches Florenz« hatte Herder es genannt, weil es sich so heiter, südländisch, kunstvoll an die Hügel im Bogen der Elbe schmiegte. Es war geradezu ein schwebendes Stadtgebilde, eine prachtvolle Komposition vor allem des Barock und Rokoko, aber auch klassizistischer Bauten und der Konstruktionsformen des industriellen Zeitalters, alles miteinander versöhnt und verbunden in einem Stadt-Organismus aus Kirchen und Palästen, Brücken und Terrassen, Parks und Alleen, Gassen und Gärten, ein Gemeinwesen voll alter Kunst und neuem Leben, wie man es sich harmonischer nicht denken konnte. Immerhin hatte es schon Anfang der Zwanziger Jahre 650 000 Einwohner.

Gerhart Hauptmann zum Beispiel schrieb über Dresden: »Ich liebe diese Stadt ... Sooft ich die kurze Bahnfahrt von Berlin hierher hinter mir habe, unterliegt mein Wesen einer Veränderung. Ich bin jünger als in Berlin, ich fühle Boden unter den Füßen. Irgendwie geht meine Seele in die Stadt und Landschaft über und wiederum diese in meine Seele ... Die Stadt blüht, und ringsum ist Harmonie«.

Das war das »ewige« Dresden, in das ich hineingeboren worden war. Es erschien mir als eine Selbstverständlichkeit. Heute denke ich oft voller Sehnsucht und Wehmut daran, wenn ich die von meinem Vater ererbten Stiche in meiner Wohnung betrachte. Ich habe Dresden inzwischen auch wieder besucht. Es war eine verzweifelte Suche: Man weiß, alles ist kaputt, das Geburtshaus steht nicht mehr, aber man sucht das alte Dresden doch, und vieles ist ganz fremd geworden.

Woher sollte ich damals wissen, daß ein Künstler wie Oskar Kokoschka an der Elbe saß und malte? Mary Wigman befreite in Dresden den Tanz von seinen klassischen Schablonen. Richard Strauß ließ hier seine Opern uraufführen: 1924 als erstes »Intermezzo«. Da sang die junge, wundervolle Maria Cebotari. Große Kaliber wie Kurt Böhme, Max Lorenz, Tino Pattiera, Viorica Ursuleac waren zu hören.

Wolfgang Paul schrieb über jene Jahre: »Vieles, das in Berlin lärmend herausgestellt wird und als Berliner Sache der zwanziger Jahre erscheint, ist in Dresden erfunden, ausprobiert und durchgesetzt worden, ehe es in die Reichshauptstadt geriet.«

Die Prager Straße – das war für mich Jungen vor allem ein großer Expreß-Automat. Da bekam ich für einen Groschen eine halbe Fleischsalat-Semmel. Die esse ich heute noch leidenschaftlich gern. Wir badeten in der Elbe, das Wasser war noch klar. Dresden – das war für mich der Weg zur Schule, zu den Grünanlagen, zum Sportplatz. So hat ja jeder Junge die festgelegten Gänge seines Lebens, die geschlossenen Kreisläufe.

Da stand der Polizist Ecke Struve-Prager Straße und fuchtelte mit seiner großen Pistole in der Luft herum. Ich hatte ja nun wirklich viel Karl May gelesen, aber das machte mir Angst. Um ihn herum fluteten Männer mit Schirmmützen, abgeschabten Jacken. Sie schrien und schimpften und reckten die Fäuste. Der Polizist fuchtelte. Als er mich und ein paar Spielkameraden erblickte, schrie er: »Weg da! Verschwindet!« Völlig verwirrt verdrückten wir uns in einem Hausflur.

Dann fielen Schüsse. Dieser gemütliche Polizist von der Ecke, der Onkel mit dem Tschako auf dem Kopf hatte tatsächlich geschossen.

Was war bloß los? Vater erklärte es mir später: Die Kommunisten, hunderttausend, sind zum Altmarkt marschiert und haben demonstriert. Es war Juli 1926. Die Kommunisten wollen den anderen Leuten alles wegnehmen, sagte er. Ich verstand das nicht.

Wir hatten auch einen »Kommunisten« bei uns im Verein, der nahm niemandem etwas weg. Mit zehn war ich ja endlich in einen Verein eingetreten, »Dresdensia«, gleich bei uns in der Nähe, hinter den Grünanlagen. Zuerst war das ein großes Geheimnis zwischen Mutter und mir. Ich ging harmlos pfeifend die Treppen runter und auf den Hof, sie guckte dann von oben, ob die Luft rein war. Dann warf sie mir aus der zweiten Etage mein Köfferchen mit den Sportsachen hinterher. Später gelang es mir, meinen Vater zu Spielen von »Dresdensia« zu lotsen. Der Mord-Sport war halbwegs legalisiert.

Unser »Kommunist« im Verein war so alt wie ich, zehn oder elf, ein netter, lieber Junge. Alle hatten ihn gern, nur hinter seinem Rücken flüsterten die anderen: »Seine Eltern sind Kommunisten.«

Er war auch schauspielerisch talentiert, wir merkten das bei einer Theateraufführung unseres Sportkreises. Da standen er und ich gemeinsam auf der Bühne. Der Junge hieß Horst Sindermann. Inzwischen gehört er, als zeitweiliger Ministerpräsident der DDR und Wirtschaftsfachmann, zur Führungs-Troika der SED ...

Aber genauso spielten auch Kinder von »Kapitalisten«-Eltern bei uns. Ich erinnere mich noch, wie ein solcher »reicher« Junge mir einmal auf dem Platz ein Stück Königskuchen gab: goldgelb, ganz trocken. Das war ein besonderes Geschenk, etwas völlig Fremdes für mich. Kuchen gab es damals auch in gutsituierten Familien nur an Feiertagen. Ich habe ganz vorsichtig hineingebissen, weil es etwas so Feines war.

Ich glaube, alle diese kleinen Fußball-Abenteuer meiner Kindheit sind noch heute sehr wertvoll für mich. Wenn man im Metier Fußball tätig ist und Erfolg haben will, muß man einfach alles mitgemacht haben. Und ich habe alles, was ich dann meinen Spielern erzählte oder was sie mich fragten, in erschwerter Form schon einmal mitgemacht.

Mir scheint es heute noch ein Plus für jeden Jungen zu sein, wenn er beizeiten in einer Mannschaft spielt, egal, ob auf der Straße oder im Verein. Ich habe, bei all den Kampeleien, rechtzeitig gelernt, mich anzupassen, mich einzuordnen. Ich war wohl, wie man so sagt, ein aufgeweckter Junge, der wußte, was lief. Ich hatte darum auch in der Schule keine Schwierigkeiten, weder auf der Volksschule noch auf dem Real-Gymnasium. Ich habe nie den Primus geschafft, lag aber immer in der Spitzengruppe. Ich war ein Allround-Mann; am meisten lagen mir Sprachen: Englisch, Französisch.

Wenn ich mal zu Hause saß, keine Schularbeiten machen mußte und nicht Fußball spielen konnte, lebte ich in meiner eigenen Fußball-Welt. Ich mußte sie mir erst schaffen. Ich schrieb mit dreizehn ein Buch, »Wahrheit und Dichtung«, ein Sammelbändchen von Sportberichten, zusammengestellt und verfaßt von einem gewissen B. C. Fine – »fine« wie »schön«.

Und B. C.? Ganz einfach: B für »bright« gleich »hell«, und C für »courage« gleich »Mut« – macht: Helmut.

Für dieses Büchlein erfand ich ein Phantasie-Fußball-Land, »Sundland«, das in Nord-, Süd-, West-, Ost- und Mittel-Gaue aufgeteilt wurde, die gegeneinander einen Länderpokal ausspielten. Ich gründete eine Menge Phantasie-Vereine, die Phantasie-Meisterschaften austrugen. Natürlich führte ich genaue Tabellen, veröffentlichte detaillierte Ergebnislisten, gab die Mannschaftsaufstellungen und Torschützen bekannt, streute kurze Sportmeldungen, auch vom Boxen, von der Leichtathletik ein – alles reine Erfindung, aber inspiriert von dem, was damals in den wirklichen Zeitungen stand. Ich dachte bereits an eine »Reichsliga«.

Zu allem Überfluß habe ich auch noch einen Fußball-Fortsetzungsroman gedichtet, um die Leser bei Laune zu halten. Ich zitiere aus der zweiten Fortsetzung:

»Vergnügt saß die Stammtischrunde des FC Wacker am Sonnabend im Clubhaus zusammen. Friedrich Epfner, der alte Fußball-Internationale, dem es nie an guten Einfällen, Späßen und Geschichten fehlte, unterhielt die acht Stammtischbrüder. ›Ede‹ Gorfing, der ehemalige Liga-Linksaußen, schnitt das Thema des morgen stattfindenden Fußballspieles an und meinte, daß der Sieger nur Wacker heißen könnte. Doch da verwies ihn Friedrich in seiner spaßhaften Weise und erklärte, man dürfe nie den festen Sieger voraussagen. Oft käme es wie damals – und ein beinahe melancholisch zu nennender Zug kam auf sein Gesicht. Er begann: ›Es war vor achtzehn Jahren . . .‹«

Es ging um eine Spielerbestechung. An der spannendsten Stelle brach die Geschichte ab: Fortsetzung folgt!

Ich trieb auch höchste Sportpolitik. Heute scheint es mir ziemlich beunruhigend, wie sich in meinen Erfindungen der Zug jener Zeit spiegelte.

»Ein Sport-Diktator für Sundland!« meldete ich. »Durch den Regierungswechsel ist auch die sundische Sportbewegung aus den Händen der alten Vorsitzenden gerissen worden und wird verstaatlicht. Unser neues Staatsoberhaupt beabsichtigt, einen Sport-Diktator zur Beaufsichtigung und Führung des sundischen Sportlebens einzusetzen. Der Sport-Diktator wird ungehindert Vollmacht über alles Sportliche besitzen. Einerseits ist das sehr gut, andererseits nicht ...«

Das schrieb immerhin der Sohn eines Mannes, der – wenn er überhaupt an Politik dachte – die Überzeugungen der konservativen, bürgerlichen »Zentrums-Partei« teilte und sich nie irgendeiner Partei angeschlossen hatte.

Leider führte mein Fußball-Land später Krieg mit anderen Nationen – dadurch kam der Spielbetrieb der Phantasie für immer zum Erliegen.

Mit einem Hechtsprung flog ich in eine Flanke hinein, erwischte den Ball mit dem Kopf – und er war im Tor. Ich empfand ein unbeschreibliches Glücksgefühl.

Zum erstenmal spielte ich in der Ersten Mannschaft von »Dresdensia«, als Fünfzehnjähriger unter lauter Erwachsenen. Ich hatte das einzige Tor geschossen – weit weg von zu Hause, in Bautzen, bei einem Freundschaftsspiel. Jetzt sollte ich mein erstes Geld bekommen: Fünf Reichsmark für die Reisespesen.

Mein Bruder Walter, der wegen einer schweren Knieverletzung aufgehört hatte, Fußball zu spielen, betätigte sich bei »Dresdensia« als eine Art »Manager«. Das heißt: Er verteilte die Fünf-Mark-Scheine.

Mir drückte er drei Markstücke in die Hand.

»Was soll denn das, Walter?« fragte ich ihn. »Ich bekomme doch fünf Mark!«

»Dafür bist du noch viel zu klein. Mehr gibt's nicht.«

Ich hatte eine Wut auf Walter. Weil er älter war als ich, durfte er studieren, Neuphilologie – ich nicht. Weil er älter war, konnte er mein Geld behalten ... Ich habe mir die zwei Mark aber noch wiedergeholt: als ich schon Nationalspieler war. Walter hat gestaunt, daß ich das nicht vergessen hatte.

In gewisser Hinsicht war der kleine Zwischenfall in Bautzen

symptomatisch: Fußball und Geld sind bei mir nie die ideale Ehe eingegangen. Fußball war etwas fürs Herz, nichts fürs Portemonnaie.

Ich will hier die Geschichte einer Schwärmerei erzählen, die in eine aufregende Zeit fällt: das Jahr 1930. Gerade war die Dauerwelle erfunden worden. In Berlin badeten, sozusagen auf einem Haufen, 60 000 Menschen im neueröffneten Strandbad Wannsee. Max Schmeling wurde Boxweltmeister. Die Zugspitzbahn und das Schneefernerhaus nahmen den Betrieb auf ... Nazis und Kommunisten gewinnen bei den Reichstagswahlen, Thüringen bekommt mit Wilhelm Frick einen ersten Nazi-Minister, Hitler schwört vor Gericht, die Weimarer Verfassung einzuhalten, Heinrich Brüning wird Reichskanzler. Komische Zeiten ... mulmige Zeiten.

Ich hatte nur Fußball im Kopf: 28. September 1930, Länderspiel Deutschland-Ungarn, 50 000 Zuschauer im »Ostragehege« bei uns in Dresden. Ich durfte Ballholer sein. Ich pflanzte mich sofort hinter ein Tor. Vor mir stand Willibald Kress, der Nachfolger von Heiner Stuhlfaut, ein Athlet aus Frankfurt, auch ein »Strafraumbeherrscher«. Ich saß hinter dem Tornetz und zitterte – denn jeder Angriff, der auf dieses Tor zukam, galt im Grunde ja mir, jeder Ball, der in dieses Netz sollte, wäre ein Tor gegen mich selbst gewesen.

Die Angriffe rollten, die Tore fielen.

Die ungarischen Klassespieler diktierten von Anfang an das Spiel. Die Stimmung bei den eng zusammengepreßten Massen sank rapide, aus elektrisierter Begeisterung wurde dumpfe Niedergeschlagenheit. Die deutsche Elf hatte keine Chance.

Der ungarische Halbrechte Takacz, ein kräftiger Bursche, schaffte in dieser ersten Halbzeit den »hat trick«: Er schoß drei Tore hintereinander. Besonders gut gefiel mir, bei aller Verzweiflung, ein Kopfball, den er aus zehn Meter Entfernung über den hinausstartenden Willibald Kress in die lange Ecke hob.

Halbzeit 0 : 3 – und das auf eigenem Platz. Nur ein Wunder konnte helfen.

Das Wunder ließ auf sich warten. Zu Beginn der zweiten Halbzeit hatte Deutschland viel Glück, ein viertes Tor zu vermeiden. Die 50 000 Zuschauer schrien sich die Kehlen aus dem Leib, um unsere Mannschaft endlich aufzuwecken.

Und dann geschah das Wunder wirklich. Richard Hofmann, unser Halblinker vom Dresdner Sport-Club, schnappte sich dreißig Meter vor dem Tor der Ungarn den Ball, zog mit kraftvollen Schritten an allen Gegnern im Mittelfeld vorbei und passierte an der Strafraumgrenze auch noch den rechten Verteidiger Nandl.

Dann kam sein Schuß. Flach sauste der Ball in die lange Ecke. Keine Chance für den Budapester Torwart Amsel.

Nur noch 1 : 3.

Mit seiner explosiven, eigenwilligen Aktion hatte Richard Hofmann ein Signal gesetzt. Seit diesem Tag, seit diesem Tor schwärmte ich für Richard Hofmann.

Das Publikum feuerte unsere Mannschaft stürmisch an. Ludwig »Wiggerl« Hofmann, unser Linksaußen von Bayern München, wechselte in die Mittelstürmerposition und verkürzte:

2 : 3.

Dann gelang dem leicht verletzten Ludwig aus Kiel eines der schönsten Tore, die je im Ostragehege geschossen worden sind. Der Mittelstürmer, der auf Linksaußen gewechselt war, nahm an der Strafraumecke die Flanke des Düsseldorfer Rechtsaußen Albrecht mit dem rechten Bein aus der Luft und kanonierte den Ball mit aller Wucht in die lange obere Ecke.

Das war das 3 : 3.

Genauso schön wie sein Schuß waren die Räder, die Ludwig danach vor Freude auf dem Rasen schlug.

Die deutsche Mannschaft hatte nun Oberwasser. »Pippin« Lachner aus München, der Halbrechte, köpfte aus kürzester Entfernung das 4 : 3 ein, und »Wiggerl« Hofmann machte alles klar: Er hängte Ungarns Torwart Amsel noch einen Bombenschuß ins Netz. Der Keeper verlor völlig die Nerven und bekam Weinkrämpfe; er mußte ausgewechselt werden.

Das Wunder war durch Richard Hofmanns grandioses Solo

möglich geworden. Dieser Richard Hofmann war sicher einer der besten deutschen Stürmer aller Zeiten – und ich ahnte bei diesem Länderspiel nicht, daß ich bald für über zwölf Jahre mit ihm in einer Mannschaft spielen sollte.

Richard Hofmann war der verkörperte Ehrgeiz. Selbst bei Trainingsspielen legte er sich ins Zeug, als ginge es um die Deutsche Meisterschaft. Alle Linksaußen, die neben ihm spielten, kamen großartig heraus – so selbstlos setzte Richard seine Nebenleute ein. Er war technisch brillant – aber er hatte auch einen Mordsschuß. Richtig zufrieden war er erst, wenn auch er ein Tor geschossen hatte. Für den Erfolg setzte er sich über alles hinweg.

Besonders gerne erzählte er die Geschichte eines Länderspiels 1929, Deutschland – Schweden in Köln. Richard nahm dazu ein Paar katastrophal ausgetretene »Latschen« mit.

Vor dem Spiel sagten ihm noch seine Mannschaftskameraden: »Richard, mit solchen Schuhen kannst du doch kein Länderspiel bestreiten!«

Richard antwortete mit seinem schnellen sächsischen Mundwerk: »Für dies eene Mal langen die noch!«

Der damalige Reichstrainer Dr. Otto Nerz machte ihn bei der Vorbereitung für dieses Länderspiel mehrmals auf die Klasse seines unmittelbaren schwedischen Gegenspielers aufmerksam. Er wollte erklären, wie er diesen Mann ausspielen konnte, welche Taktik einzuschlagen war. Richard hörte es sich geduldig einmal, zweimal, dreimal an. Dann wurde es ihm aber zu viel. Er nahm Dr. Otto Nerz beim Schlips, daß der krebsrot anlief und polterte:

»Wenn Se nicht aufheern, auf mich einzureden, Herr Nerz, packe ich meinen Koffer und fahre heeme!«

Dr. Nerz wußte, daß Richard in diesem Augenblick keinen Spaß verstand; außerdem war Richard früher Schwerathlet gewesen. So ging Richard in seinen »Latschen« auf das Feld – und schoß sechs Tore. Der österreichische Schiedsrichter Braun allerdings annullierte drei davon. Richard hat ihm das bis heute nicht verziehen.

Hofmanns Reaktion auf den Vortrag von Otto Nerz habe ich eigentlich nie vergessen. Auch ich habe immer dann aufgehört zu reden, wenn ich fühlte, daß ein Spieler kurz vor dem Spiel für langatmige Belehrungen nicht mehr aufnahmefähig war.

Einen ähnlichen Fall erlebte ich 1965 bei unserem WM-Qualifikationsspiel gegen Schweden in Stockholm. Es ging ebenfalls um einen großen Nationalspieler, um Horst Szymaniak. Kurz vor dem Spiel wollte ich ihn in der Kabine auf seine Aufgaben aufmerksam machen. Plötzlich merkte ich, daß er ohne jede Reaktion mit leeren Augen durch mich hindurch schaute. Da begriff ich, daß jedes weitere Wort zuviel gewesen wäre, klopfte ihm auf die Schultern und sagte: »Horst, Du wirst es schon machen!«

Man kann als Trainer Menschen und Mannschaften in Grund und Boden reden. Man quasselt sie ohne Not in einen Stress hinein. Naturspieler wie Szymaniak, wie Richard Hofmann haben ihre eigene Souveränität.

Es war kein Zufall, daß man Hofmann später »König Richard« nannte – auf den Tribünen und in den Zeitungen. Eine Anekdote von einem späteren Länderspiel illustriert, daß Richard Hofmann auch privat über diese Souveränität gebot.

Bei einem Autounfall hatte er sein rechtes Ohr verloren. Bald nach seiner Genesung stand er wieder in der deutschen Nationalelf; er spielte nun mit einer Ohrenklappe, die zu einem persönlichen Markenzeichen wurde.

Nach einem Länderspiel gegen Dänemark in Kopenhagen wurde die deutsche Mannschaft dem dänischen König Christian vorgestellt. Majestät erkundigte sich bei Richard:

»Wie geht es Ihnen, Herr Hofmann?«

»Ach, danke, gut, Herr Keenig!« antwortete der.

Hanne Sobek von Hertha BSC, der unmittelbar daneben gestanden hatte und vor Lachen, wie alle anderen Spieler, fast geplatzt wäre, zog »König Richard« danach immer wieder mit dieser Geschichte auf.

Der antwortete dann nur: »Ihr wißt eben nicht, wie man mit seinesgleichen verkehrt!«

Ich selber sollte den Humor, die menschliche Wärme, das Format dieses Mannes bald selber zu spüren bekommen. Mit fünfzehn war ich von der kleinen »Dresdensia« zum großen DSC übergewechselt, jenem »Dresdner Sport-Club«, der für den deutschen Fußball ähnlich viel bedeutete wie ein HSV, ein 1. FC Nürnberg, Fortuna Düsseldorf, Schalke 04 oder Hertha BSC.

Mit siebzehn – im Herbst 1932 – durfte ich zum erstenmal in einer Mannschaft mit Richard Hofmann spielen: in der »Ersten« des DSC.

Es handelte sich um ein Freundschaftsspiel gegen Karlsbad; ich war als Mittelstürmer aufgestellt. In der Kabine fragte ich Richard Hofmann noch etwas: »Entschuldigen Sie, Herr Hofmann ...«

Als wir auf den Platz gingen, sagte er: »Mach Dir nischt draus, 's is ooch nischt andres als in der Jugend. Gib den Ball rechtzeitig ab, dann wirds schon klappen. Außerdem sagste jetzt Du zu mir!«

Ich habe einen knallroten Kopf bekommen. Ich dachte: Du – zum großen Richard Hofmann! Lange habe ich mich bemüht, diesem »Du« aus dem Weg zu gehen, es zu umschreiben, in die dritte Person zu flüchten. Ich konnte mir nicht vorstellen, daß ein Siebzehnjähriger »König Richard« duzen durfte.

Daß mich recht wenig interessierte, wie ein Barockschrank aussieht oder was ein Zylinder-Bureau ist, hat mein Vater, der Kunsthändler Anton Schön, oft bedauert. Mich fesselte vielmehr die Kunst, einen Ball unter Kontrolle zu bringen und unter allen Umständen zu beherrschen.

Bis Ostern 1935 besuchte ich das Bischöfliche St. Benno Gymnasium. Weit mehr als die naturwissenschaftlichen Fächer lagen mir Sprachen.

Die Zuschauer kamen in jenen Jahren größtenteils zu Fuß ins Ostragehege. Die meisten Männer trugen Sonntagsstaat, hatten ihre besten Hüte auf. Zum Fußball ging man so feierlich gekleidet wie zur Sonntagsmesse. Frauen sah man in den Stadien selten; »man« ging höchstens zu Länderspielen, um sich auf der Haupttribüne sehen zu lassen.

Da mein Vater nicht zwei Söhnen das Studium finanzieren konnte und mein älterer Bruder bereits zur Universität ging, begann ich gleich nach dem Abitur eine Lehre als Bankkaufmann. In der Bank wurde ich wie eine Zirkusattraktion herumgereicht.

Der legendäre Richard Hofmann: Bei einem Autounfall hatte er sein rechtes Ohr verloren. Er spielte mit Ohrenklappe, die so etwas wie sein Markenzeichen wurde.

Schon damals benötigte ein Leistungssportler viel mehr Freizeit, als ihm zur Verfügung stand. Ich hatte das große Glück, daß ich während der Schulzeit aufgeschlossene Lehrer und später verständnisvolle Chefs hatte, die auch einmal ein Auge zudrückten.

Nach Ausbruch des Krieges hatte der Punktspielbetrieb nur für ganz kurze Zeit einige Einschränkungen erfahren. Für den Dresdener SC brachte das Spieljahr 1939/40 den großen Erfolg: Er erspielte sich gegen den Nürnberger Club den deutschen Vereinspokal, der damals »Tschammer-Pokal« hieß.

Als mich nach einem Übungsspiel der Nationalelf Sepp Herberger beiseite nahm und sagte: »Helmut, Sie spielen am Sonntag in Hamburg gegen Schweden!«, wollte ich es nicht glauben. Erst als der Reichstrainer fast böse wurde, weil ich immer wieder nachfragte und meinem Glück nicht trauen wollte, machte ich mich ernsthaft mit dem neuen Gedanken vertraut.

Das Lampenfieber vor meiner Länderspielpremiere versuchte mir der erfahrene Nationalspieler Richard Hofmann zu nehmen: »So ein Länderspiel ist auch nichts anderes als ein Punktspiel! Trau Dir was zu, schieß, wenn Du kannst, und spiel wie bei uns! Es wird schon hinhauen!«

Das Jahr 1937 war für den deutschen Fußball sehr erfolgreich. Im Weltmeisterschaftsqualifikationsspiel gegen Schweden in Hamburg spielte ich zum ersten Mal in der deutschen Nationalmannschaft.

Im November 1939 traf die deutsche Nationalelf in Breslau auf die Tschechoslowakei. Böhmen und Mähren standen unter deutschem »Protektorat«, und es war im Grunde verwunderlich, daß die deutsche Führung das Risiko einging, mit dem besetzten

Das Spiel in Hamburg lief so, wie man sich ein Debüt wünscht. Ich spielte auf halbrechter Position, und alles klappte wie am Schnürchen: Man wurde einfach mitgerissen.

Während des Krieges forcierte die deutsche Führung Meisterschaften und sportliche Veranstaltungen, um der Welt »die Stärke des deutschen Volkes« zu demonstrieren.

and ein offizielles Länderspiel auszutragen. Wir ennten uns 4 : 4 unentchieden.

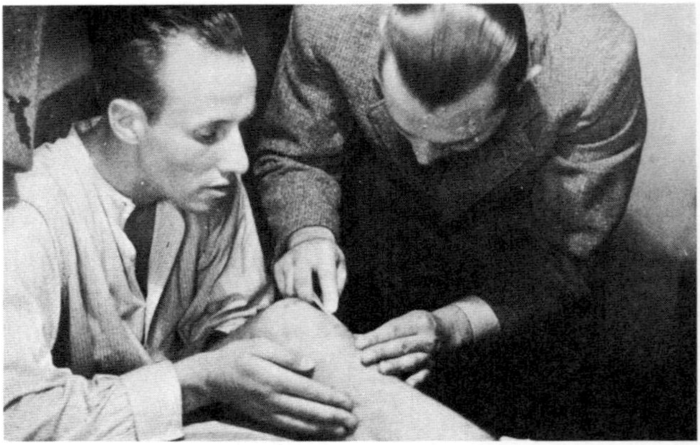

Mein Platz in der Nationalmannschaft schien nach dem Erfolg gegen Schweden gesichert. Aber schon am Sonntag nach meinem Einstand in der deutschen Elf spürte ich bei einem Punktspiel in Leipzig wieder heftige Schmerzen im linken Knie. Eine erneute Operation und die langwierige Behandlung warfen mich um Monate zurück.

Wie spannend waren die Augenblicke vor der Bekanntgabe der Mannschaftsaufstellung vor einem Länderspiel, wie aufregend die Anreise zum Austragungsort oder zum Vorbereitungslehrgang.

*DSC gewann die Viktoria und damit die Deutsche Fußballmeisterschaft 1943 u. 1944 mit folgenden Spielern:*
*Kreß, Pechan, Hempel, Belger, Pohl, Dzur, Schubert, Kugler, Schön, Machate, Hofmann, Schaffer, Voigtmann, Erdl.*

nser Wunschtraum, eutscher Meister zu sein, ng erst 1943 in Erfüllung. war war der DSC schon n Endspiel gewesen und atte einige Male die Vorhlußrunde erreicht. Wir atten auch den Pokal geonnen – aber was war das les gegen die Deutsche eisterschaft!

Ich war mir damals nicht bewußt, in was für einer Stadt ich lebte, wie schön Dresden in den Jahren mei ner Kindheit war: mit seinen Kirchen und Palästen,

Meine Frau Annelies und ich hatten uns gerade ken nengelernt, als der Krieg ausbrach. Aber wir waren so jung, daß wir nicht begriffen, was das wirklich hieß: Krieg. Und wie alle dachten wir, daß Weihnachten alles vorbei wäre

rücken und Terrassen,
arks und Alleen – eine
omposition aus alter
unst und neuem Leben,
ie man sie sich harmoni-
her nicht denken kann.

n 13. Februar 1945 ge-
hah, was niemand erwar-
t hatte: Die Alliierten
mbardierten Dresden.
s ich aus dem Bunker
t, sah ich, daß die Stadt
e eine Fackel brannte.
d überall auf den Stra-
n lagen die schwarzver-
hlten Leichen von Män-
rn, Frauen und Kindern.

Fünf Tage lang brannte Dresden. Meine Frau, mein Vater, ich – wir hatten das Inferno überlebt. Aber überall in den Straßen und unter den Trümmern der Stadt lagen Tote. In der Innenstadt trug man die Leichen zusammen und schleppte sie zum Altmarkt. Dort, wo die Kreuzkirche stand, wurden fast 30 000 Tote aufeinandergestapelt und dann mit Flammenwerfern eingeäschert.

1950 verließen fast 200 000 Menschen die Ostzone. An Pfingsten begann auch für meine Frau, meinen Sohn Stefan und mich ein neues Leben im Westen Berlins.

Wenig später kamen auch die übrigen Spieler des DSC nach Berlin. Wir schlossen uns Hertha BSC an. Der neue Verein nannte sich Hertha BSC/DSC. Aber es kam nie eine rechte ›Ehe‹ zustande.

In einem Spiel zwischen Hertha BSC und dem DSC schoß ich auch ein Tor. Die beiden Vereine trennten sich aber bald, ich zog nach Wiesbaden.

Als ich noch Spieler des DSC war, wurde ich einmal gefragt, ob ich nicht Trainer werden wollte. »Nein«, antwortete ich,

»ich möchte alles werden, nur kein Fußballtrainer!« Diese Antwort war sicher davon beeinflußt, daß ich schon als Spieler gesehen hatte, wie schwer der Beruf eines Fußball-Lehrers ist.

Ich darf aber nicht verschweigen, daß ich gelegentlich recht gern das Training der Mannschaft aushilfsweise übernommen hatte. Es machte mir Freude, zu lehren, das eigene Können und Wissen an andere weiterzugeben. Auch die Trainer des Dres dener SC hatten es nicht immer leicht, denn nur al zusehr wurde ihre Leistur am Tabellenstand der Mannschaft gemessen.

e Saarelf schied in der
alifikationsrunde gegen
Team von Sepp Herber-
aus. Die deutsche Na-
nalmannschaft schlug
n in einem spektakulä-
Finale die ungarische

Elf, die nach acht Minuten bereits 2:0 geführt hatte, mit 3:2 Toren und wurde nach Italien und Uruguay der dritte Fußball-Weltmeister. Kapitän Fritz Walter nahm von FIFA-Präsident Jules Rimet den von ihm gestifteten Pokal entgegen.

Deutschland war Weltmeister. Das deutsche Volk erlebte nach den Grauen des Krieges und der Not der Nachkriegsjahre zum erstenmal wieder einen nationalen Erfolg. Von diesem Spiel ging eine Wirkung aus, die weit über den Fußballhorizont hinweg reichte: Wir waren wieder wer!

## *Frühe Fußball-Lorbeeren*

»Mutter, komm doch mit!«

»Junge, bei dem Wetter!«

»Aber alle gehen hin!«

»Du weißt doch, was ich von denen halte. Und wenn Vater das erfährt ...«

»Wir wollen ja auch nur mal gucken!«

So muß es gewesen sein. So muß ich meine Mutter an einem verhängnisvollen Tag zu einem verhängnisvollen Spaziergang überredet haben. Manchmal mache ich mir noch heute deswegen Vorwürfe.

Es war der 30. Januar 1933, ein ekelhafter, naßkalter Wintertag. Abends pfiff der Wind nur so durch die Straßen von Dresden. Ich lief mit meiner Mutter durch das Dunkel in Richtung Rathaus. Überall sahen wir Fackeln ... Die Männer in den SA-Uniformen gröhlten Kampflieder ... »Heute gehört uns Deutschland, und morgen die ganze Welt«. Mutter schüttelte nur den Kopf.

»Und zu so etwas muß ich mit!«

An diesem Tag hatte Reichspräsident Hindenburg in Berlin Adolf Hitler zum Reichskanzler berufen. Die Nazis feierten ihre »Machtergreifung« mit Fackelzügen. Auch in Dresden waren Zehntausende auf den Beinen. Vom Rathaus sollte das »Dritte Reich« ausgerufen werden.

Eine Stunde lang standen wir im kalten Wind, in der Feuchtigkeit. Ich höre nur noch das Geschepper von Satzfetzen, von Hurras und Gebrüll. Es war eine düstere, gespenstische Szenerie, und wenn mich meine Erinnerung nicht täuscht, dann war die Stimmung der Massen auch nicht gerade überschäumend.

Neugier und Unruhe mischten sich in die Begeisterung der Menschen.

Ich nahm meine Mutter am Arm, und wir gingen nach Hause. Sie fühlte sich fiebrig, hatte Kopfschmerzen. An diesem Abend hatte sie sich die Grippe geholt, von der sie sich nicht mehr erholen sollte. Ende März ist sie gestorben. Es war ein furchtbarer Verlust für mich.

Die Nazis waren da. Wir mußten im Schulhof eine »Hitler-Eiche« pflanzen, und unserem Lehrer zitterten dabei die Hände. Aber sonst war alles wie gewohnt.

Beim DSC war ich in die Finger eines berühmten Trainers geraten: des Engländers Jimmy Hogan – gewelltes Haar, Scheitel, Rollkragenpullover. Ein englischer Trainer – das war damals etwas Mysteriöses, eine Art Medizin-Mann oder Fußball-Guru, umgeben vom Nimbus der Allwissenheit, denn Fußball war nun mal eine Ausgeburt Englands.

Das Ungewöhnliche an Jimmy Hogan war: Er hatte zwar lange Jahre in der Ersten Division der englischen Liga gespielt. Aber als Trainer lehrte er mehr die schottische Schule. Englischer Fußball war damals auf klassische Weise körperlich, kämpferisch, gradlinig. Der schottische Stil dagegen betonte mehr das technische Spiel, das Zusammenwirken der Einzelnen in Kombinationen, natürlich mit einem gehörigen Schuß Athletik.

Dieser Jimmy Hogan betätigte sich als eine Art Fußball-Entwicklungshelfer auf dem Kontinent. Er schliff die ungarische Nationalmannschaft zu einem Spitzenteam. Dann ließ er sich vom Mitteldeutschen Fußballverband anheuern und kam schließlich zum DSC. Er hat diesen Club erst zur wirklichen Klasse geformt.

Auch ich habe viel von ihm gelernt: Das fing beim stilreinen Spannstoß an. Schußkraft ist ja, so paradox das klingen mag, durchaus nicht eine Frage der Kraft, sondern eher ein Problem der vollkommenen Koordination von Bewegungen, des richtigen Einsatzes der Hebelwirkungen, des »timing«. Trotz meiner relativ dünnen Beine hatte ich in beiden Füßen, wie man so sagt, Dynamit – das lag am richtigen Schießen. Denken wir an Franz Beckenbauer, wie rasant er den Ball abfeuern kann, obwohl er alles andere als ein »Tank« oder »Kanonier« ist.

Jimmy Hogan brachte uns auch die rauhe, aber saubere Kunst des Zweikampfes, des »tackling« bei. Bis dahin vermied man in Deutschland hautnahe Zweikämpfe – oder man foulte gleich. Er lehrte uns Grundbegriffe der Fußball-Philosophie: »Helmut, nach rechts laufen, nach rechts schauen und nach rechts abspielen – das heißt: mit dem Gegner telefonieren«.

Wir sollten »undurchsichtig« spielen. So, wie es später der größte Trickmeister und Dribbelkünstler aller Zeiten, Englands Rechtsaußen Stanley Matthews, formuliert hat: »Ich weiß in jedem Moment, was ich mit dem Ball tue. Der Gegner muß es raten.«

Jimmy Hogan trank selber gern mal einen, und so führte er sich nicht als Puritaner auf, wie es manche Trainer an sich haben. Er brachte mir auch in dieser Beziehung menschlich vernünftige und sportlich nützliche Tricks bei. »Helmut, du gehst vor dem Spiel in das Bierhaus Weihenstephan am Bahnhof, trinkst ein großes dunkles Bier, und dann gehst du nach Hause und schläfst gut.« Das habe ich immer so gehalten – auch als Trainer war ich dafür, wenn die Spieler am Abend vor dem Spiel ein oder auch zwei Bier tranken. Das schadet nichts. Es war mir lieber, als wenn sie unruhig schliefen. Auch vor dem Endspiel um die Fußball-Weltmeisterschaft 1974 in München hat die deutsche Mannschaft gut geschlafen – weil sie Bier getrunken hat.

Schön und gut spielen – das war Jimmy Hogans Devise. Technik, Kraft, Kampf mußten in eine richtige Mischung gebracht werden. Das Schöne allein ist nicht immer das Beste: Man kann ja auch in Schönheit sterben.

In jenen Zeiten schwärmte man von fließenden Kombinationen, die freilich nicht so schnell liefen, wie es heute üblich ist. Man spielte nach dem Motto: »Stopp-schau-gib!« Heute ist das längst hinfällig, denn aus dem Stoppen des Balles ist ein Mitnehmen in verschiedene Richtungen und ein möglichst schnelles, »blindes« Weiterleiten geworden. Umsehen muß man sich heute, bevor der Ball kommt, um zu wissen, was man dann macht. Von direktem Spiel hielt man damals noch wenig, und auch das genaue Markieren eines Gegners war nicht Sitte. Das Spiel hatte damals viel mehr Zeit und Platz – und das bedeutete insgesamt: mehr Spielraum für die Entfaltung von Individualisten. Ich selber habe ja eine hautnahe Deckung nie gemocht. Meinem Vorbild Sindelar von Austria Wien ging es genauso. Man nannte Sindelar nicht umsonst »der Papierne« – weil er ebenso schlank, hoch aufgeschossen, wenig robust war wie ich. Sindelar zog die Bälle dem Gegner über den Kopf oder lief mit dem Ball am Fuß um sie herum, er täuschte und dribbelte, er konnte mit dem rechten und linken Bein alles, legte anderen Spielern den Ball butterweich vor – er konnte in seinen Freiheitsräumen auf dem Platz einfach alles. Wer weiß, was davon übrig geblieben wäre, wenn ihm ständig ein Terrier von Verteidiger zwischen die Beine gegrätscht wäre oder auf Tuchfühlung mit seinem Jersey »gearbeitet« hätte.

Die Ästhetik des damaligen Fußballs verlangte vor allem ein weiträumiges Spiel über die Flügel. Ohne Außenstürmer ging es einfach nicht. Sie »klebten« an der Linie. Daß ein Club ohne Außen – oder nur mit einem – antrat, wie das heute üblich ist, war undenkbar.

Bis Anfang der dreißiger Jahre waren die Außenstürmer schlicht »die Flankengötter«, und was von ihnen nach innen hineinschwebte, wurde durch Mittelstürmer mit hervorragenden Kopfballqualitäten verwertet.

Obwohl das Spiel insgesamt langsamer als heute war, wurde das Mittelfeld oft schnell überbrückt: durch Steilpässe, die häufiger als jetzt ankamen, da die Abwehr längst noch nicht so massiert war wie heute. Der »Mittelläufer« spielte ja eine ausgesprochen offensive Rolle.

Das änderte sich erst, als die Abseitsregel geändert wurde: Man mußte nun nicht mehr drei Spieler, sondern nur noch zwei vor sich haben. Der Manager von Arsenal London, Chapman, reagierte als erster darauf und erfand den »Stopper«, der den gegnerischen Mittelstürmer ganz genau deckte. Die Strafräume wurden enger, die »Luft« darin dünner.

Der gesamte komplexe, empfindliche Organismus des Fußballspiels, das labile Gleichgewicht der Kräfte wurde durch diesen Eingriff gestört. Es entwickelte sich das WM-System – mit den beiden Außen- und dem Mittelstürmer als »Angriffsspitzen«, wie wir heute sagen und den beiden Halbstürmern als zurückhängenden »Mittelfeldspielern«.

Das war das »W«. Das »M« der Hintermannschaft wurde um den Stopper in der Mitte gebildet: Die oberen beiden Punkte waren durch die Außenläufer besetzt, die damit Mittelfeld- und Defensivaufgaben bekamen, die unteren beiden Punkte durch die Verteidiger, die sich um die gegnerischen Außen zu kümmern hatten.

Heute wird oft zuviel von der Wichtigkeit immer neuer Systeme geredet. Man hat mich gefragt, wie denn ein DSC mit seiner »altmodischen« Spielweise gegen eine moderne Bundesliga-Mannschaft mit Raumdeckung und all den Zahlenspielen 4–2–4 oder 4–3–3 aussehen würde.

Meine Antwort: Wenn der Trainingszustand des DSC der von damals wäre und der der modernen Mannschaft der von heute – dann würde die Mannschaft von heute sicher gewinnen, weil sie in Schnelligkeit, Kondition, Kraft dominiert.

Aber: Wenn die Mannschaft von damals am Ball ist und spielt, würde die Mannschaft von heute auch ihre Schwierigkeiten bekommen. Und: Könnten diese Spieler von damals ein, zwei Jahre lang nach modernen Gesichtspunkten trainieren – dann wären das sicher gleichwertige Gegner.

Nur: Die Spieler von damals hätten es erst einmal mit der massierten Abwehr sehr schwer. Aber sie würden sich wohl bald darauf einstellen. Ein System ist ja nichts weiter als eine Ordnung der Kräfte auf dem Spielfeld. Jedes System richtet sich nach den Spielern, die man hat – und ist soviel wert, wie diese Spieler wert sind. Das ausgeklügeltste System von der Wandtafel bleibt blutleer und erfolglos, wenn ich nicht die dazugehörigen Spieler habe, die es in die Tat umsetzen.

Einzelspieler von damals wären – unter den Trainings-Bedingungen von heute – genauso großartig wie einst. Fritz Szepan oder Fritz Walter würden auch heute Extraklasse darstellen. Ein Talent ist nicht an Ort und Zeit gebunden.

Wenn Nurmi bei seinem Leistungsstand von damals heute laufen würde, hätte er Schwierigkeiten, eine Bezirksmeisterschaft in Hessen zu gewinnen. Aber wenn er mit seinem Talent, dem heutigen Training, den wissenschaftlichen Erfahrungen, der Ernährung, der Sporthilfe, den wunderbaren Schuhen, die es heute gibt, auf einer Tartanbahn laufen würde – wäre er wieder Spitze.

Ein Rudolf Harbig ist über 800 Meter 1.46,6 Minuten und über 400 Meter mit 46,0 Sekunden Weltrekorde gelaufen – auf Aschenbahnen, die man heute nur noch als Acker bezeichnen würde. Was hatte er für Schuhe! Und die Startlöcher mußte er sich noch selber buddeln. Sein tägliches Training bestand zu einem wesentlichen Teil darin, daß er als Gas-Kassierer, die Tellermütze auf dem Kopf, die Treppenhäuser hinaufspurtete ...

Wenn er im Stadion im Ostragehege seine Intervall- und Steigerungsläufe machte, ließen wir Fußballspieler auf dem Rasen den Ball liegen und sahen still zu, mit welch herrlichem Laufstil er davonzog.

Beim Fußball ist Talent wohl noch wichtiger als bei den leichtathletischen Disziplinen. Fußball ist eine höchst komplexe und komplizierte Leibesübung. Hier spielen Intuition, Genie, geistige und körperliche Koordination eine noch größere Rolle. Schuld daran ist der vertrackte, unfaßbare Gegenstand dieses Spiels und Sports: der Ball.

Es hatte schon seinen Sinn, daß Jimmy Hogan eines Tages zu unserem Training den vielleicht größten Jongleur aller Zeiten mitbrachte: Enrico Rastelli. Wir sahen uns mit offenem Mund an, was dieser Hexenmeister alles anstellte. Der Ball tanzte auf Rastellis Schuhspitze, dann auf die Schultern, hinauf auf den

Kopf, sauste steil in die Luft – Rastelli schlug inzwischen einen Salto –, der Ball landete wieder genau auf seiner Ferse und flog von dort mit einem genialen Kick ins Tor.

Aber – als wir am Ende unseres Trainings ein kleines Spielchen aufzogen und Rastelli mitmachte, war von ihm und seiner Kunst nichts mehr zu sehen. Da war kein Platz für seine Tricks, da gab es auf einmal Gegenspieler, er wurde gestört. Und es ging alles viel zu schnell.

Ich hatte eine Erscheinung. Ich stand, mit vierunddreißig anderen Fußballspielern in Reih' und Glied aufgebaut, vor einem spartanischen Sportlerheim im Berliner Grunewald.

Jetzt war sie da. Die Erscheinung kam in Uniform: Adolf Hitler! Da heutzutage mancher, der seine Lebenserinnerungen schreibt, ein Rendezvous mit Hitler als zeitgeschichtlichen Augenzeugenbericht zu bieten hat, will ich das meine ebenfalls tun und der Nachwelt überliefern, wie unwichtig und belanglos eine Begegnung mit Hitler sein konnte.

»Mensch, der Führer kommt zu uns!« hatten sie tagelang auf uns eingehämmert.

Adolf Hitler inspizierte in diesem Frühjahr 1933 die Hoffnung der Nation, eingeladen vom »Fachamt Fußball«: jene Spieler bis dreiundzwanzig, aus denen bis zu den Olympischen Spielen 1936 in Berlin die Goldmedaillen-Elf geschmiedet werden sollte.

Ich muß zugeben: Über die Zusammenhänge zwischen Politik und Sport machte ich mir damals herzlich wenig Gedanken. Ich ahnte, daß der Besuch des »Führers« uns als Ansporn dienen sollte: »Seht mal, sogar der Führer denkt an euch.«

Aber eigentlich war ich nur neugierig. Ich stammte eben aus einem typischen »unpolitischen«, bürgerlichen Elternhaus der Weimarer Republik. Richtig ernst genommen hatte man diesen Hitler nie. Bis er da war.

Hier lief bereits ein gigantisches Public-Relations-Programm an, das drei Jahre später die Welt von der Großartigkeit – und Überlegenheit – des neuen Deutschland überzeugen sollte.

Insgesamt 500 Sportler aus allen Disziplinen waren nach Berlin gerufen worden, um »gesichtet« zu werden.

Wir standen also stramm in unseren Trainingsanzügen und rissen den rechten Arm hoch. Gedacht habe ich mir beim »Deutschen Gruß« kaum etwas, und ich glaube, auch meinen Kameraden ging es so. Es waren ja erst zwei Monate seit der »Machtergreifung« vergangen. An wechselnde Regierungschefs waren wir gewöhnt. Wir standen ohne besondere Anteilnahme da.

Vor unserer »Front« waren die fünf Trainer aufgebaut – ja, wir hatten plötzlich fünf Nationaltrainer. Ein Zug zur Größe war unverkennbar. Da stand Dr. Otto Nerz, der erste eigentliche Reichstrainer, seit den zwanziger Jahren im Amt: früher kein großer Fußballspieler, aber jetzt ein guter Theoretiker und Praktiker, sehr belesen, wenn nötig äußerst hart, bisweilen auch sehr liebenswürdig, insgesamt immer gerecht, ein Besessener. Vielleicht hat er sich im Dritten Reich allzu sehr engagiert; aber er hat dafür büßen müssen: Nach Kriegsende ist er in einem russischen Lager bei Berlin verhungert.

Hitler drückte ihm die Hand. Dann kamen auch die Assistenten zu dieser Auszeichnung: Seppl Herberger, wie Nerz aus Mannheim, einst Nationalstürmer, inzwischen Verbandstrainer am Niederrhein und zugleich Lieblingsschüler von Nerz; weiter Paul Oßwald, »Tute« Lehmann, Ludwig Leinberger und Georg Knöpfle.

An uns ging Hitler zügig vorbei, ohne Händedruck, versteht sich. Ich hatte das Gefühl, daß »der Führer« zwar kolossal selbstsicher auftrat, daß ihm aber das Milieu nicht lag; vom Sportlichen hatte er ja tatsächlich keine Ahnung.

Darin paßte sein »Reichssportführer« Hans von Tschammer und Osten gut zu ihm, der sportlich ebenfalls kaum auf der Höhe war und sein Amt wohl nur aus Versehen – durch Verwechslung mit seinem Bruder – bekommen hatte. Tschammer, der in diesen Tagen immer um uns herum war und mangelnde Kenntnisse durch zackiges Auftreten überspielte, verfügte wenigstens über etwas Humor. Er erzählte auch später noch im größeren Kreis politische Witze, beispielsweise einen Klassiker über den körperlich so kleinen Reichspropagandaminister Dr. Goebbels:

Die Filmschauspielerin Lida Baarova tritt aus ihrer Villa. Es regnet. Sie ruft zu ihrem Dienstmädchen: »Liegt mein Knirps noch oben?« Die Zofe kommt nach wenigen Augenblicken wieder ans Fenster. Sie ruft: »Der Herr Reichspropagandaminister ist eben ins Bad gegangen!«

Wir trainierten – immer ein Trainer und elf Spieler – im alten »Grunewaldstadion«, einer weiten Arena mit einer 600 Meter langen Radrennbahn um Aschenbahn und Fußballfeld herum. Die Kiefern reihten ihre Schirme aneinander, soweit man sehen konnte. Wir waren »j. w. d.«, wie die Berliner sagten, »janz weit draußen«. Noch hatten nirgends Bauarbeiten für das neue Olympia-Stadion, für das riesige »Reichssportfeld« mit seinen Schwimmbecken, Sportplätzen, Turnhallen, dem »Kuppelsaal«, dem marmornen »Forumbad« begonnen. Aber es wurde schon gemunkelt, daß an die Stelle des alten Stadions etwas ganz Großartiges von Professor March gestellt werden sollte. Tatsächlich wurde dann die Vertiefung des Grunewaldstadions bei den Ausschachtungen für das Olympia-Stadion mitbenutzt. Eine Eiche, die wir damals im Grunewaldstadion gesehen haben, steht noch heute am Osttor des Olympia-Stadions, gleich hinter den Kassen.

Verpflegung war frei – das mußte uns Lohn genug sein. Zu jener Zeit wurde die Ehre, in den Dunstkreis der Nationalmannschaft zu geraten, anders als heute bemessen. Kein junger Spieler wäre im Traum auf die Idee gekommen, daß eine solche Berufung eine materielle Aufwertung seines Namens bedeutete, die er durch schnellstmöglichen Abschluß eines Werbevertrages sogleich zu Bargeld machen konnte.

Wir waren die edelsten Amateure. Ich muß heute noch darüber lachen, daß ich beim DSC in meiner ersten Mannschaftssitzung als Ligaspieler überhaupt prompt in eine diesbezügliche Rede hineingelaufen bin. Unser neuer Vorsitzender Arthur

Schäfer erklärte: »Das hört jetzt aber auf mit den heimlichen Zuwendungen vom Verein!« Es war wohl typisch für mich: Kaum tauchte ich auf, war Schluß mit dem Bezahlen.

Schäfer meinte damals jene Geldspritzen, die bei gewissen Spielern öffentlich verpönt und praktisch üblich waren – von denen aber niemand hätte leben können: Man quartierte Stars im Hotel ein und bezahlte die Rechnung als fingierten »Kameradschaftsabend«. Einen echten Beruf brauchte jeder Spieler. Von jenem Tag an bekam ich beim DSC drei Reichsmark für Teilnahme am Training – aber nicht bar auf die Hand, sondern als Bonus im Kasino. Dafür sollte ich dort essen. Oft ließ ich mir vom Wirt die drei Mark auszahlen und aß zu Hause. Ein Spiel wurde mit fünf Mark entlohnt. Als wir später Deutscher Meister wurden, erhielt ich als Prämie sage und schreibe einen Anzug im Werte von 110 Mark. Der mußte aber auch erst beim »Reichssportbund« beantragt werden und sollte eigentlich das Verbandsabzeichen mit Hakenkreuz tragen – was wir dann noch meisterhaft umgehen konnten.

Damals, 1933, hatte ich nicht das Geld, um von Grunewald in die Innenstadt zu fahren und mir das immer noch glitzernde, verruchte und verrückte Berlin anzusehen. Ich bin nicht einmal Unter den Linden oder über die Friedrichstraße flaniert. Ich kannte gerade den Anhalter Bahnhof, wo ich mit dem Zug aus Dresden angekommen war, ein überglücklicher Schüler, der bereits einen Brief vom großen Dr. Nerz bekommen hatte.

Immerhin, ich sollte die aufregendste Stadt Deutschlands wenigstens von oben kennenlernen. Die Reichssportführung hatte drei Freiflüge über Berlin gestiftet. Nerz ließ uns antreten und verkündete die hochherzige Spende. »Wollen mal sehen, wer mit darf! Stellt euch mal in einer Reihe auf!«

Da habe ich schnell geschaltet: Die Nummer sieben, dachte ich, hat dir immer Glück gebracht. Stellst dich als siebenter hin... Als ich dastand, sah ich, wie Nerz und Herberger sich anlachten. Sie hatten sich heimlich drei Zahlen aufgeschrieben – als erste die Sieben. Ich durfte fliegen.

Der »Zentralflughafen« Tempelhof war nach heutigen Maßstäben noch ein Feldflugplatz, mit ziemlich lumpigen, flachen Gebäuden. Aber der Slogan vom »Luftkreuz Europas« geisterte schon durch die Zeitungen. Wer in Tempelhof abfliegen wollte, lief noch unter schmalen, niedrigen Stahlbaldachinen hinaus aufs Flugfeld, wo ungezählte Karnickel den Betrieb und die Flughafenleitung verunsicherten.

Die größten Maschinen, die hier starteten, waren Brummer wie die viermotorige Super-Junkers G 38. Mit diesem »Riesenvogel« – sagte man stolz – konnten vierunddreißig Passagiere von Berlin nach London kutschiert werden. Aber ein Teil der Passagiere mußte dabei in den Tragflächen Platz nehmen.

An die monumentalen Flughafengebäude und kilometerlangen Hallenzüge, an den riesigen überdachten Flugsteig war noch nicht zu denken: Die wurden erst fertig, als sie durch den Krieg ihre internationale Funktion weitgehend verloren hatten.

Tempelhof 1933 war gemütlich, romantisch, für heutige Begriffe. Der Linienverkehr reichte im Norden bis Oslo, im Osten nach Smolensk/Moskau, im Südosten nach Budapest, im Süden nach München, im Südwesten bis Marseille und Barcelona und im Westen nach Paris. Hundert An- und Abflüge pro Tag galten als »Hochbetrieb«; an Sonn- und Feiertagen flog nichts.

Das wichtigste Vehikel für den damaligen Luftverkehr war die JU 52, die ab Sommer 1932 in immer größeren Stückzahlen von der Luft-Hansa eingesetzt wurde. Diese dreimotorige Maschine bot siebzehn Passagieren Platz.

Mit solch einer JU 52 kreiste ich über Berlin. Es war das Höchste – für einen Achtzehnjährigen.

Auf dem Hertha-Platz an der »Plumpe«, also am Gesundbrunnen, machten wir ein öffentliches Auswahlspiel, die »Roten« gegen die »Weißen«. Ich stürmte für die »Roten«, die dann 4 : 3 gewannen – und ich bekam meine erste »Kritik« in der Berliner »Fußballwoche«. Da stand:

»Liebling aller Zuschauer war gleich der lang aufgeschossene, blonde Mittelstürmer Schön (Dresdner Sport-Club), ein Spieler, welcher in seiner Art unserem Framke stark ähnelt...« Framke war damals ein Berliner Fußball-Idol. »... nur ist Schön offenbar noch mitten im Wachstum, und das bedeutet natürlich – abwarten! Aber Schön machte herrliche Sachen. Er stand nicht nur immer weit vorne, um dann vielleicht alleine mit dem Ball loszuziehen, nein, seine Hauptstärke war seine fast vorbildliche Ballverteilung. Ein großes Talent!«

Ich schwebte wie auf Wolken nach Dresden zurück. In der Schule gewann ich durch meine Berliner Heldentaten – auch bei den Lehrern – zusätzlichen Respekt. Mich erkannten auch immer mehr Mädchen, was nicht unangenehm war. Ich etablierte mich in der Liga-Mannschaft des DSC.

Und ich machte Ostern 1935 auf dem Bischöflichen St. Benno-Gymnasium Abitur: »Religion: sehr gut, Deutsch: gut, Lateinisch: gut, Französisch: sehr gut, Englisch: sehr gut, Darstellende Geometrie: gut, Mathematik: genügend, Physik: gut, Chemie: genügend, Geschichte: sehr gut, Erdkunde: gut, Biologie: gut, Philosophische Propädeutik: gut, Zeichnen: genügend, Musik: gut, Turnen: gut...«

»Das ist der junge Ligaspieler Helmut Schön«, flüsterten die Angestellten der Sächsischen Staatsbank hinter mir her. »Vielleicht wird der mal Nationalspieler!« Sie nickten gewichtig mit den Köpfen.

Aber einem solchen Burschen etwas über den Welt-Goldmarkt, die Geheimnisse der Zinssätze, die Probleme des Kreditwesens beizubringen, hielten sie für überflüssig. So wurde ich, seit dem 1. April 1935 Lehrling der Sächsischen Staatsbank, wie eine zoologische Attraktion von Abteilung zu Abteilung geführt. Gelernt habe ich dabei fast nichts, verdient wenig: 28 Reichsmark im ersten Jahr, 30 RM im zweiten, und im abschließenden Halbjahr 58 RM. Dann war ich, wenn man das so sagen könnte, ein ungelernter, aber diplomierter Bankkaufmann.

Den Titel »Nationalspieler« gaben sie mir nicht so leicht.

## *Zum ersten Mal für Deutschland*

Ich saß auf der Tribüne des Duisburger Stadions und sonnte mich in meinem Glück: Da unten trainierte die Nationalmannschaft, da kommandierte Dr. Otto Nerz, rief Seppl Herberger, lachten die Spieler ... Und ich, ich durfte dabei sein. Dr. Otto Nerz hatte mich zu einem »Reichslehrgang« eingeladen.

Auf dem Rasen wurde ein Probespiel der A-Mannschaft gegen eine Fohlenelf aufgezogen. Ich sah interessiert hinunter. Nicht im Traum kam mir der Gedanke, daß ich unter Umständen mitmachen sollte. Ich hatte einfach eine viel zu geringe Meinung von mir – und deswegen hatte ich nicht einmal meine Fußballschuhe mit neuen Klötzen beschlagen.

»Heh, Bürschel!«, hörte ich plötzlich die Stimme von Dr. Nerz. »Mach dich fertig!«

»Was, ich?«

»Ja, du! Nun mal 'n bißchen dalli!«

Ich rannte mit meinen schlecht beschlagenen Schuhen auf den Platz. Als ich auf den glitschigen Rasen kam, rutschte ich aus und schlug lang hin. Die wenigen Zuschauer lachten, und ich dachte: »Auweh, das fängt ja gut an mit dir als Nationalspieler«.

Von nun an machte ich besonders kleine Trippelschritte und paßte mich so dem Platz und meinen schlechten Schuhen an. Es war sowieso nie meine Art, weite Sätze zu machen. Als langer Kerl mit entsprechenden Bein-»Hebeln« wäre das auch völlig falsch gewesen. Deswegen war ich auf fünf oder zehn Metern schneller als die meisten, die mich auf einer längeren Strecke leicht geschlagen hätten. Aber beim Fußball sind fünf bis zehn Meter oft die entscheidende Distanz.

Ich spielte ausgerechnet gegen Goldbrunner, den Stamm-Mittelläufer der Nationalmannschaft. Aber ich zog mich ordentlich aus der Affäre.

Das sicherte mir weitere Einladungen zu Kursen – und, unter Führung von Sepp Herberger, 1935 sogar eine Reise mit der B-Mannschaft auf den Balkan. Es ging unaufhaltsam bergauf mit mir.

Doch die Strähne hielt nicht an. Am 12. Februar 1936 bekam ich einen Brief von Otto Nerz, den ich mir aufgehoben habe. Aus ihm hört man noch heute die Sprache jener Zeit heraus, spürt das Verhältnis Trainer – Spieler, ahnt eine Welt schroffer Autorität. Nerz schrieb:

»Lieber Sportskamerad! Leider traf ich Sie bei meinem Besuch in Dresden nicht in der Verfassung an, die für die Nationalmannschaft notwendig ist. Ich sah Sie bandagiert, und nach dem Spiel erklärten Sie mir, daß Sie verletzt waren.

So sehr es an sich anzuerkennen ist, wenn man seiner Mannschaft die Treue hält, so ist es doch meine Pflicht, Sie darauf hinzuweisen, daß das *Spielen im verletzten Zustand* vom sportlichen Standpunkt zu verwerfen ist.

Nach Spanien kommen Sie nun nicht mit. Das geht nicht. Aber darüberhinaus möchte ich Ihnen sagen, daß Sie andauernd und oft verletzt sind. Es kommt wohl daher, daß Sie Ihre Verletzungen nicht ausheilen. Wenn Sie zur Nationalmannschaft kommen wollen, dann ist es vor allem notwendig, daß Sie gesund sind und stabil bleiben.

Mit bestem Gruß. Heil Hitler! Ihr Otto Nerz.«

Für mich war dieser – an sich ja negative – Brief fast so schön wie eine Einladung zum ersten Länderspiel. So wertvoll war ich also schon, daß ich überhaupt schon in Erwägung gezogen wurde!

Rechtzeitig zur Verhinderung meiner Teilnahme an den Olympischen Spielen 1936 zog ich mir eine üble Verletzung zu: Meniskus. Der liebe Gott hat ja den Menschen eigentlich nicht zum Fußballspielen erschaffen, weil er Bewegungen machen muß, die im Schöpfungsplan nicht vorgesehen sind. Im Sportsanatorium Hohenlychen im Norden von Berlin mußte ich operiert werden.

Alle Träume von der Nationalmannschaft waren geplatzt. Als ich wieder einsatzfähig war, ereignete sich eines der Wunder der deutschen Fußballgeschichte: Die »Breslau-Elf« entstand, eine der stärksten Mannschaften der Welt. Es handelte sich dabei nicht etwa um eine Stadtauswahl von Breslau, sondern um jene deutsche Nationalmannschaft, die am 16. Mai 1937 in Breslau Dänemark sensationell hoch mit 8 : 0 schlug – und einfach vollkommenen Fußball spielte.

Die »Breslau-Elf« – das waren:

Hans Jakob im Tor: Dank seiner Körpergröße und Wucht setzte er sich gerade bei hohen Flanken und im Getümmel besonders eindrucksvoll durch.

Paul Janes als Verteidiger: Ein Mann, der kämpfen, aber auch technisch brillant spielen konnte. Er war begabt mit einem einfach phänomenalen Spannstoß; er hat ungezählte Freistöße aus Entfernungen von dreißig oder vierzig Metern glashart eingeschossen.

Das Pendant von Paul Janes war Reinhold Münzenberg, kantiger, härter, bestimmt kein Filigran-Fußballer, ein Mann, der als Verteidiger voll zur Sache ging.

Ander Kupfer als Außenläufer war ein Spieler, der heute bei uns im Mittelfeld mit Sicherheit einen Stammplatz hätte; ich wäre froh gewesen, einen solchen Mann in Argentinien dabeigehabt zu haben. Wenn der hinter mir spielte, mit seiner Härte, seinem Geschick, seiner Schnelligkeit, dann fühlte ich mich vorne absolut sicher. Kupfers linkes Bein war stärker als das rechte; wenn er mit dem Ball von rechts zur Mitte lief, gab er mit dem linken Fuß diagonal Vorlagen auf den rechten Flügel, die alles aufrissen. Ein begnadeter Spieler.

Ludwig Goldbrunner war als Stopper der Inbegriff des Soliden. Der andere Außenläufer, Albin Kitzinger, ergänzte Kupfer durch seine Kompromißlosigkeit.

Ernst Lehner spielte einen Außenstürmer, wie ich ihn mir

später immer gewünscht habe: jederzeit an der Linie anspielbar, bereit, das Spiel auseinanderzuziehen, ein glänzender Dribbler und beidbeiniger Torschütze.

Rudi Gellesch auf Halbrechts: ein eleganter Halbstürmer aus der Schalker Schule, ein hervorragender Dribbler mit außerordentlichem Spielverständnis. Ich habe mich mit ihm später fabelhaft ergänzt.

Otto Siffling war als Mittelstürmer nicht der Reißer, der Tank, sondern ein spielender Mittelstürmer, der aber enorm torgefährlich war; in dem berühmten Breslau-Spiel schoß er fünf Tore. Er bereitete vor und er verwandelte.

Über Fritz Szepan auf Halblinks braucht man eigentlich kein Wort zu verlieren: einer aus der Galerie der großen Spielmacher, nicht ausgesprochen schnell, aber begabt, das Spiel schnell zu machen. Er verstand es, direkt zu spielen, große Soli zu vollführen – aber er war auch in der Defensive so stark, daß er einige Male im Verein Stopper spielte. Ein Feldherr.

Adolf Urban schließlich: ein vielseitiger Spieler, der sich auf Linksaußen genauso gut zurechtfand wie auf Halbrechts.

An diesen Charakterisierungen sieht man: Auch damals kam es schon auf Spieler an, die auf verschiedenen Positionen und in unterschiedlichen Funktionen einsetzbar waren. Darauf habe ich später als Bundestrainer sehr geachtet. Natürlich geht es nicht ohne Spezialisten: Einen Berti Vogts würde ich nicht auf Linksaußen stellen. Aber ein Bonhof kann Verteidiger, Stopper und im Mittelfeld spielen. Rummenigge spielt Rechts- und Linksaußen, findet sich aber auch in der Sturm-Mitte und im Mittelfeld zurecht. Ich könnte die Kette der Beispiele fast endlos verlängern. Ich habe solche Spieler gern, weil sie sich in verschiedenen Gefechtslagen eher zurechtfinden, wenn das Spiel mal anders läuft, als es geplant war – oder wenn bei einem WM-Turnier durch Verletzungen Umbesetzungen nötig werden.

Für lange Zeit schien die »Breslau-Elf« die ideale Formation der deutschen Nationalmannschaft zu sein. Die »Breslau-Elf« spielte das moderne englische WM-System mit Stopper, sehr schnell, oft direkt, es war immer Bewegung da, das Spiel wurde über die Flügel aufgerissen. Überragende Solisten sorgten immer wieder für Überraschungen. Zum erstenmal zeichnete sich damals ein Stil ab, den man bis heute als »deutschen Stil« bezeichnen kann. Was hatte ich in dieser Traum-Elf zu suchen?

Aber auch im Fußball ist dem einen »sin Uhl«, was dem anderen »sin Nachtigall« ist. Meine Verletzung war ausgeheilt, Albin Kitzinger fiel aus: Für ihn mußte der Schalker Super-Techniker Gellesch von halbrechts zurück in die linke Läuferposition gehen. Mein Ideal-Platz, halbrechts, war frei. Als mir Seppl Herberger sagte, daß ich spielen würde, lachte ich süßsauer, ungläubig und kam mir fast verkohlt vor. Herberger mußte erst patzig werden, damit ich es glaubte.

Das Echo auf mein Schweden-Spiel war über alle Erwartungen positiv. Süddeutschlands große Sportzeitung »Sportbericht« schrieb beispielsweise auf der ersten Seite unter der Überschrift »Schön schlägt ein«:

»Ein solcher Mann hat uns tatsächlich bisher im Sturm noch gefehlt. Daß Schön wirklich ein neuer Vollstrecker im deutschen Angriff ist, dürfen wir wohl als das erfreulichste Ergebnis dieses 5 : 0 Sieges buchen.«

Eine Woche später, am 28. November 1937, erlitt ich in Leipzig gegen »Fortuna Leipzig« meinen zweiten Meniskus-Schaden. Ich hatte bereits zwei Tore geschossen. Als ich meinem Gegenspieler den Ball über den Kopf heben und mich an ihm vorbeischlängeln wollte, gab es einen fürchterlichen Riß, ich brach zusammen, wurde auf einer Bahre vom Platz getragen und zum Bahnhof gebracht. Einen Sonntag nach meinem größten Triumph lag ich völlig zerstört im Zug auf einer Holzbank: zwei Stunden lang, bis wir in Dresden waren. Wieder mußte ich – am 3. Januar 1938 – nach Hohenlychen. Am 24. Januar kam ich unters Messer.

Es waren erst vier Tage seit meiner Operation vergangen. Ich lag im Bett, konnte mich noch kaum bewegen und hörte aus dem schwarzen »Volksempfänger« auf meinem Nachttisch die Nachrichten. Plötzlich kam eine Meldung, die mich tief erschütterte: Bernd Rosemeyer war an diesem Morgen tödlich verunglückt. Bernd Rosemeyer, der Rennfahrer, den ich über alles verehrte.

Dieser 28. Januar war ein kalter, unangenehmer Tag. Auf der Autobahn Frankfurt-Darmstadt waren Meßstrecken für Geschwindigkeits-Weltrekorde eingerichtet worden. Seit Monaten gab es um diese Rekorde ein Duell der beiden führenden Rennmarken, Mercedes und Auto Union – und deren besten Fahrern, Rudolf Caracciola und Bernd Rosemeyer. Nie zuvor, nie danach hat es ein solches Gefecht von technischer Perfektion und individuellem Genie gegeben. Caracciola war der große, souveräne Routinier, Rosemeyer der begnadete Jüngling, umgeben von einem Hauch Romantik, ein junger Mann, der auf rätselhafte Weise die Herzen der Menschen rührte.

Kurz nach acht Uhr früh startete Caracciola. Er brach Rosemeyers Rekord: 432,7 km/h war nun die neue Marke. Danach entschied Daimler-Benz: Heute keine Fahrten mehr.

Bernd Rosemeyer ließ das nicht ruhen. Gegen elf Uhr saß er in seinem »Auto Union«. Eine Probe- und Aufwärmfahrt, dann Start. Elly Rosemeyer-Beinhorn, seine Frau hat die nächsten Augenblicke so geschildert:

»Rosemeyer beschleunigt stark und verschwindet in schneller Fahrt in der Kurve hinter dem Startplatz. Ich gehe in den Telefonwagen. Die Posten an der Strecke melden:

›Kilometer 5 – durch!‹

›Kilometer 7,6 – durch!‹

›Kilometer 8,6 – durch!‹

›Kilometer 9,2 – Der Wagen ist verunglückt!‹

Stumm lag Bernd Rosemeyer unter den Bäumen ...«

Sieben Länderspiele hatte ich wegen meiner Meniskus-Verletzung verpaßt – darunter allerdings auch das vorzeitige Ausscheiden Deutschlands bei der Weltmeisterschaft 1938 gegen die Schweiz. Ich mußte mich schinden, um wieder dahin zu kommen, wo ich am glücklichsten war: in die Nationalmannschaft.

Normalerweise trainierte ein Ligaspieler damals ja nur zwei- oder dreimal die Woche; wir waren alle berufstätig. Ich quälte mich mehr als die anderen: Für mich war täglich Training.

Nachmittags um fünf Uhr nach der Arbeit – ich war inzwischen Angestellter der Arzneimittel- und Pharma-Firma Madaus – fuhr ich von Radebeul mit dem Zug die fünfundzwanzig Minuten nach Dresden hinein und ging ins Stadion. Die Passanten, die durch die Stadiontore schauten, mußten glauben: Das ist wohl ein Verrückter.
Mutterseelenallein sause ich über den Rasen. Ich schlage den Ball hoch, renne hinterher, nehme ihn mit, dribble, spiele Katze und Maus mit ihm, schieße ihn zehn Meter weg, jage hinterher, fange ihn wieder ein. Ich werfe den Ball hoch und stoppe ihn in der Drehung. Ich lasse ihn auf der Stirn tanzen . . . Ja, der hat sie nicht mehr alle, meinte wohl jeder, der mich da in der Dämmerung herumfuhrwerken sah.

Es kam der Augenblick, auf den ich fast zehn Monate hingearbeitetet hatte: ein sehr schöner Schuß, Entfernung sechzehn Meter, halbhoch in die linke Ecke, und als er das Netz beutelt, fällt mir ein Stein vom Herzen . . .

Ich fühlte eine wunderbare Erleichterung und lief jubelnd über den Platz, einen Arm hochgerissen, wie das meine Art war. Ich hatte mein erstes Tor in der Nationalmannschaft geschossen, nach der schweren zweiten Meniskus-Operation.

Wir führten 2 : 1, gegen Polen, diese echte Kohlenpott-Elf, deren beste Spieler aus Oberschlesien, aus Bismarckshütte und Königshütte kamen. Als fühlten sie, wie wohl mir war, brüllten die Zuschauer im Chemnitzer Stadion wie verrückt. Wir gewannen schließlich 4 : 1.

Aber das war vergleichsweise unwichtig. Die Welt hatte sich verändert, auch die Fußballwelt. Neben mir im Sturm hatten drei Wiener gespielt, Hahnemann, Stroh, Pesser – und das bedeutete: Wir waren nicht mehr die deutsche, wir waren jetzt die »großdeutsche« Nationalmannschaft.

Hitler hatte den »Anschluß« Österreichs an das Reich vollzogen. Ich erinnere mich noch: die Züge voller winkender Soldaten auf dem Dresdner Hauptbahnhof, die Sondermeldungen im Radio – aufregend und zugleich wieder dämpfend; eine äußerst geschickte Propaganda macht uns willig.

Dabei spürten wir politisch nicht engagierten jungen Leute durchaus die enorme Unruhe jener Zeit. In meiner Firma standen wir jeden Morgen vor einer Afrika-Karte und fixierten mit Stecknadeln die Fortschritte der italienischen Verbände bei der Eroberung Abessiniens: Adua genommen, Addis Abeba gefallen . . .

Für den Fußball hatte der »Anschluß« entscheidende Folgen. Der neue Reichstrainer Sepp Herberger mußte, auf Weisung von ganz oben, die Spieler aus dem »Altreich« mit denen aus der »Ostmark«, wie Österreich jetzt genannt wurde, zusammenfügen. Das hieß, er mußte die Kräfte der »Breslau-Elf« mit ihrem modernen WM-System und die Stars der alternden Wiener Schule (man spielte dort immer noch mit offensivem Mittelläufer) kombinieren. Das war in Frankreich bei der Weltmeisterschaft schiefgegangen.

Als ich wieder dabei war, trotz der verstärkten Konkurrenz durch die Wiener, ließen sich Fußball und Politik nicht mehr trennen. Eine Woche nach dem Polen-Spiel sollten wir in Bukarest gegen Rumänien antreten, diesmal übrigens mit acht Wienern und nur drei Spielern aus dem »Altreich«.

Die Atmosphäre in Bukarest war mulmig. Das »Splendid Park Hotel«, in dem die Mannschaft wohnte, war von Militär umstellt und wurde scharf bewacht. Als ich mit einem Bekannten einen kleinen Spaziergang machen wollte, folgten uns sofort zwei Kriminalbeamte. Bei einem Besuch im Schloß des Königs Carol gerieten wir mit der Geheimpolizei aneinander. Ein deutscher Sportberichterstatter hatte im Schloß Aufnahmen gemacht. Die Geheimpolizisten verlangten erregt den Film. Wir wurden alle zusammen in eine Ecke gedrängt. Blitzschnell tauschte ich meinen Fotoapparat gegen seinen. Der Film mit meinen Touristenbildchen wurde herausgerissen, die wertvollen Sportaufnahmen des Journalisten waren gerettet.

Als wir zum Spiel ins »Venus-Stadion« kamen, war unsere Kabine von Soldaten mit Pickelhaube und aufgepflanzten Bajonetten umstellt. Die rumänischen Sicherheitsbehörden befürchteten Anschläge auf die deutschen Spieler.

In diesen Tagen drohte Hitler damit, in die Tschechoslowakei einzumarschieren. Drei Tage vor unserem Spiel hatte er sich mit dem britischen Premierminister Chamberlain in Bad Godesberg getroffen und ihm brutal den deutschen Standpunkt klargemacht. Ich glaube, er hatte sogar die Mobilmachung befohlen.

Das Spiel in Bukarest verlief ohne Zwischenfälle, und ich schoß wieder ein Tor: Es war ein Drop-Kick aus zwanzig Metern, der rechts oben im Winkel an die Latte ging und von dort ins Tor prallte.

Einen Tag danach, am 26. September 1938, hielt Hitler im Berliner Sportpalast eine Rede gegen die Tschechoslowakei, die einer Kriegserklärung gleichkam. Die Massen im Sportpalast antworteten mit Sprechchören: »Führer befiehl, wir folgen!«

Am 1. Oktober war es soweit: Die Wehrmacht marschierte in das Sudetengebiet ein, die tschechoslowakische Republik, von den Siegermächten des Ersten Weltkrieges in Versailles garantiert, hörte auf zu existieren. Nur die Slowakei blieb erhalten.

In Dresden wollte man schon lange mehr von mir als Tore für Deutschland. Seit meiner Lehrzeit bei der Sächsischen Staatsbank wurde ich bearbeitet, doch in »die Partei« einzutreten. Ich war dem ausgewichen, indem ich nicht in die Partei, sondern nur in den »Reichskolonialbund« eintrat, eine harmlose Organisation – wir hatten ja keine Kolonien mehr. Ich lief herum und sammelte Beiträge, das war alles.

Dann, nach meinem ersten Länderspiel, hatte mich Kurt Gruber, »Sportbereichsführer« für Sachsen, kommen lassen. In seinem Büro legte er mir zwei Formulare hin und sagte:

»Also, Schön, hier sind die Formulare. Du als Nationalspieler mußt in die Partei. Du gehörst da einfach rein.« Er duzte mich,

ich siezte ihn. Das war die plumpe Vertraulichkeit, die jetzt gepflegt wurde.

Ich schob die Formulare beiseite und sagte: »Ich muß gar nicht«. Das war, für meine Jugend und die damaligen Verhältnisse, eine Frechheit, aber ich konnte sie mir erlauben, denn Gruber war Fußballfan.

»Nationalspieler sind in der Partei!«, erklärte Gruber.

»Ich wüßte nicht, welcher Nationalspieler in der Partei ist«, antwortete ich.

Er schob mir die Formulare wieder herüber. Ich schob sie wieder weg und ging. Er ist nie wieder auf das Thema »Partei« zurückgekommen.

Aber andere nahmen mich aufs Korn. Da gab es einen hohen SS-Offizier Laake, früher einer der schnellsten Dresdner Sprinter. Laake bestellte eines Tages unseren Nationaltorwart Willibald Kress und mich zu sich.

Ich kann die Szene noch genau sehen. Wir saßen vor Laakes Schreibtisch, Willibald Kress rechts, ich links. Auf dem Schreibtisch stand rechts eine Hakenkreuzfähnchen. Wir warteten. Dann kam Laake ins Zimmer.

»Hört mal, ich habe etwas mit euch zu besprechen. Ihr wißt, wo es lang geht. Ihr seid beide repräsentative Erscheinungen im Sport. Ihr seid große Kerle. Ich würde es gern sehen, wenn ihr in die SS eintretet.«

Er klärte uns ausführlich über die Ziele des Nationalsozialismus im allgemeinen und der SS im besonderen auf. Der Monolog dauerte eine ganze Weile. Zum Schluß ging Laake ins Detail: wie der Dienst bei der SS aussähe. Dann sagte er einen entscheidenden Satz:

»Es ist natürlich damit zu rechnen, daß ihr auch das eine oder andere Mal nicht am Spiel des DSC teilnehmen könnt, wenn sonntags Dienst angesetzt ist. Da muß eure Mannschaft schon mal auf euch verzichten.«

Als er das sagte, näherten sich Willibalds linkes und mein rechtes Knie hinter der Deckung des Schreibtisches und stießen sich an. Das war die Absage. Wir erklärten, daß wir es uns überlegen wollten. Als wir wieder im Freien waren, sagten wir wie aus einem Mund: »Nee!«

Bei mir war es schon von der Erziehung, vom Elternhaus her, völlig undenkbar, daß ich in die SS eintrat. Mein Vater, meine zwölf Jahre ältere Schwester, mein Bruder, sie alle waren total »contra«. Seit Hitlers Machtergreifung befürchteten sie mehr und mehr eine Entwicklung zum totalitären Polizeistaat – und behielten auf entsetzliche Weise recht. Eine Mitgliedschaft in der SS hätte den Bruch mit dem Elternhaus bedeutet.

Bei mir äußerte sich das »contra« vor allem durch Witze-Erzählen, was damals mehr und mehr eine gefährliche Sache wurde, wenn man es öffentlich tat wie ich: am liebsten im vollen Club-Casino.

Nach dem Krieg hat mir ein ehemaliges – untergeordnetes – Mitglied der Geheimen Staatspolizei in Dresden erzählt: »Unser Chef hatte Ihre Akte auf seinem Schreibtisch liegen. Sie standen auf der Schwarzen Liste – wegen Erzählens von defätistischen Witzen. Aber der Chef war Ihnen wohlgesonnen und hat die Akte in seine Schublade getan . . .«

Ich erinnere mich an einen typischen Witz, den ich damals erzählte:

Göring kommt nach Dresden. Er fordert die Parteiführung der Stadt auf, den Mann ausfindig zu machen, der all die bösen politischen Witze erfindet. Dieser Mann wird ihm schließlich vorgeführt. Göring schreit ihn an:

»Mein lieber Mann! Ich kann verstehen, daß über gewisse Parteifunktionäre, vielleicht auch über mich, Witze gemacht werden. Aber – es ist unerhört, daß Sie über unseren heißgeliebten Führer Witze machen, hinter dem neunundneunzig Prozent des deutschen Volkes stehen!«

Da sagt der Mann: »Herr Reichsmarschall – dieser Witz ist aber nicht von mir!«

Am komischsten haben sich für mich Fußball und Politik vor unserem Länderspiel gegen den damaligen Weltmeister Italien am 26. März 1939 verbunden. Die Nationalmannschaft fuhr mit dem Zug von München nach Florenz. Und zufällig war auch ein Sonderwagen für den »Reichsorganisationsleiter« Robert Ley, den Gründer der »Deutschen Arbeitsfront«, angekoppelt.

Auf jedem italienischen Bahnhof, auf dem wir hielten, kam eine Garde von faschistischen Schwarzhemden und begrüßte den Nazi-Bonzen mit Schnetterengtengteng. Die italienischen Kampfgenossen spielten die faschistische Hymne »Giovinezza«, und danach jedesmal das große Arm-in-die-Luft-strekken und Händeschütteln. Unter Fanfaren stieg Ley wieder ein; wir lehnten zum Fenster hinaus und sahen uns den Zauber an. Von uns nahm niemand Notiz.

Der Zug lief im Hauptbahnhof von Mailand ein. Aber irgend etwas muß in der faschistischen Ortsgruppe nicht geklappt haben. Vielleicht war man es dort noch immer nicht gewöhnt, daß in Italien die Züge wieder pünktlich verkehrten, Mussolinis ehrgeiziges Ziel. Ley und seine Frau standen jedenfalls entgeistert auf dem Bahnsteig herum, von einem Haufen ratloser Schranzen umgeben. Nirgends ein Schwarzhemd. Wir lehnten wieder zum Fenster hinaus und grinsten.

Endlich, nach zähen Minuten, stiegen Ley und Frau in den Sonderwagen. Doch da, als niemand mehr damit rechnete, hörten wir von der Sperre her schmetternde Töne: Die Schwarzhemden kamen. Tatütata! Im Bersaglieri-Schritt rennend und zugleich »Giovinezza« trompetend, erreichten sie den Sonderwagen. Aber Ley schaute nicht einmal mehr aus dem Fenster. Er war sauer.

In Florenz bekam er dann noch einen drauf: Die Nationalmannschaft verließ den Zug, und es gab ein Riesengetümmel um uns. Für Ley aber, der nach Rom weiterfuhr, interessierte sich kein Mensch.

Mit dieser Zugfahrt begann eine sportliche Lektion, die ich nie vergessen habe. Unsere Abteile waren schlecht geheizt. Auf dem Brenner hatten wir wie übermütige Jungen eine Schneeballschlacht gemacht. Jedenfalls hatte ich mir eine saftige Erkältung zugezogen.

Am ersten Abend gingen wir in Florenz ins Kino. Mir ging es miserabel. Ich giepste nach Luft. Offensichtlich hatte ich eine heftige Bronchitis. Aus lauter Übereifer verheimlichte ich Sepp Herberger meinen Zustand. Ich wollte ja spielen: gegen den Weltmeister!

Zu allem Unglück bekam ich für dieses Spiel auch noch eine überaus schwierige Aufgabe: Ich sollte den italienischen Stopper Andreolo, ein Energiebündel, bei seinen Ausflügen nach vorn bremsen. Außerdem sollte ich im Mittelfeld das Spiel machen – und nach Möglichkeit auch noch torgefährlich werden. Selbst in bester Verfassung hätte ich diese Aufgaben gegen einen solchen Gegner nur mehr oder weniger gut lösen können. In meinem Zustand war das einfach nicht zu schaffen. Wir verloren, an sich sehr ehrenvoll, 2 : 3. Italiens Mittelstürmer Piola schoß ein spektakuläres Tor mit Fallrückzieher. Jahrzehntelang noch nannte man Fallrückzieher einen »Piola«. Ein Schuß wurde so zum Begriff.

Mir war klar, daß es für mich nur negative Kritiken geben würde. Einen Vorgeschmack bekam ich im »Grand Hotel di Firenze«, gleich auf dem Weg zum Bankett. Ein deutscher Sport-Schriftleiter, wie die Redakteure jetzt hießen – Ernst Werner, den ich heute noch hoch schätze –, fragte:

»Mein lieber Schön, was soll ich heute bloß über Sie schreiben?!«

Das tat weh.

Später habe ich jungen Spielern immer wieder gepredigt: »Sagt, wenn ihr krank seid. Ihr schadet nicht nur eurem Renommee, wenn ihr verletzt spielt, ihr verderbt auch der Mannschaft alles.«

Nach dem WM-Finale von 1974 gab es Meldungen, daß Ulli Hoeneß in der Nacht vor dem Spiel noch über 39 Grad Fieber gehabt haben soll. Mir ist nichts aufgefallen. Ich kann es mir nicht denken. Wenn es aber stimmt – dann hätte uns das die ganze Weltmeisterschaft kosten können.

Als Bundestrainer habe ich Spieler auch bei kleineren Verletzungen herausgenommen, im Interesse der Spieler und ihrer

Clubs: Ich glaube, ich habe nie Spieler »verheizt« – weil ich es selber an mir erlebt habe.

Die meisten Berufsspieler von heute verhalten sich so, wie ich es früher getan habe. Sie horchen in sich hinein, halten Zwiesprache mit ihrer Verletzung – und die Verletzung sagt ihnen dann schon: »Du kannst spielen«. Es geht um den Ehrgeiz, es geht jetzt um viel Geld, es geht um den Kurswert des Vereins.

Ich bin ein absoluter Gegner des »Gesundspritzens«, das in der Bundesliga teilweise unverantwortliche Formen angenommen hat. Zu meinen Zeiten hat man auch mich immer wieder »gesundgespritzt«. Damals nannte man es, »eine Füllung ins Knie machen«. Ich habe mich dummerweise oft dazu überreden lassen, nur um antreten zu können.

Unter »Füllung« verstand man Novocain – es handelte sich also um keine Therapie, sondern nur um Betäubung.

Ich kann mich an ein Spiel in der Lausitz erinnern, wo ich mit »Füllung« auf den Platz kam: Eine Stunde lang spürte ich nichts, dann aber bin ich vor Schmerzen fast wahnsinnig geworden. Das war für mich das eindringlichste Signal, so etwas niemals von Spielern zu verlangen.

Meine Maxime lautet: »Man muß auf die Spritze verzichten – wenn der Spieler ohne Spritze nicht spielen könnte«. So dachten auch immer unsere Mannschaftsärzte, Professor Schoberth und Professor Hess.

Am 23. August 1939 schlossen Deutschland und die Sowjetunion in Moskau einen »Nichtangriffspakt«. Die Allianz zwischen dem faschistischen und dem kommunistischen Diktator bedeutete: Das Schicksal Polens zwischen den beiden Riesen war besiegelt, es mußte Krieg geben. Aber wir jungen Leute konnten das alles nicht glauben, obwohl wir in letzter Zeit immer häufiger über Krieg sprachen. Uns geisterte das nächste Länderspiel durch den Kopf: am nächsten Sonntag, dem 27. August, gegen Schweden.

Am 25. August, so kann ich heute nachlesen, kurz nach

fünfzehn Uhr, gab Hitler den endgültigen Befehl zum Angriff auf Polen.

Zu genau derselben Zeit saß ich im Zug von Dresden nach Berlin und freute mich auf die Kameraden von der Nationalmannschaft. Ich sollte sie – ausgerechnet – im Hotel »Russischer Hof« am Bahnhof Friedrichstraße treffen. Und nur wenige hundert Meter von mir entfernt beschwor ein Mann mit aller Energie den nächsten Weltkrieg herauf.

Nun, nach dem deutsch-sowjetischen Pakt, war der »Russische Hof« auch politisch up to date.

Als ich die Treppe hinunterkam, hatte ich meinen Koffer schon bei mir. Wir sollten sofort nach dem Frühstück zum Flughafen Tempelhof fahren und nach Schweden abfliegen: Man erwartete die deutsche Nationalmannschaft um dreizehn Uhr in Stockholm.

Ich nahm im Frühstücksraum Platz. An den Tischen saßen andere Nationalspieler, aber auch fremde Gäste.

Plötzlich hieß es: »Bitte alle Spieler sofort in den Konferenzraum.« Sepp Herberger kam und erklärte uns mit todernstem Gesicht, die Reise könne nicht stattfinden. Es habe wieder Schüsse im »Korridor« nach Danzig gegeben. »Polnische Provokationen«, wie in den letzten Tagen ... Flug und Länderspiel seien auf höchste Weisung annulliert worden.

Ich war sehr niedergeschlagen. Zum erstenmal begriff ich, daß etwas sehr Ernstes bevorstand. Denn Länderspiele waren lange im voraus mit viel Aufwand von beiden Seiten geplant und hatten ja eine fast diplomatische Funktion. Ein solches Ereignis blies man nicht leichten Sinnes sechsunddreißig Stunden vor dem Anpfiff ab.

Die Mannschaft zerstreute sich sofort in alle Winde. Auch ich nahm den nächsten Zug nach Dresden.

Es war eine schwüle Sommernacht in Deutschland, vom 31. August auf den ›September.

Ab zwanzig vor sechs wurde eine »Proklamation« Hitlers über alle deutschen Rundfunksender ausgestrahlt. Als ich in der Wohnung meiner Eltern in der Struvestraße aufwachte, hörte ich die Staccatostimme des Führers: »Ich erwarte, daß jeder Soldat seine Pflicht bis zum letzten erfüllen wird ...«

Bis zum letzten. In ein paar Tagen würde ich vierundzwanzig Jahre alt werden. Ich telefonierte mit meiner Freundin Annelies und wir verabredeten uns.

Annelies arbeitete damals bei der »Allianz« auf der Prager Straße und hatte im Geschäft gehört, daß Krieg sei. Wir trafen uns dann nach der Arbeit und fuhren mit der Straßenbahn hinaus in die Dresdner Heide, ein großes Wald- und Erholungsgebiet im Osten der Stadt. Wir gingen in ein hübsches Gartenlokal, das komischerweise »Die Totenmühle« hieß. Dort setzten wir uns im Freien an einen weißlackierten Tisch. Ich sehe noch die schönen Laub- und Obstbäume ringsum. Wir tranken Kaffee und aßen frischen Pflaumenkuchen. Wir redeten darüber, wie lange der Krieg dauern würde, und wir glaubten, daß Weihnachten schon alles vorbei wäre. Wir waren so jung, wir haben nicht begriffen, was Krieg wirklich hieß. Die Eltern hatten immer vom Ersten Weltkrieg erzählt – aber wir konnten uns darunter wenig vorstellen.

Es war ja wirklich eine Überraschung, daß die Engländer und Franzosen uns zwei Tage später den Krieg erklärten. An jenem ersten Tag haben wir, wie viele Deutsche wohl, geglaubt, es gehe alles wie mit Österreich und der Tschechoslowakei. Wenn das mit Polen gelaufen wäre, hätte die Sache ein Ende. Darum ist die Erinnerung an diesen Tag eher eine idyllische.

Ich war zwar gemustert worden. Wegen meines Knieschadens hatten sie mich zurückgestellt. Der Schauspieler Hans Hansen, der jetzt noch in München spielt, hat damals gesagt: »Helmut, kannst du mir nicht dein Knie geben?!«

Mein Knie, das war Glück im Unglück. Der Sanitätsunteroffizier flüsterte dem Stabsarzt bei der Musterung zu: »Das ist der Nationalspieler Schön! Der schießt jeden Sonntag Tore für den DSC!« Der Stabsarzt glaubte das einfach nicht: »Mit dem Knie? Nee, nee, mein Lieber, das lassen Sie sein, sonst kommen Sie nie zur Wehrmacht!« Darauf war ich gar nicht so neugierig.

Meine Frau hatte an diesem Tag des Kriegsausbruchs wirklich Angst. Ihr Vater war Sozialdemokrat, und er hatte immer wieder gesagt: »Wer Hitler wählt, wählt den Krieg!« Das muß sich bei ihr festgesetzt haben. Jetzt war es soweit. Ihre Familie war gegen die Nazis und meine auch. Meine Schwester hatte gefragt, als sie von Annelies hörte: »Ist die Nazi?« Und Annelies' Eltern fragten: »Der Schön? Hoffentlich ist das kein Nazi?!«

Als der Krieg anfing, kannten wir uns noch gar nicht so lange, erst ein paar Monate. Es hatte oben im Casino unter der Tribüne des Ostrageheges begonnen. Das war ein sehr großes Casino, es zog sich unter der ganzen Tribüne hin. Dort fanden die Weihnachtsfeiern des Clubs statt, dort trafen wir uns nach den Spielen und saßen noch zusammen. Damals war es eigentlich schöner als heute, wo die Spieler meistens aus dem Umkleideraum in ihre Wagen steigen und nach Hause fahren. Aber ich verstehe das ja, weil sie in der Woche weit mehr mit ihren Mannschaftskameraden zusammen sind, als wir es damals waren. Die Spieler heute heiraten ja auch früher als wir, weil sie festgestellt haben: Als Profi muß man ein Heim haben.

Ich war dreiundzwanzig, als ich Annelies kennenlernte. Es war nach einem Spiel des DSC. Das Casino war voller Menschen. Wir kannten uns vom Sehen, hatten uns immer begrüßt. Ich hatte schon lange für sie geschwärmt.

Sie war ein sehr hübsches, nettes Mädchen und mit unserem neuen Linksaußen verlobt.

Ich selber hatte gerade eine Liaison mit der Wiener Tänzerin Nora aus dem Zentraltheater hinter mir, und Annelies' Verlobung war auch gerade gelöst.

An diesem Tag im Casino hat es bei mir dann gefunkt. Ich habe mir gesagt: Die möchte ich näher kennenlernen!

Meine Frau erinnert sich genau, daß ich am nächsten Tag an der Normaluhr auf der Prager Straße, vor der ›Allianz‹ stand. Alle Sekretärinnen hingen auf einmal zum Fenster raus, und es ging ein Getuschel: »Auf wen wartet der Schön bloß?« Viele blieben länger, um das zu erfahren ...

Wir haben uns verabredet. Wir wollten zusammen tanzen gehen. In der Reichsgartenausstellung gab es ein schickes Lokal, »Die Mücke«, gutes Publikum, tolle Kapelle; da konnte man nachmittags im Freien tanzen. An einem sonnigen Sonnabend haben wir dort Foxtrott und Tango getanzt. Annelies trug einen weißen Panama-Herrenhut. Das war damals todchic.

Kampfgetümmel im Schweizer Strafraum. Fritz Walter dribbelt mit dem Ball wieder aus dem Strafraum heraus. Er wird von drei Schweizern verfolgt, hart bedrängt. Ich stehe etwa sechs bis sieben Meter vor dem Tor, aber nicht im Abseits. Ich rufe: »Fritz!«

Ich habe das »z« noch auf der Zunge, da kommt bereits der Ball von Fritz: Mit einem Hacken-Kick spielt er mir das Leder zu, ohne mich zu sehen, durch eine sich blitzschnell öffnende Lücke, während alle Schweizer in die falsche Richtung laufen. Ich brauche den Ball nur noch unter dem heraushechtenden Tormann ins Netz zu spitzeln.

Dieses Gemeinschaftstor haben Fritz Walter und ich am 9. März 1941 in Stuttgart fabriziert, beim 4 : 2-Länderspiel gegen die Schweiz. Es zeigt besser als jede Theorie, worin das Rätselhafte, Faszinierende des Fußballspiels und das Genie mancher Spieler liegt.

Fritz Walter konnte nicht wissen, wo ich mich gerade befand und daß meine Situation für Bruchteile von Sekunden ideal zum Torschuß war. Er konnte nicht ahnen, daß sich im Pulk der Deckungsspieler einige Zentimeter Raum für Augenblicke öffnen würden, um den Ball hindurch zu spielen. Und dennoch wußte er es, ahnte er es.

Wir bezeichnen dieses Phänomen gern als »blindes Verständnis« zwischen zwei Spielern, als »Instinkt«. Eine Professorin von der Sporthochschule Köln hat mich einmal belehrt, daß es sich hier keineswegs um »Instinkt« handelt, denn dann wäre es angeboren, und alle »Instinkt«-Spieler müßten in jedem Moment dasselbe tun.

Es ist etwas Ähnliches, das man noch nicht erklären kann.

Jedenfalls haben gewisse Spieler einen »sechsten Sinn«, der sie verstehen läßt, was der andere tun wird. Handelt es sich um gleichgeartete Spieler – wie etwa Fritz Walter und mich –, dann ergibt sich zwischen beiden oft so etwas wie ein Funkkontakt. Es ist eine Übertragung der gleichen Spannung, eine Sendung auf gleicher Wellenlänge, und dann tut man das Gleiche oder das sich Ergänzende. Es dauert lange, dieses Phänomen zu beschreiben. Es geht blitzartig, wenn es ausgeführt wird.

Mit Fritz Walter habe ich mich vom ersten Moment an verstanden, auch privat. Darum hat es zwischen uns nie eine Rivalität, wie zwischen zwei Primadonnen, gegeben. Ich sehe ihn noch vor mir, wie wir uns das erstemal begegneten. Es war im Sommer 1940, vor Fritz Walters erstem Länderspiel gegen Rumänien. Er war außerordentlich schüchtern, sehr bescheiden; ein mittelgroßer, hagerer Junge mit spitzem Gesicht, ein »Bürschel«, wie Otto Nerz gesagt hätte. Er sprach ein liebenswürdiges Pfälzisch. Aber sowie er den Ball hatte, sah man: pures Talent. In der Reife wurde daraus Genie.

Es war kein Zufall, daß wir gleich in unserem ersten gemeinsamen Länderspiel – am 17. November 1940 in Hamburg gegen Dänemark – zusammen ein Tor gemacht haben, das einzige des Tages. Damals spielte er halbrechts, ich halblinks.

Fritz Walter paßte von halbrechts den Ball quer durch den Strafraum. Er hatte wie im Unterbewußtsein vorausgesehen, daß ich von der anderen Seite blitzschnell in Richtung Tor starten würde. Ich habe den Ball in die kurze Ecke gespitzelt.

Zu einem solchen »Vorgang« gehört großes Raumgefühl, Instinkt für Spielerkonstellationen und für die Position des Partners. Dieses Raumgefühl existiert auch, wenn man den anderen gar nicht sieht. Ein Klassespieler muß, wie man sagt, auch hinten Augen haben.

Sobald die Aktion beginnt, der Funke überspringt, ist eine Art Telepathie im Gange. Einige hundert Bewegungsabläufe und Initiativen ergeben sich traumwandlerisch.

Fritz Walter brachte dafür die unbedingte Voraussetzung mit: Er beherrschte den Ball. Auch ich hatte keine Sorgen. Die mechanischen Abläufe funktionierten automatisch. Wer sich mit dem Ball beschäftigen, ihn unter Kontrolle bringen, vielleicht sogar an sich runtersehen muß, kann nicht gleichzeitig erkennen und handeln. Er muß alles in Abständen tun. Er addiert: erst Ball kontrollieren, dann sehen, dann spielen. Der Klassemann multipliziert alle drei Faktoren in einem Zug miteinander.

Natürlich ist nicht alles Intuition, Radar, Funkverkehr. Oft genügt, daß man im Augenwinkel nur einen Wisch sieht, daß im Getümmel für einen Moment eine Hand, ein Stück von der Schulter auftaucht und mir signalisiert: Dahin muß er...

Im Fußball hat es immer Paare gegeben, die sich derart verstanden. Wenn ich heute – mit gesunden Knien – wieder auf den Platz laufen und mit Fritz Walter zusammenspielen könnte, wir würden uns noch genauso »blind« verstehen wie damals. Das hat man oder man hat es nicht.

Wenn ich Fritz Walter heute in einem Prominentenspiel sehe, weiß ich im voraus, was er unternehmen wird. Es ist, als wäre da ein Computer für alle Zeiten programmiert. Da ist etwas ganz Persönliches in unsere Nervenbahnen eingefräst, lebenslänglich.

Aber – auch zwei, die sich »blind« verstehen, werden sich gegenseitig oft auch überraschen. Spieler wie Fritz Walter, wie Franz Beckenbauer verfügen über ungezählte Möglichkeiten der Improvisation. Darum nennen wir solche Spieler Genies. Die Superklasse zeigt sich im Unerwarteten, im verblüffenden für Freund und Feind.

Damit meine ich nicht artistische Kunststückchen. Der Klassespieler macht das Einfache besonders gut. Das ist die ganze Weisheit.

Das zeichnet vielleicht auch den Künstler aus, den Maler, den Schauspieler. Die Großen bewältigen das Komplizierte auf die schlichteste Art.

Das Einfache gut machen! Das habe ich auch immer unseren Nationalspielern gesagt. Nicht der Fallrückzieher mit dreifachem Überschlag vor der Tribüne bringt es. Das hatten Fritz

Walter, Pelé, Uwe Seeler, Franz Beckenbauer nicht nötig. Sie haben das im Augenblick Notwendige so simpel wie möglich bewältigt.

Es gibt Tage, da verstehen sich nicht nur zwei, sondern alle elf Spieler in rätselhafter Harmonie. Ein solcher Tag war der 6. April 1941. Ein strahlender Sonntag in der Geschichte der deutschen Nationalmannschaft.

Ich sehe uns noch vor dem Kölner Hauptbahnhof zum Empfangsfoto aufgebaut: bestimmt kein Sport-Team, eher ein Regiments-Stab mit ein paar Urlaubern und einer Dame mit einem ziemlich verrückten Hut.

Von den achtzehn abgebildeten Personen tragen immerhin neun Uniform: die einen Tellermütze, die anderen »Schiffchen«. Sieht man genauer hin, erkennt man alle Waffengattungen: Luftwaffe, Heer, Marine. Der Längste, in der hintersten Reihe, trägt natürlich Zivil, Helmut Schön mit dem kaputten Knie, dem hellen Staubmantel, dem Schlips.

Seppl Herberger hat Listen aufstellen müssen, welche Spieler für die Nationalmannschaft wertvoll sind. Sie wurden »gvH« geschrieben, »garnisonsverwendungsfähig Heimat«.

Für die deutsche Geschichte wird der Tag des Länderspiels ein düsteres Datum. An diesem Sonntag fällt Hitler in Jugoslawien und Griechenland ein.

Wir sollen gegen Ungarn spielen, den Vizeweltmeister, der uns knapp zwei Jahre zuvor im ersten Kriegs-Länderspiel mit seiner Spielkunst völlig entwaffnet hat, mit 5 : 1. Damals sind wir alle nervös gewesen, hatten uns an die Frontmeldungen noch nicht gewöhnt. Kameraden waren eingezogen worden, die ersten Todesmeldungen aus Polen gekommen. Das Ergebnis war entsprechend.

Die Revanche heute hat auch ihre politischen Vorzeichen. »Reichssportführer« von Tschammer und Osten läßt bestellen:

»Spielt ja fair! Es liegt etwas Besonderes in der Luft! Das Spiel ist mehr als ein Fußballspiel. Es ist eine Demonstration der Freundschaft!«

Er meint damit: Ungarn wird bald »an der Seite der Achsenmächte« Deutschland und Italien in den Krieg eintreten.

Die ersten fünfundzwanzig Minuten der Revanche sind vergangen, torlos. Auf der Tribüne des Müngersdorfer Stadions stöhnt eine junge Frau auf. Da unten auf dem Platz stehen alle Spieler still, nur ihr Mann läuft ... Alle Zuschauer starren auf ihn.

»Wenn er bloß nicht vorbeischießt!«

Aber das tut er nicht. Er donnert diesen Elfmeter mit einer Gewalt ins Netz, daß der ungarische Torwart instinktiv wegzuckt. Paul Janes, Marinesoldat auf Urlaub, Deutschlands rechter Verteidiger, hat mal wieder zugeschlagen. Es steht endlich 1 : 0 gegen die glänzende Mannschaft der Ungarn.

Bei uns läuft es wie geschmiert, buchstäblich. Der Boden ist schlüpfrig, also ein Terrain, das deutschen Mannschaften immer gelegen hat. Da kann man durch schnelles Spiel den Ball noch schneller machen. Dieses Spiel ist natürlich risikoreich. Man muß die Bälle genau berechnen, Vorlagen möglichst in die Füße der Mitspieler geben, sonst geht der Ball durch die Schnelligkeit verloren.

Wir spielen schnell, schön und gut. Der Ball läuft in unseren Reihen, die Spieler sind dauernd in Bewegung, darum findet man immer jemanden, an den man den Ball schnell loswerden kann. Aber es ist auch Zeit für Kabinettstückchen, für große individuelle Leistungen.

Fritz Walter ist ein gewitzter Sturmführer, dauernd auf dem Sprung, rochierend, vorstoßend, die verkörperte Unruhe. Ebenso wendig, beweglich ist unser Wiener Halbrechter Willy Hahnemann, der sich dauernd mit Fritz Walter abwechselt. Beide sind von den Ungarn nicht zu packen, ein ideales Spielerpaar. Hahnemann ist ein Blitzer, ein Gewiefter, ein Ausgebuffter. Dazu kommen die beiden Außen Hanreiter und Kobierski, schnell, trickreich.

Das ist der Sturm – nur vier Mann. Denn ich als Halblinker »hänge« etwas zurück, bleibe im Mittelfeld, spiele hinter den vier Spitzen.

Wie ich später erst erkenne, spielen wir an diesem Tag bereits ein ganz modernes System, das 4-2-4-System. Es ist vorher nicht so konzipiert worden. Es ergibt sich, wie jedes System, aus der Art der Spieler. Wir spielen dieses System auch nicht starr und stur, sondern variationsreich. In der Mannschaft ist überall Bewegung und Beweglichkeit.

Auf der rechten Seite im Mittelfeld operiert Ander Kupfer, unser rechter Läufer. Er füttert den Angriff mit Vorlagen, kurbelt das Spiel an.

Dahinter hält sich der andere Läufer Kitzinger mehr in der Defensive, zusammen mit dem sehr energischen Stopper Rohde und den beiden Außenverteidigern Janes und Miller.

Alles, was wir tun, ist an diesem Tag Gift für die Ungarn. Das hat tiefere Gründe. Nach endlosen Diskussionen haben sich die Ungarn erst vor einem halben Jahr dazu entschlossen, ihre Spielweise mehr dem WM-System anzupassen, das inzwischen fast überall praktiziert wird. In der kurzen Zeit bis zu unserem Länderspiel haben sie aber dieses System noch nicht richtig absorbiert.

In Budapest, wo ich Mittelstürmer spielte, bin ich von Bela Sarosi, einem hervorragenden, riesengroßen Mittelläufer, völlig kaltgestellt worden. Heute, als Halblinker, soll mich Sarosi wieder neutralisieren.

Vor dem Spiel ist mir bei dem Gedanken an Sarosi nicht ganz wohl gewesen. Aber im Spiel kann ich ihm immer wieder entwischen. Er folgt mir nicht in die Tiefe des Mittelfelds. Ich habe Platz, viel Platz – und dann sehe ich immer besonders gut aus. Sarosi denkt sich offensichtlich: Wenn der Schön halblinks spielt, muß er auch über halblinks kommen – und wartet dort auf mich.

Er rechnet nicht damit, daß ich plötzlich rechtaußen auftauche, mal im eigenen Strafraum bin, mich unversehens in der Sturmspitze herumtreibe.

Das Direktspiel zwischen Fritz Walter, Hahnemann und mir läuft und läuft... Die ungarischen Abwehrspieler suchen unsere Leute auf dem Platz. Ihr ganzes System geht zum Teufel.

Die Tore fallen zwangsläufig. Ich schieße auch zwei – darunter wohl das Supertor meines Lebens.

Hanreiter tritt von rechts einen Eckball. Der ungarische Torwart wehrt ab. Der Ball kommt zu Kobierski auf linksaußen. Der hebt mir den Ball halbhoch zu. Ich kann ihn nicht mit dem Kopf und auch nicht mit dem Fuß nehmen. Ich stehe mit dem Rücken zum Tor, etwa in sechzehn Meter Entfernung.

Normalerweise müßte ich diesen Ball jetzt mit der Brust stoppen, fallen lassen, mich drehen und dann schießen.

Das wäre bei der Spieleransammlung im Strafraum viel zu umständlich. Also tut mein Körper mit mir etwas Ausgefallenes, im Reflex. Ich steige nach rückwärts in die Luft und ziehe den Ball volley über den Kopf auf das Tor.

Als ich auf dem Boden lande, höre ich riesiges Geschrei der Zuschauer. Ich sehe noch, wie der Ball in der rechten Ecke oben im Netz ist und dann an den Maschen hinuntergleitet. Fritz Walter rennt begeistert ins ungarische Tor, schnappt sich den Ball, kommt auf mich zu, umhalst mich, gibt mir den Ball, als wollte er sagen: Da – dein Tor!

Das ist das 5 : 0. Ich schieße auch noch das 7 : 0, aus einer Kombination heraus: Flachschuß links unten in die Ecke. Dabei bleibt es.

Aber es wäre auch ein hervorragendes Spiel gewesen, wenn wir nur ein 3 : 0 geschafft hätten. Nach allem, was ich als Spieler miterlebt und später als Trainer gesehen habe, läßt sich dieses Spiel wohl nur mit unserem 3 : 1 gegen England im Wembley-Stadion vergleichen, als Günter Netzer seinen größten Tag hatte.

Damit ein solcher Spielrausch entstehen kann, müssen einige Komponenten zusammenkommen: Der Gegner muß es zulassen. Alle Spieler müssen in bester Verfassung sein – was nicht allzu oft der Fall ist: Oft schleppt man ein oder zwei in der Tagesform Schwächere mit durch. Der Auftakt muß gelingen, die Verkrampfungen lösen. Und es muß jene schwer zu erklärende Kommunikation unter den Spielern entstehen, die das psychologische Übergewicht ergibt.

Jeder einzelne spürte, daß er an diesem Tag seine Sache gut machte. Das gab ihm Auftrieb – und damit strahlte er Selbstbewußtsein auch auf die anderen aus. Wenn Fritz Walter einen Hackentrick machte, einen geschickten Zieher fabrizierte oder einen Doppelpaß anzettelte, animierte das natürlich auch die Spieler, die ihm zusahen. So trieben wir uns gegenseitig hoch.

In dieser Spiellust, Spielfreude, riskiert man dann auch viel mehr als sonst. Vielleicht hätte ich bei einem Stand von 2 : 1 für die Ungarn nicht meinen Fallrückzieher gewagt. Wahrscheinlich sogar wäre ich ganz auf sicher gegangen: Runternehmen, umdrehen, schießen ...

Der gute Spieler zeichnet sich allerdings dadurch aus, daß er in einer solchen Rauschsituation nicht zuviel riskiert und damit das Gute aufs Spiel setzt. Fußball ist wie ein empfindlicher Organismus, den man leicht stören kann. Es ist falsch, wenn ein Abwehrspieler glaubt: Es läuft ja jetzt so gut, da kann ich den gegnerischen Mittelstürmer mal im eigenen Strafraum vorführen und lächerlich machen. Das geht meistens schief. Ich habe unseren Spielern immer gesagt: Wenn wir das Spiel in der Hand haben, wird weitergespielt, sportlich einwandfrei. Gegen Ungarn, damals, 1941, haben wir von der ersten bis zur letzten Minute Volldampf gemacht. Das war das Schönste.

Die Kriegsländerspiele hatten ihre eigenen Gesetze und Perspektiven. Erst einmal dienten sie der politischen Führung als Demonstration im neutralen Ausland.

Für uns war mit jedem Länderspiel die verlockende Aussicht verbunden, über die Grenzen zu kommen. Es war immer ein extra Einkaufsnachmittag eingeplant. Auf zum nächsten Kaufhaus!

Vierzehn Tage nach unserem Ungarn-Sieg waren wir in Bern, um gegen die Schweiz zu spielen. Natürlich marschierte ich sofort ins nächste Kaufhaus. Auch die Schweiz hatte damals eine Art Rationierung mit Punktsystem, aber es wurde weit legerer gehandhabt als bei uns in Deutschland.

Nur – wir besaßen überhaupt keine Schweizer »Punkte«. Ich

stand, zusammen mit ein paar anderen Nationalspielern, mit sehnsüchtigen Blicken vor den Auslagen, wie Kinder, die sich die Nase an der Schaufensterscheibe eines Schokoladenladens plattdrücken.

Eine Schweizerin sprach mich an: »Sind Sie Deutscher?«

»Ja.«

»Was wollen Sie denn haben?«

»Tja – ich hätte eigentlich gerne für meine Braut in Dresden Strümpfe; und dann diesen Wollstoff da ... Aber ich habe keine Punkte.«

»Kommen Sie bitte mit!«

Da ging diese Frau mit mir an einige Ladentische im Kaufhaus und sagte: »So, nun bestellen Sie mal, was Sie wollen.« Aus ihrer Handtasche gab sie mir die nötigen Punkte – und ich habe bezahlt.

Das vergesse ich nie. Die Frau damals war älter als ich. Wenn sie noch lebt – ich würde sie gerne wiedersehen. Mit ihrer Geste hat sie bei mir so unvergleichlich für die Schweizer geworben, daß ich seitdem die größte Hochachtung vor ihnen habe. Wir Deutschen waren ja zu dieser Zeit weder in der Schweiz noch sonstwo in der Welt ausgesprochen beliebt.

Ach ja, ich vergaß: Wir verloren in Bern mit 1 : 2, ausgerechnet am Geburtstag des Führers. Es grenzte an Hochverrat und Majestätsbeleidigung. Insgeheim wurde das ungewohnte, gute Schweizer Essen dafür verantwortlich gemacht. Aber wir bekamen ja auch zu Hause Sonderzuteilungen. Ich spielte schwach. Aber in Dresden, bei Annelies, erwies sich der Wollstoff als Treffer.

Es folgte danach bereits mein sechzehntes und letztes Länderspiel überhaupt, am 5. Oktober 1941 gegen Schweden in Stockholm. Fußballerisch war es herzlich uninteressant, wir verloren 2 : 4. Aber unsere Abreise – die war eine Sache für sich.

Schweden war noch ein gelobtes Einkaufsland, hatte allerdings striktes Ausfuhrverbot verhängt. Wir alle waren dennoch finster entschlossen, tüchtig zu schmuggeln. Was sich freilich Willy Hahnemann vorgenommen hatte, spottete jeder Beschreibung. Für seine neueröffnete Drogerie in Wien wollte er in großem Stil einkaufen.

Nun traf es sich, daß ich durch meinen Mannschaftsleiter beim DSC, einen Papiermaschinenfabrikanten, ein interessantes Angebot erhalten hatte.

»Wenn du in Schweden Geld brauchst, geh' zu meinem Firmenvertreter, der kann dir aushelfen.«

Davon machte ich ausgiebig Gebrauch. Ich beschaffte für mich und Willy Hahnemann die nötigen Schweden-Kronen.

Erst einmal kaufte ich mir einen dunklen Anzug, der um einiges zu weit war und genug Stauräume bot. Ein Pfund Kaffee hängte ich beispielsweise in der Hose innen am Oberschenkel ein ... Außerdem beschaffte ich einen extra Koffer, da ich Willy Hahnemann beim Transport seiner Drogerie-Artikel helfen wollte.

Der schlug nun im großen Stil zu: von der Zahnpaste bis zur Babyausstattung, vom Toilettenwasser bis zur Luxusseife. Sogar Tennisbälle nahm er mit, angeblich ebenfalls für die Drogerie. Die Koffer waren brechend voll.

Bei der schwedischen Ausfuhrkontrolle auf dem Flughafen Stockholm kam es zum ersten Zwischenfall. Einer der deutschen Sportberichterstatter in unserer Begleitung wollte besonders schlau sein. Er baute seinen Koffer als ersten vor dem Zollbeamten auf, offensichtlich mit der Spekulation: Dann untersucht der mich nicht.

Meine beiden Koffer standen auf der langen Rampe weit auseinander. Beim einen klaffte der Deckel ein wenig.

Plötzlich gab es ein Geraune. Der Koffer des Journalisten wurde geöffnet. Der Zollbeamte nahm eine Lage Wolle nach der anderen heraus. »Und was ist das? Gelb! Und was ist das? Blau! Und was ist das? Grün!« Ich höre noch sein »schwedisches« Deutsch und sehe noch, mit welchem zynischen Spaß er die Wolle auspackte.

»Der Koffer ist beschlagnahmt!«

Sie können mir das doch nicht wegnehmen!«, sagte der Journalist.

»Sie können alles behalten und sich Ihre Pullover stricken lassen. Es muß nur alles in Schweden bleiben.«

Der Zollbeamte sagte das auf die liebenswürdigste Art. Aber für uns Schmuggler wurde er gerade deswegen zum heimtükkischsten Menschen, den es überhaupt gab.

Er kam an meinen ersten Koffer heran. Mir zitterten die Knie. Mit einer Handbewegung ging er darüber hinweg.

»Gottseidank!«, stöhnte ich und drehte mich weg. Da schrie jemand: »Hier! Wem gehört denn dieser Koffer?«

Der Zollbeamte hatte meinen zweiten Koffer in der Hand. Ich mußte öffnen. Der erste Griff des Zollbeamten ging zielsicher in die Manschette eines meiner Hemden und holte einen Damenhandschuh heraus.

»Was ist denn das?«

»Das sind ein paar Handschuhe für meine Schwester«.

Daß ich Annelies »verleugnete«, brachte mir sicher keinen Vorteil und war eine komische Fehlleistung des Ertapptseins.

Lächelnd klappte der Zollbeamte den Koffer wieder zu. Ich mußte mich abwenden. Da sah ich Willy Hahnemann. Er strahlte über das ganze Gesicht. In dem Koffer mit dem Paar Handschuhe hatten wir ja vor allem seine Drogerieartikel verstaut.

Mit einer JU 52 flogen wir nach Berlin. In Tempelhof gab es nochmal eine knallharte Einfuhrkontrolle.

»Alles mal hierherstellen! Niemand geht da raus!«

Ich dachte: Jetzt ist alles aus. Deutscher Zoll! Schweißgebadet stand ich da und spürte, wie das Pfund Kaffee in der Hose an seiner Aufhängung zog.

»Nächster Koffer! Weiter ... Nächster Koffer!«

Meine beiden rutschten durch. Ich habe sie mir geschnappt und bin noch nie so schnell aus dem »Zentralflughafen« rausgegangen wie damals. Kein Abschied von der Mannschaft ... Nur schnell zum Anhalter-Bahnhof.

## *Fußball und Politik*

In meinem Haus in Wiesbaden steht eine wunderschöne Barockkommode. Ich sehe sie jeden Tag. Sie erinnert mich immer wieder an eine besonders schmerzliche Geschichte aus jenen Jahren in Dresden. Es gab eben doch nicht nur Fußball.

Wir hatten einen Untermieter in unsere Wohnung in der Struvestraße aufnehmen müssen. Sechs Zimmer waren, vor allem nach dem Tod meiner Mutter, einfach zu viel, denn Vater verdiente zu wenig.

Unser Untermieter hieß Max Wollf. Er war Verlagsdirektor der »Dresdner Neuesten Nachrichten«, einer seriösen, konservativen Zeitung. Er gehörte praktisch zur Familie.

Als ich bei der Sächsischen Staatsbank in die Lehre ging, ließ mich mein Chef eines Tages kommen.

»Schön, bei euch wohnt doch 'n Jude?!«

Ich sagte: »Ja.«

»Der muß raus!«

»Nein.«

»Wieso nicht?«

»Der wohnt schon seit vielen Jahren bei uns. Das Geld wird benötigt.«

»Das ist ganz egal. Kümmer' dich drum. Der muß raus.«

Ich bin weggegangen, habe es zu Hause erzählt. Wir warteten ab. Es geschah erst einmal nichts.

Zum Zeitpunkt der Machtergreifung Hitlers gab es in Dresden an die 6000 Juden – also nicht einmal ein Prozent der Bevölkerung. Ihre Zahl sank – anfangs durch Emigration, besser gesagt: Flucht – auf rund 4400 im Jahr 1937. Bei Kriegsende, 1945 sollten es nur noch hundert sein.

Um 1930 waren fast alle Dresdner Zigarettenfabriken in jüdischem Besitz: Haus Bergmann, Bulgaria, Delta, Eckstein, Monopol, Oramis, Xanthi, Yramos ... Ähnliches galt für die großen Kaufhäuser.

Schon 1933 wurde der größte Teil davon »arisiert«. Am 29. März 1933 erging eine Anweisung der NSDAP zum Boykott der Juden überhaupt.

Max Wollf und sein Bruder wurden bei ihrer Zeitung hinausgejagt. Sie konnten sich ja nicht den nötigen »Ariernachweis« beschaffen.

Ab 1. Januar 1939 war es Juden überhaupt verboten, als Unternehmer im Einzelhandel, Handwerk und Marktverkehr tätig zu sein. Und ab 1940 war es Vorschrift, daß sie deutlich sichtbar einen gelben Davidsstern mit der Aufschrift »Jude« trugen – auch Max Wollf.

Da meine Schwester noch nicht fünfundvierzig Jahre alt war, mußte Max Wollf bei uns ausziehen. Mit dieser absurden Bestimmung wollte man einer »Rassenschande« vorbeugen. Max Wollf kam bei seinem Bruder unter. Meine Schwester traf sich noch oft mit ihm abends in Vaters Geschäft, um ihm Lebensmittel oder Geld zuzustecken. Es ging ihm schlecht.

Kurz vor meiner Hochzeit mit Annelies, im Januar 1942, hieß es: Max Wollf soll nach Riga ... Wir wußten schon, daß sich dahinter etwas Furchtbares verbarg – wir wußten nur nicht, was. Wir waren völlig deprimiert.

Annelies und ich machten unsere Hochzeitsreise nach Oberbärenburg im Erzgebirge. Von dort rief ich zu Hause an: »Was ist mit Max Wollf? Soll er immer noch nach Riga?«

Mein Bruder war am Telefon: »Nein. Mach dir keine Sorgen.« Seine Stimme klang merkwürdig.

Als wir nach Hause kamen, erfuhr ich: Max Wollf hatte sich mit Tabletten das Leben genommen. Eine Büttenpostkarte war gefunden worden, die er am 15. Januar, an unserem Hochzeitstag, noch an mich geschrieben hatte. Ich habe sie aufbewahrt.

»Mein lieber Helmut, empfange zu Deiner Vermählung meine allerherzlichsten Glückwünsche. Möge der Himmel Dir und Deiner Frau nur Gesundheit und Glück bescheren und in Eurer Verbindung sich alle Wünsche und Hoffnungen erfüllen, die ihr damit verknüpft. Es ist für mich ein eigenartiges Gefühl, daß das Kerlchen von einst, das ich noch vor mir sehe und singen höre, heute ein Mann ist, der heiratet. Ich bitte Dich und Deine junge Frau, von mir ein Kommodchen anzunehmen und zur Erinnerung an mich ihm in Eurer Wohnung Platz zu gewähren ... Ich lasse es noch vom Tischler in einwandfreien Zustand bringen, und es wird fertig sein, wenn Ihr in Eure Wohnung einziehen könnt.«

Sengende Hitze heizte das Berliner Olympiastadion auf. 100 000 Zuschauer drängten sich auf den steinernen Rängen, als wollten sie sich in diesem Freiluftofen backen lassen. Selbst die Stufen über dem Marathontor, die Umgänge, die Treppen zwischen den einzelnen Blocks, die Uhrentürme waren mit Menschen vollgepackt. 100 000 – also rund 20 000 mehr als heute, wenn das Olympiastadion bei einem Bundesligaspiel »ausverkauft« meldet. Wenn man hinüber zum Glockenturm über dem Maifeld sah, glaubte man, das alles sei nur eine Filmvision – so zitterte die Luft in der Hitze. Wir Spieler unten auf dem Platz kamen uns vor wie in einem Römertopf.

Es war der Tag für eine Schlacht: für den Kampf um den Einzug ins Deutsche Endspiel 1939. Schalke 04, bis dahin dreimal Deutscher Meister, mußte gegen meinen Dresdner Sport-Club antreten – die Idole vom Kohlenpott, königsblau, gegen die Meister von Sachsen, rot-schwarz.

Militärkapellen umrundeten die Aschenbahn, heizten die Stimmung an, die etwas Ekstatisches hatte. Viele Zuschauer saßen halbnackt auf den schmorenden Terrassen des Stadions. Ich habe selten ein solches Fußball-Fieber erlebt. Die damalige Deutsche Meisterschaft mit ihrem k.o.-System der vier Ersten aus den Gruppenspielen war ohnehin weitaus dramatischer als die meisten Finale einer Bundesliga-Saison.

Wir Dresdner fühlten uns dem Meister durchaus gewachsen. Wir wollten den Schalkern ans Fell, messerscharf decken, sie niederkämpfen, sie nicht zu ihrem »Kreisel« kommen lassen. Wir stellten seit Jahren deutsche Spitzenklasse dar und wollten endlich ins Endspiel.

Doch von der ersten Sekunde an waren die Schalker wie aufgezogen. Diese Mannschaft verkörperte eine glänzende Mischung von Technik und Kraft. Sie hatte den Supertechniker Rudi Gellesch in der Läuferreihe, dazu Otto Tibulski als Mittelläufer, der mit maliziösem Lächeln alle kleinen Fouls beherrschte und jeden Gegenspieler zur Weißglut bringen konnte, darüber hinaus aber ein guter Mann war. Den Angriff kann man nur als ein Ensemble von Klasseleuten bezeichnen: Eppenhoff, Szepan, Kalwitzki, Kuzorra und Urban.

Für damalige Verhältnisse beherrschte diese Mannschaft modernen Fußball im WM-System: Mannschaftliche Geschlossenheit und individuelles Können ergaben bisweilen jenes traumwandlerisch erscheinende Spiel, das im Volksmund »der Schalker Kreisel« genannt wurde. Ich fand diese Bezeichnung immer etwas irreführend. Man stellt sich darunter vor, daß Schalke auf dem Platz herumkreiselte. Das Gegenteil war der Fall: Durch ihr direktes Zusammenspiel brachten die Schalker den Gegner zum Kreiseln – weil der nicht mehr wußte, wo ihm der Kopf stand und wo der Ball gerade war.

Manchmal spielten die Schalker aber tatsächlich so, wie man es sich unter einem »Kreisel« vorstellte: Sie paßten quer und zurück. Das Spiel schien sich auf der Stelle zu drehen. Aber dann kam die Explosion, der Steilpaß, der Schuß.

Leider war das auch gegen uns so. Die Schalker spielten entfesselt. Schon nach sechsundzwanzig Minuten lagen wir durch Tore von Kalwitzki und Kuzorra mit 0 : 2 zurück. Das Spiel schien entschieden.

Aber die DSC-Mannschaft zeichnete sich damals durch besondere Kampfkraft und Moral aus. Wir steckten nicht auf. Noch vor der Halbzeit gelang mir mit einem Kopfball der Anschluß.

Die 58. Minute verwandelte das Olympiastadion dann in einen Hexenkessel. Flanke in den Schalker Strafraum. Der riesige Schalker Torwart Hans Klodt steigt hoch, streckt dabei regelwidrig das Bein vor. Unser kleiner Linksaußen Kapitän läuft in dieses Bein. Elfmeter. Schaffer haut den Strafstoß kaltschnäuzig ins Netz.

Es hatte sich ausgekreiselt. Jetzt kamen wir. Und eine Viertelstunde vor Schluß hieß es 3 : 2 für den DSC durch Schaffer. Wir glaubten, daß wir im Endspiel waren. Die Zuschauer unterstützten uns frenetisch.

Ich sehe heute noch den Schuß, den Hermann Eppenhoff dann wenige Minuten vor Schluß aus halbrechter Position abfeuerte. Er ging in die lange Ecke, halbhoch, Kress streckte und streckte sich vergeblich ... Wir konnten es nicht glauben: unentschieden, 3 : 3. Uns hatte die Routine gefehlt, den Vorsprung über die Zeit zu retten.

Verlängerung. Ich hatte noch eine große Chance und vergab sie. Es blieb beim 3 : 3.

In diesen 120 Minuten hatte ich – dem man wirklich kein Gramm Fett nachweisen konnte – sieben Pfund abgenommen. Viele Zuschauer waren ohnmächtig geworden, mit Hitzschlag oder Sonnenstich zusammengebrochen.

Nun mußten wir alles noch einmal von vorne durchmachen, am darauffolgenden Sonntag. Wir konnten uns aber nicht gleich in ein schattiges Trainingslager im Grunewald, möglichst an der Havel, flüchten, um unsere »Wunden« zu pflegen. Nein wir mußten brav mit dem Zug nach Hause fahren. Wir waren schließlich alle berufstätig.

Als wir am Sonntag wieder mit dem Bus an der Siegessäule vorbei in Richtung Olympiastadion fuhren, sahen wir hinauf zu der goldenen Viktoria und flachsten:

»Wenn du uns heute im Stich läßt, dann sind wir das letztemal hier gewesen!«

Wir umkreisten den Großen Stern sogar noch einmal zu Ehren des Sieges-Engels.

Aber der schaute ehern nach Westen, wohl in Richtung Gelsenkirchen .... Schalke gewann jedenfalls das Wiederholungsspiel klar und deutlich mit 2 : 0. In einem sagenhaften

Endspiel überfuhren die Schalker danach Admira Wien mit 9 : 0 und waren zum vierten Mal Meister.

Immerhin, ein Jahr später erkämpften wir uns dann doch den Weg ins Endspiel – mit dem trostlosesten Murmeltor aller Zeiten.

15 000 feldgraue Soldaten aus dem »Altreich« feuerten uns im Wiener Prater-Stadion fanatisch an, 40 000 Wiener schrien für ihre »Rapid«, als wir in diesem Halbfinale nach einem 1 : 1 in die Verlängerung gingen.

Eckball für den DSC. Der Wiener Torwart Raftl – der auch sechs Mal für Deutschland im Tor gestanden hat – wehrt ab, zu kurz. Richard Hofmann bekommt den Ball, knallt ihn an die Latte. Der Abpraller fällt in ein wildes Spielergetümmel vor dem Rapid-Tor. Torwart Raftl irrt im Strafraum umher, rennt zum Tor zurück. Dabei kommt ihm der Lattenabpraller ans Schienbein und trudelt langsam vor ihm her, auf die Torlinie zu.

Ich stand am anderen Torpfosten, aber nicht abseits. Hätte ich das Bein ausgestreckt, hätte ich dem Ding den Rest geben können. Aber wir starten alle wie versteinert auf diesen dahinhoppelnden Ball. Auch Raftl war wie gelähmt.

Unendlich langsam, wie in Slow-Motion, überquerte der Ball gerade noch die Linie und blieb dann liegen. Für einen Augenblick herrschte Totenstille – dann rissen wir schreiend die Arme hoch, und der Schiedsrichter pfiff das Spiel ab; die Verlängerung ging damals ja nur bis zum ersten Tor.

Endspiel. Wieder Schalke. Wieder Berlin, Olympiastadion, wieder 100 000 Zuschauer. Es ist der 21. Juli 1940. Diesem Endspiel wird durch das Vorspiel um den 3. Platz zwischen Rapid Wien und Waldhof Mannheim völlig die Schau gestohlen. Die Künstler der alten »Wiener Schule« spielen noch einmal auf wie im Rausch. Die »Waldhof-Buben« steigern sich in einen mitreißenden Angriffsfußball hinein, vergleichbar nur mit den jungen Mönchengladbachern. Nach zwei Stunden, trotz Verlängerung, endet das Spiel 4 : 4.

Wir sehen uns das an, werden immer unruhiger, wie Rennpferde, die nicht losgelassen werden. Wir machen den Fehler, nicht auf den Rasen neben dem Stadion zu gehen und uns mit dem Ball aufzulockern.

Das Endspiel gegen Schalke wird zum gegenseitigen Belauern, zum Gefecht der Vorsicht, des gegenseitigen Respekts. Otto Tibulski, der Listige, stupst mich in diesem Spiel bestimmt dreißigmal mit dem Finger in den Rücken – immer, wenn ich gerade hochspringe oder den Ball annehmen will. Manchmal bin ich so wütend, daß ich hinter ihm her möchte ... Kalwitzki hat schon in der 17. Minute das 1:0 für Schalke gemacht. Nichts geht mehr.

Als der Schiedsrichter abpfeift, brüllen die enttäuschten Zuschauer in nachhallenden Sprechchören: »Waldhof Deutscher Meister! Waldhof Deutscher Meister!« Seppl Herberger sagt lächelnd zu mir: »Wie du den Tibulski anderthalb Stunden lang ertragen hast, war großartig ...« Ein deprimierender Tag.

Das Festbankett, das uns zur Feier der Vizemeisterschaft in Dresden erwartete, entsprach dem Spiel. Die Einladung dazu ist ein Dokument der Zeit:

»Herr Oberbürgermeister Dr. Nieland wird die aktiven Sportler des Dresdner Sport-Clubs, die sich zum zweiten Deutschen Meister emporgearbeitet haben, kommenden Mittwoch, den 2. Oktober 1940, nachmittags ein halb 2 Uhr im Rathaus empfangen und anschließend bewirten.

An Marken bitte ich mitzubringen:

100 gr Fleisch, 100 gr Brot und 20 gr Butter.«

In diesem Jahr holten wir uns wenigstens den »Tschammer-Pokal«, Vorläufer unseres DFB-Pokals, und wir schlugen in einem Freundschaftsspiel den Meister Schalke 04.

In jener Zeit kam mir der Gedanke, mein Leben völlig zu ändern. Ich hatte ja nicht studieren können, weil zwei Söhne auf der Universität für meinen Vater einfach zu teuer gewesen wären. Walter hatte Neu-Philologie belegt.

Nun aber eröffnete sich eine Chance.

Bei der Arzneimittelfirma Madaus war ich als Dreiundzwanzigjähriger in den Außendienst gekommen. Ich hatte Ärzte,

Kliniken, Apotheken zu besuchen und dort über die Produkte unserer Firma – verschiedene Naturheilmittel – zu sprechen. Natürlich haben wir uns vorher immer eine Viertelstunde über Fußball unterhalten. Meine sportliche Tätigkeit half mir überall.

Mir machte dieser Beruf viel Freude. Das ganze Milieu lag mir. Da ich neun Jahre lang Latein gehabt hatte, bereiteten mir die Fremdwörter auch keine Schwierigkeiten. Ich las viele medizinische Schriften. So kam mir allmählich der Gedanke: »Menschenskind, du solltest doch noch Medizin studieren!«

Inzwischen war ich vierundzwanzig Jahre alt, hatte Geld verdient, zuerst 200 Reichsmark, dann immer mehr durch die Provisionen im Außendienst. Finanziell konnte ich mir einen Absprung schwer vorstellen.

Der Fabrikant Wilhelm, ein finanziell unabhängiger Mann, der viel Geld in den Club steckte, eine Art Technischer Direktor des DSC war und in seiner Firma auch Richard Hofmann beschäftigte, machte mir ein Angebot: »Also, wenn du noch studieren willst, ich gebe dir ein Stipendium.«

Ich habe es mir lange überlegt und auch zu Hause ausführlich besprochen. Dann kam ich zu dem Schluß: Ich bin schon zu alt. Es ist zu spät. Das Stipendium allein ist zu knapp. Der Fußball kommt zu kurz. Du willst irgendwann heiraten ...

Gottseidank habe ich mir deswegen nie einen Vorwurf gemacht. Ich bin dem Schicksal sehr dankbar: Alles, was mein Leben bedeutet, wäre so nicht gekommen. Es hat sich als richtig erwiesen, keine hektische Kurskorrektur vorzunehmen. Ich habe etwas länger gewartet – und dann das Richtige getan.

Genau das ist mir übrigens oft vorgeworfen worden: daß ich zaudere. Zaudern ist ein so negatives Wort. Ich bin eher für das Wort »Gewissenhaftigkeit«. Wenn ich etwas mache, will ich mir der Sache sicher sein. Ich will wissen, daß die Vorbereitungen getroffen sind. Das hat mit Zaudern gar nichts zu tun. Einer, der keine Verantwortung trägt, braucht nicht zu »zaudern« ... Ein Fußball-Journalist kann jede Mannschaft aufstellen, sie braucht ja nie zu spielen! Meine aber muß es. Darum habe ich meine Mannschaften auch immer erst bekanntgegeben, wenn ich wußte: Es sind alle gesund. Die Vorbereitungen sind getroffen. Es ist alles durchdacht.

Ich bezeichne mich nicht als Zauderer. Die Tugend der Gewissenhaftigkeit und die Tugend der Geduld sind scheinbar am Aussterben. Ich habe immer versucht, an ihnen noch festzuhalten.

Über Nacht war der Boden des DSC-Stadions steinhart gefroren. Es war zwei Tage vor dem Länderspiel gegen Dänemark in Dresden, 16. November 1941. Wir trainierten im Ostragehege.

Seppl Herberger sagte: »Helmut, kommen Sie mal her ...«

Er druckste herum. Ich wußte nicht, was er wollte. »Na, schade, daß der Boden so gefroren ist ...« meinte er.

Ich nickte.

Wir schauten auf die Erde, schnurrten mit den Schuhen über den erstarrten Rasen. »Ist ja auch nicht gerade der Boden, der Ihnen liegt ...«

Er wollte mir wohl Verständnis dafür einreden, daß ich bei diesem Match lieber nicht spielen sollte. Genaues sagte er nicht.

Ich aber fieberte. Ein Länderspiel vor »meinem« Publikum! Die Dresdner Presse war schon aus dem Häuschen. Was wollte Herberger? Einerseits den Helmut Schön auf eigenem Platz bringen. Andererseits ... Er hatte einen anderen Flügel im Auge, und Schön war auch gegen Schweden nicht so gut gewesen.

An diesem Freitagabend ging die Nationalmannschaft ins Dresdner Schauspielhaus. Es gab ein Lustspiel, das Lukullus-Stück »Kirschen für Rom« mit Paul Hoffmann.

Seppl Herberger saß einige Plätze von mir entfernt. In der Pause sagte er mir plötzlich:

»Also, Helmut, wir lassen es lieber. Der Boden wird Ihnen nicht liegen!«

Es war wie ein Dolchstich für mich. Ich muß ein sehr entsetztes Gesicht gemacht haben.

Herberger merkte das, wollte mich aber nicht trösten. Er tat nun seinerseits etwas pikiert, daß meine Enttäuschung so groß war. Ich war »Ersatz mit Tasche«, auf der Tribüne. Ein Auswechseln während des Spieles gab es ja nicht.

Annelies war noch mehr getroffen als ich und hat es Seppl Herberger jahrelang nicht verziehen, daß er mich so aus der Nationalmannschaft hinausmanövriert hatte. Lange Zeit später, nach dem Kriege, sagte sie es ihm auch ins Gesicht. Er hat gelacht, und er hat dann oft gefragt, wenn er sie traf: »Na, sind Sie mir immer noch böse?«

Da war ich längst Herbergers Assistent. Bei mir war kein Stachel zurückgeblieben. Sechzehn Länderspiele, siebzehn Tore – das Kapitel war beendet.

Vierundzwanzig Jahre später kam ich in eine ähnliche Situation wie Herberger im Theaterparkett. Ich war inzwischen Bundestrainer. Wir sollten in Nürnberg gegen England spielen. Als Verneigung vor den Nürnbergern hatte ich Mittelläufer Wenauer und Mittelstürmer Strehl ins Aufgebot geholt.

Bei Wenauer war allen Beobachtern ziemlich klar, daß er kaum in die endgültige Mannschaft kommen würde.

Aber Heinz Strehl war eine ernstzunehmende Möglichkeit, denn Uwe Seeler stand damals für die Nationalmannschaft nicht zur Verfügung.

Ich hatte mir allerdings vorgenommen, einen anderen Versuch zu machen: Ich wollte Walter Rodekamp von Hannover 96 ausprobieren. Außerdem hatte Strehl zuletzt nicht besonders stark gespielt.

Bei einem Empfang auf der Nürnberger Burg einen Tag vor dem Spiel traf ich Seppl Herberger, der als Ehrengast gekommen war.

Er fragte mich listig: »Helmut, wie steht denn morgen die Mannschaft?«

Ich lächelte ihn an. Er lächelte zurück. Wir haben mitunter nur durch Augenverbindung gewußt, was der andere dachte. Zwischen uns gab es eine Art Telepathie. Wenn jemand eine Rede hielt, etwas sagte, haben wir uns nur angeguckt – und alles war klar: Zustimmung, Ablehnung, Kritik.

Er wußte schon, was mich bewegte. Eigentlich hätte ich ihm die Mannschaftsaufstellung gar nicht mehr nennen müssen. Aber ich tat es doch.

Als der Name Rodekamp fiel – und der von Heinz Strehl nicht –, sagte Herberger nur: »Helmut, denkste jetzt an was?«

»Ich weiß genau, was Sie meinen«, lächelte ich.

Seppl Herberger war ein verschmitzter, mitunter spitzbübisch denkender Mensch; er hatte einen ganz feinen Humor

Solange ich Spieler war, stellte er für mich natürlich eine absolute Respektsperson dar. Selbstverständlich hat auch die Zeit unser Verhältnis geprägt: Ein Reichstrainer zur Nazi-Zeit war eine andere Autorität als ein Bundestrainer in den demokratischen sechziger und siebziger Jahren. Aus Prinzip stand der Reichstrainer auf einem ganz anderen Sockel. Immerhin, Herberger stellte schon eine liberalere Form des Reichstrainers dar als Nerz.

Alle Spieler haben Herberger respektiert, weil er anständig war und weil er seine Sache verstand. Als ehemaliger Klassestürmer von Waldhof Mannheim und Tennis Borussia Berlin, als dreifacher Nationalspieler war er ein Praktiker, der alles aus eigener Erfahrung kannte, was er uns vermitteln sollte.

Bei einer Mannschaftsbesprechung hätte nie jemand Späße gemacht, gelacht oder nicht aufgepaßt. Bei Herberger hörten wir hellwach zu. Es war mäuschenstill.

Wir hielten den nötigen Abstand zu ihm; darauf achtete er auch selber. Aber er konnte auch flachsen und fröhlich sein, ohne daß es zu Verbrüderungen gekommen wäre.

Wenn Ernst Lehner und ich beim Training oder bei anderen Gelegenheiten herumalberten und lachten, mochte er das gar nicht. Irgendwie argwöhnte Herberger wohl, wir könnten über ihn lachen, woran wir aber nicht im Traum dachten. Dann fragte er mißtrauisch: »Na, was habt ihr denn jetzt wieder ausgeheckt?«

Nichts haßte er mehr als das Gefühl, man könnte sich über ihn mokieren. Als ein Sportjournalist ihn einmal in einer Bildunterschrift mit seinem uralten pfälzischen Spitznamen

»Muckl« bezeichnete, hat er ihm das sehr übel genommen. »Muckl« erschien ihm wohl als eine Anspielung auf seine kleine Statur oder sein kauziges Gesicht. Er hat mich noch vor wenigen Jahren gefragt, welchen Spitznamen wir denn »hinter seinem Rücken« für ihn gebraucht hätten. Ich antwortete wahrheitsgemäß: »Der Seppl.« Da war er zufrieden.

Seine Dünnhäutigkeit brachte uns einmal sogar ein unangenehmes Mißverständnis. Ich hatte nach der Weltmeisterschaft 1966 in England einen Vortrag gehalten. Dabei waren einige Passagen mißverständlich übersetzt worden. Es bedurfte vieler Gespräche und Briefe, um klarzustellen, daß ich nie und nimmer etwas Negatives über seine Arbeit gesagt hatte.

Ein Teil seiner großen Autorität kam von seiner unglaublich scharfen Beobachtungsgabe. Eines Tages, ich war noch Nationalspieler und wir drehten im Training unsere Runden, sagte er plötzlich:

»Helmut, Sie ziehen ja das linke Bein nach!«

»Wieso?«

»Ahja, Sie ziehen das linke Bein nach! Das wollen wir doch mal untersuchen!«

Ich war nicht verletzt. Nur: Meine ständigen Probleme mit dem Knie äußerten sich unbewußt in einem leichten Nachziehen, einer präventiven Schonhaltung. Herberger hatte das entdeckt.

Er verstand es meisterhaft, der Mannschaft die richtige Auffassung von der bevorstehenden Aufgabe zu vermitteln. Das ist ja die eigentliche Pflicht des Bundestrainers, nicht das Training. Die konditionelle Arbeit ist eine Sache von Jahren und Monaten, die im Verein geleistet werden soll. Der Bundestrainer muß im wesentlichen die Mannschaft auswählen, zusammenbauen, die Spieler verschiedener Mentalität, Landsmannschaft, Bildungsgrade aufeinander abstimmen, die richtige Marschroute finden, den Gegner in der richtigen Form schildern und die Spieler entsprechend motivieren. Er muß viel vermitteln.

Herberger hat keine langen Vorträge gehalten. Ich empfand das immer als sehr angenehm. Er redete, wie ein Praktiker redet.

Er brachte Beispiele. Er machte Scherze, um für Entspannung zu sorgen. Das Wesen der Herbergerschen Motivation waren die Gespräche unter vier oder sechs Augen. Da kam es sogar manchmal vor, daß er einem den Arm um die Schulter legte. Bei diesen Zwiegesprächen kam weit mehr heraus als bei allgemeinen Mannschaftsbesprechungen. Herberger nahm auch Spieler beiseite, mit denen er ein Hühnchen zu rupfen hatte.

Diebische Freude hatte er an derben Entspannungsritualen: Wenn jemand zum Training zu spät kam, erteilte Herberger die Freigabe für den »Heiligen Geist«. Das hieß: Die Spieler stürzten sich auf den Delinquenten, zogen ihm die Hosen runter und hauten ihm mit der flachen Hand den Hintern voll. Das konnte schon unangenehm sein, wenn Leute mit großen Handschuhnummern wie Hans Jakob am Werk waren. Auch ich weiß ein Lied vom »Heiligen Geist« zu singen.

Die Tradition reichte zurück bis in die Nerz-Zeiten. Ich erinnere mich: Bei einem Waldlauf in Duisburg sollte Richard Hofmann mal den »Heiligen Geist« bekommen. Er hatte sich aber vorsichtshalber einen großen Knüppel besorgt und lief damit drohend hinter der Mannschaft her. »Soll eener kommen!« sagte er. Niemand traute sich an ihn heran. Alle wußten, daß Hofmann früher Gewichtheber war und über Bärenkräfte verfügte.

Natürlich konnte Seppl Herberger auch fuchsteufelswild werden. Ein – weltberühmter – Nationalspieler hatte sich einmal nach einem Länderspiel gegen Österreich in Berlin vollaufen lassen. Der Spieler war ohnehin dafür bekannt, daß er dem Alkohol nicht gerade feindselig gegenüberstand. Die Anstrengung des Spiels und die große Menge Bier waren wohl schuld daran, daß der Spieler sich in unbeschreiblicher Ausführlichkeit übergeben mußte. Das ganze Hotelzimmer war verschmutzt.

Als Herberger davon hörte und das Zimmer sah, wurde er sehr, sehr böse. »Den schmeiß ich raus!« schimpfte er. Aber er hatte ein gutes Herz: Er feuerte ihn nicht, sondern schrieb ihm einen Brief, der es in sich hatte. Außerdem knöpfte er ihn sich später unter vier Augen vor. Die Nationalmannschaft sollte makellos auftreten.

Herberger hatte natürlich seine speziellen Lieblinge: den früh gefallenen August Klingler von Daxlanden beispielsweise oder Ernst Willimowski, Horst Szymaniak, selbstverständlich Fritz Walter. Ich selber hatte zu ihm ein Verhältnis wie zu einem großen älteren Freund. Zu Fritz Walter bestand eher ein Vater-Sohn-Verhältnis.

Man hat Sepp Herberger vorgeworfen, er hätte am liebsten nur Katholiken und möglichst keine Sachsen aufgestellt. Das ist blanker Unfug. Allerdings war ich 1937 der erste Sachse seit langer Zeit in der Nationalmannschaft. Mir hat man auch später nachgesagt, ich würde nur CDU-Wähler berücksichtigen. Das ist ebenfalls absurd; ich hatte einen Paul Breitner genauso in der Mannschaft wie einen Franz Beckenbauer.

Herberger hat nie versucht, uns politisch zu beeinflussen, obwohl er selber wohl in der Partei sein mußte. Nach 1933 erschienen bei einem Lehrgang in Duisburg noch vor dem Frühstück SA-Leute und fummelten am Fahnenmast herum. »Hißt Flagge!« nannten sie die Morgenübung. Dank Herbergers Dazwischenfahren habe ich diesen Flaggen-Appell nur einmal erlebt.

# *Der Tod Dresdens*

Unteroffizier Willibald Kress wußte: Es ist mal wieder soweit. Er rückte sein »Schiffchen« auf dem Kopf zurecht und marschierte zu seinem Vorgesetzten, einem Leutnant aus Wiesbaden.

»Heil Hitler! Muß mal wieder nach Dresden!«

Das war zu dieser Zeit, im Jahr 1943, eine ziemlich ungewöhnliche Reiseanmeldung. Die Soldaten des Großdeutschen Reiches konnten sich nicht einfach von ihrer Truppe frei machen – schon gar nicht, wenn es eine Truppe wie die von Willibald Kress war. Denn auf ihr lag die Hoffnung der Kriegsführung.

Der Nationaltorwart tat Dienst bei einer Bewachungs-Abteilung für »V«-Raketen. »V« bedeutete »Vergeltung« – Vergeltung für die Bombenangriffe der Alliierten, insbesondere der Engländer, auf Deutschland. Englands Städte sollten mit der Rakete schwer getroffen, Englands Widerstandsgeist gebrochen werden. Die Rakete war eine der »Wunderwaffen«, mit denen die Propaganda die Gewißheit des »Endsieges« unters Volk brachte.

Der Leutnant von der Bewachungseinheit in Schneidemühl nördlich Posen war ein Fußballfan. Er bewunderte Willibald Kress.

»Schon wieder Fliegen fangen für den DSC?«

»Jawoll, Deutsche Meisterschaft.«

»Also gut. Hier, für die Kettenhunde.«

Der Leutnant händigte Kress einen Marschbefehl nach Dresden aus. Die »Kettenhunde« waren eine besonders gefürchtete Abart des deutschen Soldaten: Feldgendarme, die mit einem grauen, halbmondförmigen Metallschild an einer Brustkette auf den Bahnhöfen patrouillierten. Die Kettenhunde schnappten jeden, der sich »dünne« machen, die Frau, die Braut, die Eltern außer der Reihe besuchen wollte.

Der feldgraue Kress stand, 300 Kilometer Luftlinie von Dresden entfernt, auf dem Bahnsteig Schneidemühl und wartete, Koffer bei Fuß, Gasmaske am Koppel. Er drängelte sich in überfüllte Züge, er stieg ein paarmal um, er stand wieder auf Bahnsteigen – bis er endlich da stand, wo er eigentlich hingehörte: im Tor des Dresdner Sport-Clubs. Wir bereiteten uns auf unser zweites Endspiel vor.

Es war im vierten Kriegsjahr schon ein Kunststück, eine gute Fußball-Mannschaft zusammenzuhalten. Manche Spieler blieben nur ein halbes Jahr bei einem Verein, solange sie eben bei einer Einheit in der Nähe stationiert waren. Wurden sie versetzt, hatten wir Pech.

Es gehörte zu einer guten Clubführung, spezielle Beziehungen zu den verschiedensten Truppenteilen zu unterhalten. So konnten wir unseren Nationaltorwart Willibald Kress immer wieder loseisen, wenn es um die Wurst ging.

Ich selber übernahm einen anderen Teil der Mannschaftspflege außerhalb der Legalität. Ich ließ mich öfter mal bei »Greiling« blicken, jener Zigarettenfabrik, deren Fußballerbildchen ich einst so eifrig gesammelt hatte. Jetzt nahm ich lieber die Zigaretten selbst mit, stangenweise. Die Zigaretten wurden gegen Lebensmittel getauscht – und die Mannschaft hatte etwas davon.

Das Endspiel sollte am 27. Juni 1943 im Berliner Olympiastadion stattfinden. Zum erstenmal gab es in der Mannschaft seltsame Gespräche.

»Du, stell' dir vor, wenn wir morgen spielen, dann weiß das doch der Tommy, oder?«

»Natürlich, steht ja in allen Zeitungen.«

»Und wenn der Tommy nun einfach einen Tiefflieger schickt, der mit seinem MG in die Ehrentribüne reinhält... Oder wenn der eine Bombe mitten auf den Platz wirft...«

Solche Gespräche waren durchaus nicht absurd. So irrsinnig das klingt, Hitler hatte ähnliche Sorgen wie wir. Die englischen Bomberverbände stießen schon tief ins Großdeutsche Reich vor. Die deutsche Jagd- und Flakabwehr erwies sich zunehmend als wirkungslos. Aber noch war Berlin fast unversehrt. Nur die Sirenen heulten jede Nacht: Alarm, Entwarnung, Alarm, Entwarnung.

80 000 waren ins Stadion gekommen, trotz aller Angst. Wir schlugen den FV Saarbrücken, Vorgänger des heutigen 1. FC Saarbrücken, mit 3 : 0. Wir waren endlich Deutscher Meister.

Aber schon wenige Wochen später wurde uns demonstriert, daß wir nicht mitten im Krieg weiter unseren Ball unbehelligt durch die bösen Zeiten schieben konnten. In Hamburg mußten wir in einem Pokalspiel gegen den damals sehr starken »Luftwaffen-Sport-Verein Hamburg« antreten, eine Soldaten-Mannschaft, gespickt mit Nationalspielern, die ein geschickter Luftwaffen-Oberst zu seiner Einheit gezogen hatte.

Nachts hatte es einen ersten schweren Angriff auf Hamburg gegeben. Am Vormittag vor dem Spiel kamen unsere Gastgeber auf die unglückliche Idee, mit uns im Bus eine Stadtrundfahrt zu machen. Wir kannten das ja noch nicht, was solch ein Bombenangriff anrichtete, es gab kein Fernsehen, und in der Wochenschau ließ man Bilder von zerstörten deutschen Städten lieber weg.

Wir fuhren durch einen besonders schwer betroffenen Stadtteil. Was wir sahen, war entsetzlich: blockweise ausgebrannte Wohnhäuser, von denen nur noch die Brandmauern standen; von Luftminen zerfetzte Häuser, in denen die Zimmer, die Küchen halbiert waren, Betten auf der Kippe zum Abgrund standen, ein Herd nur noch an der Gasleitung hing... Die Trümmer blockierten die Bürgersteige, teilweise auch den Fahrdamm. Unten in den Kellern waren Menschen verschüttet.

Als wir ins Hotel zurückkamen, mußte sich unser Halbstürmer Schaffer, ein Sudetendeutscher, vor Entsetzen übergeben.

Hamburg ging noch in diesem Sommer unter: Ende Juli, Anfang August fegten Feuerstürme eines Flächenbombardements mehr als die Hälfte der Stadt weg. Und im Herbst war Berlin an der Reihe.

1944 stand der Dresdner Sport-Club wieder im Endspiel um die Deutsche Meisterschaft. Inzwischen war das längst ein irrwitziger Wettbewerb: Während das Land in Trümmer fiel, Millionen hungerten und starben, sollte noch ein »Deutscher Fußball-Meister« ermittelt werden.

Aber »die Führung« wollte gegenüber der Zivilbevölkerung Stärke demonstrieren: Uns kann nichts erschüttern, wir spielen sogar weiter Fußball.

Es war eine gewisse Tragik, daß der Dresdner Sport-Club ausgerechnet in dieser Zeit seine größte Form, Ausgeglichenheit, Kampfstärke und spielerische Qualität erreichte.

Endspiel-Gegner war der »Luftwaffen-Sport-Verein Hamburg«, das stand fest. Aber wo und wann dieses Endspiel stattfinden sollte – das wußte offiziell niemand. Jetzt hatte man tatsächlich Angst, die Alliierten können das vollbesetzte Olympiastadion bombardieren, am hellichten Tage.

Es kommt mir heute noch wie ein Wunder vor, daß dann am 18. Juni 1944 doch 70 000 Menschen im Stadion saßen, schrien, stöhnten, für eineinhalb Stunden den Krieg vergaßen. Es waren viele Soldaten dabei, Urlauber mit grauen Skimützen auf dem Kopf, mit blassen Gesichtern – die Erschöpfung hinterließ jetzt überall Spuren.

Die durch das Radio ins Stadion gelockten Zuschauer sahen noch einmal ein mitreißendes Spiel. Wir gewannen 4 : 0 . . . Aber was bedeutete das alles noch in jenen Tagen?

Seit zwölf Tagen waren die Alliierten in Frankreich gelandet, in Weißrußland setzten die Sowjets zu ihrer größten Offensive an, die sie bis nach Warschau und Ostpreußen bringen sollte. War uns nicht bange? Die Frage stellte sich, was heute allzu oft übersehen wird, den Deutschen kaum, denn noch immer gaukelte die Karte Europas uns Stärke vor. Norwegen und Dänemark, Italien, Griechenland, Bulgarien, Rumänien, Ungarn – alles befand sich noch »fast in deutscher Hand«: Wie schnell das alles zusammenstürzen konnte, ahnte niemand.

In diesem Jahr wurde ich Vater: Annelies brachte einen hübschen, gesunden Jungen auf die Welt. Wir nannten ihn Stephan.

Ich spielte unverdrossen weiter Fußball. Alle taten das, die noch nicht an der Front waren. Dabei erklärte Reichspropagandaminister Goebbels am 3. August bereits zum zweiten Mal den »totalen Krieg«. Ab dem 25. September wurden alle waffenfähigen Männer zwischen sechzehn und sechzig schon zum »Volkssturm« eingezogen.

Punktspiele gab es trotzdem, und der Gedanke an meinen letzten Auftritt auf dem Fußballplatz, vor Kriegsende, ist mir bis heute unheimlich.

Wir spielten im Ostragehege gegen unseren Lokalrivalen Guts Muths. Eine Flanke schwebte herein. Ich nahm den Ball aus der Luft und knallte ihn aus fünfzehn Metern an die Querlatte, daß es nur so rumste.

Das war für die Anhänger unseres Gegners zuviel. Sie saßen drüben auf der Gegentribüne, der sogenannten »Fünfzig-Pfennig-Seite«. Plötzlich hörte ich von dort Sprechchöre:

»Schön k.v.! Schön k.v.!«

»k.v.« hieß »kriegsverwendungsfähig«. Prompt begann mein Knie wieder zu schmerzen, und ich humpelte vom Platz...

»Schön k.v.! Schön k.v.!« schallte es hinter mir her.

Ich gebe zu: Das machte mir Angst. So viele waren gefallen: Freunde, Bekannte, Mitspieler... Der große Läufer Rudolf Harbig, den ich verehrt hatte, war irgendwo in Rußland verschollen. In den westwärts wandernden Kesselschlachten an der Ostfront starben Millionen oder gingen in Gefangenschaft. In wenigen Invasions-Wochen waren an der Westfront eine halbe Million Deutsche gefallen... Ich wollte nicht zu denen gehören, deren Namen jetzt, mit einem Eisernen Kreuz verziert, Seiten um Seiten der Zeitungen füllten.

»Im Kampf für Führer und Vaterland fiel...«

»Im Kampf um Deutschlands Freiheit und Zukunft fiel...«

Ich hatte nicht das Zeug zum Helden und damit auch nicht zum »Heldentod«, wie man das Sterben damals nannte.

Führer und Vaterland holten den kniekranken Helmut Schön dann doch noch – im Oktober 1944 – zur Truppe. Ich wurde Grenadier bei der Schweren motorisierten Artillerie in Chemnitz und lernte dort so nützliche Dinge wie Autofahren und den Deutschen Gruß im Vorbeigehen am Vorgesetzten.

Schon nach drei Wochen, ehe ich das Gewehr schultern konnte, ließen sie mich wieder laufen. Meine Firma, ein »kriegswichtiger Betrieb«, hatte meine Freistellung erwirkt. Da ich den Versand von Arzneimitteln innerhalb von ganz Deutschland zu organisieren, die Lastwagen-Transporte zu überwachen hatte, war ich auch ohne Uniform eine »kriegswichtige Person«.

»Nie! Die Engländer werden Dresden nie bombardieren! Und die Amerikaner auch nicht! Ich kenne sie viel zu gut. Das sind Kulturvölker! Sie lieben Dresden! Ich weiß es doch, von meinen Kunden!«

Das sagte mein Vater, immer wieder.

»Dir wird nochmal ein brennendes Fensterkreuz ins Gesicht fallen, wenn du bei Alarm nicht in den Keller gehst!«

Das sagte mein Bruder zu meinem Vater – oft.

Am 13. Februar 1945 starteten in England, Frankreich, Holland, Belgien und Italien fast 9000 Flugzeuge. Ihr Ziel: Dresden. In der Stadt glaubte niemand an einen Bombenangriff. Man hatte andere Sorgen. Seit die Sowjetarmeen am 8. Februar in voller Breite die Oder überschritten hatten, war Dresden zentraler Zufluchtsort für gewaltige Flüchtlingstrecks aus Schlesien, aber auch aus Pommern geworden. Die Russen befanden sich weniger als 130 Kilometer von Dresden entfernt. Die Straßen waren hoffnungslos verstopft. Die Stadt glich einem gigantischen, trostlosen Feldlager. Aus den rund 630 000 Einwohnern Dresdens waren – nach vorsichtigen Schätzungen – 1,13 Millionen geworden.

Bauern hatten ihre Fuhrwerke mit Bettgestellen, Schränken, Truhen beladen, Matratzen, Säcke voller Kartoffeln, Mehl und Zucker türmten sich unter den Planen, die von improvisierten

Lattengestellen gehalten wurden. Manche Leute hatten dreirädrige Lieferwagen, die »Tempos«, zu Kutschen umfunktioniert: Die Windschutzscheibe war herausgeschlagen, damit man die Zügel für ein Pferdegespann hindurch legen konnte. Rechts und links an der Motorhaube waren ein paar Deichseln angebracht... Lastwagen und Privatautos mit riesigen Holzvergaseröfen standen herum; Benzin gab es kaum noch. Flüchtlinge erkannte man an ihren Handkarren, auf die sie ihre Habseligkeiten getürmt hatten. Ausgebombte hockten auf ihren Koffern und starrten vor sich hin. In überfüllten Zügen hatten sie Dresden erreicht.

Hunderttausende waren entwurzelt, all ihrer Habe beraubt, vertrieben, hoffnungslos, ziellos. Eine Völkerwanderung des totalen Elends von zwölf Millionen war im Gang. Auf den Straßen des östlichen Deutschlands waren die Menschen verhungert, erfroren. Die Landstraßen waren gesäumt von toten Pferden mit aufgeblähten Bäuchen, von Kühen, die bis auf das Gerippe ausgeschlachtet waren.

An diesem 13. Februar hatte ich als »Luftschutzleiter« meiner Firma in Radebeul Dienst. Jeder kam mal ran. Ich mußte also die Nacht im Werk verbringen, konnte nicht zu meiner Frau nach Dresden hinein.

Wir hörten in einem Kellerraum der Firma den sogenannten Drahtfunk. Er meldete: »Schwere angloamerikanische Bomberverbände im Anflug auf Nürnberg und Leipzig«. Dann wurden Planquadrate durchgegeben, in denen sich die Bomber befanden. Viele Deutsche hatten sich damals eine Landkarte mit diesen Planquadraten organisiert, um jede Nacht genau zu wissen: Kommen wir diesmal ran? Wann geht es wieder los mit dem Alarm? Der Drahtfunk war auf Langwelle leicht abzuhören.

»Wetten, diesmal erwischt es uns«, sagte einer der Kollegen.

»Na, die biegen doch noch ab«, meinte ein anderer.

»Die Richtung ist so verdächtig... Vielleicht kommt heute Nacht Leipzig dran. Aber wahrscheinlich wollen die bis rauf nach Berlin«, meinte ich. »Es sieht trotzdem mulmig aus. Hoffentlich lassen nicht so ein paar Idioten aus lauter Nervosität bei uns was fallen. Ich werde mal lieber meine Frau anrufen.«

Ich telefonierte mit Annelies. Sie hörte ebenfalls Drahtfunk. »Hört sich ganz schön blöd an, was? Die größte Bomberflotte, die jemals deutsches Reichsgebiet angeflogen hat, haben sie gesagt. Wie gut, daß Stephan draußen bei den Großeltern ist.« Sie wohnten am Stadtrand.

Trotz der bedrohlichen »Luftlage«, wie man damals sagte, waren wir uns der wirklichen Gefahr nicht bewußt.

Meine Frau hatte sich für diesen Abend vorgenommen, einmal gründlich alle Strümpfe zu stopfen. Sie saß auf der Couch, hatte die Strümpfe fein säuberlich neben sich gelegt und hörte beim Stopfen Radio.

Kurz vor unserer Heirat hatten wir am Münchner Platz 16, schräg gegenüber vom Landgericht, eine sehr schöne Drei-Zimmer-Wohnung mit Bad und Küche in der zweiten Etage bekommen. Da sie immerhin zweiundneunzig Quadratmeter Wohnfläche bot – alles Parkett! –, konnten wir auch unsere Barock-Kommoden und Biedermeier-Eckschränkchen schön stellen. Es war ein altes, gutbürgerliches Haus mit drei Stockwerken. Welches Glück diese Wohnung aber wirklich für uns bedeutete, sollten wir in dieser Nacht erfahren. Sie lag am Rand des Stadtkerns . . .

Meine Frau dachte sich schon, daß es Alarm geben würde und sie in den Luftschutzkeller müßte. Aber das beunruhigte sie nicht besonders. Sie war auf alles vorbereitet. An diesem 13. Februar hatte Annelies die Wintersachen zusammengepackt. Der Winter war vorbei, das spürte man. Da konnte nicht mehr viel Kälte kommen. Die großen Koffer standen fix und fertig auf der Diele. Sie wollte sie am nächsten Tag raus zu Stephans Großeltern bringen und die Frühlings- und Sommersachen von dort abholen.

Dann heulten die Sirenen: Alarm. Sie nahm die Koffer und

ging hinunter in den Keller. Es war kurz nach zehn Uhr abends.

Es war ein Luftalarm wie jeder andere, und alle Deutschen waren inzwischen daran gewöhnt, Nacht für Nacht. Diese Gewohnheit der Gefahr gab uns Sicherheit für den Augenblick.

Vierzehn Kilometer von meiner Frau entfernt, draußen in Radebeul, lief ich hinaus ins Freie, weil ich es vor Ungeduld nicht mehr aushielt. Es war viertel nach zehn. Mit ein paar Kollegen setzte ich mich ins Pförtnerhäuschen unserer Firma. Wir starrten nach Süden, wo Dresden lag.

Plötzlich schrie einer von uns auf.

»Da! Da! Die Weihnachtsbäume ...«

Unheimlich langsam, unheimlich schön sanken Garben von Leuchtkörpern durch das Dunkel hinunter und erhellten den Himmel über Dresden. So traumhaft und friedlich es aussah, so furchtbar erschien es uns. Wir wußten: Es sind Markierungslichter für die alliierten Bomberflotten.

»Das ist der Tod von Dresden«, sagte einer.

Ein unheimliches, gedämpftes, orgelndes Brummen erfüllte die Nacht: das Motorengeräusch der amerikanischen »Fliegenden Festungen«.

Es wurde immer heller über Dresden. Wir hörten keine Detonationen, nicht das Krachen jener riesigen Bomben, die man »Luftminen« nannte. Der Wind stand gegen Dresden, wir hörten nichts – und das war viel schlimmer. Die Alliierten praktizierten wieder ihre Vernichtungs-Technik, mit der sie schon Hamburg und Berlin weitgehend verheert hatten: Sie warfen Abertausende von Brandbomben, die an sich harmlos aussahen, gut einen halben Meter lange, armdicke Stäbe. Aber diese Brandbomben setzten Dachstühle in Brand. Die Brände vereinigten sich, heizten sich gegenseitig auf, erzeugten durch enorme Hitzegrade einen Feuersturm, der 200 Stundenkilometer und mehr erreichen konnte und ganze Stadtviertel wie Zunder wegbrannte.

Ich versuchte, Annelies telefonisch zu erreichen. War unser

Haus getroffen, abgebrannt? Die Leitung war tot. Aber ein Bruder unseres Chefs, Hans Madaus, erreichte uns:

»Unser Haus brennt. Kommt, so schnell es geht.«

Wir nahmen einen kleinen Lastwagen und fuhren am Stadtrand entlang. Dresden brannte lichterloh. Ich mußte nicht weinen. Ich war nicht außer mir vor Verzweiflung. Ich fühlte mich nur angespannt zum Zerreißen. Später erfuhr ich, daß die Innenstadt in sieben Kilometern Länge und vier Kilometern Breite ein einziges Inferno war. Aus ihm ist kaum ein Mensch entkommen.

Der Brand der Madaus-Villa war halb so schlimm. Ein Kollege wollte den Laster zurück nach Radebeul fahren und setzte mich unterwegs ab. Ich hatte nur eines im Kopf: »Was ist mit Annelies, steht das Haus noch?«

Hätte ich gewußt, wie es ihr in diesem Augenblick ging, ich hätte Gott auf Knien gedankt. Ein paar Entwarnungssirenen hatten geheult, lang, einförmig, winselnd. Die Leute im Keller Münchner Platz 16, der Apotheker, der Kohlengroßhändler, meine Frau, hatten ihre Koffer genommen und waren wieder hinauf in ihre Wohnungen gegangen.

Annelies erzählte mir später alles: »Bei uns oben waren nur ein paar Scheiben kaputt, in der Diele. Ich habe im Treppenhaus noch Scherben zusammengefegt und dann zwei alten Damen geholfen, ihre Koffer hinaufzutragen. Ich sah, daß es ringsum brannte. Drei Häuser am Münchner Platz standen in Flammen. Aber – das ist wohl das merkwürdigste an menschlichen Reaktionen im Krieg, in einer Katastrophe – ich nahm das apathisch hin. So war das nun mal. Ich habe mich in aller Ruhe ausgezogen, mein Nachthemd angezogen und mich ins Bett gelegt. Keine Vorsichtsmaßnahmen. Nicht: angezogen aufs Bett, weil ja jeden Augenblick wieder Alarm sein konnte ... Nein, ich bin sofort eingeschlafen.

Ein Donnern, ein Poltern an der Wohnungstür weckte mich. Ich wußte überhaupt nicht, was los war. Im Nachthemd öffnete ich. Draußen stand mein Vater, mit entsetztem Blick, wirrem Haar.

Durch das Saarabkommen von 1956 wurde das Saarland in die Bundesrepublik eingegliedert. Ich wurde DFB-Angestellter und Assistent von Bundestrainer Sepp Herberger.

Weltmeisterschaft 1958 in Schweden... Am Tag vor dem Spiel gegen die Schweden in Göteborg erhielt ich von Herberger ein »Sonderkommando«. Ich sollte im Stadion von Göteborg die Sonne beobach-

ten. Ich saß einen ganzen Nachmittag lang im leeren Stadion und sah mir die Sonne an, machte mir Notizen, bis sie hinter dem Stadionrand unterging. Auf dem Rasen probierten schwedische Mädchen Tänze aus.

Vor der Abreise der deutschen Mannschaft nach Schweden hatten sich in aller Herrgottsfrühe zahlreiche Fußball-Anhänger am Hamburger Hauptbahnhof versammelt.

Unsere Mannschaft schlug sich bis zum Halbfinale besser als erwartet. Der 3 : 1 Sieg gegen Argentinien im ersten Gruppenspiel ließ uns sogar in den Kreis der Favoriten rücken.

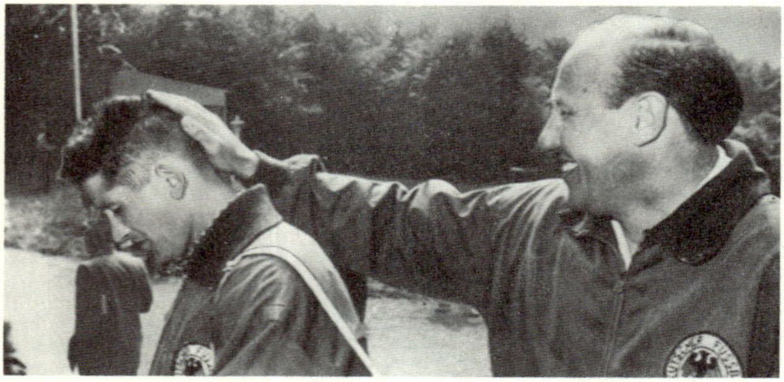

Helmut Rahn schoß in diesem Spiel zwei Tore. Auch durch seinen kraftvollen Einsatz hatte er großen Anteil an diesem Sieg.

Die Erwartungen, die die deutsche Elf nach dem Argentinien-Spiel geweckt hatte, erfüllten sich gegen die Tschechoslowakei nicht ganz: Wir trennten uns 2 : 2 unentschieden. Im Trainingslager bei Malmö bereiteten wir uns auf den nächsten Gegner vor – Nordirland.

Für die Weltmeisterschaft in Schweden hatte sich die deutsche Mannschaft als Sieger von Bern nicht zu qualifizieren brauchen. Ein solcher »Freibrief« hatte aber auch seine Nachteile. Das Durchbeißen durch die Qualifikation ist entscheidend für die Entwicklung der Mannschaft, die dann mit den anderen fünfzehn Ländermannschaften an der WM teilnimmt.

Durch einen Bombenschuß von Uwe Seeler, den der nordirische Torhüter Gregg nicht mehr halten konnte, erzielte die deutsche Mannschaft das 2:2. Wir zogen als Gruppensieger ins Viertelfinale ein, wo wieder Jugoslawien der Gegner war. Helmut Rahn schoß fast von der Eckball-Linie aus das Tor, das dieses Spiel zugunsten unserer Mannschaft entschied.

Im Stadion herrschte eine explosive Stimmung. Schweden hatte die Chance, ins Endspiel zu kommen ... Das erste Tor fiel für uns – durch Schäfer.

In der 60. Minute verwies der ungarische Schiedsrichter unseren Verteidig Erich Juskowiak vom Platz. Bei einem Zweikampf mit Hamrin hatte nachgeschlagen.

Unsere Mannschaft war, als auch noch Fritz Walter verletzt ausschied, am Ende ihrer Kräfte. Gren und Hamrin erzielten die Siegestore für Schweden.

Die am meisten beeindruckende Mannschaft war Frankreich, das gegen unsere Elf den Kampf um den dritten Platz gewann.

In einem furiosen Endspiel schlug die brasilianische Mannschaft die schwedische Elf. Ein Spieler faszinierte die Zuschauer auf den Rängen besonders, ein schlacksiger Junge, der herrliche Tore schoß und dann wahre Freudentänze aufführte: Pelé.

Die Mannschaft für die WM 1962 in Chile hatte ihre Spielstärke in den Qualifikationsspielen gegen Nordirland und Griechenland bewiesen.

Beim Spiel zwischen Chile und Italien machten die Zuschauer ihrem Unmut über die unsportlichen Ausschreitungen zwischen den Spielern durch Wurfg schosse Luft. Neben dem üblichen Drahtzaun muß ten Carabinieres das Spiel feld absichern.

Sepp Herberger hatte dem jungen Wolfgang Fahrian für Chile den Vorzug vor Hans Tilkowski gegeben. Im Spiel gegen Italien hielt Fahrian alles. Es blieb beim 0:0.

Dem Unentschieden gegen Italien und einem 2:1 gegen die Schweiz folgte ein 2:0 gegen das Gastgeberland Chile. Das Publikum brachte unserer Mannschaft so große Sympathien entgegen, daß es unseren Sieg bejubelte. Die chilenische Mannschaft verdankte vieles ihren Anhängern, die auch zwischen den Spielen die Szene beherrschten.

Zum dritten Mal hintereinander traf unsere Mannschaft im Viertelfinale auf Jugoslawien. Nach vielen nicht genutzten Möglichkeiten unserer Elf ließ Radakowic, der nach einem Zusammenprall mit Uwe Seeler einen Stirnverband trug, Wolfgang Fahrian keine Abwehrchance: das »Aus« für Deutschland.

Die Enttäuschung war groß: Zweimal hatte die deutsche Mannschaft gegen im Feldspiel überlegene Jugoslawen glücklich gewonnen; diesmal spielte sie überlegen – und verlor.

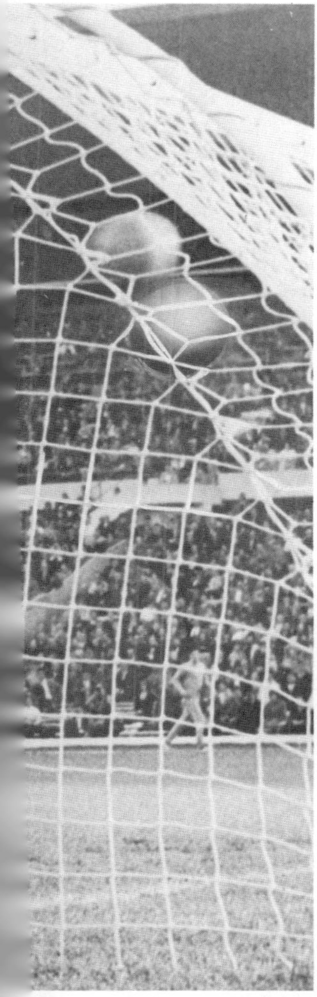

Die brasilianische Mannschaft gefiel durch ihr schwungvolles Angriffsspiel, obwohl Pelé wegen einer Verletzung weder im Spiel gegen Chile (4:2) noch im Endspiel gegen die Tschechoslowakei eingesetzt werden konnte.

Mit Titelverteidiger Brasilien und dem Außenseiter ČSSR erreichten zwei ganz auf Offensivfußball eingestellte Mannschaften das

Endspiel. Der tschechische Torwart Schroif vollbrachte gegen die Brasilianer wahre Wunder, aber dann unterliefen ihm doch zwei Fehler.

Brasilien gewann die Weltmeisterschaft mit seinem 3:1 Sieg gegen die ČSSR, die aber »Europas Ehre« rettete.

Die ungerechte Kritik war Sepp Herberger doch an die Nieren gegangen. 1963 erfuhr ich in einem Gespräch mit Herberger und DFB-Präsident Dr. Gössmann, daß ich Sepp Herbergers Nachfolger werden sollte. Am 7. Juni 1964 betreute Herberger die Nationalelf zum letzten Mal – in Finnland.

Bei uns in Deutschland ist das Ausscheiden in einer Zwischenrunde der Weltmeisterschaft so etwas wie ein Verbrechen. Nach der Niederlage gegen Jugoslawien wurde Sepp Herberger in allen Medien massiv angegriffen. Es war die Zeit, da Deutschland der großen alten Männer müde wurde.

Was mir an der Aufgabe des Trainers der Nationalmannschaft schon immer so gut gefallen hatte: Man war nicht nur auf das Training einer einzigen Mannschaft festgelegt. Man bekam einen weiteren Horizont, mußte beweglicher sein, lernte viel mehr Menschen kennen, mußte Kontakte pflegen.

Im Mai 1964 betreute ich eine Europaauswahl, die gegen Skandinavien antreten sollte. In dem Spiel anläßlich des 75jährigen Bestehens des Dänischen Fußball-Bundes setzte ich neben vielen anderen Stars den Engländer Bobby Charlton ein.

Kurz vor der Pause mußte Torwart Jaschin ausscheiden; Hans Tilkowski ersetzte ihn bravourös. Die Europaauswahl besiegte Skandinavien mit 4 : 2 Toren.

In meinem ersten Länderspiel als verantwortlicher Teamchef war unsere Mannschaft nicht schlagkräftig genug, um die klug aus der Abwehr heraus spielenden Schweden zu besiegen. Durch ein Tor von Brunnenmeier hatten wir bis kurz vor Spielende geführt. Dann schossen die Schweden den Ausgleich.

Nach dem Ausgleichstor brach die schwedische Kolonie auf den Rängen in wildes »Heja, Heja«-Geschrei aus, und die Berliner pfiffen wütend dagegen. Für die Spieler und für uns auf der Bank war es ein böser Schock: Die Teilnahme an der Weltmeisterschaft in England schien uns unerreichbar geworden zu sein. Nur eines würde uns noch retten können: Wir mußten die Schweden in ihrem Land schlagen.

Seit 1911 war es keiner deutschen Elf mehr gelungen, die Schweden in Schweden zu besiegen. Nach langem Hin-und-Her konnte ich doch Uwe Seeler einsetzen, Franz Beckenbauer hatte sein Länderspiel-Debüt und das Spiel lief zwar nervös, aber doch ganz gut. Das 2 : 1 war für uns dann die Fahrkarte nach England.

Jetzt mußte ich die Mannschaft zusammenbauen, die nach England fahren sollte ...

›Annelies! Komm! Die Bomben! Der zweite Angriff! Du mußt sofort in den Keller!‹

Zweieinhalb Stunden nach dem ersten Angriff hatte eine zweite ›Welle‹ von Bombern Dresden angeflogen. Jetzt krachten Sprengbomben in das Flammenmeer. Ich hatte das alles nicht gehört und weiter geschlafen.

Mein Vater war aus Sorge um uns mit dem Fahrrad in die Stadt gefahren, gleich nach der ersten Entwarnung. Dann gab es wieder Alarm, und er erreichte mit Müh' und Not noch unseren Luftschutzkeller. Er schleppte mich in den Keller und übernahm dort unten gleich das Kommando. Man merkte, daß er im Ersten Weltkrieg Husar gewesen war. Mit seinem bestimmten Ton beruhigte er die Frauen, die laut weinten. Er tröstete die alten Leute, die nur noch jammerten.

Auf einmal knallte es furchtbar. Das Licht im Keller ging aus. Eine Schauspielerin, die in unserem Haus wohnte, begann laut zu beten.

Da brüllte mein Vater: ›Alle niederknien! Mund halten!‹ Keiner sagte mehr ein Wort!

Es war totenstill. Vaters Anweisung hatte Sinn. Durch das Niederknien und Schließen des Mundes wollte er uns so gut wie möglich vor den Folgen des Luftdrucks schützen, falls eine Bombe in nächster Nähe explodierte ...«

Zur gleichen Zeit hetzte ich durch die brennende Stadt, in Richtung Münchner Platz. Als die Sirenen wieder aufheulten, war ich gerade am Neustädter Markt, wo das schöne Denkmal von August dem Starken steht. Da fielen schon die ersten Bomben. Ich konnte mich gerade noch in einen öffentlichen Luftschutzraum quetschen. Hier waren ein paar hundert Menschen zusammengepfercht.

Wir hörten, wie der Einschlag der Bomben immer näher kam: Die Erde bebte. Der Putz fiel uns auf die Köpfe. Frauen schrien. Kinder kreischten. Plötzlich brachen Steine aus der Wand des Luftschutzraums. In einer Mauerlücke tauchten, völlig grau bestäubt, mehrere Frauen mit Kindern auf. Sie hatten einen Mauerdurchbruch aufgebrochen, um zu uns zu kommen.

Die Bomben schlugen weiter ein. Neben mir saß eine Frau, die bei jeder Explosion ihre Hand in mein Bein krallte.

Ich bin ganz ehrlich: In diesen Minuten war ich vor Angst fast von Sinnen. Es ist wohl allen so gegangen. Als die Explosionen abnahmen, breitete sich eine grauenhafte Stille im Luftschutzraum aus. Die Menschen stierten vor sich hin ins Nichts.

Ich wollte hier raus. Ich bin losgesaust, über die Augustus-Brücke, Richtung Schloß. Es brannte wie eine Fackel. Feuer, überall Feuer. Brennende Häuser fielen zusammen. Auf den Straßen lagen Frauen, schwarz verkohlt oder ausgetrocknet wie ägyptische Mumien. Sie hatten Kinder im Arm: Aschenbündel. Alle tot, verbrannt, in den wahnwitzigen Hitzegraden des Feuersturms in Sekundenbruchteilen mumifiziert. Skelette lagen da. Daß es sich um Männer handelte, sah man noch an der Gasmaske vor dem Gesicht.

Die Luft war von einem furchtbaren Geheul erfüllt: Der Sog des Feuersturms erzeugte den unbeschreiblichen Ton.

Je näher ich unserem Haus kam, um so mehr würgte mich die Angst: Brennt da auch alles? Dann kam der Münchner Platz. Unser Haus stand.

Es war wie ein Wunder: vor hundert Metern noch Flammenwände und hier alles in Ordnung.

Ich taumelte auf unser Haus zu. In diesem Augenblick öffnete sich die Haustür, und meine Frau trat mir entgegen. Sie sah mich an, als wäre ich ein Gespenst. Sie glaubte, ich wäre draußen in Radebeul.

Wir fielen uns in die Arme. Die Nachbarn und der Vater meiner Frau hatten begonnen, die Möbel aus dem Haus zu schaffen und auf die Straße zu stellen. Zwei alte Luftschutzwarte kamen und sagten:

»Ja, auch unser Haus brennt!«

»Was denn? Ich sehe doch nichts!« antwortete ich.

»Oben auf dem Boden!«

Ich bin hinaufgerast. Tatsächlich hatte das Feuer vom Nebenhaus auf unseren Dachstuhl übergegriffen. Aber es brannte nur in einer Ecke. Ich habe in die Flammen hineingeworfen, was ich zu fassen bekam, Sand und alte Decken. Nach einer Viertelstunde war das Feuer erstickt. Das Haus Münchner Platz 16 steht heute noch.

Am nächsten Tag kam der nächste Angriff. Es war um die Mittagszeit. Diesmal gab's nur Sprengbomben. Wir hatten immer noch nichts von meinem alten Vater gehört. Wir wußten nicht, ob mein Elternhaus in der Struvestraße überhaupt noch stand. Wir gingen hin, als die Sirenen Entwarnung gaben.

Das Haus war ein Trümmerhaufen. Wir fragten nach meinem Vater. Ja, man hatte ihn gesehen, aber er sei dann verschwunden...

Vater war tot, das schien mir sicher. Wie sollte ein siebenundachtzigjähriger Mann aus dieser Hölle entkommen sein?

Fünf Tage lang brannte Dresden. Dennoch benahmen wir uns, als wäre alles fast wieder normal. Wir waren gehorsame Bürger des Chaos, zogen zu unseren Schwiegereltern am Stadtrand um, hatten unseren Stephan wieder. Ich fuhr jeden Tag mit dem Rad zur Firma nach Radebeul und zurück. Ich mußte immer an Vater denken. Jeden Tag habe ich bei der Rückkehr gefragt: »Habt ihr etwas von Vater gehört?« Nichts.

Drei Tage waren vergangen, da radelte ich wieder nach Hause. Mich überkam ein ganz seltsames Gefühl. Während ich in die Pedalen stampfte, sprach in mir eine Stimme im Rhythmus des Tretens: »Der Vater lebt – der Vater lebt – der Vater lebt.«

Da kommt mir schon meine Frau entgegen. »Helmut...«, schreit sie. Ich werfe das Rad weg und rufe: »Du brauchst mir gar nichts zu sagen: Der Vater lebt!«

»Ja...« Wir haben zusammen geweint. Ich weiß nicht, woher ich meine Gewißheit hatte.

Ich ging in die Wohnung hinein. Da saß er. Er hatte rote Augen. Sie waren ganz entzündet von dem vielen Feuer, das er gesehen hatte und durch dessen Hitze er gegangen war.

Meiner Frau hatte er inzwischen seine Geschichte erzählt: »Du weißt ja, daß Vater nie geglaubt hat, die Engländer würden Dresden bombardieren. Darum ist er beim Alarm auch im Bett geblieben. Dann schlug es in der Nähe ein, und ein brennendes

Fensterkreuz fiel Vater auf die Bettdecke, aufs Gesicht. Du siehst ja, er hat noch die Schramme da ... Dann ist er doch raus und runter in den Keller. Aber als die erste Entwarnung kam, ist er losgelaufen, in Richtung Bürgerwiese. Da hat er seinen Ehering vergraben – unter einem Baum im Großen Garten. Warum, weiß ich nicht.

Er muß dann Tag und Nacht durch Dresden geirrt sein.

›Ich bin über die heißen Steine gelaufen‹, hat er erzählt. ›Über die heißen Steine, in die Hofkirche ...‹ Auch die Hofkirche war schwer beschädigt. Dort hat er wohl, mitten im Inferno, gesessen und gebetet.

Das Furchtbarste, was er sagte, war: ›Überall waren Neger! Tote Neger! So viele tote Neger ...‹ Er meinte die schwarzverkohlten Leichen. Er war sehr verwirrt.

An einem Vormittag haben ihn Bekannte dann irgendwo in der Innenstadt gefunden. Er saß auf einem Bordstein und starrte vor sich hin.«

Meine Frau schluchzte. Wir waren gerettet. Aber mindestens 135 000 Menschen lagen tot überall auf Dresdens Straßen. Als keine Bomber mehr kamen, ging ich in die Innenstadt. Die berühmte Prager Straße war abgesperrt. Ich traf dort einen Bekannten, einen Hauptmann in Uniform. Der stand da wie gebrochen. Er sagte:

»Helmut, ich muß jetzt wieder hier rein. Aber ich kann nicht mehr. Und ich muß trotzdem den Leuten sagen: Ihr müßt!«

Sie trugen die Leichen zusammen und schleppten sie zum Altmarkt. Dort, wo die Kreuzkirche stand, wo der Kreuzchor gesungen hat, wurden an die 30 000 Leichen gestapelt und dann mit Flammenwerfern vernichtet. An gigantische Zahlen waren wir gewöhnt, auch was die Opfer des eigenen Landes betraf. Das war abstrakt. Jetzt konnte man die Wirklichkeit sehen: 30 000 einzelne, fürchterlich umgekommene Menschen.

Ich ging nach Hause. Es war regnerisch. Überall sah der graue Vorfrühlingshimmel durch die ausgebrannten Fassaden, die leeren Fenster.

Der fast dreiundachtzigjährige Dichter Gerhart Hauptmann

hatte Dresdens Sterben von den Loschwitzer Höhen aus mitangesehen. Er diktierte in diesen Februartagen für den Rundfunk eine Totenrede auf die Stadt, die er so sehr geliebt hat.

»Wer das Weinen verlernt hat, der lernt es wieder beim Untergang Dresdens.

Dieser heitere Morgenstern der Jugend hat bisher der Welt geleuchtet.

Ich weiß, daß in England und Amerika gute Geister genug vorhanden sind, denen das göttliche Licht der Sixtinischen Madonna nicht fremd war und die von dem Erlöschen dieses Sternes allertiefst schmerzlich getroffen weinen.

Und ich habe den Untergang Dresdens unter den Sodom- und Gomorrha-Höllen der feindlichen Flugzeuge persönlich erlebt. Wenn ich das Wort ›erlebt‹ einfüge, so ist mir das jetzt noch wie ein Wunder.

Ich stehe am Ausgangstor des Lebens und beneide alle meine toten Geisteskameraden, denen das Erlebnis erspart geblieben ist.

Ich weine.«

Ein paar Monate später, der Krieg war aus, die Russen waren da, geschah etwas, was mich bis heute tief bewegt und mir wie ein Zeichen erscheint. Der Flieder blühte in der Bürgerwiese so schön wie lange nicht, es war Sommer. Vater ging eines Tages in den Anlagen spazieren. Im Großen Garten hat er zielsicher an einer bestimmten Stelle mit dem Spazierstock im Boden gestochert. Es glänzte – da lag sein Ehering.

Er hat ihn sich wieder angesteckt. Er hatte sich selbst wieder – die Hoffnung, daß es doch noch etwas Schönes auf der Welt gab.

Eine Ecke von der Steintribüne des Ostrageheges war durch einen Bombentreffer abgesprengt worden. Brandbomben hatten die Holztribünen glatt durchschlagen. Das Spielfeld sah wie eine Kraterlandschaft aus. Hier konnte kein Fußball mehr gespielt werden.

Wir spielten doch – aber in der »Ilgen-Kampfbahn«.

Es war ein schöner Frühsommertag. Der sowjetische Stadtkommandant Oberst Gorochow hatte angeordnet: »Zum Auftakt des antifaschistischen Sportlebens spielen die Auswahlmannschaften der Altstadt gegen die der Neustadt!« Das war insofern etwas seltsam, als es eine Altstadt gar nicht mehr gab.

Oberst Gorochow belehrte uns vor dem Spiel in einer Ansprache sogleich über die bedeutende Entwicklung des Sports in der Sowjetunion, besonders des Fußballspiels, das immer mehr an Volkstümlichkeit gewonnen habe und nicht nur von der Jugend, sondern auch von der älteren Generation betrieben wird.

Wir standen da, wir Übriggebliebenen vom DSC: Hofmann, Pohl, Hempel, ich. Wir sollten für die Altstadt spielen – in unserem alten schwarz-roten Dress. Bald dürften wir auch gegen die Vertreter der Roten Armee antreten, kündigte Oberst Gorochow an.

Mir war es im Prinzip egal, wer uns da besetzt, erobert, befreit oder was auch immer hatte. Hauptsache, der Krieg war vorüber.

Es war doch schön, überhaupt wieder Fußball spielen zu können. Richard Hofmann schoß ein herrliches Tor, mir gelang ein spektakulärer Alleingang – am Ende hatte die Altstadt 6 : 1 gewonnen.

Eines Tages kam Bescheid: »Schön, Sie sollen in das Haus der Militärverwaltung zum Sportkommandeur der Roten Armee kommen!«

Mir war nicht sehr wohl dabei. Ich stellte mir so etwas wie einen brutalen, brüllenden Eroberer vor.

Ich wurde ihm gemeldet und betrat sein Zimmer. Auf dem Schreibtisch saß ein blendend aussehender, leger gekleideter, untersetzter Mann und klimperte auf einer Balalaika. Er fuhr damit auch während unserer Unterhaltung fort. Er sprach recht gut Deutsch, und ich war wie vor den Kopf geschlagen, als er sagte:

»Schön, was ist mit Fußball in Dresden?! Warum geht nicht voran?«

Ich faßte mir ein Herz und sagte: »Es ist nicht gut organisiert, und niemand ist da, der die richtige Linie findet. Es müßte auch bald eine richtige Meisterschaft ausgetragen werden!«

Er hörte zu und klimperte weiter. Das machte mir Mut. Ich sagte: »Ich glaube, hier müßte einmal diktatorisch gesprochen und gehandelt werden, wenn es vorangehen soll!«

Er warf seine Balalaika zur Seite, sprang auf mich zu, nahm mich beim Kragen und schrie: »Diktatur! Was willst Du? Du meinst Disziplin! Oder?«

Ich nickte.

Da reichte er mir zum Schluß noch ein Glas fürchterlich warmen Wodka.

Nach diesem Besuch gab es tatsächlich manchen Fortschritt im sportlichen Leben der Stadt. Man organisierte den Spielbetrieb mehr und mehr. Bald wurden eine Stadtliga und später auch eine Ostzonenliga gegründet.

Ich war mit dabei.

Vielleicht muß ich an dieser Stelle einmal ganz offen über mich, meinen Charakter sprechen, damit meine Aktivitäten und Reaktionen in den letzten Jahren und auch nun wieder verständlich werden.

Ich bin wohl ein Mensch, der sich von den Umständen der Zeit schieben läßt. Es wäre falsch zu sagen, ich hätte mich mit geschlossenen Augen treiben lassen. Aber ich war nie jemand, der gegen den Strom geschwommen wäre. Das entspricht einfach nicht meinem Charakter.

Ich habe immer versucht, mich anzupassen und das Beste aus der jeweiligen Situation zu machen, im Fußball wie im Leben. Wenn ich heute zurückblicke, sehe ich, daß ich dabei oft instinktiv das Richtige getan habe. Es war etwas da, was mich geleitet hat.

## *Flucht und Neubeginn*

Wir lebten. Und wir bemühten uns zu überleben. Ich organisierte weiße Büromäntel. Dafür tauschte ich Milch für unseren Sohn, Fleisch für die Familie ein – mit dem Erfolg, daß Freunde wie die berühmten Opernsänger Josef Hermann, der Helden-Bariton, und Bernd Aldenhoff, der Tenor, oft trällernd vor unserem Haus standen: Sie hatten das Gulasch schon von weitem gewittert.

Ich verfügte nach wie vor über beste Quellen für Zigaretten. Das war nach dem Krieg eine Währung für sich. Zigaretten öffneten mir die Tore des Schlachthofes, und schon wieder sang Josef Hermann ein Lied vor unseren Fenstern.

Die Russen begannen, die Firma Madaus zu demontieren. Ich schaffte einige nützliche Sachen beiseite: zum Beispiel einen 35-Liter-Ballon mit reinem Alkohol, dazu Maraschino-Öl. Daraus ließ sich ein – für damalige Verhältnisse – ganz anständiger dreißigprozentiger Schnaps oder Likör, wie man will, machen.

In unserer Wohnung füllte ich Flasche um Flasche ab: Maraschino, Pfefferminz, alles Helmut-Schön-Extra.

Ich konnte das Zeug gut gebrauchen, denn schließlich mußte ich sehen, wo ich Benzin herbekam.

Die großen Benzin-Depots der Sowjets lagen an den Ausfallstraßen von Dresden. Die russischen Laster standen da täglich Schlange und tankten. Eines Tages schmuggelte ich mich einfach in die Reihe hinein.

Vor mir stand ein Laster, auf dessen Ladefläche ein russischer Soldat saß und die Beine baumeln ließ. Verstohlen zeigte ich ihm eine Flasche von meinem Schnaps. Er wurde aufmerksam. Er sah sich um. Dann lachte er, nickte und winkte mich herbei.

Ich gab ihm die Flasche. Er holte einen 20-Liter-Kanister mit Benzin.

Von da an lief das Schnaps-Benzin-Geschäft.

»Meine« Firma wurde enteignet, in einen »volkseigenen Betrieb« umgewandelt. Ich behielt einen klapprigen DKW aus dem Fuhrpark.

Mit dem Inhaber eines großen Schuhhauses versuchte ich, ein Kaufhaus aufzuziehen, »Merkur«, wo man Holzlatschen, Töpfe, Tiegel, Spielzeug aus dem Erzgebirge, geflochtene Wäschetruhen und alles mögliche aus Wehrmachtsbeständen kaufen konnte. Das Kaufhaus hatte immerhin zwei große Schaufenster und sogar eine erste Etage.

Mit Hilfe meines Autos ließ sich wiederum allerhand organisieren. Es überraschte mich immer, daß ich Talent zum Überlebenskünstler hatte. Gegner kann man umdribbeln, Situationen durch rechtzeitiges Abspielen verändern. Das Leben war ein Ball geworden, den es unter Kontrolle zu halten galt.

Das Unternehmen Kaufhaus lief nur kurze Zeit. Privat-Unternehmer waren nun mal nicht erwünscht, ebenso wenig wie die Privat-Clubs alter Art. Der DSC galt als Symbol feudaler Cliquenwirtschaft und wurde kassiert. Stattdessen gab es »Bezirks-Sportgemeinschaften«. Ich spielte, mit einigen übriggebliebenen Kameraden vom DSC, in der SG Friedrichstadt – das Ostragehege lag in der Friedrichstadt. Zugleich trainierte ich auch die Mannschaft.

Aber ich wollte weg, in den Westen, wie so viele damals. Mein Kaufhaus-Kompagnon sagte zu mir: »Wir sondieren da mal das Gelände«.

»Vielleicht läuft was in Hamburg. Ein paar Fußballkameraden vom DSC sind jetzt beim FC St. Pauli. Die haben schon wieder eine ganz starke Mannschaft.« Ich dachte eben immer an Fußball.

Mein Kompagnon sah die Schwierigkeiten klarer. Wie sollten wir in der Ostzone eine Erlaubnis bekommen, in den Westen zu fahren?

»Du kennst doch noch Professor Sauerbruch, aus dem Krieg, von deiner Firma her?«

Ich nickte.

»Der wohnt in Berlin, und nach Berlin kommen wir immer rein. Der muß uns irgendeinen Wisch schreiben.« Die Russen kontrollierten damals auch jeden, der aus ihrer Zone in den Ostteil der Stadt wollte.

Um einen »Propusk«, eine Reise-Genehmigung von den sowjetischen Behörden zu bekommen, erklärten wir: »Wir wollen nach Berlin, um Insulin zu beschaffen.«

Der »Propusk« wurde erteilt. Wir besuchten Professor Sauerbruch in seiner Wohnung in Dahlem. Das war im amerikanischen Sektor. Ich hatte ein wenig Angst vor diesem »Überfall«. Professor Sauerbruch konnte außerordentlich bärbeißig sein. Als er von unserem Plan hörte, war er aber ganz liebenswürdig. Er bestätigte uns in ein paar Zeilen, daß wir nach Hamburg müßten, um für die notleidende Ostzone Insulin zu besorgen.

Es wurde eine recht abenteuerliche Fahrt. Wir hatten keine Landkarte – die wäre von den Russen sofort als Beweisstück für Spionage gewertet worden. Wegweiser gab es nur in russischer Schrift. Wir sind lange im Ungewissen umhergeirrt, bis wir den offiziellen Übergang über die Elbe bei Wittenberg fanden. Kaum waren wir im »Westen«, trennten sich unsere Wege.

Ich fuhr mit meinem DKW weiter nach Hamburg. Beim FC St. Pauli traf ich viele Bekannte und machte sogar ein Spiel – gegen den VfB Lübeck – mit. Man bekniete mich, dazubleiben.

Aber ich mußte ja zu meiner Frau und meinem Sohn zurück. Ich war eingefleischter Ehemann, Vater, Dresdner, ich brauchte eben meine Ordnung.

Freunde steckten mir allerhand zu, bevor ich wieder abfuhr. Ich hatte meinen DKW umgebaut: Anstelle der hinteren Sitze gab es eine kleine Pritsche, die mit einer Plane abgedeckt war. Unter der Pritsche war noch genug Platz, etwas unterzubringen. Der DKW sah aus wie ein kleiner Lieferwagen. In meinem Rücken gab es eine doppelte Holzwand mit einem zwanzig Zentimeter breiten Geheimfach.

Ein Freund schenkte mir ein Fäßchen Heringe. Das stellte ich auf die Pritsche. Von Karl Miller, dem Nationalverteidiger, gab es eine Riesenwurst – seine Eltern hatten eine Fleischerei. Die Wurst kam unter die Pritsche.

Wo immer Platz war, hatte ich etwas verstaut.

Am Grenzübergang Lauenburg kontrollierte mich ein russischer Major.

»Plane aufmachen!«

Ich schlug sie hoch, rückte ihm meinen Koffer hin. Er schob ihn achtlos beiseite. Es stank intensiv nach Hering. Da stand das Fäßchen. Der Major schien zu schnuppern. Dann schlug er die Plane wieder herunter. Ich hätte jetzt einen Wodka gebraucht.

Der Major öffnete vorne die Tür zum Beifahrersitz und griff zielsicher in mein Geheimfach. Er zog eine Flasche Schnaps hervor.

»Was ist das?«

»Schnaps, für Sie! Können Sie behalten! Nastarowje!«

Er lächelte, schob meine Hand mit der Flasche zurück und ließ mich durchfahren.

Zwischen Magdeburg und Halle kam ich durch einen menschenleeren Ort. An einer Straßenecke stand ein russischer Posten mit einem Revolver in der Hand und winkte: Stop! Vielleicht war es nur eine normale Kontrolle. Vielleicht war er ein Anhalter. Vielleicht wollte er etwas requirieren. Ich hatte Angst ... und gab Gas.

Als ich ihn knapp passiert hatte, hörte ich einen Schuß hinter mir. Ich dachte: Jetzt ist alles aus. Nur weg! Ich habe auf den Gashebel gedrückt, daß meine Schuhe vorne fast wieder herausgekommen wären. Vierzig Kilometer bin ich mit Vollgas durch die Gegend gerast, immer ein Auge im Rückspiegel. Aber es kam niemand hinterher.

Von nun an begann ich einen ziemlich lebhaften Pendelverkehr nach Hamburg. Ich spielte immer mal wieder für den FC St. Pauli. Im organisatorischen Durcheinander jener Jahre fiel das noch nicht allzusehr auf. Aber in einer Dresdner Zeitung stand schon mal: »Schön muß endlich wissen, wo er hingehört.«

Aber das wußte ich nicht, nicht einmal privat. Der Druck von außen, beruflicher Streß, Ärger innerhalb der Familie, Verwirrungen der Gefühle – vielleicht hatte all das meine Ehe mit Annelies in eine schwere Krise getrieben. Viele Ehen in jener Zeit wurden durch die äußeren Umstände ramponiert. Aber wir hatten nicht flüchten müssen, waren nicht ausgebombt worden. Vielleicht war alles bisher zu glatt gegangen.

Wir ließen uns 1948 scheiden – beide schuldig. Aber wir wohnten noch eine Weile zusammen. Getrennt waren wir vielleicht ein Vierteljahr. Da mußte ich ins Krankenhaus wegen einer rheumatischen Geschichte im Rücken. Ich konnte mich nicht mehr bewegen. Vielleicht war alles psychisch bedingt...

Meine Frau hörte von meiner Krankheit und sprach mit unserem Arzt. Er sagte zu ihr: »Du mußt dir darüber klar sein, was passiert, wenn du ihn besuchst.«

Sie war sich darüber klar. Sie kam. Und es passierte. Es war Silvester 1948. Von diesem Tag an waren wir wieder zusammen. Aber wir haben erst 1955, im Saarland, wieder geheiratet. Das war nur die äußerliche Wiederherstellung der Ordnung, die für mich lebenswichtig war.

In der Zeit meiner schwersten privaten Krise war ich Spieler-Trainer der SG Friedrichstadt, und ich wurde sogar Ostzonen-Verbandstrainer. Aber ich lehnte eine politische Schulung ab. Für mich lag im Sport von selbst genug Politik, es bedurfte nicht einer zusätzlichen Ideologisierung. Ich wollte auch gar nicht Stellung nehmen, meine Existenz war anders gepolt.

Damals versuchte man, die »Viktoria«-Statue, seit 1903 Wanderpreis für den jeweiligen Deutschen Meister, von Dresden in den Westen zu bringen, damit sie dort wieder den neuen Meistern überreicht werden konnte. Unsere Aktion ging schief. Ich bekam einen harten Rüffel aus Ostberlin. Der Sportausschuß-Vorsitzende und damalige FDJ-Chef, ein gewisser Erich Honekker, drohte mir mit Konsequenzen.

Ich geriet auch mit dem heute ranghöchsten Sportfunktionär der DDR, Manfred Ewald, aneinander, als ich verlangte, man solle das DSC-Stadion in »Rudolf-Harbig-Stadion« umtaufen. Man bezeichnete Harbig aber als Handlanger des Dritten Reiches, als Faschisten, ungeeignet als Vorbild für die Jugend.

In einem anderen Fall aber ließen gerade Ewald und Honecker mit sich reden – und das wurde mein Glück. Ich hatte Ewald gesagt: »Wenn Ihr wollt, daß ich für Euch Trainer ausbilde und den Leistungsstand hier verbessere, dann müßt Ihr mir auch die Möglichkeit geben, mich selbst zu verbessern. Das kann am ehesten unter der Leitung von Sepp Herberger an der Sporthochschule in Köln geschehen!«

Ewald fragte Honecker, und der gab grünes Licht. Im Winter 1949/50 war ich in Köln, endlich wieder im vertrauten Kreis, unter Herbergers Fittichen. Hier fühlte ich mich wohl, hier gehörte ich hin. Am Telefon hörte ich von meiner Frau aus Dresden, daß die Atmosphäre dort immer eisiger wurde. Wir wurden abgehört. Man hatte mich bisher wohl nur wegen meines Fußball-Namens als Aushängeschild benutzt. Aber wirklich haben wollte man mich nicht.

Im Februar 1950 kam ich zurück. Im April gab es den großen Knall. Es mußte dazu kommen.

Ich spielte mit der Sport-Gemeinschaft Friedrichstadt um die Ostzonen-Meisterschaft. Das letzte Punktspiel fand in Dresden gegen BSC Horch Zwickau statt und sollte auch die Entscheidung bringen, wer Meister würde. Das Ostragehege war mit über 50 000 Menschen gefüllt.

Der Schiedsrichter pfiff, als hätte er Weisung, die Zwickauer um jeden Preis zum Meister zu machen. Einige Male mußten die Zuschauer vom Platz gewiesen werden, weil sie so empört waren. Wir wurden in haarsträubender Weise benachteiligt. Ich erinnere mich daran, daß ich mit erhobenen Armen Tausende von Menschen bat, den Rasen wieder zu verlassen. Ich befand mich mit dem Ball rechts außen an der Eckfahne, als der Schiedsrichter abpfiff. Die Massen waren nicht mehr zu halten und überfluteten den Platz. Wir Spieler schlugen uns seitwärts in Richtung Umkleideraum durch. Vor der Haupttribüne, auf der der damalige Partei-Vize Walter Ulbricht und der FDGB-

Vorsitzende Warncke neben anderen Parteipersönlichkeiten saßen, rotteten sich die Menschenmassen zusammen und schrien wilde Drohungen hinauf. Manfred Ewald sagte mir später, daß »alle Möglichkeiten ausgeschöpft waren«, um die Ehrengäste zu schützen. Ich konnte mir denken, was er damit meinte.

Es war wie ein Volksaufstand. Von einem Eingeweihten habe ich später erfahren, daß die Sowjets tatsächlich Weisung erteilt hatten, den DSC-Nachfolger verlieren zu lassen. Bald nach diesem Skandal wurde die Sport-Gemeinschaft Friedrichstadt aufgelöst. Die Fußballmannschaft wurde der Betriebssportgemeinschaft »Tabak« Dresden angegliedert...

»Sie haben die Ausschreitungen in Dresden provoziert! Sie haben durch Ihr Verhalten versucht, die Massen aufzuwiegeln. Wir brauchen in unserem sozialistischen Sport keine Spieler, die immer noch an den alten Traditionen hängen. Nach Pfingsten werden wir über Sie disponieren, Schön!«

Ich stand wie vor einem Tribunal. Das Sekretariat des Sportausschusses in Ost-Berlin hatte mich wegen der Skandal-Szenen nach dem Meisterschaftsspiel gegen Zwickau vorgeladen. Ich mußte als Sündenbock dafür herhalten, daß die politische Manipulation schief gegangen war.

Als ich mit meinem Opel »Olympia« über die Autobahn zurück nach Dresden fuhr, sagte ich mir: »Die werden dich kaschen. Ostzonentrainer bleibst du bestimmt nicht. Du mußt jetzt ganz schnell von der Bildfläche verschwinden.«

Wir wohnten inzwischen am Stadtrand von Dresden, in der ersten Etage eines Zweifamilienhauses; wir hatten da viereinhalb Zimmer. Wenn ich nach Hause kam, hupte ich immer, und meine Frau Annelies lief dann durch den Garten auf mich zu und gab mir einen Kuß.

So war es auch diesmal. Noch vor der Haustür habe ich ihr gesagt: »Annelies, wir müssen vor Pfingsten weg. Nach Pfingsten wird etwas passieren...« Ich erzählte ihr alles. Sie war tief erschrocken. Ihre Eltern, alle ihre Verwandten lebten hier. Aber sie sagte: »Es mußte ja so kommen.«

Daß wir noch eine Gnadenfrist bis Pfingsten hatten, lag daran, daß das SED-Regime um diese Zeit völlig überfordert war. Zu Pfingsten 1950 sollte in Ostberlin das »Weltjugendtreffen« stattfinden, ein Massen-Auftrieb der Jugendorganisationen aus dem Ostblock. Mit dieser Schau bekamen die SED-Bonzen die Chance, ihre Salonfähigkeit innerhalb der »sozialistischen Brudervölker« unter Beweis zu stellen.

Das Projekt hatte tatsächlich gigantische Ausmaße. Damals gebot Erich Honecker bereits über zwei Millionen Jugendliche in der »FDJ« und bei den »Jungen Pionieren«. Diese Staatsjugend ähnelte in ihrer Organisation der »Hitler-Jugend«. Das Blau der FDJ-Hemden sollte zu Pfingsten Berlin überschwemmen.

Vor der endgültigen Flucht fuhr ich allein noch einmal heimlich nach Berlin und brachte Bettwäsche, Wintersachen, Fotoalben, meine Reiseschreibmaschine zu Freunden in den Westteil der Stadt. Ich verhandelte mit Hertha BSC über den Posten eines Spieler-Trainers. Ich nahm Kontakt mit Sepp Herberger auf. Und ich organisierte eine Spedition.

Wir wollten tatsächlich mit allen Möbeln weg. Es gelang mir, ein Transportunternehmen zu finden, das unsere Möbel von Dresden bis Berlin, Anhalter Bahnhof, schaffen würde. Dann sollte eine West-Berliner Spedition alles übernehmen.

Ich hatte dann sogar die Frechheit, mir von der FDJ in Dresden eine Durchfahrts-Genehmigung nach Berlin, zum »Weltjugendtreffen« zu besorgen.

Unsere Nachbarn, unsere Freunde in Dresden wußten Bescheid: »Der Helmut und die Annelies machen fort.« Das taten damals schon so an die 200 000 im Jahr.

Am Donnerstag vor Pfingsten haben wir gepackt, am Freitag von allen Abschied genommen. In mir war eine kolossale Unruhe.

Gegen halb sechs Uhr früh am Pfingst-Freitag wachte ich auf. Ich tippte meiner Frau an die Schulter.

»Du, Annelies, es ist fünf vorbei!«

»Gottseidank!«

Wir flüsterten, als könnte uns jemand zuhören.

Fünf Uhr war immer die Zeit, zu der politisch Mißliebige abgeholt wurden. Man bereitete ja auch schon die Gründung des »Staatssicherheitsdienstes« vor.

»Die kommen nicht. Die haben nichts gemerkt.«

»Ja. Wahrscheinlich schaffen wir es.«

Das Auto war schon vollgepackt. Wir setzten unseren kleinen Stephan auf den Rücksitz. An die Heckscheibe legten wir sein Spielzeugschiffchen. Es sollte aussehen, als wenn wir Pfingsten irgendwo am Wasser verbringen wollten. Und wir breiteten einen Bademantel aus, der die penetrante blaue Farbe der FDJ hatte. Kontrollierte jemand das Auto, dachte er vielleicht beim ersten Blick: Ach, das sind auch welche von uns.

Wir fuhren los. Alle Möbel waren noch da. Die Spedition wollte erst im Laufe des Vormittags kommen.

Wenn man aus Dresden heraus Richtung Autobahn Berlin fährt, kommt man am »Wilden Mann« vorbei: Straßen-Endhaltestelle, Ausflugslokal ... Von hier hat man eine wunderschöne Aussicht über Dresden.

Wir sind ausgestiegen und haben noch einmal auf unsere Stadt geschaut. Es war ein Blick zurück in Wehmut. Viel gesehen haben wir nicht, weil wir weinen mußten.

Wir kamen glimpflich bis zu einem Kontrollpunkt, an dem man von der Ostzone nach West-Berlin passieren konnte. Es war aber nicht Dreilinden.

Ich zeigte meine Durchfahrt-Genehmigung.

»Geht nicht. Zur Hauptstadt der DDR müssen Sie über Grünau fahren«, sagte der Posten. Also um den ganzen Süden Berlins herum in den Osten, in den wir ja nun wirklich nicht wollten.

»Wieso denn das?«

»Neue Anordnung.«

Was ich nicht wußte: Hinter dieser schärferen Abgrenzung verbarg sich eine Reaktion der SED-Führung auf die Ereignisse der letzten Tage. Zehntausende von jungen Menschen in FDJ-Hemden hatten die Gelegenheit des »Weltjugendtreffens« genutzt, waren »in den Westen« gefahren, hatten dort eingekauft, sich amerikanische Filme angesehen – und viele hatten auch ihr Blauhemd für immer ausgezogen, sich frei gemacht, buchstäblich.

Eines aber wußte ich: Zu Pfingsten fand in Berlin ein Spiel der Ostzonen-Auswahl gegen Polen statt. Und es war in der Öffentlichkeit noch nicht richtig bekannt, daß ich als Ostzonen-Trainer nichts mehr zu melden hatte.

»Hören Sie, ich bin Helmut Schön«, sagte ich zu dem Volkspolizisten. »Ich muß doch zu meiner Mannschaft nach Babelsberg, ins Trainingslager. Sie wissen doch, das Länderspiel! Da kann ich doch jetzt nicht Kilometer und Kilometer rund um Berlin fahren, wo ich von hier aus gleich in Babelsberg bin.«

Es stimmte tatsächlich, daß sich die Mannschaft in Babelsberg vorbereitete.

»Also gut, Sie können passieren.«

Der Schlagbaum ging hoch. Ich gab Gas. Als wir nach einigen Augenblicken auf westlichem Gebiet angekommen waren, stoppte ich. Annelies und ich stiegen aus. Wir sahen zurück, dorthin, wo der Zonen-Posten stand . . .

Mancher wird lachen, wenn er erfährt, was ich am Pfingstsonntag, meinem ersten freien Tag in der Freiheit, getan habe. Ich bin zum Fußball gegangen – ins Olympiastadion. Dort fand ein Pfingstturnier statt. Ich bin ein Unverbesserlicher. Niemand soll glauben, daß sich meine Fußballverrücktheit seit meinem sechsten Lebensjahr geändert hat.

Der Sportjournalist Eberhard Wittig erkannte mich, kam strahlend auf mich zu: »Mensch, Schön, Sie hier . . .«

»Pssst! Es darf noch keiner wissen. Schreiben Sie bloß nichts. Meine Möbel sind noch unterwegs!«

Am Mittwoch nach Pfingsten rief die Spedition bei Hertha BSC an: »Die Möbel von Herrn Schön sind da.«

Ich konnte mich einrichten – in einem völlig neuen Leben.

Es war Ostersonnabend 1951, vormittags gegen halb zehn. Ich verließ, sehr nervös, sehr gespannt, meine Dach-Mansarde.

Hier, in einem möblierten Zimmerchen in Wiesbaden, lebte ich jetzt mit Frau und Sohn, als Trainer des »SV Wiesbaden«.

Ich wollte hinunter ins Café an der Ecke, um zu telefonieren. Ich selber hatte noch keinen Anschluß. Ich war entschlossen, mit Präsident Kremer vom 1. FC Köln zu sprechen und ihm zu sagen: »Also, ich mache es. Ich werde bei ihnen Trainer.«

Fünfzig Meter vor dem Café blieb ich stehen. Vielleicht sollte ich doch noch warten. Noch nicht telefonieren... Ich stand unschlüssig auf der Straße, drehte und wendete mich.

Dann ging ich zurück in meine Wohnung. Jetzt, gegen halb zehn, kam ja immer die Post. Die Chance sollten sie noch haben. Vielleicht war doch endlich das Schreiben des Saarländischen Fußball-Bundes dabei, auf das ich so lange wartete. In Saarbrücken wollte man sich zum erstenmal einen Verbandstrainer leisten. Dann aber hatte man sich Ewigkeiten lang nicht entscheiden können. Immer wieder war ich vertröstet worden. Da ich inzwischen auch ein Angebot von Köln hatte, sagte ich schließlich: »Bis Ostern müssen Sie mir Bescheid geben, sonst..«

Kaum war ich wieder in meiner Mansarde, erschien der Briefträger. Er brachte tatsächlich das Schreiben vom Saarländischen Fußball-Bund: Für umgerechnet 800 Mark im Monat – die Saar war ja Franc-Gebiet – könnte ich Verbandstrainer werden. Unterschrieben hatte der neue, dynamische Fußball-Präsident des Saarlandes, Hermann Neuberger. Das Saarland war damals wirtschaftlich weitgehend in Frankreich integriert; politisch betrieben starke Kräfte um Ministerpräsident »Joho« Hoffmann die Angliederung. Deutschland war – fast – Ausland.

Im Saarland war ich, ökonomisch gesehen, eher Franzose als Deutscher. Damit war ich nicht gerade unter die Reichen geraten, jedenfalls was folgende Statistik angeht: 1951 mußte man in Frankreich durchschnittlich 375 Minuten arbeiten, bis man sich ein Pfund Butter leisten konnte, in der Bundesrepublik nur 240 Minuten (in Schweden waren es 123, in Dänemark 95, in Großbritannien 91 und in den USA nur 68 Minuten).

Mit der Bundesrepublik ging es gerade in diesem Jahr entschieden aufwärts: Bundeskanzler Adenauer besuchte zum erstenmal Paris und Italien. Die westeuropäische Montanunion wurde in Bonn ratifiziert, das Ruhrstatut aufgehoben. Ja, und die westlichen Alliierten beendeten formell den Kriegszustand mit Deutschland ... Wir wurden Mitglied der Weltgesundheitsorganisation.

Persönlich bewegt mich noch heute, daß fünfzig Meter hin oder her darüber entschieden, ob ich auf dem Schleudersitz eines Vereinstrainers Platz nahm oder den Weg einschlug, der mich zum deutschen Bundestrainer gemacht hat. Auf jeden Fall wäre es ein völlig anderes Leben geworden.

Ich habe die fünfzig Meter, die ich nicht zum Telefon gegangen bin, nie bereut. Da war wieder jene behutsame Macht im Spiel, die mich in die richtige Richtung schob.

Vieles in den Monaten vorher hatte mich darauf vorbereitet: Der Versuch, als Spieler-Trainer bei Hertha BSC Fuß zu fassen, war mißglückt. Es war auch nicht gelungen, aus geflüchteten DSC-Spielern und Herthanern einen neuen Club zusammenzufügen – man kann einen Fußball-Verein nicht verpflanzen, er ist etwas Bodenständiges. Eines Tages, nach einem Spiel gegen BSV 92 im Berliner Poststadion, war ich nach Hause gekommen, hatte meine Tasche in die Ecke gestellt und zu Annelies gesagt:

»Du erlebst jetzt einen historischen Augenblick. Helmut Schön hat heute sein letztes Spiel gemacht.«

Wir lachten. Ich konnte nicht mehr erstklassig spielen, das Alter, das Knie, mangelndes Training, alles kam zusammen. Darum nahm ich eine Trainerstelle in Wiesbaden an, einem Verein der zweiten West-Liga.

Wiesbaden gefiel mir, weil es mich so sehr an Dresden erinnerte: auch eine ehemalige Residenz-Stadt, auch eine Beamten-Stadt, die schönen Anlagen, die Wälder ringsum ... Aber ich sah auch da sehr bald, daß es als Aufgabe noch etwas mehr geben könnte.

Jetzt war ich an der Saar, sozusagen der Bundestrainer eines eigenen FIFA-Mitglieds. Erst in einem militärgrünen VW-Käfer, dann in einem Peugeot-Kombi tuckerte ich durch »mein« Fußballreich. Ich besuchte die Vereine, beobachtete die Spitzenspieler, stellte die verschiedenen Auswahl-Mannschaften auf (die Jugend gehörte auch dazu). Das war es ja, was mir weit besser als der Job eines Clubtrainers gefiel und was ich schon als Ostzonen-Trainer schätzen gelernt hatte: Man war nicht nur auf das Training einer einzigen Mannschaft festgelegt. Man bekam einen weiteren Horizont, mußte beweglicher sein, lernte viel mehr Menschen – und sehr viel unterschiedliche – kennen. Kontakte mit Menschen waren für mich immer ein Lebenselement.

Hinten in meinem Auto hatte ich eine Filmapparatur für die Vorführung von Lehrfilmen. Ich hielt Vorträge. Ich stellte Teams auf, und ich stellte um, ich gliederte aus und baute neue auf. Ich sah mir Länderspiele an, vor allem natürlich die der Deutschen.

Kurz, die Saar bot für mich ein klassisches Modell dafür, was man als »Bundestrainer« alles machen muß und kann. Wenn auch die Äußerlichkeiten primitiv erscheinen mochten, war dieses Lehrstück dennoch ideal. Ich hatte in Hermann Neuberger einen Vorgesetzten, der mir freie Hand ließ, mir nicht hineinredete.

So habe ich alles gelernt, was ich später brauchte.

Als wollte der Zufall mit einem lustigen Vorspiel diese Zukunft pointiert vorbereiten, kam der Tag, an dem ich mit der Saar-Auswahl gegen den Fußball-Giganten Deutschland antreten mußte: in der Weltmeisterschafts-Qualifikation für die Schweiz 1954, gegen Sepp Herberger, meinen ehemaligen Trainer und jetzigen großen Förderer und Freund.

Das erste Spiel meiner Mannschaft gegen Herbergers Team fand im Oktober 1953 statt. 50 000 Zuschauer kamen in Stuttgart ins Stadion. Vielleicht witterten sie eine Sensation, denn wir hatten in unserem ersten Gruppenspiel Norwegen 3 : 2 geschlagen; Deutschland aber hatte gegen denselben Gegner in Oslo nur ein 1 : 1 erreicht. Wir waren Tabellenführer in unserer Gruppe!

Die Saar-Auswahl bestand aus zehn Spielern des 1. FC Saarbrücken, der in der ersten französischen Division eine gute Rolle spielte, und einem guten Mann von Saar 05, Clemens Auch der hatte lange für den 1. FC Saarbrücken gespielt. Wir verfügten also auf jeden Fall über die Geschlossenheit einer Clubmannschaft.

Das Spiel in Stuttgart lief recht glimpflich für uns ab. Wir fingen drei – sogar vermeidbare – Tore ein, hielten aber spielerisch durchaus mit.

Offensichtlich hatte Herberger das Saar-Spiel vorher schwer im Magen gelegen. Als ich in die deutsche Kabine kam, um zu gratulieren, sagte er zu mir: »Helmut, wir sollen froh sein, daß das Spiel vorüber ist. Ich bin es jedenfalls.« Er lächelte.

Vor dem Rückspiel in Saarbrücken ertönte plötzlich aus einem Waldstück hinter der Gegengeraden das an der Saar ja verbotene Deutschlandlied über Lautsprecher. Viele Zuschauer stimmten ein.

Wir brachten die deutsche Mannschaft an den Rand einer Niederlage. Ich hatte für Fritz Walter Manndeckung verordnet, und das bekam dem Fritz gar nicht. Seppl Herberger mußte ihn austauschen und Walters Bruder Ottmar in die Sturmmitte stellen, dann lief es besser. Wir verloren 1 : 3, und zwar gegen diese Mannschaft:

Turek, Retter, Kohlmeyer, Posipal, Liebrich, Schanko, Rahn, Morlock, Fritz Walter (später Ottmar), Röhrig, Schäfer . . .

Da waren immerhin schon neun der späteren Weltmeister in Aktion!

Es war Herbergers Geburtstag, der 28. März 1954. Beim Abschlußbankett sagte ich noch, natürlich im Spaß: »Lieber Herr Herberger, da das Saarland nun keine Möglichkeit mehr hat, in der Schweiz Weltmeister zu werden, schaffen Sie es doch bitte mit der deutschen Nationalmannschaft!«

Herberger lachte und antwortete: »Wir wollen sehen, was sich machen läßt!«

Es ließ sich was machen. Herberger hielt sich an meine »Anweisung«. Das Herz im Hals vor Aufregung, saß ich am 4.

Juli 1954, vom Nieselregen klitschnaß, auf der Tribüne im Berner Wankdorf-Stadion.

3 : 2 gegen Ungarn ... Deutschland wurde Weltmeister. Aber das hieß viel mehr: Das deutsche Volk erlebte, nach den Grauen des Krieges und der Not der Nachkriegsjahre, einen ersten nationalen Erfolg überhaupt. Ich glaube, an diesem Tag war eine Nation vor Jubel wie von Sinnen. Das 3 : 2 war wie die Entlassung aus langer Gefangenschaft. Psychologisch ging von diesem Spiel eine Wirkung aus, die weit über jeden Fußball-Horizont reichte. »Wir sind wieder wer!« – das hatten die Walter, Turek, Rahn, Morlock aller Welt demonstriert. Daher die bis heute unvermindert legendäre Wirkung dieses Triumphes, der wohl »im deutschen Volk«, wenn man so will, tiefer sitzt als der Titelgewinn von 1974, denn das war »nur« ein überragender sportlicher Erfolg.

Einen Tag nach dem Finale besuchte ich Sepp Herberger in seinem Hotel. Ich klopfte an seine Zimmertür. Er hörte es offenbar nicht. Da drückte ich die Tür auf. Seppl Herberger stand, mit dem Rücken zu mir, über seinen Koffer gebeugt und pfiff leise vor sich hin. Das tat er immer, wenn er über etwas nachdachte oder wenn er glücklich war ... Er packte seine Sachen.

Da hat es mich vor Rührung überwältigt. Ich habe seinen Kopf genommen und Seppl Herberger umarmt. Wir müssen ein schönes Paar abgegeben haben: der Kurze und der Lange, innig vereint.

Durch die Volksabstimmung von 1955 kam das Saargebiet an Deutschland zurück, wurde 1956 das zehnte Bundesland. Unser Saarländischer Fußball-Bund wurde nun ein DFB-Landesverband. Herberger sollte erstmals einen Assistenten bekommen. Georg Gawliczek war Kandidat. Auch Dettmar Cramer war im Gespräch, ich weiß aber, daß Herberger nie an Cramer als späteren Bundestrainer gedacht hat.

Ich habe mich mehrmals mit Seppl Herberger getroffen, zum Beispiel in einer Sportschule in der Pfalz und bei ihm zu Hause. Er erläuterte mir meine Aufgaben. Als Bundestrainer-Assistent im großen DFB gab es eine Menge zu tun. Ich mußte, in Zusammenarbeit mit Herberger, die B-Mannschaft übernehmen. Ich hatte die Amateur-Ländermannschaft und die Jugend-Auswahl für die UEFA-Turniere zu betreuen. Ich sollte Trainer-Lehrgänge leiten. Und ich hatte natürlich bei den Vorbereitungen und Spielen der A-Mannschaft dabei zu sein. Das war, für 1100 Mark brutto Anfangsgehalt, allerhand. Aber mich hat im Leben immer nur gereizt, was ich zu tun hatte, nicht, was ich kassieren konnte.

Das Schöne an der Aufgabe war, daß Herberger und ich zuerst ganz eng, sozusagen solo, miteinander arbeiteten. Georg Gawliczek kam als Verstärkung hinzu. Und auch dann gab es zwischen uns nie so etwas wie »Kronprinzen«-Rivalität. »Schorsch« hatte sehr schöne Erfolge, 1956 mit der Amateur-Mannschaft bei den Olympischen Spielen in Melbourne: Die Russen mit all ihren Stars schafften nur ein 2 : 1.

Ich weiß das Datum noch auswendig, an dem ich mein Amt als Assistent antrat: 26. Mai 1956. Ich fuhr direkt zum Länderspiel gegen England in Berlin. Es wurden die letzten Vertrags-Details geklärt. Sonst hatte ich nichts zu tun, ich saß auch nicht auf der Bank, als Deutschland 1 : 3 verlor.

Aber dann ging es gleich ran: Schon beim nächsten Länderspiel, am 13. Juni gegen Norwegen in Oslo, warf Herberger mich ins kalte Wasser. Ich mußte das Training leiten. Die deutschen Journalisten tuschelten: »Will der Alte zurücktreten?« Natürlich dachte Herberger nicht im Traum daran.

Für das Spiel übertrug er mir das Kommando auf der Bank. Er selber saß, mit Fritz Walter, auf der Tribüne, allerdings nicht weit von mir entfernt. Vom Bild her war ich »Bundestrainer«. Und wir gewannen 3 : 1. Der wahre Hintergrund von Herbergers Abrücken läßt sich leicht erklären. Es spielte eine nach der Niederlage gegen England völlig umgekrempelte Elf, sozusagen eine Experimental-Mannschaft. Die wollte Herberger sich mit seinem Kapitän mal ein bißchen aus der Distanz ansehen. Tatsächlich sieht man von der Trainerbank am allerwenigsten vom Spiel. Sie steht nur näher bei den Spielern.

Aber Herberger konnte es natürlich doch nicht lassen, doch ins Spiel hineinzurufen. Ich guckte schräg zu ihm hoch. Da winkte er nur ab, um mir zu zeigen: »Entschuldige, ich wollte gar nicht reinreden!«

Aber ich bekam von Herberger auch sanft eins auf die Mütze, wenn ich in seinen Augen etwas falsch gemacht hatte. Wir spielten Ende November 1956 in Dublin gegen Irland, und ich durfte wieder auf der Bank sitzen – Herberger hatte sich abermals auf die Tribüne zurückgezogen.

Wir hatten in diesem Spiel nicht viel zu bestellen. Die Iren waren sehr stark, vor allem durch einige Profis, die in englischen Clubs spielten – was damals noch ein entscheidender Vorteil war. Durch das schnelle Angreifen der Iren verlor unsere Mannschaft immer wieder den Ball. Da lag nach meiner Meinung ein Kardinalfehler. Als dann unser Halblinker – und Spielmacher – Hans Schäfer verletzt ausscheiden mußte, wechselte ich für ihn Horst Eckel ein: den langen, schlaksigen »Weltmeister«, einen Mittelfeldspieler, der kein ausgesprochener Offensiv-Mann war, aber den Ball zu halten verstand. Durch ihn wollte ich Ruhe in unser Spiel bringen.

Nun, es wirkte nicht, wir verloren 0 : 3. Herberger nahm mich nach dem Spiel vor: »Wie können Sie denn den Eckel bringen! Wo wir zurückliegen! Da muß doch ein richtiger Stürmer her!«

Er hatte mich zum Spiel Kickers Offenbach gegen VfB Stuttgart geschickt, damit ich die beiden Nationalspieler Rolf Geiger und Erwin Waldner beobachtete. Beide spielten nicht berauschend.

Journalisten fragten mich nach dem Schlußpfiff: »Na, wie haben Ihnen unsere Nationalspieler gefallen?«

Ich antwortete: »Ich habe keine Nationalspieler gesehen!«

Genauso stand es in den Zeitungen, und Sepp Herberger war äußerst verärgert: Er hatte mit Geiger und Waldner fest gerechnet. Er wollte sie trotz schwächerer Leistung im Verein aufstellen. Würden sie in der Nationalmannschaft tatsächlich wieder schwach spielen, wäre er allerdings bloßgestellt gewesen: »Hat doch der Schön schon vorher gesagt ...«

Man darf dabei nicht vergessen, daß Herberger 1954 an den »Lauterern« Fritz und Ottmar Walter, Liebrich und Eckel als Leistungsträger der Nationalmannschaft festhielt, obwohl der 1. FC Kaiserslautern nur wenige Tage vor Beginn des WM-Turniers im Endspiel um die Deutsche Meisterschaft gegen Hannover 96 sensationell mit 1 : 5 untergegangen war.

Seit der Geiger-Waldner-Affäre wußte ich: äußerste Vorsicht in der öffentlichen Beurteilung von Spielern. Nichts sagen, was Bundestrainer und Assistenten gegeneinander aufbringen könnte. Ich habe das später auch von meinen Mitarbeitern verlangt.

Rüffel verpaßte Herberger einem nur selten – und wenn, dann nie im lauten oder gar barschen Ton. Eine große deutsche Zeitung stellte damals einmal die große Herberger-Frage: »Feldwebel oder Feldherr?«

Ein Feldwebel war er nie. Er war – und das wird viele wundern – eher ein Mann der leisen Töne. Wenn jemand schlecht über ihn redete, dann höchstens Spieler, die nicht aufgestellt wurden. Er führte sich niemals als Despot auf. Selber einmal ein sensibler Klassespieler, wußte er viel zu gut, wie es in einem Spieler aussah.

Niemand hat wohl Seppl Herberger so lange und intensiv gekannt wie ich. Seit dem Olympialehrgang 1933 war ich praktisch immer mit ihm in Verbindung, oft in seiner unmittelbaren Nähe. Er galt vielen als fußballerisches Pendant zu Bundeskanzler Adenauer: der große alte Mann der einsamen Entschlüsse. Auch das war Herberger nicht. Er diskutierte mit mir unter vier Augen jedes nur denkbare Problem.

»Würden Sie den Herkenrath wieder ins Tor stellen – oder es mit dem jungen Tilkowski probieren?« fragte er mich einmal. »Tilkowski«, sagte ich, »jetzt oder nie«. Und Tilkowski wurde aufgestellt. Herberger zeigte mir den Zettel mit der Mannschaftsaufstellung, und wenn ich eine andere Meinung hatte, durfte ich die durchaus sagen – mit Aussicht auf Erfolg. Wir stimmten ja in unseren Fußball-Gedanken ideal überein. Darum mußte auch nie direkt über die Nachfolge-Frage geredet werden. Er kannte mich in- und auswendig, seit ich siebzehn war. Daß ich absolut loyal war, wußte er.

Herberger nahm auch die Spieler beiseite und sprach sich mit ihnen aus. Er beriet sich mit seinen Spitzenspielern – wie Fritz Walter – über taktische Fragen, Probleme der Aufstellung.

Wie oft hat er mich im Mannschaftsbus auf der Fahrt zu einem Spiel gefragt: »Na, Helmut, was haste'n für ein Gefühl?«

Meistens hatte ich ein gutes – denn eines war Herberger wirklich, wenn man so wollte: ein Feldherr des Fußballs. Das bedeutete freilich: Das kleinste Detail konnte die Schlacht entscheiden. Also war er da pingelig.

Die Nordiren führten gegen uns lange Zeit 2 : 1. Ihr Torwart Harry Gregg hielt alles, aus welchem Winkel es auch kam. Wir, die Weltmeister, waren am Kippen – und das noch in der Vorrunde der WM 1958 in Schweden. Der Gruppensieg hing am seidenen Faden.

Da kam Uwe Seeler kurz vor Schluß an den Ball. Er tat das, was ihn, was Klassespieler überhaupt auszeichnet: das Unerwartete. Er schoß, aus achtzehn oder zwanzig Metern – wo er doch wußte, was für unglaubliche Paraden Gregg zeigte. Aus dieser Entfernung, so schien es, war der phantastische Ire an diesem Tag niemals zu schlagen. Uwe ließ dennoch ein Ding los, das zu den legendären Toren der deutschen Länderspielgeschichte zählt: Wie eine Kanonenkugel schlug der Ball rechts oben im Winkel ein. Da paßte kein Haar mehr dazwischen.

Wir waren wenigstens im Viertelfinale. Aber wir gerieten an Jugoslawien, gegen das wir uns immer schon sehr schwer getan haben. Diesmal, am 19. Mai 1958, wurde es besonders knifflig.

Es war sozusagen eine Hängepartie, eines jener nervenaufreibenden 0 : 0, bei dem jeder weiß: Wer ein Tor macht, der hat es geschafft.

Wieder half uns ein Genie-Streich. Diesmal war es Helmut Rahn, der fulminante Rechtsaußen, Schütze des WM-Siegestores von Bern, eine der größten, amüsantesten und unberechenbarsten Spielerpersönlichkeiten des deutschen Fußballs. Helmut strotzte vor Selbstbewußtsein, und er war im Spiel ein so mutwilliger, im guten Sinn verrückter Kerl, daß er die Gegner immer wieder vor Rätsel stellte. Er traute sich etwas zu – auch Wunder. Die erledigte er gleich.

Diesmal führte er den Ball bis auf die Torauslinie. Von dort – Einschußwinkel gleich null – knallte er aufs Tor. Der Ball rasierte die Kreide auf dem Rasen, passierte den ersten Pfosten, prallte an den Pfosten der langen Ecke – und war drin.

1 : 0!

Diese beiden Tore habe ich für immer in meinem Gedächtnis aufgezeichnet, als blitzhaft dramatische, schöne Erinnerungen an meine erste Weltmeisterschaft als Assistent von Sepp Herberger, 1958.

1958 ... Am 6. Februar dieses Jahres versuchte eine zweimotorige Maschine der »British European Airways" auf der matschbedeckten Startbahn von München–Riem zweimal vergeblich zu starten. Der dritte Versuch gelang ... Die Maschine raste über die Startbahn hinaus und ging 300 Meter weiter an einer Baracke zu Bruch.

Dreiundzwanzig Menschen starben, darunter sieben Spieler der englischen Meistermannschaft von »Manchester United«. Sie hatte gerade in Belgrad in einer dramatischen Partie gegen »Roter Stern« 3 : 3 gespielt und damit das Finale des Europacups erreicht, den es erst seit der Saison 1955/56 gab und der bis dahin dreimal von Real Madrid gewonnen worden war.

Eine Tragödie im beginnenden Flugzeitalter des Fußballs ... Zwanzig Jahre später spielte »Cosmos New York« innerhalb einer Woche in Seattle, Los Angeles und Tampa/Florida: Jet-Set-Kicker.

Ich war erschüttert über den Tod der »Busby-Babies«, wie man in England die jungen Spieler der »United« nach ihrem Team-Manager Matt Busby liebevoll nannte.

Inzwischen war auch Georg Gawliczek Bundestrainer-Assistent geworden, und Herberger hatte zu uns gesagt:

»Jeder macht eine Hälfte der Weltmeisterschaft, der eine die erste, der andere die zweite. Welche wollt ihr?«

Gawliczek antwortete fix: »Ich nehme die erste!« Damit war er jedenfalls sicher, etwas zu erleben. Mir konnte durch ein vorzeitiges Ausscheiden alles verdorben werden. Ich verpaßte unseren 3:1-Sieg über Argentinien und das 2:2 gegen die Tschechoslowakei – dann aber hatte Herberger für mich einiges parat, nach den Spielen gegen Nordirland und Jugoslawien.

Ich mußte neues Quartier machen. Als Gruppensieger hatten wir von Malmö nach Göteborg umzusiedeln. Ich hatte so etwas noch nie gemacht. Aber ich wußte, daß Herberger – als alles kalkulierender Feldherr – meinte: »Bei einer Weltmeisterschaft ist ein gutes Quartier schon die halbe Miete«.

Das bedeutet in diesem speziellen Fall: Wenn unsere Spieler gut schliefen, sich wohl fühlten und ausgeruht auf den nächsten Gegner stürzten, dann waren wir schon halb im Endspiel... Denn wir mußten »nur« noch die Schweden schlagen.

Es war Mittsommernacht. In einem feenhaften Licht fuhr ich im Auto durch Schweden, immer nach Norden, von Malmö Richtung Göteborg. Neben mir saß der Reporter Werner Schneider. Man hatte uns »Gottskär« empfohlen: ein Dutzend Kilometer nördlich von Göteborg.

Als wir ankamen, war ich wie verzaubert. Wir befanden uns in einer fremdartig schönen Inselwelt. Nördlich von Göteborg gruppieren sich in herrlichen Sunden und Buchten rund- und glattgeschliffene Inseln aus Granit, bewachsen mit Kiefern, langem Gras und Moos, verbunden durch kühn gespannte Brücken. Überall stehen die dunkelroten schwedischen Ferienhäuser aus Holz, mit schneeweißen Balken abgesetzt. In der Helligkeit des Mittsommers scheinen alle Farben, das Blau des Meeres, das Rot der Häuser, das Grün der Bäume, das Weiß der Segelschiffe magisch zu leuchten.

Ich hatte ein sehr gutes Gefühl. Das Quartier, das man uns empfohlen hatte, war etwas Besonderes: ein Heilkur-Hotel, mit Salzwasser-Bad, alles aus Holz, sehr gemütlich. Sicher, die Decken der Zimmer waren ziemlich niedrig.

Stolz fuhren wir zu Sepp Herberger zurück: »Da können wir wohnen«. Der Bus transportierte die Mannschaft nach Gottskär. Die rund 300 Kilometer von Malmö nach Göteborg in einem Bus von damaliger Langsamkeit und Unbequemlichkeit erwiesen sich als äußerst negativ für die Einstimmung auf das neue Quartier. Eine ziemlich mufflige, strapazierte Truppe erreichte das von mir ausgesuchte Hotel. Und nun ging es los.

»Habt ihr schon die Zimmer gesehen? Da fällt einem ja die Decke auf den Kopf!«

»Hier kann man nur in Salzwasser baden!« Das stimmte natürlich nicht. Ein Spezialbecken für Kuren bot erwärmtes Salzwasser, sonst lief natürlich Süßwasser aus den Duschen.

»Ist alles aus Holz! Da hört man nachts die Flöhe husten! Und wenn der Rahn schnarcht – dann guten Morgen.«

Sepp Herberger sagte gar nichts. Er sah halb nach unten. Ich hörte nur wieder sein leises Pfeifen. Es war mehr ein Zischen, zwischen Zunge und Schneidezähnen. Er dachte nach. Aber nicht in Wohlgefallen, wie damals in Bern. Diesmal ließ er, konnte man auch sagen, ganz leise den Dampf einer Erregung ab.

Die Sachen der Spieler wurden ausgeladen. »Also Männer, wir übernachten hier. Aber nur einmal«, sagte Sepp Herberger.

»Bravo!« riefen die Spieler.

»Helmut, kommen Sie doch mal her«, meinte Herberger zu mir, ganz leise, scheinbar ruhig. »Sie fahren jetzt los und suchen ein neues Quartier!«

Ich setzte mich mit unserem jetzigen DFB-Generalsekretär Hans Paßlack ins Auto und fuhr los, ins Dunkelgraue. Es war inzwischen schon sehr spät am Abend, und es goß in Strömen. Wer einmal in einem alten VW-Käfer jener Jahre eine richtige Regenfahrt gemacht hat, weiß, was das bedeutet: Die Scheibenwischer schafften das Wasser nicht weg, die Belüftung konnte die innen beschlagenen Fenster kaum klar bekommen, der Wagen schlingerte in jeder Regenböe. Paßlack fuhr und mußte die Nase fast an die Windschutzscheibe pressen, um etwas zu sehen.

Zuerst besuchten wir das Quartier, in dem die Brasilianer bis dahin gewohnt hatten. Sie mußten jetzt in Stockholm gegen Frankreich um den Eintritt ins Finale spielen, hatten aber den größten Teil ihrer Sachen zurückgelassen: Falls sie verloren, würden sie wieder hierher zurückkommen, für das Spiel um den dritten Platz.

Als nächstes besichtigten wir das Quartier der Russen. Die waren abgereist, es war frei. Aber es handelte sich um eine Art Jugendherberge: Betten übereinander... eine ungemütliche Angelegenheit.

Wir suchten und suchten, ein paar hundert Kilometer, nachts, im strömenden Regen, ohne ein Wort Schwedisch sprechen zu können. Nichts. Es war das erstemal, daß ich auf Sepp Herberger richtig böse war.

Am Morgen kehrten wir zurück: müde, enttäuscht, erschöpft, wütend. Da kam uns ein Spieler entgegen, Hans Schäfer. Er strahlte. »Wir bleiben hier«, sagte er. »Wir haben es uns jetzt genauer angesehen. Ist ja ganz herrlich!«

Ich glaube, ich habe einen Urlaut ausgestoßen. Aber was sollte sein?! Ich fuhr zum Trainingsplatz und gab Anweisung, den Rasen schön schneiden zu lassen.

Meine Leiden waren noch nicht zu Ende. Am Tag vor dem Spiel gegen Schweden erteilte mir Seppl Herberger ein neues Sonderkommando. »Fahren Sie mal ins Stadion in Göteborg, Helmut! Sie müssen mal kontrollieren, wie das mit der Sonne ist! Kann spielentscheidend werden, die Sonne!«

Also habe ich mich den ganzen Nachmittag ins leere Stadion von Göteborg gesetzt, die Sonne angeguckt und mir präzise Notizen gemacht, bis sie hinter dem Stadionrand verschwand.

Es wäre eine völlig absurde Situation gewesen – wenn nicht unten auf dem Rasen schwedische Mädchen Tanzvorführungen probiert hätten. Über dieses Naturereignis brauchte ich mir keine Notizen zu machen. Und dann gab es auch noch Windhundrennen. Für Unterhaltung war gesorgt.

Ich weiß noch heute nicht, was den Seppl Herberger zu dieser Sonnenbeobachtung bewogen hat. Jedenfalls spielten unsere genauen Kenntnisse von Bahnverlauf und Untergangszeit am nächsten Tag keine Rolle.

Die Stimmung vor diesem Spiel war bei allen Beteiligten ungewöhnlich gereizt. Wir bekamen uns sogar mit den sonst so gelassenen Schweden wegen einer Lappalie in die Wolle, um die Anzahl unserer Eintrittskarten.

Im Stadion herrschte eine hochexplosive Stimmung. Die Schweden, im eigenen Land, mit einer großen Mannschaft, hatten die Chance, ins Endspiel zu kommen: Da waren Kurre Hamrin, der trickreiche, wendige, mit allen Wassern gewaschene Außenstürmer, sein Pedant »Nacka« Skoglund, der große Sturmführer und Dirigent Gunnar Gren, ein knochenharter Läufer wie Parling...

Wir aber waren der Titelverteidiger, und mit Eckel, Rahn, Fritz Walter und Hans Schäfer standen noch vier »Weltmeister« im Team. Dazu Uwe Seeler, ein Spiel-Entscheider, dann Horst Szymaniak, ein großartiger Mittelfeldspieler, absolute europäische Spitzenklasse, ein Naturtalent, wie es selten vorkommt, Fritz Herkenrath, ein hervorragender Schlußmann...

Einpeitscher auf der Stadion-Umrandung rissen die Massen zu fanatischen »Heja-Heja«-Sprechchören hin. Wer den Text kennt, weiß: Da ist alles ganz sportlich und keineswegs aufhetzend. Aber wenn man die schneidenden »Heja«-Töne hörte, konnte es einem schon kalt den Rücken hinunterlaufen.

Es wurde, im negativen Sinn, das Schicksalsspiel unseres Verteidigers Erich Juskowiak. Er war ein Klassemann, bärenstark, aber auch technisch versiert. Er konnte Elfmeter, Freistöße hämmern, daß die Netze ausfransten. Aber hinter all seiner Kraft verbarg sich ein Junge, den man oft in sein Glück schubsen mußte.

Ich erinnere mich an ein Länderspiel, bei dem Deutschland einen Elfmeter zugesprochen bekam. Natürlich sollte Juskowiak ihn schießen. Aber der stahl sich auf dem Platz heimlich von dannen. Er ging, als habe er vorne nichts zu suchen, langsam in Richtung auf unser Tor. Herberger schrie sich die Lunge aus dem Hals:

»Jus! Jus! Jus! Elfer!«

Dann endlich machte er kehrt – und haute den Ball mit unwahrscheinlicher Gewalt in den Kasten.

Juskowiak war auch ein Spieler, der in der Halbzeitpause immer die Angel nach Komplimenten auslegte: »Wie war ich denn, Trainer? Ging doch gut, was?« Mir schien das immer ein Ausdruck seiner Dünnhäutigkeit zu sein.

Je nach Leistung Juskowiaks – und nach dem Spielstand – haben Herberger und ich ihn dann entweder gelobt oder im Interesse der Mannschaft ein bißchen beschwindelt. »Du mußt da noch mehr ran! Halte den kürzer! Wo bleibst du denn, wenn wir spielen?« Dann lief er auf den Platz und entwickelte Riesenenergien.

Im Schweden-Spiel wurde Juskowiak ein um das andere Mal von Hamrin versetzt. Für den ebenso sensiblen wie ehrgeizigen »Jus« war es schon eine unerträgliche Beleidigung, umspielt zu werden. Dazu kam, daß Hamrin ihn mit Haken und Ösen bekämpfte und wohl auch gezielt provozierte. Das hat der »Jus« einfach nicht vertragen – denn hinlangen, das war ja wohl seine Domäne.

In einem spielentscheidenden Augenblick gingen ihm jedenfalls die Nerven durch. Bei einem Zweikampf mit Hamrin – der sicher nicht ganz sauber war – schlug Juskowiak nach. Der ungarische Schiedsrichter Zsolt stellte ihn ohne Zögern vom Platz.

Sepp Herberger blieb auf der Bank sitzen und starrte aufs Spiel. Es muß ein furchtbarer Schlag für ihn gewesen sein. Es war aus: der Traum von der Titelverteidigung. Ich bin Juskowiak entgegengegangen und habe ihn hinausbegleitet.

Die Schweden gewannen 3 : 1.

Wie tief die Enttäuschung und Resignation bei Sepp Herberger saß, verriet das Aufgebot, das er im Spiel um den 3. Platz gegen Frankreich aufs Feld schickte. Es war quasi ein »zweiter Anzug«. Und wir bekamen, um beim Bild zu bleiben, mit 6 : 3 von den Kopa, Fontaine & Co. die Jacke voll.

Viele Deutsche haben den Zwischenfall mit Juskowiak jahrelang nicht vergessen. Die Reifen schwedischer Autos wurden in der Bundesrepublik zerstochen. Wo eine schwedische Mannschaft auftauchte, schlug ihr fast eine Art von Haß entgegen. »Heja«-Rufe provozierten sofort Pfeifkonzerte.

Hier war – durch eine angebliche Ungerechtigkeit – ein nationaler Bodensatz aufgerührt worden, der nichts mit Sport zu tun hatte.

Wir besuchten nicht einmal mehr das Endspiel Brasilien - Schweden. Die Spieler wollten nicht mehr, obwohl sie eigens nach Stockholm eingeladen waren. Vielleicht mochte auch Herberger nicht mehr... Wir haben uns den brasilianischen 5 : 2-Triumph auf dem Rückweg in Dänemark im Fernsehen angesehen.

Nach dieser Weltmeisterschaft gab es zum erstenmal Andeutungen, daß ich Herbergers Nachfolger werden könnte. Dabei plagte mich in dieser Richtung kein Ehrgeiz. Ich fühlte mich wohl. Ich schätzte die Nestwärme. Ich fand es gut, in alles eingeweiht zu sein, aber nicht in der kalten Zugluft der Verantwortung stehen zu müssen. Im übrigen dachte ich zum Thema Herberger-Nachfolge: »Was der erreicht hat, würdest du sowieso nicht erreichen.«

Meine Frau telefonierte mal mit Frau Herberger, und da sagte sie: »Ach, Frau Schön, Sie werden es auch nochmal kennenlernen, wie es ist...«

Herberger fragte Annelies: »Ihr wollt bauen?«

»Nein – das können wir uns noch nicht leisten«, antwortete meine Frau.

»Ach, das kommt schon noch...«, sagte Herberger.

Ich selber bekam auch einmal solch eine Andeutung zu hören. Herberger und ich fuhren mit dem Auto von Köln nach Frankfurt zum DFB. Es war so etwa 1959, 1960.

Ich sagte: »Herr Herberger, ich habe die Absicht, ein Lehrbuch zu schreiben.«

Da sagte er mit Nachdruck: »Helmut, warten Sie doch, bis Sie dran sind!«

Ich war mit der Rolle zufrieden, die ich spielte. Die Mannschaft akzeptierte mich als zweiten Mann. Ich habe versucht, mich zurückzuhalten. Sepp Herberger hat das sicherlich auch so gewollt. Es gab keine Wände zwischen uns. Ich befand mich nicht etwa in der Situation des amerikanischen Vizepräsidenten, der keine Information bekommt. Ich sollte mit einzelnen Spielern sprechen. Ich mußte mich nach der Stimmung erkundigen und versuchen, das zu schaffen, was für Herberger die wichtigste Voraussetzung beim Umgang mit der Nationalmannschaft war: ein gutes Betriebsklima. Und Herberger hat mir oft einen Sonderauftrag erteilt.

»Ist der Horst Eckel wirklich wieder fit? Kann er morgen spielen?« fragte er mich einmal während der Weltmeisterschaft in Schweden. Und fügte hinzu: »Wenn ich ihn frage, sagt er sicher: Jaaaaa –! Helmut, fällt Ihnen da was ein?«

Eckel hatte eine Fußverletzung. Ihn an den Ball heranzulassen, wäre zu riskant gewesen. Aber ich wußte ein todsicheres Mittel, um Eckels Fitness heimlich und unbestechlich zu testen.

Ich forderte ihn ganz nebenbei zu einer Partie Tischtennis heraus. Er war ein glänzender Spieler, und wir hatten uns vor Länderspielen schon oft große Duelle geliefert. Leider gewann er oft.

Diesmal beharkten wir uns wie die Weltmeister, jagten uns von Ecke zu Ecke. Die Spieler sahen zu, wußten aber nicht, worum es wirklich ging. Ich verlor – aber Eckel merkte dabei gar nicht, daß ich mehr auf seinen kaputten Fuß als auf seine Bälle achtete. Bei den blitzschnellen Ausfallschritten des Tischtennis mußte er den Fuß immer wieder voll belasten, und das ging hervorragend.

Eckel spielte am nächsten Tag. Ich hatte meine Pflicht als Assistent getan.

Eine solche Position zwischen Chef und Spielern konnte natürlich heikel sein. Aber ich habe nie »Spitzeldienste« für Herberger geleistet. Was er wissen mußte, sagte ich ihm. Aber ich habe ihm auch das eine oder andere verschwiegen: Wenn ein Spieler eine Flasche Bier zuviel getrunken hatte. Er hätte da vielleicht nachgefaßt ... Ich aber habe versucht, ihm die Alltäglichkeiten vom Leib zu halten.

Darum haben die Spieler mir auch oft Probleme anvertraut, mich um Rat gefragt, gebeten, doch bei Herberger Schönwetter zu machen. Hatte ein Spieler Hemmungen, sich mit Herberger auszusprechen, habe ich ihn ermutigt: »Das kannst du ihm doch ruhig sagen«. Ich habe Gespräche vermittelt, um Spannungen abzubauen. Ich glaube, daß mich die Spieler nicht abgelehnt haben. Das ist mir bis zuletzt, auch als Bundestrainer, so gegangen: War ich am Ball, bei einem Spielchen, habe ich vergessen, daß ich der Leiter der Sache war.

Beide Männer mußten vor mir niederknien – erst der eine, dann der andere. Aus nächster Nähe und mit voller Wucht warf ich den Ball direkt aufs Gesicht, oder dicht neben den Kopf, oder auf den Boden neben ihnen. Sie schnappten nach dem Ball, hechteten, robbten, keuchten, stöhnten, schwitzten – und warfen den Ball immer wieder blitzschnell zu mir zurück. Wie an einem Gummizug ging der Ball zwischen mir und dem schmutzverkrusteten, erschöpften Mann auf der Erde hin und her.

Schließlich wurde mir der Arm allein vom Werfen lahm.

Die beiden Männer durften aufstehen. »So, jetzt ins Tor!« Und dann haute ich Dutzende von Bällen auf den Kasten, hoch, flach, halbhoch, angeschnitten. Es hat mich schwer geschlaucht.

Sie flogen, sie fingen, sie rasierten mit der Schulter den Pfosten, fraßen den Staub des Torraums.

Dann ließ ich Flanken von außen hereinschweben, und sie mußten aus dem Tor sprinten, hochsteigen, fausten ... Es war ein mörderisches Programm. Jeden Tag nach dem allgemeinen Training mußte es wiederholt werden. Unbarmherzig versuchte ich, ihre Schwächen zu entlarven. Aber ich gab mir auch Mühe, ihre Stärken zu demonstrieren.

Mit unbewegtem Gesicht sah Sepp Herberger der Tortur aus einiger Entfernung zu. Ich glaube, er »filmte« mit seinen Augen jede Bewegung, jeden Reflex der beiden und übertrug sie sogleich in Szenen eines Spiels, das noch gar nicht stattgefunden hatte: unser erstes Weltmeisterschaftsspiel gegen Italien in Chile, bei der WM 1962.

Wer von den beiden Torwarten war besser, gerade gegen die Italiener? Der bis zu diesem Zeitpunkt unbestrittene Standard-Torwart der Nationalmannschaft, Hans Tilkowski? Ein Mann, der ohne Show-Effekte mit größter Zuverlässigkeit arbeitete, der vor allem im Strafraum die Übersicht behielt und glänzend faustete.

Oder sollte er Wolfgang Fahrian nehmen? Auf der Linie zeigte der schwarzhaarige Lockenkopf eine katzenhafte Geschmeidigkeit. Er war bei flachen Bällen blitzartig am Boden, bei halbhohen Schüssen staunenswert sprungsicher. Er reagierte in Bruchteilen von Sekunden, war ein Mann mit Radar für Schüsse und Magneten für Bälle in den Händen ... fürs Fußball-Volk verkörperte er den »schwarzen Panther«. Fahrian hatte allerdings nicht die Erfahrung eines Hans Tilkowski. Er kam von der zweitklassigen Ulmer TSG, war dort von Herberger entdeckt worden und hatte bisher nur ein Länderspiel gemacht: gegen Uruguay in Hamburg.

Es war freilich ein sensationelles Debüt gewesen. Fahrian pflückte Schüsse von frei durchgebrochenen »Urus« traumwandlerisch aus der Luft. Er hielt seinen Kasten rein, Deutschland gewann 3 : 0.

Italien, meinte Herberger, würde ähnlich spielen wie Uruguay. Darum neigte er von Anfang an zu Fahrian. Aber er brauchte den grausamen Test, um die endgültige Entscheidung zu treffen.

Immer wieder fragte mich Herberger: »Helmut, was meinen Sie denn?«

»Beide haben ihre Stärken ... Es ist äußerst schwer.«

Ich befand mich immer noch in dem Irrtum, daß er Tilkowski für die erste Wahl hielt.

Eines Tages sagte mir Herberger: »Gehen Sie mal zum Fahrian und kriegen Sie raus, wie er sich fühlt. Ob er es sich zutraut. Wie's mit den Nerven ist ...«

Ich ging zu Fahrian, redete mit ihm und sagte schließlich: »Wolfang, bereite dich mal vor. Es könnte sein ...«

Herberger bat Tilkowski und mich in einen Raum. Wir waren unter uns. Herberger eröffnete Tilkowski, daß er nicht spielen würde. Das war ein furchtbarer Schlag für Tilkowski, aber auch Herberger ist diese Entscheidung besonders schwer gefallen. Fahrian hielt gegen Italien fabelhaft – es blieb beim 0 : 0.

Von nun an glaubte Hans Tilkowski, ich hätte ihn aus der Mannschaft geboxt, ihm seine erste Weltmeisterschaft vermasselt, seine National-Karriere gefährdet. Immer wieder habe ich versucht, ihm zu erklären, daß das nicht stimmte. Er beharrte noch zehn Jahre später darauf. Bei den Olympischen Spielen in München 1972 trafen wir uns eines Nachts in einem Hotel. Da habe ich sehr handfest und ziemlich laut mit Tilkowski noch einmal über Chile gesprochen. Ich hatte den Eindruck: Endlich glaubte er mir, daß nicht ich ihn kaltgestellt hatte. Fahrian war einfach ein Torwart, der mit seinem enormen Naturtalent Herberger in den Jahren 1962 und 1963 faszinierte. Tilkowski mußte bis 1964 warten, ehe er wieder auf seinen Stammplatz kam.

Dieses Duell hinter den Kulissen zeigt, wie schwer es oft ist, eine Nationalmannschaft zusammenzubringen. Der Teufel sitzt im Detail – vor allem, wenn es um eine Weltmeisterschaft geht.

Chile 1962 war ein Abenteuer für sich. Sepp Herberger hatte bei einer Südamerika-Reise ein Jahr vor der Weltmeisterschaft schon das Quartier für die Mannschaft festgelegt: den Offiziers-Trakt der Militärschule in Santiago de Chile. Aber er schickte mich dann acht Tage vor der Mannschaft sicherheitshalber nach Chile voraus.

Von der Militärschule aus hatte man einen überwältigenden Ausblick auf die Anden. Vor allem im Abendlicht leuchteten sie unvergleichlich schön.

Tagsüber war es in Santiago sehr warm; die Spieler konnten vormittags mit nacktem Oberkörper trainieren. Aber nachts wurde es kalt: Als käme ein Eiswind von den Anden, als würde der Humboldtstrom vor der Küste die Stadt tiefkühlen. Leider gab es in der Militärschule keine Heizung. Bei den Offiziersanwärtern wurde Wärme offenbar durch stramme Haltung im Bett ersetzt.

Ich bin also losgezogen, um Öfen zu organisieren. Ich kam mir ein bißchen vor wie in der Nachkriegszeit. Das alte Improvisationstalent und -gespür wurden wieder gefordert. Ich trieb eine ausreichende Anzahl von Propangas-Öfen auf. Die hatten nur einen Nachteil: Ließ man sie den ganzen Tag laufen, wurde es in den Zimmern unerträglich heiß.

Ich ließ mir die kleinen Kadetten der Militärschule kommen, reizende fünfzehnjährige Steppkes in braunen Uniformen, mit schwarzen Schöpfen. Ich hielt einen Spezial-Kursus ab: Jeden Morgen um halb sieben Uhr sollten die Kadetten sich leise wie die Heinzelmännchen in die Zimmer der Spieler schleichen, sie um Gotteswillen nicht wecken und die Propangas-Öfen anzünden. Wenn die Spieler aufwachten, hatten sie ein angenehm warmes Zimmer.

Später klappte alles ausgezeichnet.

Die Italiener wohnten in der »Luftfahrtschule« und bekamen da eine Menge Ärger. Italienische Journalisten mokierten sich über Land, Leute und Quartier.

Die chilenische Botschaft in Rom meldete, was in den italienischen Zeitungen Böses über Chile stand. Von da an hatten die Italiener bei dieser Weltmeisterschaft die Hölle auf Erden.

Fensterscheiben ihres Quartiers wurden eingeworfen. Chilenische Fanatiker schlugen nachts Krach, damit die italienischen Spieler nicht schlafen konnten. Als wir gegen Italien spielten, war das Publikum ganz auf unserer Seite.

Eine der ungeheuerlichsten Fußball-Partien aller Zeiten ergab sich dann, als Chile gegen Italien antrat. In beiden Mannschaften spielten ein paar Giftnickel. Ich denke da unter anderem an den kleinen Italiener Omar Sivori, einen glänzenden, wenn auch nicht sehr mutigen Spieler, der außerordentlich hinterhältig foulen konnte.

Zu allem Unglück wurde dieses Spiel von einem Schiedsrichter gepfiffen, der jenseits von Gut und Böse war und all die kleinen Gemeinheiten des südländischen Fußballs nicht kannte: Aston aus England. Er war dem Spiel in keiner Weise gewachsen.

Der Chilene Torres biß einem Italiener in den Hintern. Der Italiener schrie entsetzlich auf. Der chilenische Linksaußen Sanchez, ein ehemaliger Boxer, schlug einem Italiener ins Gesicht, daß er wie vom Blitz getroffen umfiel. Die Italiener blieben nichts schuldig – aber die Chilenen gewannen.

Als wir dann – nach einem knappen 2 : 1 über die Schweiz – gegen Chile spielten, herrschte eitel Frieden. Das Publikum wußte vor lauter Sympatie nicht recht, für wen es schreien sollte. Wir gewannen 2 : 0.

»Na, Helmut, was hast du heute für ein Gefühl?« fragte mich Sepp Herberger wie immer, als wir mit dem Bus zum Viertelfinalspiel gegen Jugoslawien fuhren. Bisher hatte ich immer pflicht- und wahrheitsgemäß geantwortet: »Ein gutes, Herr Herberger!« Diesmal aber war mir seltsam zumute, und ich sagte es auch: »Heute habe ich gar kein Gefühl. Ich weiß nicht recht ...«

Ich will nicht behaupten, daß es im Fußball Vorahnungen gibt. Nur hier bewahrheiteten sie sich. Das Spiel stand lange auf des Messers Schneide. Vier Minuten vor Schluß schoß Radakovic das 1 : 0 für Jugoslawien. Wir mußten abreisen.

Ich sehe uns noch auf dem Frankfurter Flughafen vor den Fernsehkameras stehen. Es war noch kein Wort der Kritik gefallen. Aber Seppl Herberger faßte mich am Ärmel und zog mich zu sich heran. »Warst ja auch mit dabei«, sagte er.

Sicher wollte er mich nicht zum »Mit-Schuldigen« machen Aber im deutschen Fußball gilt das Ausscheiden in einer Zwischenrunde der Weltmeisterschaft nun einmal als »Schuld«.

Suchte er Hilfe? Präsentierte er mich schon instinktiv als seinen Nachfolger? Ich weiß es nicht.

Er wurde massiv angegriffen, in allen Medien.

Das Problem Tilkowski oder Fahrian gab nicht viel her: Wir hatten in vier WM-Spielen nur zwei Tore hinnehmen müssen.

Im Gegenteil: Man warf Herberger vor, er habe viel zu defensiv gespielt. International hatte ja die Ära des »Catenaccio«, des italienischen Riegels, begonnen. AC Mailand und Internazionale Mailand sollten damit in den kommenden Jahren im Europa-Cup dominieren. Herberger habe gegen die Jugoslawen im Grunde nur zwei »Spitzen« aufgeboten, hieß es, Seeler und Brülls – Schäfer, Haller, Szymaniak seien doch mehr oder minder Mittelfeldspieler gewesen. Herberger ärgerte sich über diese nicht besonders stichhaltige Kritik sehr.

In einem Spiel – dem 2 : 0 gegen Chile – habe er Helmut Haller nicht aufgestellt. Es gab der Kampagne Nahrung, daß der beleidigte Haller nach der Rückkehr auch noch einige negative Äußerungen über Herberger machte. In Wirklichkeit lag die Sache so: Helmut Haller war ein großartiger Mann, er spielte nur nicht immer beständig, und in kämpferischer Hinsicht konnte man an ihm schon etwas aussetzen. Mir sollte es mit ihm vier Jahre später ähnlich gehen.

Ich war gerade bei Sepp Herberger zu Hause in Hohensachsen. Da las er die Meldungen über Hallers Äußerungen.

»Ausgerechnet Haller!« sagte er tief betroffen. Er mochte diesen technisch so brillanten Spieler. Haller war ja weitgehend ein »Herberger-Typ«.

»Ich hätte gute Lust, den ganzen Bettel hinzuschmeißen!«, schimpfte Herberger.

»Wenn Sie aufhören, dann höre ich mit auf«, antwortete ich.

»Sie werden mit überhaupt nichts aufhören, lieber Helmut. Sie packen jetzt Ihre Sachen und fahren zu Haller nach Augsburg!«

Das war Herberger.

Mit Helmut Haller gab es das für solche Affären typische Gespräch. Natürlich hatte er einige Äußerungen so nicht getan oder nicht so gemeint, und er war gerne bereit, sich von den veröffentlichten Sätzen zu distanzieren. Oberflächlich war wieder Ruhe, und als Pointe schlugen wir Jugoslawien am 30. September 1962 in Zagreb 3 : 2. Ohne Haller übrigens.

Die ungerechte Kritik war Sepp Herberger doch an die Nieren

gegangen. Immer öfter wischte er nun Bemerkungen hin, ich würde schon noch erleben, wie das sei: Bundestrainer! Er wies mich darauf hin, wenn es um neue Talente, um den Umgang mit der Presse, den Verkehr mit Funktionären ging. Er tat das nie mit erhobenem Zeigefinger, aber es häufte sich.

Ich selber habe nie den Zeitpunkt seines Rücktritts herbeigesehnt. Ich fühlte mich geborgen.

Es dauerte nicht lange, da kam es zu einem entscheidenden Treffen. Ich mußte 1963 in den Odenwald fahren. Dort machte DFB-Präsident Dr. Gösmann in Lindenfels eine Kur. Herberger war auch da. Ich konnte mir denken, worum es gehen sollte.

»Wenn Sie Bundestrainer werden, machen Sie nur einen Vertrag mit dem DFB. Da sind Sie dem Präsidenten allein verantwortlich! Der redet Ihnen nicht rein!« Das hatte mir Herberger schon vorher gesagt.

»Unser Sepp hat sich endgültig entschlossen, zurückzutreten. Und wir beide wollen, daß Sie sein Nachfolger werden«, meinte Dr. Gösmann. »Natürlich müssen wir alle dafür sorgen daß er einen guten Abschied bekommt, wie er es verdient«.

»Ich finde, er sollte noch die Weltmeisterschaft 1966 in England machen«, sagte ich.

»Das ist mir zu lange«, meinte Herberger.

»Wenn Sie eher aufhören wollen, dann möchte ich um eines bitten: Lassen Sie mich auch schon die Qualifikationsspiele machen. Ich möchte nicht, daß Sie uns zur Weltmeisterschaft bringen – und ich scheide dort dann sofort aus. Lieber will ich die ganze Sache selber ausbaden«, antwortete ich.

Damit waren alle einverstanden. So wurde – verkürzt aus der Erinnerung wiedergegeben – jener Amtswechsel beschlossen, der mein Leben völlig verändern sollte.

Am 12. Mai 1964 stand dann der kleine, große Mann im Stadion von Hannover, nach dem Länderspiel gegen Schottland, bekam eine Nachbildung der WM-Trophäe und viele liebe Worte. Die Zuschauermassen jubelten. Ich glaube schon, daß mancher hartgesottene Fußball-Fan in diesem Augenblick Tränen in den Augen hatte.

Mir selber war auch nicht gerade heiter zumute. Ich stand in der Menge der Leute unten auf dem Rasen, ergriffen und sehr ernst. In diesem Augenblick wurde mir erst richtig bewußt: »Jetzt ist es ganz nahe. Jetzt bist du dran! Du weißt, was dir blüht... Aber so gut wie der Herberger kannst du es sowieso nicht. Also, was soll's.«

Ich hatte keine Angst. Aber ein bißchen mulmig war mir schon.

Immerhin hatte ich die neue Position gut genug studieren können. Ich kannte Herberger, die Nationalmannschaft im Grunde seit 1933, ich hatte am Modellfall Saar gelernt, ich hatte acht Jahre als Herbergers Assistent alle Höhen und Tiefen erleben können. Dabei gab es genug, was ich selbst verantworten mußte.

Ich bekam noch eine Gnadenfrist: Am 7. Juni betreute Herberger die Nationalmannschaft ein letztes Mal – in Finnland, weil er als Spieler einst gegen Finnland sein Debüt gemacht hatte.

Selten habe ich Herberger so gelöst erlebt wie damals in Helsinki. Eigentlich haben wir nur gelacht – am meisten über Karl Selbach, den Chefkameramann der Wochenschau »Blick in die Welt«.

Der hatte sich etwas ganz besonderes ausgedacht. Er wollte Herberger und mich filmen, wie wir versonnen in einer Pferdedroschke durch Helsinki kutschierten, die letzte Fahrt sozusagen.

»Wir sind doch kein Liebespärchen«, flachste der Seppl.

Karl Selbach hatte – offenbar dank des hervorragenden finnischen Wodkas – schon einen kleinen Zacken in der Krone. Und nun beschwor er uns, mit dem leisen Lispeln des Angeheiterten:

»Aber hören Se doch! Seit gestern Abend lege ick mir in der Sache krumm!« Selbach war Ur-Berliner. »Wat meinen Se, wat et jedauert hat, bis ick so'n Droschkenkutscher uffjejabelt habe! Seit gestern abend steh' ick in Verhandlungen. Fuffzich Mark mußt' ick ihm rinschieben, damit er seinen Zossen heute loofen läßt. Und jetzt steh' ick da unten, mit mein' schönen Schimmel« – in Wirklichkeit sagte er »Schümmel« – » und Sie haben keenen Humor für sowat! Denken Se doch mal an meine fuffzich Mark!«

Wir lachten, doch die Kutsche fuhr ohne uns.

## *Das Erbe*

In all den Jahren mit Sepp Herberger habe ich viel gelernt und daraus die grundlegende Philosophie des Fußballs in der deutschen Nationalmannschaft ableiten können. Herberger und ich waren bis auf Nuancen einer Meinung. Er hat mir diese »Philosophie« nicht ausdrücklich vermittelt, er hat gewußt, daß ich seine Gedanken übernahm.

Herberger und ich waren, auch in der sportlichen Vergangenheit, Spieler-Typen. Darum waren wir vor allem von einem überzeugt: Die Basis der Nationalmannschaft war das Fußball-Talent – technisch gut bewandert, ein Mann mit Spielfreude, Spielleidenschaft, der das auch auf seine Kameraden zu übertragen verstand.

Fritz Walter war sicher die ideale Verkörperung dessen, was Sepp Herberger sich von einem Nationalspieler vorstellte: ein spielender Techniker, ein Spielmacher, der dem Spiel sein Gepräge gab und auch einen Abschluß fand, Tore machte. Obwohl Fritz Walter ein ausgeprochen sensibler Mensch war, entwickelte er auf dem Spielfeld eine enorme Ausstrahlung, die sich auf die anderen übertrug.

Für mich sollte es vergleichbare Spieler-Persönlichkeiten geben, die dann später meine Ära prägten: Franz Beckenbauer, Wolfgang Overath und, wenn auch leider nicht immer, Günter Netzer.

Die Spieler-Persönlichkeiten, ohne die es keine deutsche Nationalmannschaft in unserem Sinne geben konnte, zeichnete vor allem eines aus: Sie konnten durch ihre Handlungen einem Spiel eine neue Richtung geben. Sie übernahmen aus ihrem Naturell heraus eine Eigenverantwortlichkeit für grundsätzliche Entscheidungen innerhalb von Sekundenbruchteilen.

Aber diese Spielerpersönlichkeiten erkannte man nicht nur, wenn sie am Ball waren. Sie mußten auch große Leistungen zeigen, wenn der Gegner am Ball war. Sie lebten den anderen Spielern vor, was man tun muß, um den Ball wieder in seinen Besitz zu bringen.

Ich vergesse nie, wie Fritz Walter beim Endspiel um die Weltmeisterschaft 1954 dem gegnerischen Mittelstürmer Hidegkuti nachrannte und ihm in unserem Strafraum, kurz vor dem Einschuß, noch den Ball abluchste.

Wer will, kann diese Grundwerte in den gesellschaftlichen, den wirtschaftlichen Bereich übertragen. Wir glaubten an die Leute, die die Begabung hatten, etwas zu unternehmen, und nicht stur an das Kollektiv.

Natürlich mußte es immer Leute geben, die man ungerechterweise »Wasserträger« zu nennen pflegt: Leute, die das ausführten, was die Spielmacher einfädelten. Leute, die dann mit all ihrer Arbeitskraft einsprangen, wenn beispielsweise die Spielmacher einmal ausgeschaltet waren. Ich denke an Herbert Wimmer, jedenfalls an einen Teil seiner Qualitäten: Er konnte manches mit Einsatz, Kampf, Energie, Fleiß ausgleichen, wenn die Quelle der Intuition einmal ausfiel. Außerdem war Wimmer auf seine Weise auch Spielerpersönlichkeit.

Unter den Spielerpersönlichkeiten gab und gibt es den Spielmacher: Walter, Beckenbauer, Overath, Netzer – aber es gibt darunter auch, genauso wichtig, den Spiel-Entscheider. Das beste Beispiel dafür war vielleicht Gerd Müller. In wievielen Augenblicken hat er durch seine eigentlich undenkbaren, unvorstellbaren Initiativen das Spiel herumgerissen! Das ist sein unsägliches Verdienst in ungezählten Fällen.

Etwas ganz ähnliches repräsentierte Uwe Seeler. Er riß ein Spiel herum, er riß die Mannschaft mit – und er hatte dazu noch eine außerordentlich negative Ausstrahlung auf den Gegner.

Darum war ich dann bei der Weltmeisterschaft 1966 auch darauf versessen, Uwe Seeler im entscheidenden Qualifikationsspiel in Schweden einzusetzen – obwohl Seeler lange Zeit verletzt war und bestimmt noch nicht seine Hochform brachte.

Ich wußte: Wenn Uwe Seeler in unserem Sturm spielt, selbst in schwächerer körperlicher Verfassung, erreichen wir eines: Nervosität in der gegnerischen Hintermannschaft. Und wo Nervosität ist, werden Fehler gemacht.

Uwe Seeler war ein Stimulans für die eigene Mannschaft: Der Uwe wird's schon machen! – und ein Unruhestifter für die andere. Das ist die Doppel-Aufgabe der Spieler-Persönlichkeit. Sie kann auch vom Torwart erfüllt werden – nehmen wir Beispiele wie Heiner Stuhlfaut, Hans Jakob, Willibald Kress, Toni Turek, Sepp Maier.

Das erste Gebot für die deutsche Nationalmannschaft lautete also: Du brauchst ausgeprägte Persönlichkeiten, Könner, Individualisten. Jeder soll tun, was er selber für richtig hält, nur muß es der Mannschaft dienen. Diese liberale Grundhaltung hat uns lange Zeit vom sportlichen Kollektivismus mancher osteuropäischen Fußball-Nationen grundsätzlich unterschieden.

Das zweite Gebot war: Ein gutes Betriebsklima ist eine wichtige Voraussetzung für den Erfolg. Als Ander Kupfer und ich in unseren Vereinsmannschaften zweimal arg aneinander geraten waren, pendelte Herberger als Diplomat zwischen uns hin und her. Er stiftete Frieden – für die Nationalmannschaft.

Mit seinem Einfühlungsvermögen hat er immer wieder Querelen ausgebügelt. Ich glaube, dasselbe getan zu haben. Darum wurde der Ton nie laut, höchstenfalls bestimmt.

Herbergers geniale Maxime für die Arbeit in der Nationalmannschaft war: »Nach dem Training müssen die Spieler lachend umfallen.«

Aus diesem Prinzip des guten Betriebsklimas ergab sich eine elementare Orientierung der Arbeit: Sie war vor allem auf den Ball ausgerichtet. Der Ball ist ein Spiel-Objekt und zugleich ein Heil-Mittel. Er kann körperliche und psychische Wirkungen von größten Ausmaßen auslösen.

Daher das dritte Gebot: Trainiere so viel wie möglich mit dem Ball! Man kann taktische, technische Übungen mit dem

Ball machen, die zugleich auch Konditionstraining bedeuten: etwa das Spielen drei gegen drei auf einem abgesteckten Raum, vier gegen zwei, einer gegen einen. Das Zusammenwirken, die Ballbehandlung wurden geübt – aber auch die Kondition geschult. Das ging an die Substanz.

Was man im Training übt, soll ja ins Spiel übertragen werden. Und vom Spiel und seinen Erfordernissen kommt wieder zurück, was man im Training macht. Das ist der elementare Kreislauf des Fußballs.

Herberger nannte das, bewußt nach Jean-Jacques Rousseau »Zurück zur Natur.«

Es klingt so selbstverständlich, wird als Grundregel aber oft verletzt. Trainer verordnen Dinge, die für das Spiel wenig Bedeutung haben, sachfremd sind. Trainiert werden muß, was für das Spiel Bedeutung hat.

Was nützt es, wenn ich die Spieler fünfundzwanzig Kilometer mit dem Fahrrad fahren lasse? Sicher, das gibt auch Kondition. Aber es ist nicht die Kondition, die der Fußballer braucht.

Ich erinnere mich noch an einen Jux-Mehrkampf von Stars der verschiedensten Sportarten. Als der gorillastarke Box-Weltmeister Joe Frazier, der nun wirklich Kondition hatte, fünfzig Meter schnell schwimmen mußte, ist er am Ende vor Erschöpfung fast ertrunken. Er verfügte über eine andere Form der Kraft, der Ausdauer, der Koordination.

Was das Spiel selbst betraf, habe ich Herbergers Gedanken mit meinen so zusammengefaßt: In einer Fußballmannschaft müssen hauptsächlich drei Elemente vorhanden sein.

Das erste Element ist: Ordnung. In der Mannschaft muß hinsichtlich des Systems, der Aufgabenverteilung Klarheit herrschen.

Ich erinnere mich noch an ein Spiel bei der Weltmeisterschaft 1966 in England. Ich lobte Horst Höttges: »Heute hast du ein fast fehlerloses, großartiges Spiel gemacht!«

Da deutete Höttges mit dem Daumen auf Willi Schulz, damals unser Stopper, und sagte: »Bei dem dort getraut man sich ja gar nicht, einen Fehler zu machen!«

Willi Schulz war ein echter Ordnungs-Hüter, eine zentrale Figur, die ihre Abwehr total unter Kontrolle hatte. Er hielt die anderen Deckungsspieler fest, wenn sie ausbrechen wollten, er schnauzte sie auch mal an, er war in der Hintermannschaft der Chef. Für ihn bedeutete es das höchste der Gefühle, wenn ein Spiel zu Null ausging – behaupteten manche. Denn dann hatte er hinten seine Abteilung in Ordnung gehalten.

Bei Franz Beckenbauer zum Beispiel war das Ordnungs-Element von allen seinen Gaben am wenigsten ausgeprägt. Ich mußte lange auf ihn einreden, als er dann Libero spielte:

»Franz, ich will dich auf dem Platz auch mal hören! Du mußt den Mitspielern auch mal sagen, wie sie sich verhalten sollen, damit in der Abwehr Ordnung herrscht! Sag doch mal: Deck besser! Bleib an deinem Mann!«

Vielleicht ist das Genie oftmals »unordentlich«, weil es sich zu sehr auf sein eigenes Können verläßt. Aber die anderen brauchen nun einmal die ordnende Hand. Der Franz hat die Situationen weitgehend individuell bereinigt. Und es hat lange gedauert, bis man ihn auch mal gehört hat ... und nicht nur, wenn er auf den Schiedsrichter schimpfte.

Beckenbauer war genau das Gegenteil von Willi Schulz, eben weil sein individuelles Können so großartig war. Aber es kam nicht von ungefähr, daß Bayern München trotz der Achse Sepp Maier–»Katsche« Schwarzenbeck–Beckenbauer viele Tore kassierte. Daran war Beckenbauer auch etwas schuld. Bei Bayern kam natürlich dazu, daß viele Spieler Beckenbauers Spielweise kopieren wollten und alles stehen und liegen ließen.

Ich habe manchmal gesagt: »Franz, ich will nicht sehen, daß du mit Schwarzenbeck im Mittelfeld Doppelpässe übst. Der Ball wird abgefangen, dann kommt der Konterangriff – und bums, haben wir ein Ding drin.«

Auf diese Weise haben wir tatsächlich 1973 in München 2 : 3 gegen Argentinien verloren.

Wenn Beckenbauer seine Doppelpässe vorne mit Gerd Müller und auch mal mit Uli Hoeneß spielte – dann freilich war es das Beste, was man sich vorstellen konnte.

In Südamerika hat man mir oft gesagt, wie sehr die gute Disziplin in der deutschen Mannschaft auffällt. Damit meinte man sicher nicht, daß unsere Spieler alle sehr gehorsam waren, sondern wie genau sie die ihnen gestellten Aufgaben erfüllten. Es war eine Frage der Ordnung.

Das zweite Element meiner Maxime ist: die Spielgestaltung. Wir brauchen Spieler, die dem Spiel ihren Stempel aufdrücken – meistens also die Mittelfeldspieler, von Fritz Walter über Wolfgang Overath, Günter Netzer bis Heinz Flohe. Sie bringen Ideen, sie sind die Kreativen, ohne die es nicht geht.

Das dritte Element ist das kämpferische Element. Wir brauchen Einsatzwillen, Bereitschaft zur Leistung, Nachsetzen, Hilfsbereitschaft den Kameraden gegenüber, Verantwortungsgefühl für das Ganze. Ich nenne als Prototypen für die Verwirklichung dieses Elements: Uwe Seeler, Berti Vogts, Horst Höttges, Rainer Bonhof, Gerd Müller. Dadurch, daß sie sich für die anderen in bestimmten Situationen opferten, nützten sie allen und rissen die anderen mit.

Das ist doch auch im täglichen Leben so. Wenn alle einschlafen, kommt nichts zustande. Wenn aber einer sagt: »Leute, jetzt gehen wir nochmal zur Sache!«, dann entsteht etwas.

Fußball ist, auf seine Weise, ein spielerisches Modell unserer gesellschaftlichen Verhältnisse: so einfach, daß jeder es verstehen kann, so variationsreich, daß – wie im Leben – immer neue Konstellationen entstehen können.

Es wird so viel über Taktiken und Systeme gesprochen. Dabei ist eine Erkenntnis viel wichtiger: Der Sieg in einem Spiel hängt sehr oft von der Zahl der gewonnenen Zweikämpfe ab. Allerdings habe ich darüber nie Statistiken führen lassen, weil ich gegenüber Statistiken im Fußball grundsätzlich mißtrauisch bin. Zuviel hängt von Zufällen, Glück ab. Im Fußball liegt alles drin.

Auf jeden Fall ist richtig: Je mehr Zweikämpfe ich gewinne, um so mehr taktische Absichten kann ich in die Tat umsetzen. Wer am Ball ist, kann etwas damit machen. Wir waren den Engländern lange Zeit unterlegen, weil wir ihnen in der kämpferischen Kunst des Zweikampfes nicht gewachsen waren, dem »tackling«. Die deutschen Spieler verloren die Zweikämpfe, und die Engländer machten dann mit uns mehr oder minder, was sie wollten.

Das heißt aber auch: Der kämpferische Einsatz beim Zweikampf allein genügt auch nicht. Man muß Konsequenzen aus dem gewonnenen Zweikampf ziehen.

So kam es zu meinem größten Disput mit Günter Netzer, den ich doch spielerisch und menschlich so schätze. Vor der Weltmeisterschaft in Mexiko verloren wir in Sevilla gegen Spanien 0 : 2. Netzer nahm dem Gegner den Ball ab oder umspielte ihn glänzend, zog mit dem Ball los, verhielt dann aber, setzte einen Feldherrenblick auf und sah sich um. Inzwischen war der besiegte Gegner wieder an ihm dran und nahm ihm den Ball ab. Man darf die errungenen Siege nicht so verschenken.

Es kommt auf die richtige, organische Mischung der drei Elemente an. Das gilt für den Fußball wie für jeden anderen Bereich, in dem etwas hergestellt wird, erreicht werden soll. Es muß Ordnung herrschen, die Arbeits-Einteilung soll klar sein. Die Initiative des Einzelnen darf nicht unterdrückt werden. Schließlich muß der volle Einsatzwillen da sein, diese Initiativen auch durchzusetzen.

Je mehr eine Mannschaft über diese drei Elemente verfügt, um so besser, um so größer ist sie. Man kann keine Meisterschaft mit elf Fritz Walters, elf Beckenbauers oder elf Müllers gewinnen.

Das war das Bild, das ich mir im Laufe der Jahre mit Sepp Herberger vom Wesen des Fußballs der Nationalmannschaft gebildet hatte.

Mir war bange. Ich gebe es offen zu. Ich ging über den Rasen des Berliner Olympiastadions. Hier war ich zweimal Deutscher Meister und zweimal Deutscher Pokalsieger geworden. Aber jetzt sollte ich Deutschland in die Weltmeisterschaft bugsieren, und das ausgerechnet gegen Schweden, mit Hamrin & Co. Die Mannschaft trainierte. Es war einen Tag vor dem Spiel.

Ich sah Sepp Herberger kommen. Er hatte einen Hut auf. Das wirkte auf mich komisch in diesem Rahmen: das Stadion, die hin- und herhetzenden Nationalspieler – und dann ein Herberger in Hut und Mantel.

Er kam zu mir auf den Rasen. Es hielt ihn doch nicht abseits. Wir standen alleine da und unterhielten uns über die Aufstellung. Das heißt: Ich sagte sie ihm. Ich diskutierte sie aber nicht mit ihm. Das war jetzt mein Bier. Ich hatte ohnehin nicht vor, den Fehler mancher neuer »Besen« zu machen und alles umzukrempeln. Im wesentlichen hatte ich eine »Herberger-Mannschaft« im Sinn, mit Tilkowski, Schnellinger, Szymaniak, Haller, Seeler, Overath, Dörfel. Als wirkliche Neuigkeit konnte man nur werten, daß ich Rudi Brunnenmeier zum erstenmal in einem Länderspiel bringen wollte, den Torjäger von 1860 München, dem frischgebackenen Deutschen Pokalsieger.

Bei der Pressekonferenz nach diesem Training wurde ich gefragt: »Wollen Sie alles genauso machen wie Sepp Herberger?«

»Eine Kopie ist immer schlechter als das Original. Darum halte ich nichts vom Kopieren«, antwortete ich.

»Werden Sie Sepp Herberger um Rat fragen?«

»Ich wäre dumm, wenn ich mir die Erfahrungen von Sepp Herberger nicht zunutze mache und in bestimmten Situationen seinen Rat einhole.«

Ich bekam meinen ersten Beifall als Bundestrainer.

Das Spiel am 4. November 1964 begann vielversprechend: Ausgerechnet Neuling Rudi Brunnenmeier schoß uns 1 : 0 in Führung. Wir hatten einen Bombensturm, Gerd Dörfel auf rechtsaußen, Brunnenmeier links, Haller, Seeler, Overath als Innentrio, wenn man so will; gespielt haben wir freilich ein 4-2-4-System.

Aber die Schweden verteidigten äußerst geschickt. Sie hielten den Ball, machten das Spiel langsam. Plötzlich aber starteten sie überfallartige Angriffe, vor allem mit Kurre Hamrin, der es inzwischen als ausgekochter Italien-Profi gewöhnt war, allein einen »Riegel« zu knacken.

Fünf Minuten vor Schluß gelang es ihm tatsächlich. Hamrin, der ja Rechtsaußen war, hatte sich auf eine halblinke Position geschlichen. Eine Flanke kam in den Strafraum, ein deutscher Spieler verließ sich auf den anderen, Hamrin sprang in den Ball hinein und köpfte ihn im Fallen ins Netz.

Die schwedische Kolonie auf den Rängen brach in wildes »Heja-Heja«-Geschrei aus, und die Berliner pfiffen wütend dagegen an.

Für uns auf der Bank war das ein böser Schock. Die Weltmeisterschafts-Teilnahme schien verloren. Willi Schulz, an diesem Tag Ersatzspieler, stand auf und ging in Richtung Kabine. Vielleicht war es die Wut des geborenen »Ordnungs-Hüters« über die Schlamperei in der Hintermannschaft. Vielleicht war es schon Resignation, vielleicht auch nur Nervosität.

Denn jetzt kamen die Schweden. Wir wackelten. Aber es blieb beim 1 : 1.

Als ich zuhause in Wiesbaden ankam, sagte ich zu meiner Frau: »Jetzt bleibt uns nichts anderes übrig, wir müssen eben in Schweden gewinnen.« In diesem Satz war ein Schuß Fatalismus und Galgenhumor enthalten. Denn die Schweden hatten wir in deren Land zum letztenmal 1911 geschlagen.

Es mußte etwas geschehen. Ich wollte experimentieren. Es gelang mir, Tony Docherty, damals Team-Manager von Chelsea, zu einem Probespiel mit der Nationalmannschaft zu überreden. Die Engländer kamen an einem Mittwoch nach Duisburg, obwohl sie am Sonnabend ein schweres Pokalspiel hatten.

Ich hatte die Hintermannschaft verändert, mit Höttges und Piontek – ihr Club Werder Bremen war ja gerade besonders stark und wurde auch Deutscher Meister 1965. Vor allem im Sturm aber hatte ich, nach der Papierform, eine Tor-Fabrik zusammengebaut. Da stand Schußkanone neben Schußkanone: Rudi Brunnenmeier, Heinz Strehl, Uwe Seeler, Walter Rodekamp. Der einzige Mann, der kein Mittelstürmer war, spielte Mittelstürmer: »Eia« Krämer. Er sollte nicht vorne in die Spitze gehen, sondern hinter dem Sturm pendeln, rochieren. Krämer war leichtfüßig, beweglich, ein guter Spieler.

Um es kurz zu machen: Der Kanonen-Sturm schoß kein Tor. Wir verloren gegen Chelsea 0:1. Den einzigen gefährlichen Torschuß von unserer Seite gab ein Neuling namens Franz Beckenbauer ab. Er drückte aus dreißig Meter Entfernung ab, getreu meiner Anweisung: »Schießt, habt auch den Mut, daneben zu schießen! Jeder Schuß geht sowieso nicht hinein, sonst gäbe es nur Handballergebnisse im Fußball. Wer nicht riskiert, daneben zu schießen, schießt auch keine Tore.«

Beckenbauers Schuß wurde vom englischen Torwart über die Latte gelenkt.

Damals hatte ich Beckenbauer als Außenläufer aufgestellt. Den »Libero« in seiner heute schon klassischen Form gab es noch nicht, den hat dann eigentlich Beckenbauer selbst durch seine Begabungen und Eigenheiten »erfunden«.

Ich kannte Franz Beckenbauer schon aus der deutschen Jugendauswahl, in der er – zusammen mit Berti Vogts – unter Dettmar Cramer spielte. Er war ein schlanker, großer Mann, er war beweglich und zeigte eine enorme Sicherheit am Ball. Alles, was ihn später auszeichnen sollte, deutete sich bereits an. Mir hatte auch imponiert, wie er in einem Spiel der Jugendauswahl in Darmstadt aus zwanzig Metern ein Mordstor oben in den Winkel schoß.

Das war einer! Da entwickelte sich etwas.

Inzwischen hatte er in der jungen Bayern-Elf laufend gute Kritiken bekommen. Allerdings, mancher machte Einschränkungen. Ein bekannter Sportjournalist, Hans Körfer, schrieb sinngemäß über Beckenbauer: Zweifellos ein großes Talent, aber vielleicht müßte er eine gewisse Überheblichkeit ablegen.

Damals habe ich gesagt: »Der Junge ist erst achtzehn. Wenn er das erste Mal in der Nationalmannschaft steht, wird er mit Sicherheit nicht überheblich spielen. Denn was bei ihm überheblich wirkt, ist etwas anderes: Er hat keine Schwierigkeiten mit dem Ball. Er steht über der Situation. Er macht das Schwere besonders einfach, und das Einfache besonders gut.«

Natürlich wirkte er manchmal leger, lässig. Er spielte ja völlig entspannt. Die Koordination seiner Bewegungen war einfach wunderbar. Er konnte es sich leisten, den Ball anzulupfen, ein bißchen zu jonglieren, während ein anderer mit viel Kraftaufwand um den Mann herumgelaufen wäre.

Viele Leute hielten das für Überheblichkeit und Arroganz. Diese Beurteilung ist Beckenbauer von mancher Seite lange treu geblieben, ganz zu Unrecht.

Bei meiner Liebe zum Ball, zur Spiel-Kunst war es für mich ein Genuß, wie dieser Junge alles scheinbar aus dem Ärmel schüttelte. Dabei konnte er auch mit größtem Einsatz kämpfen. Das sollte er später noch zur Genüge zeigen.

Die Hiobsbotschaft kam aus Frankfurt: »Uwe Seeler schwer verletzt! Riß der Achillessehne!« Geschehen war es bei einem Bundesligaspiel des HSV gegen die Eintracht im Frankfurter Waldstadion. Es konnte das Ende seiner Karriere bedeuten.

Ich war natürlich zu Tode erschrocken. Ohne Uwe konnte man sich eine Nationalmannschaft nicht denken. Er schoß entscheidende Tore. Und er schuf die entscheidende Begeisterung. Wie wollte ich das Unmögliche schaffen, die Schweden in Schweden zu schlagen – ohne Seeler?

Ich habe in diesen Wochen und Monaten vor dem Rückspiel nichts anderes gehofft, als daß Uwe doch wieder auf die Beine kommen würde. Ich habe seine Gesundung und Besserung mit Argus-Augen verfolgt. Jede Meldung, die sagte »Uwe spielt wieder«, »Seeler in ansteigender Form«, war für mich Medizin.

Ich habe oft mit ihm telefoniert. Mein Verhältnis zu Uwe Seeler war immer ideal. Wir haben uns stets gut verstanden, weil er mir immer in seiner klaren Art gesagt hat, was lief.

Mein Schicksal, so schien mir, war mit seinem verbunden. Nicht, daß ich gefürchtet hätte, als Bundestrainer gleich gefeuert zu werden. Das Amt des Bundestrainers zeichnet sich ja durch eine in der Welt einmalige Kontinuität aus. Der erste Mann, der diese Position wirklich im heutigen Sinne einnahm, war Dr. Otto Nerz. Er trat sein Amt 1930 an. Dann folgte Sepp Herberger. Dann kam ich. Heute kann ich sagen: Fast ein halbes

Jahrhundert Nationalmannschaft – und nur drei Trainer. Darin liegt eines der Geheimnisse unseres Erfolges und auch des Respektes, den die Nationalmannschaft und ihre Trainer genießen.

Als wir am 13. März 1965 in Hamburg gegen Italien spielen sollten, ist die ganze Mannschaft zu Uwe nach Hause gefahren: Er hat uns alle mit Kaffee und Kuchen bewirtet. Er war der unbestrittene Kapitän.

Auf dem Spielfeld war er ebenfalls eine beherrschende Erscheinung. Erst einmal schoß er spektakuläre Tore: Bomben aus zwanzig Metern, Fallrückzieher, Kopfbälle aller Art. Man sagte immer: Der Uwe hat eine ungeheure Sprungkraft. Das war es nicht allein. Er sprang nicht nur hoch – er sprang im richtigen Augenblick. Er verfügte über das Gespür, wann er hochsteigen mußte. Er war schon in der Luft, wenn der Torwart erst anfing zu springen. Dann kam der Keeper nicht mehr an ihm vorbei – und Uwe köpfte den Ball ins Tor.

Ebenso hatte er den Mut, mit der Nase zwanzig Zentimeter über der Grasnarbe waagerecht durch die Luft zu fliegen und einen »Kopfball-Torpedo« loszulassen, der die Massen – und mich – in helle Begeisterung versetzte.

Wann hat dieser Uwe einmal nicht eine schwarze Stirn gehabt? Wann war seine Hose mal nicht dreckverschmiert? Er war als Kämpfer ein Vorbild. Natürlich riskierte er auch mal eine Lippe gegenüber seinen Mitspielern. Er meckerte – jawohl. Das mußte er auch. Ein Kapitän ist hin und wieder verpflichtet, ein Machtwort zu sprechen.

Würde Deutschland, unter seinem neuen Bundestrainer, schon in der WM-Qualifikation scheitern? Das wäre im Bewußtsein der Fußball-Nation schon fast eine Tragödie gewesen.

Der Arzt, der Uwe Seeler operiert hatte, machte mir Hoffnung. Vor allem aber Uwe Seeler selber gab mir Zuversicht: Auch beim Gesundwerden bewies er seine Energie. Gesundwerden ist eine Kunst, die viele Spitzenspieler nicht beherrschen. Ich selber hatte einst auch immer wieder den entscheidenden Fehler gemacht: zu früh anzufangen, zu sehr einem übereilten Ehrgeiz nachzugeben. Das beste Mittel ist: Im Krankenbett all die guten Kritiken lesen, die man einmal bekommen hat und sich sagen: »Da mußt du wieder hin.«

Gerade die eigenen Erfahrungen mit dem zu frühen Einsatz bereiteten mir im Fall Seeler Skrupel. War es richtig, konnte ich es verantworten, ihn in diesem schwersten aller Länderspiele der letzten Zeit ins Feuer zu schicken? Sicher, er hatte schon wieder einige vielversprechende Spiele im Verein gemacht. Er trug inzwischen einen Spezialschuh, damit die Achillessehne – die durch die Operation ja etwas verkürzt war – nicht wieder riß.

Aber es ging um England ... So wie die Lage in unserer Gruppe – mit Schweden und Zypern – schließlich aussah, genügte uns ein 1 : 0, um die Endrunde der WM zu erreichen.

Wir bereiteten uns in Malente vor. Die Motivation war außerordentlich: Uwe wieder dabei, England in Reichweite ... Aber ein Gefühl von Rache für Göteborg 1958 – das gab es nicht. Es war schon zuviel Zeit vergangen. Immerhin, die Presse in Deutschland wärmte die alte Rivalität wieder auf. In Schweden konnte es ähnlich sein.

Als wir jedoch nach Stockholm kamen, herrschte dort eine relativ gemäßigte Atmosphäre. Sicher, es ging um viel – aber nicht um einen Fußballkrieg Schweden–Deutschland. Das war schon einmal gut.

Vielleicht hatte die andere Wetterlage in Stockholm auch geographische und soziologische Gründe. In der Hafenstadt Göteborg saß ein anderes Publikum auf den Rängen: mehr Arbeiter mit mehr Aggressivität. In der bürgerlichen Residenz Stockholm war man, sozusagen, etwas feiner.

Wir trafen in der Kabine die letzten Vorbereitungen. Es war alles gesagt. Nicht so hohe Flanken bei den schwedischen Abwehrriesen ... Nur Schorsch Szymaniak wollte ich noch mal einschärfen: »Du trägst die Nummer 10, aber laß dich weit zurückhängen, spiele Läufer und paß auf den Mild auf, der kommt immer gefährlich aus dem Mittelfeld. Mild hat eine Bombenkondition, er ist auch schwedischer Eishockey-Nationalspieler ...«

Wie ich schon erzählt habe: Szymaniak saß da, rieb sich mit beiden Händen die öligen Oberschenkel, sah durch mich hindurch und schien völlig abwesend.

Da habe ich mich auf die zweite Massagebank in der Kabine gesetzt. Ich sah unserem Masseur Erich Deuser zu, wie er letzte Hand an die Spieler legte, sie auflockerte, massierte. Ich unterhielt mich mit Erich Deuser über möglichst belanglose Sachen, um keine Aufregung zu stiften.

Dabei stützte ich mich auf den Trageholm der Massagebank, auf der ich saß. Es knisterte – und dann brach der Holm ab, fiel auf den Boden. Viele hätten das für ein sehr schlechtes Vorzeichen gehalten.

Ich bin an sich nicht abergläubisch. Aber, sicher ist sicher, ich hob den Holm auf. »Aha«, dachte ich, »das kann ein Zeichen sein«. Also habe ich den abgebrochenen Holm in die Tasche gesteckt und ihn damit zu meinem Talisman umfunktioniert.

Es war das einzige Mal, daß ich ein bißchen an einen solchen Fetisch geglaubt habe. Hätten wir das Spiel verloren, wäre der Holm längst irgendwo im Rasunda-Stadion verrottet. So aber liegt er in meinem Trophäenschrank. Mit ihm verknüpft sich die Erinnerung an ein für mich ungemein wertvolles Spiel.

Die Kabine leerte sich. Ich hatte die Lektion vom Hexenkessel Göteborg mit in mein Kalkül gezogen. Ich sagte zu den Spielern:

»Heute lauft ihr euch auf dem Spielfeld, im Stadion warm, nicht auf einem Nebenplatz. Dann werdet ihr die Heja-Heja-Rufe hören und euch dran gewöhnen.«

Die Spieler trabten in die Arena. Ich blieb zunächst in der Kabine. Aber ich konnte mir nicht verkneifen, auf den Gang hinauszuschleichen und zu lauschen, ob draußen wieder die Hölle los wäre.

Es gab Lärm. Aber mir schien das insgesamt zivil. Jetzt wollte ich auch auf den Platz.

Doch da saß in der Kabine noch ein Mann auf der Bank, mutterseelenallein, auf den doch alles ankam: Uwe Seeler.

»Gehst du nicht raus?« fragte ich.

»Ich möchte heute hier bleiben.«

»Was ist, Uwe?«

»Ich geh' nicht raus ...«

Da habe ich sofort geschaltet: In seinem Innern ging etwas Besonderes vor.

»Die Heja-Rufe kenn' ich, die machen mir nichts aus«, sagte er noch.

»Dann mach' dich im Gang locker.«

Er nickte. Uwe Seeler liebte es überhaupt nicht besonders, sich vorher lange warm zu machen.

Später, nach dem Spiel, hat man gesagt: Das war ein Taschenspieler-Trick von Schön, den Seeler nicht zu zeigen. Er wollte damit die Schweden verunsichern. Das stimmte nicht. Die Mannschaftsaufstellung war längst bekannt.

Ich kann nur Mutmaßungen über Uwes Motive anstellen. Er wollte sich wohl keinen Zurufen, keinen »Uwe-Uwe«-Sprechchören aussetzen. Er wollte sich voll konzentrieren.

Ich ging hinaus. Auch die schwedischen Spieler waren auf dem Platz. Ich schüttelte Kurre Hamrin die Hand – dem Mann, der uns immer soviel Kummer gemacht hatte. Es sah gar nicht so aus, als würde es hier um die Wurst gehen.

Ich war voll innerer Unruhe. In den Monaten vor diesem Spiel hatte ich die Nationalmannschaft von Spiel zu Spiel umgebaut. Immer neue Leute bekamen gegen Italien, Zypern, England, die Schweiz, Brasilien ihre Chance. Zum Einsatz waren insgesamt vierundzwanzig verschiedene Spieler gekommen.

Man hat mir oft vorgeworfen, ich hätte keinen Mut zu Experimenten. Das Gegenteil war immer der Fall. Jeder, der sich die Mühe macht, die Berufungen von Spielern nachzuprüfen, wird das sehen. Bei mir hat fast jeder seine Chance bekommen, der sich durch beständig gute Leistungen in seiner Club-Elf ausgezeichnet hat.

Das wußte ich ja von Herberger, das hatte ich als Bundestrainer gleich lernen müssen: Ein Patentrezept gibt es nicht, etwa so: Man nehme die elf besten Spieler, klopfe ihnen auf die

Schulter, schicke sie auf den Platz und sage: »Nun siegt mal schön!«

Eine Fußballmannschaft ist ein sich ständig verändernder Organismus. Weit mehr noch als für Club-Mannschaften gilt das für eine Auswahl-Mannschaft. Der Club ist auf seinen Spieler-Stamm angewiesen, hat die Auswahl unter 18 oder 20 Leuten, kann ein oder zwei Mann abgeben, ebensoviele neu engagieren. Eine Auswahlmannschaft hat, sozusagen, ein unbegrenztes Einzugsgebiet.

Ich habe immer gesagt: Die Nationalmannschaft ist ein Zimmer mit zwei Türen. Beide Türen stehen offen. Und es zieht gewaltig. Durch die eine Tür kommt man schnell in das Zimmer hinein – aber durch die andere ist man auch schnell wieder draußen... Man kann sich nur durch außergewöhnliche Leistungen in dem Raum halten.

So kommt es, daß sich die »richtige« Nationalmannschaft oft erst im letzten Moment herauskristallisiert. Wie ist die Form, wer paßt zu wem, welche Probleme stellt der Gegner, wer hat Verletzungen – ungezählte Fragen ergeben schließlich die eine Antwort: elf Namen.

Diese Namen sind niemals der Weisheit letzter Schluß. Wie gerne hätte ich später die wunderbar spielende Europameisterschafts-Elf von 1972 bis zur WM von 74 hinübergeschmuggelt! Es ging einfach nicht. Auch die Nationalelf von 1941 hat an einem Tag berauschend gespielt, etwa beim 7 : 0 gegen Ungarn in Köln – und zwei Wochen später gegen die Schweiz eine böse Schlappe hinnehmen müssen.

Die elf Namen, die der Stadionsprecher in Stockholm bekanntgab, waren: Tilkowski, Höttges, Schnellinger, Beckenbauer, Sieloff, Schulz, Brunnenmeier, Grosser, Seeler, Szymaniak, Krämer.

Doppeltes Risiko: erster Wieder-Einsatz von Seeler, Debüt von Beckenbauer...

Wie schnell sich die Fußballwelt verändert, kann ich im Vorgriff sagen: Nur zehn Monate später standen von der Stockholm-Elf noch sechs Spieler im Weltmeisterschafts-Finale.

Ich setzte mich auf die Auswechselbank und litt auf meine Weise. Ich bin ja nicht der Typ, der aufspringt und schreit. Bei mir geht die Aufregung nach innen.

Das Spiel lief ganz gut, war aber äußerst nervös. Der Kampf dominierte. Die Halbzeitpause kam nahe. Wir hatten kein frühes Tor eingefangen.

Dann wurde uns eine Lehre erteilt: Im Fußball muß die Konzentration in den ersten und in den letzten fünf Minuten einer Halbzeit am höchsten sein. Tore, die in dieser Zeit fallen, können psychologisch verheerend sein.

Die Schweden bekamen fünfundzwanzig Meter von unserem Tor entfernt einen von Grosser unnötig verschuldeten Freistoß. Es war die 44. Minute. Der Ball drehte sich zunächst zum Tor und dann wieder etwas vom Tor weg. Er wurde immer länger. Hans Tilkowski fand keine richtige Einstellung zu diesem Ball. Vielleicht dachte er auch, er würde ins Toraus gehen. Offensichtlich glaubten das auch alle anderen Abwehrspieler. Niemand griff ein. Nur Ove Grahn, der hervorragende schwedische Kopfballspieler, stürzte hinterher – und köpfte den Ball von der Torauslinie wieder herein. Zwei Meter vor unserem Tor stand Jonsson, »Legionär« beim AC Mantua.

Er drückte ihn über die Linie. 1 : 0 für Schweden! Riesenjubel im Stadion. Südländische Umarmungen bei den schwedischen Spielern – das hatten einige von ihnen als Profis in Italien gelernt.

Ich selber ärgerte mich grün. Ich stand auf und hatte gerade das linke Bein über die Bank gehoben, um einige Stufen zum Kabinen-Gang hinaufzusteigen. Ich war entschlossen, der Mannschaft handfest meine Meinung zu sagen.

Da wurde ich auf einmal zurückgerissen. Ich hörte einen wilden Aufschrei. Die 46. Minute lief bereits, wir hatten den Anstoß ausgeführt, bekamen einen Freistoß. Schnellinger führte aus, Uwe verlängerte mit dem Kopf zu Brunnenmeier, der schoß an Arvidsons Absatz, der Ball trudelte zu »Eia« Krämer – und der bugsierte aus nächster Distanz, wie gerade Jonsson auf der anderen Seite, den Ball ins Tor.

Durch den Aufschrei hatte ich das alles gerade noch mitbekommen. Ich ließ mich wieder auf die Bank fallen. »Gottseidank«! sagte ich laut.

Dieses 1 : 1 in diesem Augenblick war psychologisch überhaupt nicht abzuschätzen. Eben waren unsere Spieler noch zutiefst deprimiert, und die Schweden hatten es eigentlich schon geschafft. Jetzt waren Jubel, Hochstimmung, Erfolgserlebnis in der Mannschaft.

Nun waren es die Schweden, die deprimiert in die Kabine schlichen. Ich sehe noch Jonsson an mir vorbeigehen, eben noch ein Triumphator, jetzt ein Spieler, der seine Kameraden von der Hintermannschaft fürchterlich anmeckert. Ich verstehe kein Schwedisch, aber es waren sicher nicht die feinsten Ausdrücke, das spürte man.

Innerhalb von Sekunden hatten sich die Vorzeichen für dieses Spiel total verändert. Das ist Fußball: Es ist alles drin.

In der Kabine habe ich zuerst einmal für Ruhe gesorgt.

»Nun setzt euch mal hin! Hat jemand eine Verletzung?«

Die Spieler müssen ja zunächst mit sich ins reine kommen. Sie sollen körperlich und seelisch verschnaufen. Mehr als mit begeisternden Reden erreicht man mit wenigen aufmunternden Worten – oder auch nur mit einem Blick. Mitunter suchen die Spieler das Gesicht des Trainers: »Was ist mit mir?« fragen sie mit den Augen »Okay«, blinzelt man zurück. Manche Spieler wissen nicht so recht, ob sie gut oder schlecht gespielt haben. Dann genügt ein Nicken – oder ein Kopfschütteln, Niederschlagen der Augen.

Ich hätte bei einem 0 : 1 meine geplante Gardinenpredigt auch nicht sofort vom Stapel gelassen. Man kann nicht tobend in die Kabine kommen. Ich hätte mir schon Zeit gelassen.

Nun aber konnte ich in aller Ruhe darauf hinweisen, daß ein Tor wie das von Grahn–Jonsson einfach nicht passieren durfte. Und ich stachelte sie an: »Also ran! Bei denen in der Kabine geht es jetzt sicher laut zu. Und vergeßt nicht: Die alten Recken werden auch mal müde. Ihr seid jünger – und besser!«

Die Stimmung war gedämpft, ganz konzentriert.

»Ein Unentschieden nützt uns nicht viel. Wollt ihr, daß das Torverhältnis gegen Zypern den Ausschlag gibt?«

Schon neun Minuten nach dem Wiederanpfiff fiel die Entscheidung. Grosser flankte, Arvidsson verpaßte, Uwe Seeler verwandelte ... 2 : 1. Jetzt bauten die Schweden sichtbar ab. Zu ihrer körperlichen Erschöpfung kam der moralische Knacks. Die Bergmark, Karlsson, Johannsson waren auf die Verliererstraße gedrängt.

Mit ein bißchen Glück hätten wir sie jetzt auch deutlich distanzieren können. Nur um Haaresbreite verfehlte Uwe den Ball für einen Kopfballtorpedo. In der 77. Minute ließ er, fast im Liegen, einen Fallrückzieher los, der nur knapp vorbeiging. Auf diese Art hatte er schon einmal in Herne ein Tor geschossen.

Auch wir kamen noch einmal entschieden in Schwierigkeiten. Höttges machte einen Patzer, in der deutschen Abwehr ging es drunter und drüber, Harry Bild tauchte mit dem Ball völlig frei vor unserem Tor auf ... Aber mit einer Blitzreaktion holte Hans Tilkowski den Ball unten aus der Ecke.

Das Publikum schrie sich vor Begeisterung über das immer müheloser werdende Spiel unserer Mannschaft heiser. Später, im Bus, sollte Willi Schulz zu Uwe Seeler sagen: »Für uns Hamburger war es ja fast ein Heimspiel.« Offenbar hatte er den Volkspark-Sound der vielen Schlachtenbummler erkannt. In den Zeitungen erschienen Überschriften wie: »Beckenbauer ist die Zukunftsmusik des deutschen Fußballs.«

## *Das berühmte »dritte Tor«*

Ich saß auf der Tribüne des Frankfurter Waldstadions und prüfte: Wer kam als Ergänzung für die Nationalmannschaft in Frage? Unten auf dem Rasen absolvierte die Eintracht ein Bundesliga-Punktspiel.

Ein junger blonder Mann auf rechtsaußen dribbelte, daß es eine Lust war. Er beherrschte den Ball schlafwandlerisch, bewegte sich mit Eleganz, war spritzig und pfiffig.

Jürgen Grabowski hieß er, war erst einundzwanzig Jahre alt und doch schon ein Glanzlicht bei den Frankfurtern. Ich kannte ihn seit langem, auch als Amateur-Nationalspieler. Er stand an der Schwelle zur Nationalmannschaft. Aber er war noch im Entwicklungsstadium, schien mir noch nicht so gefestigt, um zum Stamm zu gehören. Man konnte aber damit rechnen: Der kommt eines Tages mit Sicherheit.

Immer, wenn ihm ein Dribbling gelang, standen die Frankfurter Fans in den Reihen unter mir auf, blickten hoch und riefen:

»Herr Schö-hön! Herr Schö-hön! Haben Sie's gese-hen?!«

Ich nickte nur.

Als dann Grabowski den Ball verlor und nicht nachsetzte, um den Ball wiederzuerobern, rief ich hinunter:

»Hallo! Haben Sie's gesehen?!«

Da nickte niemand.

Für die Nationalmannschaft konnte ich keine Spieler gebrauchen, die man nur sah, wenn wir im Ballbesitz waren. Ich brauchte Spieler, die auch dann in Erscheinung traten, wenn der Ball verloren war.

Jürgen Grabowski bekam in diesem Frühjahr 1966 von mir seine ersten Chancen in der Nationalmannschaft. Er fuhr auch mit nach England. Aber in den ersten WM-Anzug paßte er damals noch nicht ganz hinein. Ähnlich wie ihm ging es dem jungen Günter Netzer von Borussia Mönchengladbach. Der unermüdliche Berti Vogts, den ich schon aus der Jugend-Nationalmannschaft kannte, schaffte den Sprung auch noch nicht. Reinhard Libuda war noch zu unbeständig.

Ich sortierte. Dabei mußte ich auch einige harte Urteile fällen. Die Zeit von Horst Szymaniak war abgelaufen, zum Teil durch eigene Schuld. Ich mußte ihm das schonend beibringen.

Die Aufstellung eines WM-Teams hat sein eigenes Ritual. Etwa vier Wochen vor Beginn mußte ich einen Kader von vierzig Spielern nominieren, eine Woche vor dem ersten Spiel die endgültigen zweiundzwanzig.

Bei der Auswahl der Spieler folgte ich einem Grundsatz: keine radikale Verjüngung, sondern eine sinnvolle Erneuerung und Ergänzung der Mannschaft. Alte und junge Spieler sollten in der richtigen Mischung zusammengebracht werden. Ideal erschien mir ein Durchschnittsalter von sechsundzwanzig, siebenundzwanzig Jahren. Der permanente Leistungs-Wettstreit auf den Bundesliga-Plätzen half mir bei meinen Entscheidungen.

»Macht es mir leicht, euch in die Nationalmannschaft zu holen. Zeigt in euren Clubs gute Spiele!« sagte ich immer wieder.

Ich sah mir jeden Sonnabend ein Bundesligaspiel an – gezielt, mit Hintergedanken, speziell wegen bestimmter Spieler.

Es gab eine Vielfalt von Informationen und Informanten, die mich über die neueste Entwicklung auf dem laufenden hielten. Bundesligatrainer meldeten mir neue Talente, berichteten mir über die Form von Stammspielern. Wenn mir ein Mann wie Hennes Weisweiler etwas sagte, hatte das schon Gewicht. Meine Assistenten beobachteten die Szene. Ich verfolgte das Fernsehen, die Presse, das Radio intensiv. Journalisten, denen ich Urteilsvermögen zutraute, und andere Fachleute erzählten mir, was sie gesehen hatten: »Helmut, den mußt du dir mal angucken, das könnte ein guter Mann werden.«

Fußballweltmeisterschaft 1966 in England ... Nach einem 5:0 Erfolg gegen die Schweiz und einem mühsamen 0:0 gegen Argentinien mußte unsere Mannschaft Spanien besiegen, wenn wir Gruppensieger werden wollten. Mit einem sensationellen Tor hatte Lothar Emmerich den 1:1 Ausgleich erzielt. In der 84. Minute schoß Uwe Seeler den Siegestreffer.

Das 2:1 bescherte uns im Viertelfinale als Gegner den zweifachen Weltmeister Uruguay. Mit dem Tor Beckenbauers begann ein Torreigen, der uns unter die letzten Vier brachte.

Eusebio, dessen vier Tore der portugiesischen Mannschaft nach einem 0:3 Rückstand gegen Nordkorea noch zum Sieg verholfen hatte, verließ nach dem 1:2 gegen England weinend das Stadion.

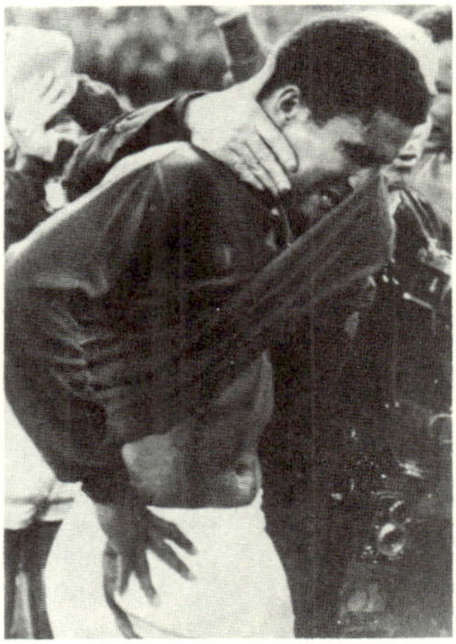

Unser Trainingsplatz in Ashbourne war ständig von Schlachtenbummlern umlagert. Unsere Spieler hatten Mühe, alle Autogrammwünsche zu erfüllen.

Zum erstenmal wurde eine Weltmeisterschaft im Mutterland des Fußballs ausgetragen. Und England galt trotz nicht ganz überzeugender Leistungen in der Vorrunde als klarer Endspielfavorit. Das Finale vor 100 000 Zuschauern im Wembley-Stadion sollte unvergeßlich bleiben.

Wir konnten uns in England gar nicht vorstellen, wie sehr man zuhause in Gedanken mitgekämpft und mitgesiegt hatte, obwohl man uns erzählt hatte, daß während der Fernsehübertragung die Straßen wie leergefegt waren.

Wir trainierten täglich, damit die Mannschaft in Schwung blieb. Die Moral der Spieler vor dem Endspiel war vorbildlich – sie hatten jetzt nichts mehr zu verlieren: Höttges, Overath, Held, Haller, Weber, Emmerich, Schulz, Bekkenbauer, Schnellinger, Tilkowski und Uwe Seeler.

Kaum jemals hat eine Entscheidung eines Schiedsrichters so heftige Diskussionen hervorgerufen wie die des Schweizerischen Unparteischen Dienst.

30. Juli 1966 – das Endspiel. Nach zwölf Minuten geht die deutsche Mannschaft in Führung, aber schon fünf Minuten später erzielt Hurst den Ausgleich. In der 75. Minute fällt das 2 : 1 für England. Die englischen Zuschauer jubeln. Und dann, Sekunden vor dem Abpfiff, schießt Wolfgang Weber das Ausgleichstor – 2:2 . . . Verlängerung.

In der kurzen Pause bis zum Beginn der Verlängerung war keine Zeit für lange taktische Unterweisungen. Der Ausgleich hatte unserer Mannschaft, die schon geschlagen schien, mächtigen Auftrieb gegeben. Bei aller körperlichen und nervlichen Erschöpfung waren Zuversicht und Kampfesfreude neu geweckt. Wenige Worte nur – und dann ging das Fußball-Drama weiter . . .

Die letzten dreißig Minuten sind angebrochen. England stürmt. Tilkowski fliegt von einer Torecke zur anderen. Die tiefe Sonne blendet ihn Unsere Mannschaft wahrt ihre Chance, mit bewundernswertem, kämpferischem Einsatz – bis zur 101. Minute …

Das Spiel wird immer verbissener. Der Schuß des Engländers Hurst in der 101. Minute im Wembley-Stadion wird zum »Tor des Jahrhunderts« ...

Der Ball fliegt vor der Torlatte nach unten. Er prallt auf den Boden und springt, noch ehe Tilkowski ihn berühren kann, von der Linie nach oben. Die Engländer jubeln.

3 : 2 für England – die Entscheidung ist gefallen. Das Urteil, das der Schweizer Schiedsrichter und der russische Linienrichter gefällt haben, ist endgültig.

Wie betroffen die elf Spieler waren, die sich durch eine zweifelhafte Entscheidung um den Lohn all ihrer Anstrengungen gebracht sahen, bestätigte die Halbzeitpause. Einige Spieler machten aus ihrer Enttäuschung keinen Hehl und schrien sie voller Empörung hinaus. Andere waren nicht anzusprechen und starrten ins Leere. Und als alle schon mit dem Abpfiff rechneten und einige Zuschauer bereits über das Feld liefen, ließ der Schiedsrichter weiterspielen. Der dreifache Torschütze Hurst besiegelte mit einem vierten Treffer unsere Niederlage.

Auch unsere Elf lief eine Ehrenrunde, nur mit dem Unterschied, daß unser Kapitän Uwe Seeler beide Hände frei hatte, weil er den Weltpokal seinem Rivalen Bobby Moore überlassen mußte.

Unsere Elf zeigte auf dem Rasen von Wembley, daß sie nicht nur großartig spielen und kämpfen, sondern auch mit Würde verlieren kann. Wir waren einer Mannschaft unterlegen, die an diesem Tag im eigenen Land mehr Glück hatte als wir. Die Enttäuschung über den Ausgang des Spiels war dennoch nicht leicht zu verbergen.

Mit dem englischen Teamchef Alf Ramsey hatte ich während des Spiels ab und zu Blicke gewechselt, an denen unsere jeweiligen Stimmungen unschwer abzulesen waren.

Der Empfang durch die Bevölkerung bei unserer Ankunft in Frankfurt war überwältigend. Man feierte uns wie Sieger.

Auf der Fahrt zum Römer konnte sich der Konvoi mit unserer Mannschaft nur mühsam den Weg durch das dichte Spalier der Menschen bahnen.

Knapp vierzehn Tage nach unserer Rückkehr empfin uns Bundespräsident Hei rich Lübke in Bonn, um d Mannschaft das Silberne Lorbeerblatt zu verleihen

Als die Tausende der Mannschaft zuwinkten, löste sich die Enttäuschung etwas und wich einer Art von berechtigtem Stolz. Wir hatten vor den Augen der ganzen Welt in einem großen Spiel mit einer eindrucksvollen Leistung bestanden.

Stars ... Wenn man heutzutage von Spielerpersönlichkeiten spricht und dabei nach rückwärts schaut, so bedeutet dies, daß man wenige besitzt und mit Sehnsucht an vergangene Zeiten denkt ...

Es kommt gelegentlich vor, daß sich ein Reservespieler in der Behandlung durch den Trainer zurückgesetzt fühlt. Daß inzwischen der Austausch von zwei Leuten auch bei internationalen Wettbewerben gestattet wurde, unterstreicht die Tatsache, daß die Reservespieler imme zur Mannschaft gehören und genauso behandelt werden müssen.

Die Europameisterschaft von 1968 war kein Ruhmesblatt für den deutschen Fußball. Vom Vize-Weltmeister hatte man sich mehr versprochen.

Die Trainerbank ... Wenn der Trainer seine Mannschaft aufs Feld geschickt hat, zieht er sich auf dieses oft sehr schmale Brett zurück, und die Gedanken, die ihm dabei durch den Kopf gehen, sind wohl bei allen Berufskollegen in der ganzen Welt die gleichen...

Von den zwanzig Toren, die wir in den Qualifikationsspielen für Mexiko erzielt hatten, gingen neun auf sein Konto: Gerd Müller.

Eine andere Hürde auf dem Weg nach Mexiko war Österreich.

Der »Bomber der Nation« schoß auch das entscheidende 1:0 gegen Zypern im November 1968 in Nikosia, aus dichtem Gedränge und buchstäblich in letzter Minute.

Uwe Seeler »steckte zurück«, damit Müller Plat bekam, um seine Rolle z spielen. Es war Glück, d: es im Spiel gegen Schott land gut ging.

n diesen Wochen disku-
ierte ganz Fußball-
Deutschland über die Gret-
henfrage: Uwe Seeler oder
Gerd Müller? Ich aber

ubte zäh und fest daran,
es kein Entweder-Oder
en müsse. Ich hatte im-
r wieder in Gedanken
chgespielt, wie ein sol-
s Tandem funktionie-
könnte.

Gerd Müller war der geborene Mittelfeldspieler für den modernen Fußball. Er behauptete sich am Ball, selbst wenn hautnah gedeckt wurde.

Als Libuda das 3:2 für die deutsche Mannschaft einschoß, schlugen manche Spieler Purzelbäume vor Freude. Auch mir war danach zumute. Zum zweitenmal hatte ich es geschafft, die Nationalelf in die Weltmeisterschafts-Endrunde zu führen.

Natürlich beobachtete ich dann jeden Spieler, der für die Nationalmannschaft in Frage kam, mehrmals selber – und nicht nur in Heimspielen. Ich wollte ihn möglichst gegen starke Gegner, speziell starke Gegenspieler sehen. Heutzutage müßte ein Außenstürmer erst mal gegen Vogts oder Dietz zeigen, was er kann. Oder ein Mittelstürmer hätte sich gegen Schwarzenbeck oder Rüßmann zu bewähren.

Es hat immer Spieler gegeben, die ausgerechnet dann, wenn ich auf der Tribüne saß, großartig spielten. Das leuchtende Beispiel dafür ist wohl Bernd Hölzenbein. Kaum hörte er den Namen Schön, war er aus einem Formtief heraus. Aber ich finde nichts Negatives dabei, im Gegenteil: Ein Nationalspieler muß ja Höchstleistung bringen können, wenn es darauf ankommt. Diese Nervenstärke gehört auch mit zu seiner Qualifikation.

Eines habe ich nie gemacht: mich nach den Leistungs-Punkt-Tabellen zu richten, die in einigen Zeitungen erscheinen. Es ist mir oft passiert, daß ich selber ein Spiel gesehen hatte und am nächsten Tag angesichts der Leistungstabelle denken mußte: Du warst wohl bei einer anderen Veranstaltung!

Die lokalen Fußball-Reporter sehen zu oft nur den eigenen Kirchturm. Man will eben auch einen Mann in der Nationalmannschaft haben. Verständlich, aber für mich uninteressant.

Ich beobachte jeden Spieler nach bestimmten Kriterien. Erstens: Was kann er am Ball? Wie ist es um seine Technik bestellt? Ist er nur »einbeinig« oder auf beiden Füßen gut?

Zweitens: Wie ist er konditionell in Schuß? Ist er schnell? Beweglich? Hat er Sprungkraft? Oder ist er nicht kräftig genug? Verliert er deswegen allzu leicht Zweikämpfe? Wie sieht es überhaupt mit seiner Zweikampfstärke aus?

Drittens: Wie verhält er sich, wenn die eigene Mannschaft am Ball ist? Wie verhält er sich, wenn der Gegner am Ball ist? Es gibt ja Spieler, für die das Spiel erst beginnt, wenn sie selber am Ball sind. Sie haben keinen Blick über das ganze Feld. Sie sehen nicht, wann sie eingesetzt werden könnten, wann sie eingreifen müßten. Das sind oft Alleinunterhalter. Leider konnte ich sie in der Nationalmannschaft nicht gebrauchen.

Ich machte mir über alles Notizen. Aber es gab kein Notizbuch, wie es Seppl Herberger nachgesagt wurde. Auch dieses Notizbuch, in dem angeblich alle Geheimnisse, das Können und das Schicksal des einzelnen Spielers verzeichnet standen, war nur eine Legende. Sicher hatte Herberger immer ein Heft dabei, in das er seine Bemerkungen eintrug. Aber man hat es zum Schicksalsbuch mit sieben Siegeln mystifiziert. Bei den vielen Spielern, die Herberger kannte, bei den vielen Länderspielen, die er erlebte, hätte ihm ständig ein Möbelwagen voller Notizbücher folgen müssen, wenn er alles hätte parat haben wollen.

Bei mir gab es eine Zettelsammlung, die Akte »Länderspiele«, die Beobachtungen vor und nach den Spielen enthielt, Aufstellungen, Stichworte. Da habe ich aber nicht etwa über die genauen Qualifikationen jedes Einzelnen Buch geführt. Das hat man im Kopf.

Je näher der WM-Termin rückte, um so häufiger saß ich bei mir zu Hause in Wiesbaden am Schreibtisch, die Brille auf der Nase, meine Zettel vor mir. In Gedanken ließ ich Mannschaften spielen – wie damals als Junge mit den Zigarettenbildchen. Und ich schrieb Namen auf ein Stück Papier.

Ich notierte: Wer hat die letzten Länderspiele mitgemacht? Wer hat sich in letzter Zeit im Verein durch besonders gute Leistungen empfohlen? Da kamen so etwa dreißig Mann zusammen.

Wenn ich die hatte, teilte ich sie in Positionen auf: Torleute, Verteidiger, Mittelfeldspieler, Angriffsspieler.

Dann bildete ich Untergruppen: defensive Mittelfeldspieler, offensive Mittelfeldspieler, Außenstürmer, Innenstürmer. Die Positionen mußten möglichst doppelt besetzt sein.

Ein bestimmter Typ von Spieler bekam einen roten Strich: Es waren diejenigen, die ich unbedingt brauchte, die auf mehreren Positionen spielen konnten. Für ein WM-Turnier waren sie besonders wertvoll, weil sie »verschiebbar« waren.

Das Papier mit den Namen war nichts Endgültiges. Ich reagierte auf neue Hinweise. Ich telefonierte mit Spielern und

Trainern. Ich besuchte Verletzte. Ich befragte meine Assistenten. Es hatte keinen Zweck, sich allzu früh auf einen Stamm festzulegen, der einem dann, durch Verletzungen oder anderer Dinge wegen, zerstört wurde.

Mancher kam hinzu, mancher mußte gestrichen werden. Das waren bisweilen recht bittere Entscheidungen.

1966 stand mein Urteil über zwei Münchner Spieler lange auf des Messers Schneide: Es waren Peter Grosser und Rudi Brunnenmeier. Als es an das letzte Aussortieren ging, unter allen nur denkbaren Nützlichkeits-Erwägungen, mußte ich sie aus dem Aufgebot der Zweiundzwanzig für England herauslassen. Aber ich bat sie um ihre Urlaubsadressen, damit ich sie zur Not noch nachholen konnte.

Meine Maxime war: Die Lösung muß so aktuell wie möglich sein – aber sie darf auch keine Unruhe im Kern der Mannschaft provozieren.

Ein besonderes Problem bildeten dabei immer die »Legionäre«, also Spitzenspieler, die im Ausland tätig waren, meistens in Italien und Spanien. Ich konnte sie nicht so beobachten wie die heimischen Spieler. Ich konnte den Leistungs-Druck, unter dem sie standen, nicht genau abschätzen. Und ich empfand – seit Herbergers Zeiten – das Antichambrieren bei ihren Clubs als unerfreulich, oft peinlich.

Aber was sollte ich machen. Ich brauchte für England beispielsweise einen Rechtsaußen. Und den gab es nur beim AC Brescia: Albert Brülls. Ich mußte Schnellinger und Haller haben.

Diesmal war es freilich nicht so mühselig wie früher, unter Herberger. Da hatte ich die Arbeitgeber der hochbezahlten Angestellten persönlich besucht, meistens bei einem Spiel. Ich sprach mit ihnen während der Pause in den Wandelgängen der Stadien, auf Geschäftsstellen und bettelte quasi um eine Freigabe. Der jeweilige Präsident sah natürlich nur die Probleme, die auf seinen Verein zukamen. Was kümmerte ihn ein Länderspiel der deutschen Nationalmannschaft, wenn er seine hochbezahlten Stars, wie Haller, wie Schnellinger, für das nächste wichtige Punktspiel brauchte. Das waren doch Investitionen, die arbeiten, die sich amortisieren mußten.

Glücklicherweise war auch Italien in England dabei. Die Vereine hatten Ruhe. Wir bekamen unsere »Legionäre« ohne größere Schwierigkeiten.

Die Mannschaft war beim Essen, in unserem idyllischen Hotel »Peveril of the Peak« in Derbyshire. Wir fühlten uns sehr wohl. Es gab Gulasch, ein Meisterwerk an Hausmannskost, zubereitet von unserem Mannschafts-Koch Hans Georg Damker.

Mich stach der Hafer vor Wohlbefinden.

»Der Damker soll mal sofort kommen!«

Hans Georg erschien, mit Schürze.

Ich raunzte ihn an, wie im Ernst: »Eine Unverschämtheit!«

»Was ist?« fragte Damker konsterniert.

»Eine Unverschämtheit ist das, was du uns hier vorsetzt!«

»Aber... ick versteh ja nich... ick weeß ja nich...«, stammelte Damker. Eine Welt schien in ihm zusammenzubrechen. Dann entrang es sich seiner Brust:

»Mann! Und ick habe doch mein Bestet jejeben!«

Wir platzten vor Lachen. Er hatte mich ernst genommen, der beste Koch, den sich Fußballspieler wünschen können. Wir überhäuften ihn mit Komplimenten. Denn Hans Georg Damker war die Seele in unserem Trainingslager in England 1966.

Er hatte einen ganzen Omnibus mit deutschen Lebensmitteln in das »Peveril of the Peak« schaffen lassen. Die englische Küche auf dem Lande, so meinte er, sei denn doch zu eigenartig. Damkers WM-Verpflegung erwies sich als so gut assortiert, daß deutsche Sportjournalisten wie Rudi Michel vorbeikamen und erklärten: »Ich muß endlich mal wieder 'n Stück anständige deutsche Wurst essen!«

Hans Georg Damker war, wenn man so will, auch ein Weltklassemann in unserem Aufgebot. Während des Sommers arbeitete er als Chefkoch großer Restaurantbetriebe. Im Winter zog er als Sechs-Tage-Koch von Rennbahn zu Rennbahn durch Europa. Mit seinen Kochkünsten hatte er sich das Vertrauen der oft überempfindlichen Rad-Stars erworben: Rudi Altig schwor auf seine Kalbshaxe. Eddy Merckx ließ sich von ihm Nudeln mit Mostrich zubereiten.

Am liebsten kochte Hans Georg Damker »französisch«. Doch bei uns war mehr die gutbürgerliche deutsche Küche gefragt. Die Spieler sollten sich möglichst wie zuhause fühlen. Das bedeutete: keine legierten Suppen, viel Gemüse, kräftiges Fleisch, viel Obst, viele Salate.

Ein typisches Sonntags-Essen im »Peveril of the Peak« sah so aus: Tomatensuppe, Kalbshaxe »bonne femme« nach Hausfrauenart, Kartoffelpüree, grüner Salat, Karamel-Creme, Käse und Obst.

Abends servierte Hans Georg Damker fünf Sorten Landbrot, dazu Katenschinken, Tatar, Zunge, Roastbeef, davor eine Kraftbrühe mit Ei. Extrawürste fehlten in Damkers Repertoire.

Nur Wolfgang Overath genoß eine Sonderstellung: Er mochte weder Fisch noch Geflügel. Damker bewältigte auch dieses Problem.

Man kultiviert heute die Ernährung von Spitzensportlern oft zur Geheimwissenschaft. Das scheint mir ein Unfug. Natürlich beachteten wir immer die Grundregeln für die Verpflegung von Leistungssportlern. Aber wir ließen die Kirche im Dorf. Viel wichtiger als irgendein ausgefallener Ernährungs-Trick ist, daß die Spieler sich heimisch fühlen. Natürlich hat auch Hans Georg Damker inzwischen noch einiges hinzugelernt, natürlich lassen wir uns von Professor Hollmann an der Sporthochschule Köln beraten. Aber gegen ein saftiges Steak drei Stunden vor dem Spiel verblaßt alle Theorie.

Es ging uns gut, weil wir im Küchen-Rückraum einen Regisseur wie Hans Georg Damker hatten. Wie schwer diese Weltmeisterschaft für ihn war, spürten wir nur manchmal. Da kam er mit verzweifeltem Gesicht daher und stöhnte: »Jetzt sind sie schon wieder mit Messern aufeinander losgegangen!«

Er meinte damit die Italiener, die in der Küche arbeiteten, und die Spanier, die als Kellner angestellt waren. Ihre nationalen Duelle hatten glücklicherweise nichts mit Fußball zu tun.

Wir gewannen unser erstes Weltmeisterschafts-Spiel schon am Abend vor dem ersten Anpfiff. Drei Spieler der Schweiz, Kuhn, Leingruber und der Ersatztorwart Eichmann, hatten den Zapfenstreich verpaßt. Es hatte großen Wirbel gegeben; die drei waren sofort gesperrt worden. Es ehrte die Schweizer Führung, daß sie sich Disziplinlosigkeit nicht gefallen ließ. Aber unser Gegner hatte sich vor allem selber bestraft. Wäre man etwas cleverer vorgegangen, hätte man den Sündern eine saftige Strafe für später angehängt und sie spielen lassen ... Aber es war und ist nicht meine Sache, ausgerechnet die Schweizer zu schelten.

Zu ihnen hatten wir, was den Fußball betraf, auch in politisch heiklen Zeiten immer die besten Beziehungen. Sie waren zu uns Deutschen, den Geächteten, als erste nach dem Krieg gekommen, um – 1950 in Stuttgart – wieder ein Länderspiel zu bestreiten; Burdenskis Elfmeter brachte uns damals ein umjubeltes 1 : 0, an einem grauen Novembertag in Stuttgart.

Wenn ich unsere Gruppe betrachtete – Spanien, Argentinien, Schweiz –, dann hatte ich die ungemütlichsten Gefühle, was die Schweiz anging.

Es war das erste Spiel der Mannschaft. Die Schweiz hatte gegen uns nie schlecht abgeschnitten. Die Motivation ergab sich von selbst: Es ging für sie gegen den großen Nachbarn, den sie ja nicht immer mit allen Fasern des Herzens liebte, obwohl anerkannte.

In der Schweizer Mannschaft standen der große Spielmacher Odermatt von Basel, der berühmte Künzli und einige andere beachtliche Leute. Von Haus aus schien mir diese Schweizer Mannschaft stärker als viele Teams, die ich von ihnen vorher – und wie ich heute weiß, auch nachher – erlebt habe. Ich sagte es öffentlich und meinte es auch so:

»Notfalls sind wir auch mit einem 1 : 0 zufrieden.«

Das Spiel im neuen, intimen Fußball-Stadion von Sheffield schien anfangs meine Skepsis zu bestätigen. Die Schweizer mischten kräftig mit. Aber schon nach einer Viertelstunde machte Held das 1 : 0 – der Bann war gebrochen.

Unsere Mannschaft spielte dann souverän auf: 2 : 0 durch Haller, 3 : 0 fünf Minuten vor der Pause durch Franz Beckenbauer, der zehn Minuten nach der Halbzeit für die Fortsetzung zum 4 : 0 sorgte, schließlich ein Elfmeter durch Haller: das 5 : 0.

Die Mannschaft verdient genannt zu werden, wegen ihrer Harmonie und Brillanz: Tilkowski – Höttges, Schnellinger – Beckenbauer, Schulz, Weber – Brülls, Haller, Seeler, Overath, Held.

Sie verdient es aber auch, weil sie die erste Mannschaft in meiner Tätigkeit als Bundestrainer war, die ein zweitesmal unverändert auf den Platz laufen konnte: gegen Argentinien Die Zeit der Experimente schien vorüber.

In diesem Spiel gegen Argentinien war Blei in der Luft. Die Argentinier, technisch brillant, gingen in einer Weise zur Sache, daß unsere Spieler mit Galgenhumor sagten: »Wer an denen vorbeikommt, ist selbst dran schuld.«

Hier wurde, mit gnadenloser Härte, der Ton für eine der unfairsten Weltmeisterschaften überhaupt gegeben. »Mehr Fouls als in einer ganzen Saison in England«, kommentierte Bernd Trautmann, der als deutscher Kriegsgefangener in England geblieben und dort als Professional zu einem der populärsten Torhüter geworden war.

Ich hatte die Argentinier bei ihrem 2 : 1-Sieg in Birmingham über Spanien »ausspioniert«. Ihr Trainer hatte unser Schweiz-Spiel beobachtet. Jeder wußte, was ihm blühte, und so wurde es ein Spiel, das völlig von der Taktik bestimmt war. Ein Sieg hätte für die Argentinier bereits den Einzug ins Viertelfinale bedeutet. Zumal sie dann nur noch die Schweiz vor sich hatten, während auf uns noch Spanien zukam.

Bei dem allgemeinen Gehacke konnte sich natürlich kein ansehnliches Spiel entwickeln. Vor allem Brülls auf rechtsaußen und Haller litten besonders unter der scharfen Gangart.

Ich werde nie vergessen, wie in der zweiten Halbzeit der deutschstämmige Argentinier Albrecht Wolfgang Weber regelrecht niedertrat. Weber krümmte sich am Boden. Wir befürchteten das Schlimmste. Erich Deuser raste auf den Platz und versorgte ihn. Währenddessen lag der Sünder Albrecht nur wenige Meter entfernt ebenfalls auf dem Rasen und spielte »toten Mann« – ein alter Trick, um der Strafe des Schiedsrichters zu entgehen.

Der jugoslawische Unparteiische Zecevic ließ sich aber von diesem Schmierentheater nicht bluffen: Er stellte Albrecht vom Platz.

Wie das im Fußball oft ist, machte diese Herausstellung in der betroffenen Mannschaft weitere Kräfte frei. Es gelang uns nicht, ein entscheidendes Übergewicht zu erkämpfen. Nach großem Gewürge endete die Partie 0 : 0 – und mir war klar: Es mußte mal wieder etwas geschehen.

Wir standen jetzt unter besonderem Erfolgsdruck, denn Spanien schlug die Schweiz und war seinerseits Kandidat für den Gruppensieg.

Wer uns beim Training in Ashbourne beobachtete, erkannte bald, worauf ich hinaus wollte. Ich ließ etwa folgende Sturmformation beim Spiel auf ein Tor antreten: Krämer – Seeler – Overath – Held, und dahinter Beckenbauer und Haller. Dann kam Emmerich herein, und Haller setzte aus. Kundige Kibitze flüsterten gleich: »Rotterdam! . . .«

In Rotterdam hatten wir am 23. März 1966 gegen Holland 4 : 2 mit einem Sturm gewonnen, in dem das Dortmunder Spitzenpaar Sigi Held – Lothar Emmerich erstmals im Nationaldress gemeinsam auftrat. »Emma« war in Deutschland, vor allem im Kohlenpott, eine Legende wegen seiner »linken Klebe«, dem Mordsschuß mit dem linken Bein. Als Filigran-Techniker konnte man ihn freilich nicht einstufen. Aber er verstand zu kämpfen, zu schießen, und er harmonierte oft begeisternd mit Held.

»Rotterdam« hieß: Ich wollte den Flügel Emmerich-Held bringen, wohl wissend, daß auch die Spanier keine Kinder von Traurigkeit waren und wir vorne Leute gebrauchen konnten, die nicht zurückzuckten.

An dem Trainingstag, an dem mir die »Rotterdam«-Lösung

durch den Kopf ging, geschah, weit weg von uns, etwas Unfaßbares: Der »Fußballzwerg« Nordkorea boxte die mitfavorisierten Italiener aus der WM. Das bedeutete eine Weltsensation – und war die Lehre für alle, daß man im Fußball niemanden für einen »Zwerg« halten sollte.

Stellte ich Held-Emmerich auf, hatte ich einen Mittelfeldspieler zuviel. Beckenbauer stand nicht zur Disposition; er hatte bisher glänzend gespielt. Blieben Haller und Overath. Der Kölner war schon damals ein ausgesprochener Turnierspieler, der sich steigerte, und er hatte in Rotterdam mit Held-Emmerich großartig zusammengearbeitet.

Blieb Haller – draußen. Es war nicht einfach, ihm das beizubringen. Schon bei der vergangenen Weltmeisterschaft in Chile hatte er das einmal erleben müssen, und sein Gekränktsein hatte bekanntlich lange angehalten. Aber: er war sicher ein großer Spieler und ebenso sicher kein großer Kämpfer.

Ich erklärte ihm die Situation. »Helmut, ich muß dich gegen Spanien rauslassen.«

»Aber die Spanier hätten mir doch gerade so gelegen.«

»Das glaube ich eigentlich nicht. Die Spanier werden schrubben wie die Argentinier. Und das ist Gift für dich. Es ist ja kein Abschied für immer.«

Helmut Haller war tief betroffen. Noch mehr traf es wohl seine Frau Waltraud, die in der Nähe unseres Quartiers wohnte. Bei einem Italien-Profi konnte ja eine Nicht-Aufstellung schon ein Absinken des Kurswertes bedeuten. Ich hörte jedenfalls, daß Waltraud Haller über mich sehr aufgebracht war.

Nun schlugen auch noch die Argentinier die Schweiz mit 2 : 0. Wir mußten gegen Spanien gewinnen, um Gruppenerster zu werden. Ein Unentschieden hätte uns – durch das bessere Torverhältnis – den zweiten Platz und damit ebenfalls das Weiterkommen gebracht.

Es wurde ein erstaunlich faires Spiel im altehrwürdigen Aston Villa Park in Birmingham. Aber es begann höchst unangenehm für uns. Die Spanier gingen in der 24. Minute durch ein Tor in Führung, das uns schockierte:

Der spanische Spieler Fuste legte den Ball mit der Hand maßgerecht seinem Schußbein vor. Wir sahen es genau und schrien. Der Schiedsrichter merkte nichts, denn Fuste stand mit dem Rücken zu ihm. Jedenfalls ließ sich Fuste die Gelegenheit nicht entgehen und schoß ein.

Es sah so aus, als würden wir mit einem 0 : 1-Rückstand in die Pause gehen. Doch dann ereignete sich etwas, was schließlich zu einem der sensationellsten Tore der Nachkriegszeit führte und noch heute in Stammtischgesprächen ein beliebtes Thema ist.

Die 40. Minute. Weiter Einwurf zu Emmerich. Der zieht an einem Gegner vorbei, ist praktisch schon abgedrängt, fast auf der Torauslinie, nahe der Eckfahne.

Jeder Spieler der Welt – außer Helmut Rahn vielleicht – hätte aus dieser Position den Ball mit einem Flankenschlag in die Mitte gehoben. »Emma«, der so unbekümmert war wie einst Rahn, knallte den Ball aus dem spitzesten aller Winkel mit der »linken Klebe« auf das Tor. Schräg steigend krachte er in den oberen Winkel des langen Ecks. Ein Zentimeter weiter nach rechts und der Ball wäre hinausgesprungen. Uns kamen die runden englischen Torpfosten zugute.

Der Jubel war unbeschreiblich. »We never saw such a goal«, riefen die Engländer, »wir haben noch nie solch ein Tor gesehen.«

Wenn ich rückblickend an »Emmas« sensationelles Tor denke, wäre es mir lieber gewesen, ein anderer hätte es geschossen. Von nun an war ich, insgeheim, auf Emmerich festgelegt und mußte ihn auch im Endspiel bringen – wo er dann weitgehend ausfiel.

Wir wären mit dem Unentschieden zufrieden gewesen. Aber es hätte bedeutet: nächster Gegner England im Wembley-Stadion ...

Die 84. Minute brachte eine bessere Entscheidung. Höttges schaltete sich in den Angriff ein, spielte Held an, der flankte flach. Alle spanischen Abwehrspieler verpaßten den Ball, auch Emmerich schlug daneben. Mit letztem Einsatz erreichte Uwe

Seeler den Ball und schob ihn aus vielleicht zehn Metern mit der Innenseite ins Tor. Echt Uwe. Er war da, wenn alle anderen verfehlten.

Dieses 2 : 1 bescherte uns im Viertelfinale, also unter den letzten Acht, einen historischen Gegner: Uruguay. Das war immerhin ein zweimaliger Weltmeister. In unseren Auseinandersetzungen mit den »Urus« hatte immer Dynamit gelegen. Eine negative Legende umgab vor allem das Spiel in Amsterdam bei Olympia 1928. Uruguay, der spätere Goldmedaillengewinner, haute Heiner Stuhlfaut vier Tore in den Kasten. Darüberhinaus provozierten die trickreichen Südamerikaner unsere Spieler solange mit versteckten Fouls, bis schließlich Hans Kalb, unser hünenhafter Mittelläufer aus Nürnberg, zurückschlug – und vom Platz gestellt wurde. Richard Hofmann ließ sich dazu hinreißen, einen bösen »Uru« bis auf die Aschenbahn zu verfolgen. Der Schiedsrichter bedeutete ihm, er brauche gar nicht wieder zurückzukommen.

Zu Uruguay von 1966 war folgendes zu sagen: Erst einmal handelte es sich – wie immer bei dieser Mannschaft – um gute Fußballer. Sie hatten eine starke, athletische Abwehr, und sie konnten technisch brillant und leidenschaftlich stürmen. Sie waren also in beiden Gefechtslagen zu Hause.

Die ersten Minuten vergingen ohne besondere Vorkommnisse. Wenn man davon absieht, daß ich Helmut Haller wieder aufgestellt hatte und er sich sogleich beachtlich in Szene setzte ...

In der sechsten Minute geschah etwas, das das Spiel vergiften sollte. Die »Urus« flankten hoch in unseren Strafraum. Tilkowski hätte den anschließenden Kopfball nie gehalten. Schnellinger stand auf der Torlinie. Er sprang hoch, merkte, daß er mit dem Kopf nicht mehr an den Ball kam, nahm die Hand – und rettete.

Ein klarer Elfmeter.

Der Schiedsrichter sah nichts und ließ weiterspielen.

Diese unbestreitbare Fehlentscheidung führte dazu, daß die Uruguayer äußerst gereizt wurden. Als dann Sigi Held nur sechs

Minuten später für uns das 1 : 0 buchte, war es mit den Nerven und der Selbstbeherrschung mancher »Urus« völlig vorbei. Ihnen widerfuhr hier, von ihrem Gefühl her, himmelschreiendes Unrecht.

Nun häuften sich die Fouls. In Zweikämpfen wurden die »Urus« ausgesprochen nicklig. Sie beendeten Zweikämpfe überhaupt gern mit einem Foul, um das Duell nicht zu verlieren. Es wurden alle Körperteile voll im Kampf eingesetzt...

Vom Spielfeldrand sah ich, wie Franz Beckenbauer im Nahkampf ängstlich wurde, nachdem ihn der »Uru« Rocha einmal voll genommen hatte. Mehr Sorgen bereitete mir der Gedanke, unsere Spieler könnten sich zu Revanchen hinreißen lassen.

In der 49. Minute kam es in dieser Beziehung zu einer hochdramatischen Zuspitzung. Wir führten immer noch 1 : 0. Troche von Uruguay hatte einen unserer Spieler niedergeschlagen. Er wurde des Feldes verwiesen. Während er – scheinbar – das Spielfeld verlassen wollte, ging er auf Uwe Seeler zu. Und dann schlug er Uwe ins Gesicht.

Ich glaube, es war eine Premiere im Weltfußball: daß ein Hinausgestellter noch bei seinem Abgang versucht, einen Gegner »mitzunehmen«. Denn bei dieser Provokation mußte Uwe Seeler ja eigentlich im Reflex zurückschlagen – und sich damit ebenfalls eine Hinausstellung einhandeln. Ein Revanche-Foul sieht der Schiedsrichter auf jeden Fall, die Provokation seltener.

Wer den Uwe jemals hat Fußball spielen sehen, weiß, was für ein heißblütiger, temperamentvoller Mann er ist. Mir wurde für Augenblicke himmelangst. Das ganze Spiel über hatten die »Urus« Seeler mit allen erlaubten und unerlaubten Mitteln beharkt. Die Atmosphäre um ihn herum war stets hitzig gewesen. Sicher befand sich Uwe nicht in einem Seelenzustand der vollkommensten Gelassenheit – schon gar nicht nach der Ohrfeige. Aber er behielt sich unter Kontrolle. Ich glaube sogar, er hat etwas gelacht – böse, aus Wut.

Troche marschierte unter einem gellenden Pfeifkonzert in die Kabine. Sechs Minuten später hatte er schon Gesellschaft:

Nach Fouls und einem Nachschlagen erwischte es auch Silva.

Durch ihre eigene Unbeherrschtheit und die Hinausstellungen geschwächt, bekamen die »Urus« keinen Halt mehr. Unsere Mannschaft spielte hervorragend. Begeisternde Doppelpässe liefen zwischen Beckenbauer und Haller oder Seeler hin und her.

In diesem verrückten Spiel gab es einen zusätzlichen Verwirrungs-Faktor. Wir blickten nicht nur auf das hektische Getümmel, sondern auch immer wieder auf die Anzeigentafel. Dort erschienen die anderen Viertelfinal-Ergebnisse. Nordkorea führt 1 : 0 gegen Portugal... Unmöglich! Ein Irrtum, dachten wir. Auch wenn Nordkorea die Italiener hinausgeworfen hatte – wie wollten sie gegen den hohen Favoriten Portugal mit seinen Europacup-Stars Eusebio, Torres, Augusto, Simoes von Benfica Lissabon ankommen?

Aber es stimmte. Nach siebenundzwanzig Minuten führte Nordkorea 3 : 0. Und nun begann ein Eusebio-Festival, das auch wir auf unserer Anzeigentafel verfolgen konnten: Er schoß in einer grandiosen Aufholjagd vier Tore zum 5 : 3 der Portugiesen.

In Sheffield erzielten wir in den letzten zwanzig Minuten drei Traumtore: Beckenbauer lief in der 70. Minute praktisch mit dem Ball am Fuß ins leere Tor. Seeler in der 75. und Haller in der 82. Minute machten nach begeisternden Kombinationen die Sache klar.

Wir waren unter den letzten Vier! Das hatte ich nicht erwartet. Hätte mir jemand das vor Beginn der Weltmeisterschaft prophezeit, ich hätte nur geantwortet: »Dein Wort in Gottes Ohr!«

Die Russen in Liverpool. Sie hatten unter anderem Italien, Chile und den Brasilien-Bezwinger Ungarn geschlagen. Wir wußten, das war ein äußerst schwerer Gegner. Aber wir waren inzwischen auch selbstbewußt geworden. Ich merkte es daran, wie die Spieler miteinander redeten. »Das machen wir doch. Die stoßen wir um...« Sie waren auf den Geschmack gekommen.

Das mußte auch so sein, denn das englische Publikum stand, geradezu fanatisch, auf seiten der Russen. Sicher spielte dabei eine Rolle, daß die Engländer uns als möglichen Endspiel-Partner für den gefährlicheren Gegner hielten. Die »Russia, Russia«-Sprechchöre von Liverpool gellen mir noch heute in den Ohren.

Das Spiel war von Anfang an hart. Aber wir spielten so gut wie selten. Die Mannschaft hatte unter den vergangenen Höchstbelastungen zu einer besonderen Harmonie der kämpferischen und spielerischen Elemente gefunden. Nur – wir schossen kein Tor. Die Halbzeit kam immer näher, es blieb beim 0 : 0.

In der 43. Minute grätschte Schnellinger rutschend in eine Aktion des gefährlichen russischen Außen Tschislenko hinein, trennte ihn vom Ball, sprang sofort auf. Mit weitem Schlag gab er den Ball diagonal über das ganze Spielfeld auf die rechte Strafraumecke, wo Haller lauerte. Aus der Drehung heraus schoß der sofort flach in die kurze Ecke. Nicht einmal der phänomenale Jaschin, einer der größten Torwärter aller Zeiten, konnte so schnell reagieren.

Wieder einmal hatten wir ein Tor in der psychologisch so wichtigen Phase kurz vor der Pause gemacht. Allein diese Gemeinschaftsarbeit der »Italiener« Schnellinger-Haller hätte die Mühen um die Freigabe gerechtfertigt. So blitzartig konnten nur diese ausgekochten Profis reagieren, die aus ihren Club-Mannschaften gewohnt waren: Eine Chance muß reichen.

Schnellingers effektvolle Attacke gegen Tschislenko hatte noch eine andere Folge. Der Sowjet-Stürmer ärgerte sich offenbar außerordentlich über den verlorenen Zweikampf. Noch lief die erste Halbzeit, da nahm Sigi Held ihm den Ball wieder ab, in seiner aufreizend leichtfüßigen Art. Da hielt es Tschislenko nicht mehr, er rannte Held hinterher und säbelte ihn um. Platzverweis, Halbzeitpfiff, 1 : 0 – was wollten wir mehr?

Es kam dennoch zum großen Zittern. Die Russen hatten nichts mehr zu verlieren und setzten alles auf eine Karte. Das englische Publikum schrie sie geradezu nach vorn. Hans Tilkowski in unserem Tor zog sich bei einem Zusammenprall auch noch eine sehr schmerzhafte Schulterverletzung zu. Er konnte den Arm kaum noch bewegen. Es sah mulmig aus.

Franz Beckenbauer hat uns dann – fürs erste – erlöst. In der 68. Minute bekam er den Ball von Haller, lief noch ein paar Schritte und zog aus 20 Metern ab. Halbhoch zischte der Ball aufs Tor . . . Ich dachte schon: »Ach, der geht vorbei . . .« Da beulte er das Netz aus, links am Pfosten. Wir führten 2 : 0.

Waren wir schon im Endspiel?

Längst noch nicht! Die Russen stürmten mit letzter Leidenschaft, das englische Publikum brüllte sich die Lungen aus dem Hals: »Russia! Russia!«

Wir saßen in einer Art kleinen Loge auf der Mitte des Spielfeldes. Zum erstenmal während dieser Weltmeisterschaft wurde ich richtig unruhig. Noch nie in meinem Leben war die Zeit so zäh und langsam verstrichen wie in den letzten fünf Minuten dieses Spiels. Eigentlich konnte ich gar nicht mehr hinsehen.

Die Russen griffen an. Tilkowski war angeschlagen, die Russen gaben nur noch hohe Bälle vors Tor und attackierten dann mit aller Kraft. Es war dicke Luft. Tilkowski vollbrachte trotz seiner schweren Prellung Großtaten.

Ich überlegte mir: »Was machst du jetzt?« Ich wäre am liebsten in die Kabine gegangen und hätte mir dort das Ergebnis sagen lassen.

Dann dachte ich: »Nein. Du bleibst hier sitzen.« Aber es war unerträglich. »Du gehst doch. Aber hinter das Tor.« Das war verboten. In diesen Augenblicken war mir das egal. Ich stellte mich hinter Hans Tilkowski – als könnte ich ihm dort helfen.

Aus nächster Nähe sah ich es mit an: Woronin flankte hoch herein. Tilkowski sprang nach dem Ball, faustete aber nicht, sondern wollte ihn fangen. Er wurde angesprungen, verlor im Luftkampf den Ball, der Ball kam kurz vor der Torlinie herunter, ein Russe – Pakujan – war da und schob ihn über die Linie.

Jetzt kamen noch einmal zwei Minuten Folter. Das Publikum stand kopf, die Russen fighteten.

Ich kann nicht beschreiben, wie wir gejubelt haben, als Schiedsrichter Lo Bello endlich abpfiff.

Im Mannschaftsbus auf der Heimfahrt sagte Dr. Gerhard, Pressechef des DFB, zu mir: »Was du jetzt erreicht hast, hat keiner erwartet. Jetzt kann uns nichts mehr passieren.« So war es.

Festlicher Empfang in der Villa Hammerschmidt in Bonn. Bundespräsident Heinrich Lübke zeigt sich von seiner reizendsten Seite, spricht mit jedem sehr nett, lächelt freundschaftlich. Sein Chef-Butler Mantwitz umhegt uns. Die Spieler strahlen. Bei diesem Staatsoberhaupt fühlt man sich so richtig zu Hause.

Da nimmt Heinrich Lübke mich beiseite.

»Herr Schön«, beginnt er, nun mit ernster Miene, »ich habe es gesehen. Ich habe es genau gesehen!«

»Verzeihen Sie, Herr Bundespräsident«, frage ich höflich, aber leicht irritiert zurück. »Was haben Sie gesehen?«

»Ich muß Ihnen ganz ehrlich sagen, Herr Schön: Das dritte Tor war ein Tor!«

Ich schlucke. Ich komme innerlich auf Touren. Seit Tagen, seit Wochen höre ich nichts anderes als Pro und Contra »drittes Tor«. Ganz Deutschland spricht davon. Ganz Deutschland schreibt darüber, immer noch. Die halbe Welt hat offenbar nichts Besseres zu tun, als sich über das ominöse dritte Tor zu unterhalten.

»Nein, Herr Bundespräsident«, antworte ich etwas gedehnt, »es war sicher kein Tor.«

»Herr Schön, ich habe in dem Moment ganz genau hingesehen, auf meinem Fernseher, zu Hause. Und da habe ich den Ball hinten im Netz liegen sehen!«

Mir liegt eine unfreundliche Antwort auf der Zunge, etwa so: »Nun hören Sie mal auf! Der Ball hat überhaupt nie hinten im Netz gelegen! Da sind Sie völlig auf dem falschen Dampfer!«

Aber aus Achtung vor dem Bundespräsidenten verkneife ich mir jedes Wort.

»Hm«, entgegne ich nachdenklich, »könnte es sein, Herr Bundespräsident, daß Sie das mit einem anderen Spiel verwechseln – oder mit einem anderen Tor in diesem Endspiel?«

»Nein, nein, Herr Schön.« Der Bundespräsident stampft mit dem Fuß auf. »In diesem Moment habe ich ganz genau hingesehen. Ich habe das genau in Erinnerung.«

Jetzt bin ich auf der Palme. Es hält mich nicht länger. Ich lasse den Bundespräsidenten einfach stehen und stürze auf Helmut Haller zu.

»Helmut, komm doch mal bitte her!« Ich reiße ihn fast am Jackett hinüber zu Heinrich Lübke. »Erklär doch mal dem Herrn Bundespräsidenten, wie das mit dem dritten Tor wirklich war! Ich muß mich mal um die anderen kümmern...«

Ob Helmut Haller den Bundespräsidenten überzeugen konnte, habe ich nie gefragt.

Hier muß ich es ja nun doch noch einmal erzählen: Wie es dazu kam, zu diesem dritten Tor, und worum es sich eigentlich handelte.

»Noch haben wir nicht verloren. Sie müssen uns erstmal schlagen.« Das war die Parole, die in unserem neuen Quartier, dem »Homestead Court Hotel« in Welwyn Garden City, galt. Von hier aus, dreißig Kilometer nördlich von London, war es nur eine halbe Stunde Busfahrt bis zum Wembley-Stadion. Das Endspiel um die Weltmeisterschaft 1966 war greifbar nahe.

Wie konnten wir England schlagen?

Kern all unserer Gedanken vor dem Spiel war: Bobby Charlton. Englands Spielmacher mit dem blonden, quer über den Kopf gekämmten Haar war ein Mann, der das Spiel enorm schnell machen und aufreißen konnte. Doch er gestaltete nicht nur das Spiel der Engländer. Er war auch ein außerordentlicher Schütze aus Distanzen um die zwanzig Meter.

Wie konnten wir den Motor Charlton ausschalten?

Mein Plan war: Franz Beckenbauer gegen Bobby Charlton zu stellen, den jungen, brillanten, unverbrauchten Mann gegen den ausgereiften Star.

Dettmar Cramer, einer meiner Assistenten, war dagegen.

Meine Theorie sah so aus: Wenn Bobby Charlton Beckenbauer nicht deckt, dann hat der Franz Spielraum – und wenn er den bekommt, wird er enorm torgefährlich. Beckenbauer hatte im Laufe der Weltmeisterschaft als Außenläufer immerhin vier Tore geschossen. Franz sollte nach meiner Meinung Bobby Charlton kontrollieren, verhindern, daß Charlton wieder zum großen Regisseur wurde – und sollte dann seine eigenen Qualitäten ausspielen, um Charlton zum Rückzug zu zwingen.

Wir haben immer wieder über diese und andere Fragen diskutiert, die sich für die Mannschaftsaufstellung aus dem Problem »Charlton-Beckenbauer« ergaben. Am Tag vor dem Endspiel besuchte ich mit Franz Kremer, dem Präsidenten des 1. FC Köln, und Dettmar Cramer das Spiel um den dritten Platz im Wembley-Stadion. Portugal schlug die Sowjetunion 2 : 1. Auf der Rückfahrt im Auto sprachen wir noch einmal über unsere Theorien, im wesentlichen über die Charlton-Frage. Es stimmt nicht – wie später manchmal behauptet worden ist –, daß Dettmar Cramer eine eigene, umfassende Konzeption entwikkelt hatte, deren »Erfolg« ich dann verhindert habe.

Ganz simpel: Ich war für Beckenbauer gegen Charlton. Er war dagegen.

Als Bundestrainer entschied ich schließlich in meinem Sinn. Von seiten der Mannschaft gab es keinen Widerspruch. Als ich Franz Beckenbauer beiseite nahm, um ihn auf seine Aufgabe vorzubereiten, fand er die Maßnahme in Ordnung.

Später sollte ich aus dem »Spiegel« erfahren, ich hätte in jenen kritischen Situationen bisweilen »wie Lenin im Mausoleum« dagelegen. Das war wohl eine besondere Art von Information durch Dettmar Cramer. Tatsächlich legte ich mich gern mal eine Viertelstunde hin, um mich in einer Art autogenem Training wieder fit zu machen. Ich litt seit 1949 unter Magenbeschwerden und hatte inzwischen ein Zwölffingerdarmgeschwür, das periodisch anfing zu schmerzen. Um dem zu begegnen, trank ich etwas Tee oder warme Milch und legte mich hin. Cramer wußte, wie es um mich gesundheitlich stand.

Damals habe ich mir mein Teil über Dettmar Cramer gedacht. An sich hatte ich ein gutes Verhältnis zu ihm. Nur manchmal mußte er sich wohl interessant machen.

Es gab in unserer eingespielten, erfolgreichen Mannschaft sonst eigentlich nur noch ein Personal-Problem: Lassen wir Lothar Emmerich linksaußen spielen – »Emma«, für den ganz Deutschland schwärmte, seit er den Spaniern sein Fabeltor hineingehauen hatte? Oder greife ich doch noch einmal auf Albert Brülls zurück, den besseren Techniker, den routinierten Profi, der aber gegen Argentinien einigermaßen enttäuscht hatte und seitdem nicht mehr zum Zug gekommen war?

Ich hatte keinen Grund, das erfolgreiche Team der letzten Spiele in dieser Beziehung zu ändern. Never change a winning team! Das galt auch in England.

In Deutschland hätte man mich für verrückt erklärt, wenn ich Emmerich draußen ließ. Denn eine Nation von Fußball-Experten wäre dann mit dem Argument gekommen: »Emma« kann 89 Minuten lang keine Sonne sehen – aber dann schießt er das entscheidende Tor. Das hat er hundertmal bewiesen!

Auf dieses verkörperte Überraschungsmoment konnte ich nicht verzichten. Zumal ich wußte: Emmerich ist kaltschnäuzig genug, um vor der überwältigenden Kulisse des Wembley-Stadions nicht in die Knie zu gehen. Brülls dagegen war ein sensibler Mann.

Am Tag vor dem Endspiel durften wir – für genau bemessene zwanzig Minuten – im Wembley-Stadion trainieren. Es war schon ein merkwürdiges Gefühl, in diesem altmodischen, düsteren und doch anheimelnden Kessel zu stehen, in dem noch nichts kochte. Man fühlte sich da unten auf dem geradezu unnatürlich grünen, schachbrettartig geschnittenen Rasen gleichzeitig geborgen und beklommen. Dieses Stadion hat, durch die Cup-Finale, durch Englands lange Unbesiegbarkeit, durch das Mutter-Recht am Fußballsport seinen eigenen Mythos. Kein modernes Stadion kann den Fußball in seiner langen Geschichte und seiner durchaus nicht feinen Herkunft so grandios repräsentieren. »Mekka des Fußballs« hat man es immer wieder genannt. Wenn damit seine irrationale Atmosphäre, sein Fluidum von Fußball-Weihestätte beschrieben werden soll, dann ist etwas dran an diesem Begriff.

Sonst galt an diesem Tag vor dem Endspiel die Maxime: Bei den Deutschen nichts Neues. Es sollte ein Spiel wie jedes andere sein. Ich ließ die Vorbereitung im vertrauten Rhythmus laufen. Nichts durfte die beruhigenden Gewohnheiten stören. In den Spielen davor war es ja auch immer um die Wurst gegangen.

»Der Tag« war ein Sonnabend, der 30. Juli 1966. Als wir mit dem Bus an der Peripherie Londons entlang zum Stadion fuhren, wunderten wir uns sehr: Die Straßen waren unendlich leer. London erschien uns als eine Geisterstadt, wie an einem Feiertag.

»Die können doch nicht alle jetzt schon im Stadion sein?!« staunte ich laut. »Außerdem gehen nur 100 000 rein ...«

Sicher saßen die Millionen Londoner – wie die Engländer und Deutschen überhaupt – jetzt zu Hause beim Mittagessen, um ja nicht den Beginn der Fernsehübertragung zu verpassen. »Pubs« mit TV-Set waren knüppeldick gefüllt mit aletrinkenden Fans.

Wir kamen zum Stadion: Draußen herrschte Stille. Wir waren, wie gewohnt, gut eine Stunde vor Spielbeginn vor Ort: Das reicht dann für die letzten Vorbereitungen, die Massagen, Anweisungen – mehr macht nur nervös.

Wir bezogen wieder die linke Kabine für die Gäste. Noch nie hatte sich hier eine deutsche Mannschaft umgezogen, um dann England zu schlagen. Ich dachte an ein englisches Sprichwort: Never say never. Sag niemals nie.

Es gab einige Aufregung. Hans Tilkowski mußte wegen seiner Schulterprellung behandelt werden. Er hatte noch echte Schwierigkeiten. Man hatte mir das verschwiegen. Ich mußte nachher unserer medizinischen Abteilung einige Vorwürfe machen.

Aber in der Kabine hielt ich den Mund, um keine Unruhe aufkommen zu lassen. Professor Schoberth und Erich Deuser waren der Überzeugung: »Den kriegen wir schon hin!« Und sie schafften es ja auch – ohne Spritzen. Wären Spritzen nötig gewesen und ich hätte das gewußt, hätte ich ein Veto gegen die Aufstellung von Tilkowski eingelegt.

Sorgen machte mir seine Verletzung natürlich doch, als ich mit einigen Spielern den Gang hinauflief, der in die Kurve führt, von wo man das Stadion betritt.

Es war ein Eindruck zum Niederknien. Das Stadion war bereits voll. Mit Inbrunst und Andacht sangen die 100 000 ihre Fußball-Lieder. Tatsächlich war Wembley nun eine Fußball-Kathedrale. Immer wieder ertönte: »Oh when the reds, oh when the reds go marching in ...« – »Die Roten«: Das waren die Engländer mit ihren roten Jerseys und weißen Hosen.

Und dann peitschte dieses kurze, abgehackte »England! England!« durch den Kessel.

Wir prüften den Rasen.

Die Queen in der Loge. Die Spieler wurden einzeln vorgestellt. Wir wußten: Der wohl gefährlichste Mann im englischen Angriff war Hurst, ein äußerst erfolgreicher Torjäger. Dann gab es diesen Giftnickel von Außenläufer, Nobby Stiles, ein schmächtiges Männchen, der zum Spiel immer das Gebiß herausnahm, aussah wie eine Hexe – und bis zu den Grenzen des Erlaubten kämpfte. Alan Ball, ein schneller, technisch perfekter Stürmer, mal zurückhängend, mal vorstoßend ... Martin Peters, ein Pendler zwischen Spitze und Mittelfeld ...

Die englische Mannschaft brachte keine ausgesprochenen Außenstürmer, sondern ließ seit einiger Zeit die Flügelräume für die beiden »marschierenden« Verteidiger Cohen und Wilson frei. Aber es konnten auch andere dorthin vorstoßen: Bobby Charlton war ja ein gelernter Linksaußen.

Gordon Banks, ein Klasse-Tormann ... Bobby Moore, ein großer Zerstörer mit viel Übersicht, allerdings kein besonders guter Techniker ... Jackie Charlton, ein ausgezeichneter Innen-Verteidiger ... Das war schon ein Team, das einem angst machen konnte: große Könner und ein unbequemes System.

Die deutsche Mannschaft spielte vom Anpfiff an so gut, als gäbe es diese Namen nicht, als wäre sie hier zu Hause. Jeder wußte, wen er zu nehmen hatte. Es ist für einen Trainer in den ersten Minuten immer eine Erlösung, wenn er sieht: Ja, sie machen, was du ihnen gesagt hast.

Wir dominierten – und schon nach zwölf Minuten riß es uns alle von den Sitzen: Held dribbelte sich durch, Wilson machte eine schwache Kopfballabwehr, der Ball kam zu Haller, und der schoß aus verhältnismäßig spitzem Winkel zwischen zwei Abwehrspielern hindurch flach ins Netz.

Das war eine Sensation. In diesem Augenblick glaubte ich: »Jetzt können wir es schaffen!« Nicht das Führungstor allein war außerordentlich wichtig – auch seine psychologischen Begleitumstände: die überlegene Art, wie es herausgespielt wurde, der frühe Zeitpunkt, und das alles in Wembley.

Leider wurde der Effekt des 1 : 0 gleichsam weggewischt durch ein psychologisch ebenso bedeutsames Tor: Schon fünf Minuten später bekam Geoffrey Hurst bei einem Getümmel vor unserem Tor den Kopf an den Ball – und es stand 1 : 1. Das war eine – für uns – zu schnelle Korrektur, Maßregelung, Dämpfung. So unangenehm dieser Ausgleich auf uns wirkte, so sehr gab er den Engländern Auftrieb. Sie erkämpften sich mehr Spielanteile.

Aber ich wurde nicht unruhig. Denn grundsätzlich stimmte unser Spiel. Vor allem: Franz Beckenbauer neutralisierte Bobby Charlton – kam allerdings nicht dazu, eigene Aktivitäten zu entwickeln. Und Hans Tilkowskis Schulter hielt, er machte seine Sache tadellos. Nur Emmerich kam überhaupt nicht ins Spiel. Aber ich durfte ihn ja nicht auswechseln. Die Regeln erlaubten das damals noch nicht.

In der Pause herrschte bei uns in der Kabine eine wirklich gute, gefaßte Stimmung. Man spürte die Konzentration jedes einzelnen. Alle wußten: Diese Partie war völlig offen, es war noch alles für uns drin.

Ich mußte nicht viel sagen. Die Vorplanung hatte sich in den entscheidenden Punkten als zutreffend erwiesen.

Das Spiel blieb wie es war: hart, schnell, ausgeglichen. Es hat wenig Zweck, einzelne Aktionen hervorzuheben: Die Feldschlacht wogte hin und her.

Aber es kam dann die 78. Minute. Es gab einen Eckball für England, er kam hoch herein, Höttges wollte ihn wegschlagen, traf ihn aber nicht richtig, der Ball stieg hoch – und fiel unglücklicherweise Martin Peters vor die Füße. Dieser vielseitige, schwierig zu fassende, bewegliche Stürmer, ein Lieblingsspieler von Englands Trainer Alf Ramsey, stand plötzlich allein mit dem Ball vor Tilkowski. Er verwandelte – ohne Schwierigkeit.

Im Wembley-Stadion spielten sich nun unglaubliche Szenen ab. England war Weltmeister – das feierte man auf den Tribünen mit Gesang und Gebrüll.

Alf Ramsey, der nur wenige Meter von mir auf der englischen Reservebank saß, warf die Arme hoch.

Wie die Queen reagierte, konnte ich nicht sehen, sie saß über uns.

Unsere Spieler kämpften verbissen um ihre letzten Chancen. Sie stürmten mit allen Mannen. Sogar Wolfgang Weber ackerte jetzt ganz vorne. Doch bis zur 90. Minute hatten wir nichts Zählbares erreicht.

Links neben mir erhoben sich bereits Alf Ramsey, sein Co-Trainer und die englischen Reservespieler von ihrer Bank. Es war aus. Die Sieger machten sich fertig zum Triumph.

Da gab es auf der linken Seite in der Hälfte der Engländer noch einen Freistoß für uns. Nobby Stiles und Bobby Moore brauchten lange, um fast die ganze Mannschaft zu einer Mauer zusammenzureißen. Ich werde ihre verzerrten Gesichter, das gegenseitige Ziehen an den Trikots, das Umschauen zum Torwart Gordon Banks nicht vergessen. Kein Schuß der Welt sollte durch diese Mauer hindurchkommen können.

Lothar Emmerich legte sich den Ball hin. Der Erfolgloseste sollte Schluß machen. Es war geradezu symbolisch.

Endlich der Pfiff. Emmerich knallt – in die Mauer. Der Ball prallt Emmerich wieder vor die Füße. Er haut ihn flach in den Strafraum. Durch den zweiten Schuß ist die Abwehr der Engländer aufgelöst.

Was nun folgt, ist wie ein Flipper-Spiel. Der Ball prallt Schnellinger, der sich ganz vorne herumtreibt, an den Rücken. Die Engländer reklamieren: »Hand!« Der Ball trudelt an Uwe Seeler vorbei, immer weiter nach rechts – und dort prescht Wolfgang Weber heran und haut ihn kurz neben dem rechten Torpfosten hinein.

Ausgleich! Schluß! Verlängerung!

Alf Ramsey drehte sich zu mir um und sah mir ins Gesicht. Ich war gerade vom Jubeln, sozusagen, aus dem siebenten Himmel wieder herunter gekommen. Beide breiteten wir die Arme aus und zogen die Schultern hoch, als wollten wir sagen: »Was soll man da machen? Fußball!«

Durch diesen Ausgleich in letzter Sekunde in einem Weltmeisterschaftsfinale wäre das Spiel allein in die Weltgeschichte des Fußballs eingegangen.

Aber es kam noch schlimmer, nervenzerstörender. Die Entscheidung fiel in der 100. Minute. Geoff Hurst ließ aus der Drehung einen wunderbaren Schuß auf das deutsche Tor los. Der Ball prallte an die Latte und von dort auf den Boden. Später, beim immer wiederholten Anschauen von Filmaufnahmen dieser Augenblicke, war klar zu sehen: Obwohl der Rasen des Wembley-Stadions durch den Regen naß war, brachte der Ball die Kreide der Torlinie durch den Aufprall zum Stieben. Das bedeutete: Der Ball muß wenigstens mit einem Teil seiner Fläche noch auf der Linie gewesen sein. Die Regeln für ein Tor schreiben aber vor, daß der Ball die Linie in vollem Umfang überschritten haben muß. Keine Frage: Es war kein Tor.

Wolfgang Weber köpfte den Ball übers Tor ins Aus. Ein Engländer riß die Arme hoch. Seine Kameraden reklamierten: Tor! Aber es schien Ecke zu geben. Doch dann ging der Schweizer Schiedsrichter Dienst hinüber zu dem russischen Linienrichter Bakhramow. Aus den Bewegungen von Ball und einem anderen englischen Spieler, die versuchten, den Linienrichter zu beeinflussen, sah man, was sie sagten: »Das war doch Tor!« Es schien, als würde Alan Ball auf einen imaginären Tisch hauen. Der Linienrichter aber gab durch sein Verhalten zu erkennen, daß es Eckball war.

Nun ging Dienst, von anderen englischen Spielern gedrängt, zu Bakhramow und fragte ihn etwas. Bis heute weiß ich nicht, was – und wie gut sie sich verstanden: Sprach Dienst Russisch, beherrschten beide Englisch?

Jedenfalls nickte Bakhramow mit dem Kopf und ging Richtung Mittellinie. Dienst zeigte zum Anstoß. Es war Tor – das ominöse dritte Tor.

Ich hätte nichts dagegen gehabt, wenn der Ball glatt ins Tor gegangen und England damit Weltmeister geworden wäre. So aber fand ich es schade um das großartige Spiel.

Unsere Spieler reklamierten nicht, hängten sich nicht an den Schiedsrichter. Ich war stolz auf sie. In dieser Situation, angesichts einer solchen Entscheidung die Beherrschung zu bewahren – das war einmalig.

Und sie stürmten, nun ohne Rücksicht auf die Deckung. In der zweiten Halbzeit der Verlängerung hätte noch einmal ein Ausgleich gelingen können. Doch dann brach uns ein weiteres – im Prinzip irreguläres – Tor das Genick.

Zehn Minuten vor Schluß kam der Ball mit weitem Paß zu Hurst, der allein durchging. Overath rannte ihm noch verzweifelt hinterher. In denselben Augenblicken liefen schon einige englische Zuschauer jubelnd über das Spielfeld. Sie waren rechts auf gleicher Höhe wie Hurst, der dann zum 4 : 2 unhaltbar einschoß.

Es hätte dem Schiedsrichter und dem Linienrichter niemals passieren dürfen, die Zivilisten auf dem Platz zu dulden und gleichzeitig ein Tor zu geben. Das verstieß gegen die elementarsten Regeln.

Ich sehe noch, wie Wolfgang Weber nach dem Schlußpfiff ganz allein am Ausgang vom Wembley-Stadion stand, dort in der Kurve, die Hände in die Hüfte gestemmt. Traurig blickte er zurück auf den Platz.

In der Kabine herrschte grenzenlose Enttäuschung. Einige Spieler weinten. Es fielen auch ein paar deutliche Worte ... Die Reservespieler kamen und trösteten.

Vor allem das dritte Tor hat den Engländern später ihren Sieg vergällt. Immer wieder wurde es in aller Welt, in Super-Zeitlupe, in Foto-Serien, in Sonder-Büchern gezeigt. Niemals konnte auch nur annähernd der Beweis erbracht werden, daß es tatsächlich ein regulärer Treffer gewesen ist. Das sagten alle neutralen Zuschauer.

Vielleicht hätten die Engländer auch ohne dieses unglückselige Tor gewonnen. Das Spiel war offen, aber möglicherweise waren die Engländer an diesem Tag tatsächlich einen Deut besser als wir. Darum bedauerte ich die Art der Entscheidung um so mehr. Ich habe die Enttäuschung schließlich verwunden und selber viel dazu getan, der uferlosen Diskussion um das dritte Tor ein Ende zu bereiten.

Etwas Balsam für unsere Mannschaft war die Busfahrt zum Bankett mit dem britischen Premierminister Harold Wilson in einem großen Hotel in Kensington. An den Straßenrändern standen viele Engländer, winkten und klatschten. Das Publikum hatte wohl erkannt, wie anständig unsere Mannschaft ihren sportlichen Schicksalsschlag hingenommen hatte.

## *Neue Stars*

Eigentlich hätten ja nun lauter Pilzköpfe in die Nationalmannschaft drängen müssen. Aber, seltsam, das Gegenteil war der Fall. Die neuen Männer der nächsten Monate waren besonders brave Typen. Nichts an ihnen erschien »beatle like«, obwohl doch die Beatles inzwischen für Millionen junger Leute zum Vorbild geworden waren.

Man hatte mich aus München angerufen, ich sollte doch mal vorbeischauen. Bei den »Bayern« gäbe es was Neues zu sehen. »Kleines dickes Müller«, so formulierte es jedenfalls der damalige Bayern-Trainer »Tschik« Caikowski.

Also fuhr ich nach München. Was ich im Stadion an der Grünwalder Straße zu sehen bekam, war schon verblüffend: ein kleiner, bulliger Mittelstürmer mit pechschwarzem, militärisch kurzgeschnittenem Haar und gewaltigen Oberschenkeln. Technisch schien »kleines dickes Müller«, ein gelernter Weber aus Nördlingen, nicht gerade zu den Feinmechanikern zu gehören. Aber er nutzte seine kurzen Körperhebel besonders im Strafraum-Gewühl verblüffend.

Es war nicht so, daß ich nach der ersten Müller-Besichtigung aufgestöhnt hätte: »Da ist er, der Nachfolger von Uwe Seeler!« Aber ich war aufmerksam geworden und sah ihn mir nun genauer an, auch in Auswärtsspielen und gegen starke Stopper.

Eines wurde mir klar: Gerd Müller war der geborene Mittelstürmer für den modernen Fußball. Es grenzte ans Unwahrscheinliche, wie er sich auf engstem Raum zu bewegen wußte. Er behauptete sich am Ball, selbst wenn er hautnah gedeckt wurde. Nicht einmal zwei oder drei Deckungsspieler konnten ihn unschädlich machen. Er bewies immer wieder das große Geschick, Erfolge aus Situationen zu erzielen, in denen man nicht mehr daran glauben mochte.

Wenn mancher sagte: »Gerd Müller ist kein Techniker«, dann hatte er im konventionellen Sinne wohl recht. Praktisch aber irrte er. Wenn Technik die Kunst ist, den Ball zu beherrschen und nicht vom Ball getrennt zu werden – dann war Gerd Müller durchaus ein Techniker. Seine spezielle Technik zeigte er am besten im Zweikampf mit dem Gegner. Es handelte sich um die Kunst, sich um den Gegner herumzuwinden. Mit zwei, drei kurzen Schrittchen schuf er sich Schußpositionen.

Solch ein Mittelstürmer war natürlich in der Zeit der sich immer mehr verdichtenden Abwehrblöcke Gold wert. Sicher konnte man Gerd Müller nicht als Spielmacher bezeichnen. Das war Uwe Seeler auch nie. Müller verkörperte eben den Typ des Vollstreckers. Genauso wie Uwe Seeler strahlte er Nervosität auf die Gegner aus. War Gerd Müller am Ball, kam in den Strafräumen eine eigenartige Alarmstimmung auf. Diese Unruhe nützte er erbarmungslos aus.

Die Begabung von Gerd Müller war tatsächlich ein Naturgeschenk: ein Nervensystem mit extrem kurzen Reaktionszeiten, Reflexe, die in einer Weise funktionierten, wie ich das sonst kaum beobachtet habe, eine besonders schnellkräftige Muskulatur und die berühmten kurzen »Hebel«. Alles zusammen ergab das, was man später den »Bomber der Nation« nennen sollte – dabei »bombte« Müller gar nicht im Stil von Uwe Seeler, war nicht so rasant in seinen Aktionen, den Kopfball-Torpedos, den Fallrückziehern, den 20-Meter-Schüssen. Gerd staubte eher ab, spitzelte ein, rutschte dazwischen, köpfte, schob, trudelte den Ball aus kurzer Distanz ins Netz. Er hatte einen Riecher, er setzte nach, war da, wenn ein Abpraller kam, kämpfte um jeden Ball.

Ich ließ ihn am 12. Oktober 1966, im ersten Länderspiel nach dem Wembley-Finale, in der Nationalmannschaft debütieren. Wir spielten in Ankara gegen die Türkei und gewannen 2:0. Müller schoß zwar kein Tor, bewies aber auch in der Nationalmannschaft seine Unbekümmertheit und seinen Kampfgeist.

In jener Zeit blieb Gerd Müller auch bei den Fachleuten umstritten. »Das wird nie einer!« sagten sie, sogar im eigenen Verein. Doch wenn sie das gerade ausgesprochen hatten, machte es bum-bum-bum – und Gerd Müller hatte wieder einmal kurz hintereinander drei Tore geschossen. Dann waren die Kritiker für eine Zeitlang stumm.

Ich gab ihm ein halbes Jahr nach seinem Debüt eine weitere Chance: gegen Albanien, in Dortmund. Prompt schoß er vier von fünf Toren. Darunter war auch ein Elfmeter, der genau rechts oben in den Winkel ging.

Nach dem Spiel scherzte ich mit ihm: »Na, Gerd, das Ding ist dir doch wohl abgerutscht! So genau schießt ja kein Mensch!«

Da antwortete er ganz schnell, in seiner ratternden, explosiven Art: »Nee-nee-nee-nee! Den hab' ich dahin haben wollen!«

»Aber Gerd, es war 'n bißchen schlüpfrig, der ist dir über den Spann gerutscht!«

»Nee-nee-nee!«

Man konnte ihn etwas anpieken – und er reagierte dann ähnlich wie im Strafraum. Mir hat das immer Spaß gemacht. Seine Antworten kamen, wie er spielte: aus der Pistole geschossen, manchmal auch, ohne vorher zu überlegen.

Ich erinnere mich an eine spätere Episode, die für Gerd Müller bezeichnend ist. Vor der Weltmeisterschaft 1970 in Mexiko diskutierte ganz Fußball-Deutschland die Gretchenfrage: Seeler oder Müller?

Wenn Gerd in Hamburg spielte, tat man ihm empfindlich Unrecht: Das Publikum empfing ihn mit schallenden »Uwe-Uwe«-Sprechchören. Machte er einen Patzer, fing es wieder an: »Uwe-Uwe«. Ich weiß, daß Gerd das unter die Haut ging.

Die beiden, die sich persönlich sehr schätzten, wurden in aller Öffentlichkeit und in jeder Zeitung gegeneinander ausgespielt. Ich selber geriet mehr und mehr unter Druck: Ich sollte mich für einen von beiden entscheiden. Dabei sah ich die Sache völlig anders. Zäh und fest glaubte ich daran, daß es hier kein

Entweder-Oder, sondern ein Miteinander geben mußte. Ich probierte das auch immer wieder in Länderspielen aus, das erstemal schon 1967 gegen Jugoslawien, wo sogar beide ein Tor schossen, dann 1969 gegen Österreich, Bulgarien und Schottland.

Immer wieder hatte ich in Gedanken durchgespielt, wie dieses Tandem funktionieren könnte. Ich hatte Uwe Seeler beiseite genommen und ihm erklärt, was ich mir vorstellte.

»Uwe, du müßtest aus der vordersten Spitze raus. Laß dich etwas hängen. Übernimm auch Mittelfeldaufgaben, damit der Gerd vorne Platz bekommt.«

Es zeigte die menschliche Größe von Uwe Seeler, daß er das akzeptierte. Aber anfangs standen sich die beiden doch mehr oder minder auf den Füßen. Instinktiv drängte jeder in sein angestammtes Revier. Beide gemeinsam konnten aber leider nicht vorne auf schönes Wetter warten.

In der publizistischen Hektik vor der Weltmeisterschaft ließ sich Gerd Müller dazu provozieren zu sagen: »Herr Schön muß sich nun mal entscheiden – Seeler oder ich!«

Das gefiel mir gar nicht.

Die Nationalmannschaft hatte eine Zusammenkunft in Frankfurt. Wir saßen im damaligen DFB-Haus in der Zeppelinstraße beisammen und unterhielten uns über Mexiko. Da nahm ich mir den Gerd vor. Ich sprach ihn vor allen anderen an. Ich glaube, ich habe ihn in diesem Augenblick wieder gesiezt, um der Sache Nachdruck zu verleihen. Ich stand sogar auf.

»Gerd, Sie sprechen immer von ›Uwe Seeler oder ich‹! Sie wissen doch noch gar nicht, ob Sie selber dabei sind! Das wird sich erst noch entscheiden! Ich würde solche Äußerungen nicht machen.«

Da hat er mich mit großen Augen angesehen und dann den Kopf gesenkt.

Es war still im Raum.

Nach der Besprechung standen die Spieler auf, gingen in einen Nebenraum, um Kaffee zu trinken. Ich setzte mich zu Gerd Müller und fragte:

»Gerd, hast du mich verstanden?«

Ich duzte ihn wieder.

Da kam die Antwort, die typisch Gerd Müller war: keine gewundene Entschuldigung, sondern ein Satz wie ein Kanonenschuß:

»Ich hab' 'n Fehler gemacht!«

Da habe ich ihm auf die Schulter geklopft und gesagt:

»Gerd, so ist es richtig!«

Er war so, wie er spielte, und er spielte, wie er war.

Ähnliches – auf ganz andere Weise – konnte man von Berti Vogts sagen, der sich ab 1967 als Verteidiger immer mehr ins Blickfeld schob.

Der Schuhmacher-Sohn aus Büttgen, nur 1,68 Meter groß, hatte eigentlich nur ein Zuhause: den Fußball. Die Mutter verlor er mit elf, den Vater mit zwölf, eine Tante zog ihn auf. Die Wärme und Bestätigung, die er zusätzlich brauchte, holte er sich in der Mannschaft – erst beim VfR Büttgen, wo er noch Mittelstürmer spielte, später als Deckungsspieler bei Borussia Mönchengladbach, wohin ihn Hennes Weisweiler mit viel Engagement lotste.

Berti Vogts hat einmal gesagt: »Ich bin eben ganz allein. Ich kann mich manchmal so hineinsteigern, daß ich denke: Mensch, ich pack' das nicht mehr. Wenn das mal wieder so war, merkten das meine Mannschaftskameraden immer und waren für mich da. Ich brauche diese heimische Umgebung. Jupp Heynckes zum Beispiel, der mich schon lange kennt, weiß, daß ich in der Psyche nicht der Größte bin.«

Gerade diese Dünnhäutigkeit und Bescheidenheit hat Berti Vogts immer ausgezeichnet. Als er längst in der Nationalmannschaft heimisch, ja sogar ihr Kapitän geworden war, erklärte er öffentlich: »Ich habe nur dreißig Prozent Talent. Die restlichen siebzig Prozent sind bei mir Arbeit.«

So war er im Grunde schon, als ich ihn kennenlernte: ein stiller, strebsamer, unglaublich energischer Junge von sechzehn Jahren, der an einem Kursus für die Deutsche Jugend-

Auswahl teilnahm. Seinerzeit kämpfte er ja nicht nur um den Ball als Existenzgrundlage. Er hatte sich in die Lehre eines Werkzeugmachers hineingekniet und sich nach zweieinhalb Jahren einen bösen Schicksalsspruch seines Bruders eingefangen: »Die Prüfung schaffst du nie!«

Das war und ist etwa die brutalste, aber sicherste Methode, die Energien des Berti Vogts zu mobilisieren. Ein halbes Jahr lang ackerte er wie ein Besessener – und bestand die Gesellenprüfung.

Die Ehrlichkeit, die Bescheidenheit, der Fleiß, das waren die Qualitäten, die die Zuschauer an diesem jungen Mann sofort spürten. Irgendwie erschien er ihnen wohl als einer der ihren.

Er selber hat das so gesagt: »Ich glaube, viele identifizieren sich mit mir, weil sie sich sagen: So könnten wir auch spielen. Der hat sich alles erarbeitet. Der kämpft. Der arbeitet für das Geld, das wir ins Stadion tragen. Bei mir sehen die Zuschauer vielleicht mehr als bei anderen Spielern den harten Job. Sie identifizieren sich mit mir als einem Arbeiter – nicht mit einem Künstler wie Franz Beckenbauer. Ich weiß, was es heißt, an der Werkbank zu arbeiten. Im Grunde tue ich heute noch dasselbe: Ich feile an dem Stück, bis es endlich hinhaut.«

Kein Wunder, daß der kleine Verteidiger mit dem blonden Lockenkranz und der wachsenden Tonsur der erste Spieler nach Uwe Seeler wurde, dessen Namen ganz Fußball-Deutschland in Sprechchören rief: »Berti-Berti ...«

Als Bundestrainer konnte man sich über einen solchen Zuwachs für die Nationalmannschaft nur freuen. Mit aller Energie, mit totalem Fleiß, mit größter Konzentration bekämpfte er seine Gegner. Wenn man so will, ist er das Muster des deutschen Handwerksmeisters. Er schont sich selber nicht, und er ist ein harter Partner. Das hat aber nur etwas mit seiner Berufsauffassung zu tun. Innerlich ist er ein besonders zartbesaiteter Mensch. Man darf also eine etwaige rauhe Gangart nicht mit einer Charaktereigenschaft gleichsetzen. Berti Vogts drückt sich durch seine Pflichttreue und Einsatzbereitschaft als Charakter auf dem Spielfeld aus.

Wie Gerd Müller kein Spielgestalter war, sondern ein Spielentscheider, war auch Berti Vogts nie Spielmacher, sondern ein Aufgabe-Erfüller: Er schaltete, mit sportlichen Mitteln, den ihm gegebenen Gegner aus und schlug daraus für die Mannschaft in der Offensive Kapital.

Man mag denken: Dieser junge Mann, der vom Schicksal früh mißhandelt worden war, würde sich nur schwer in die Nationalmannschaft hineinfinden. Das stimmte rein sportlich nicht: Man konnte ihn mit wenigen Worten für seine Aufgabe motivieren. Er fragte vielleicht mal: »Ist das ein guter Dribbler? Ist der mit dem linken Bein stark? Geht der nach innen? Schießt er? Flankt er lieber?«

Mit knappen Antworten darauf war er zufrieden und richtig eingestellt. Es ist typisch für ihn, daß er immer schon nach wenigen Minuten eines Länderspiels zu mir schaut und ein zustimmendes Nicken haben will:

»Mache ich die Arbeit so richtig? Alles in Ordnung?«

Man kann ihn mit einer Geste beruhigen.

Er hat taktische Anweisungen sofort verstanden und weitergegeben. Das war beispielsweise bei Franz Beckenbauer manchmal nicht der Fall. Der behielt es für sich und führte es auf seine Art – brillant – aus.

Natürlich hat Berti Vogts früher auch gewisse Minderwertigkeitsgefühle gehabt, sicher auch mir und der Nationalmannschaft gegenüber. Ich habe mit Kleinigkeiten Hemmschwellen abtragen helfen, die noch da waren.

Ich erinnere mich an eine psychologisch amüsante Szene. Berti Vogts hatte an der Sporthochschule Köln seine Fußball-Lehrer-Ausbildung absolviert. Eines Tages ließ ich mich von ihm massieren, obwohl Erich Deuser auch dabei war.

Er walkte mich kräftig durch und hat sich dabei wohl eventuelle Reste von Minderwertigkeitsgefühlen selbst wegmassiert.

Genau das Gegenteil von Müller und Vogts war ein neuer Mann, der sich nach England für die Nationalmannschaft aufdrängte.

Er entsprach den Vorstellungen, die man sich im Klischee von einem jungen Star Ende der sechziger Jahre machte. Im Grunde war er der erste Fußballspieler, der in die Pop-Welt paßte und dessen Appeal auch auf viele weibliche Fans, auf Show-Leute und Intellektuelle wirkte. Dabei stammte er brav und bieder aus Mönchengladbach, Vater hatte eine Samenhandlung, die Familie wohnte in einer Drei-Zimmer-Wohnung.

Ich meine Günter Netzer, den Spielmacher der Himmelsstürmer von Borussia Mönchengladbach: langes, blondes Haar, große Eigenwilligkeit, dramatische Gesten ... Man hätte sich ihn auch mit der Elektro-Gitarre am Mikrofon vorstellen können. Aber seine Show, seine Kunst waren eine besondere Übersicht, die Fähigkeit, ein Spiel bei Bedarf schnell oder langsam zu machen, weite Pässe, enormes Ballgefühl und Führungsqualitäten.

Privat und sportlich war ich Günter Netzer immer besonders wohlgesonnen. Er gehört zu den markantesten Erscheinungen in meiner Zeit als Bundestrainer. Das bedeutet aber nicht, daß ich ihm kritiklos gegenüberstand.

Es war am 1. Februar 1970, in Sevilla. Wir spielten gegen Spanien, fanden nie unsere Linie, ließen teilweise auch jeden Kampfgeist vermissen und verloren schließlich 0 : 2. Das war an sich keine Tragödie. Nur die Art, in der wir uns abfertigen ließen, ärgerte mich.

Ich hatte einige Spieler im Visier. Günter Netzer, wie er Spanier umspielte, sich großartig umschaute und den Ball wieder verlor. Ich habe es schon erzählt. Mein Ärger staute sich. Denn am Tag des Spieles kamen wir erst um elf Uhr abends zum Abendessen. Das war sicher nicht der richtige Zeitpunkt für eine kritische Abrechnung. Dann hielt DFB-Präsident Dr. Gösmann eine Rede und verteilte die Länderspiel-Plaketten. Anschließend bedankte ich mich allgemein für den Einsatz, aber nicht für das Spiel: Hier sei doch vieles schief gelaufen ... Sollte ich noch mitten in der Nacht auf die Pauke hauen?

Am nächsten Morgen kam ich mit den begleitenden Journalisten am Flughafen von Sevilla ins Gespräch. Bisher hatte man mir den Vorwurf gemacht, daß ich immer den Buckel für die Fehler der Spieler hinhielt. Diesmal sagte ich meine Meinung, auch über Günter Netzer. Ich sagte, daß er das Spiel langsamer gemacht und »Kinderstubenfehler« begangen hätte, wenn er sich einen einmal gewonnenen Ball wieder abnehmen ließe. Aber ich erklärte den Günter nicht etwa zum Alleinschuldigen. Andere bekamen auch ihr Fett.

In den deutschen Zeitungen wurde meine Kritik dann zum großen Tribunal gegen Netzer aufgebauscht. Der war zutiefst getroffen. Er rief mich nicht etwa an, sondern konterte mit Gegenerklärungen: »Schluß mit der Nationalelf – ich lege keinen Wert mehr auf Berufungen.« So las ich es in den Zeitungen.

Ich lebe nicht gerne im Streit. Ich bin auch nicht nachtragend. Ich habe nie einen Spieler aus persönlicher Aversion aus der Nationalmannschaft hinausgedrückt oder sie ihm versperrt. Ich habe immer das Gespräch gesucht. Oft konnten Probleme ohne große Worte erledigt werden: Das nächste Mal ist der Betreffende wieder aufgestellt worden, er ist gekommen, wir haben uns die Hand gegeben.

Bei Günter Netzer kam hinzu, daß ich ihn wirklich mochte. Ich machte mir insgeheim den Vorwurf, daß ich nicht, wie sonst immer, mit ihm unter vier Augen gesprochen hatte. Das sollte mir eine Lehre sein.

Es war kein Anlaß, daß ich mich entschuldigte. Meine Meinung bedurfte keiner Korrektur. Aber er war der Jüngere, der Eingeschnappte. Da habe ich mir an einem Dienstag ein Herz gefaßt und Günter Netzer angerufen. Ich habe unseren Wortwechsel etwa so in Erinnerung:

»Günter, stehst du zu deinen Äußerungen, die ich in der Presse gelesen habe? Ist die Nationalmannschaft für dich erledigt?« *Netzer:* »Herr Schön, ich finde, es ist einfach keine Art, mich zum alleinigen Sündenbock zu machen. Das geht nicht an. Das hat mich sehr getroffen. Andere haben doch auch schwach gespielt. Ich finde es unmöglich, daß Sie mich in aller Öffentlichkeit so fertiggemacht haben.«

»Das stimmt einfach nicht. Ich habe dich überhaupt nicht zum Sündenbock erklärt. Ich habe gesagt, daß du schwach warst – du und einige andere auch. Die Presse, die du ja zur Genüge kennst, hat daraus die große Verurteilung des Günter Netzer gemacht. Du weißt, wie das geht.«

*Netzer:* »Aber Sie haben doch gesagt, Netzer hat ›Kinderstubenfehler‹ gemacht. Was soll denn das? Habe ich mich etwa schlecht benommen? Ich kann mich nicht erinnern!«

»Mit ›Kinderstubenfehler‹ meine ich: fußballerische Fehler, wie Ballverlust nach einem gewonnenen Zweikampf – also Fehler, die man nur in der Kinderstube machen darf.«

*Netzer:* »Ach so. Ich habe das ganz anders verstanden ...«

Nach dem ersten recht straffen Wortabtausch besänftigte sich unser Gespräch. Jeder von beiden ließ Verständnis für den Standpunkt des anderen durchblicken. Und ich lud Günter Netzer zum Treffen der Nationalmannschaft nach Frankfurt ein. Daß das vorgedruckte Schreiben ein paar persönliche Worte von mir enthielt, überwand die letzten Verkrampfungen. Netzer kam. Wir sprachen uns beim DFB in einem Nebenzimmer noch einmal richtig aus. Und wir besiegelten – zusammen mit Hennes Weisweiler, dem auch viel daran lag – bei einem Kaffee in der Sportschule Hennef unsere Versöhnung.

Der bittere Treppenwitz der ganzen Affäre war: Ich konnte Günter Netzer dennoch nicht nach Mexiko mitnehmen. Zwei Monate vor dem großen »Sammeln« in Malente zog er sich gegen Alemannia Aachen eine Spreizmuskelverletzung zu. An sich war das ziemlich harmlos. Aber da Borussia Mönchengladbach in Richtung auf die Meisterschaft marschierte, ließ sich der Günter fit spritzen, bis der Titel gesichert war. Dann aber langte es nicht mehr für Mexiko – eine verpaßte große Gelegenheit, wie oft in seiner Karriere.

Günter gehörte zu den Spielern, die im Verein begeisterten, in der Nationalmannschaft aber oft blaß blieben. Das lag wohl daran, daß Netzer auf dem Spielfeld eine vertraute Umgebung brauchte. Als er die dann – bei der Europameisterschaft 1972 – auch bekam, erreichte er den Zenit seiner Laufbahn.

Ich ließ den Pechvogel als 23. Mann für Mexiko einkleiden, zum Trost und als symbolische Geste: Du gehörst dazu, danach geht es weiter.

Ein anderer Mann, mit dem ich fest für Mexiko gerechnet hatte, war nicht dabei: Udo Lattek, mein Assistent. Ich hatte mich 1969 gerade in Mexiko nach Quartieren umgesehen, als mich ein Sportreporter anrief und fragte: »Wissen Sie schon, daß Udo Lattek den DFB verlassen hat?« Ich fiel aus allen Wolken.

Lattek hatte meine Abwesenheit dazu benützt, sich vom DFB zu lösen und zu Bayern München zu gehen. Das hat mich damals sehr getroffen, vor allem, weil ich von Mexiko aus nichts unternehmen konnte. Ich hätte mich sicher bemüht, ihn zu halten. Bei dieser Nacht- und Nebelaktion war ich wehrlos.

Sicher spielte bei Latteks Entscheidung auch das Geld eine Rolle. Was Club-Trainer damals verdienten, stand ja fast täglich in der Zeitung. Es gab beispielsweise einen, der laut und öffentlich verkündete, er würde im Monat auf 30–40 000 Mark »mit allem Gemüse drum herum« kommen.

Nur um einen Vergleichs-Maßstab zu setzen: Im ganzen Jahr 1977 habe ich nach einundzwanzigjähriger Dienstzeit als Bundestrainer brutto 97 000 Mark bekommen. Da waren aber schon 13. Monatsgehalt, Arbeitgeber-Beitrag, Kranken- und Angestellten-Versicherung mit enthalten. In der Bundesliga wäre ich also Abstiegskandidat Nummer eins gewesen. Aber ich war nie neidisch auf die Club-Trainer. Und ich habe nie Mißgunst gegenüber Spielern empfunden, die sehr viel mehr als ich verdienten: Sollten sie doch! Darum fühlte ich mich nicht benachteiligt. Man darf nicht vergessen: Der Bundestrainer sitzt nie auf einem Schleudersitz wie die Club-Trainer. Er hat einen langfristigen Vertrag und eine gesicherte Altersversorgung.

Trotz aller Angebote nach 1966 habe ich nie daran gedacht, mich ähnlich wie Udo Lattek »zu verbessern«. Denn das Schönste, was es für mich gab, war nun einmal die Arbeit mit der Nationalmannschaft.

Lattek hat wohl nicht warten können, bis er an die Reihe kam, denn damals war mein Rücktritt überhaupt noch nicht abzusehen. Lattek und ich haben uns später über diesen Fall ausgesprochen. Er hatte seine Gründe, ich war enttäuscht.

Das Tandem Seeler-Müller funktionierte zum zum ersten Mal an einem grauen Herbsttag in Hamburg, dem 22. Oktober 1969. Uwe »steckte zurück«, wie man sagt, damit Gerd Müller Platz bekam, seine Rolle zu spielen. Die Konsequenz war, daß wir keinen Raum für einen richtigen Linksaußen hatten. Helmut Haller trug zwar die Nummer elf, operierte aber vorgeschoben im Mittelfeld ...

Es war schon ein großes Glück, daß es ausgerechnet in diesem Spiel klappte. Denn es ging gegen Schottland um die Entscheidung in unserer Qualifikationsgruppe. Als Libuda das 3 : 2 für uns einschoß, schlugen manche Spieler Purzelbäume – und auch mir war danach zumute.

Zum zweiten Mal hatte ich es geschafft, die Nationalmannschaft in die WM-Endrunde zu führen. Das machte mich stolz. Meine Bilanz als Bundestrainer ließ sich inzwischen sehen:

53 Spiele, 32 Siege, 13 Unentschieden, 8 Niederlagen, ein Torverhältnis von 111 : 38 – und immerhin eine Vizeweltmeisterschaft.

Ich hatte das Gefühl, auch für Mexiko gut gerüstet zu sein. So sah mein Aufgebot der Zweiundzwanzig aus:

Sepp Maier – die Nummer eins im Tor: eminent begabt, inzwischen auch der zuverlässigste und erfahrenste Torwart, mit einer außerordentlich positiven Ausstrahlung auf die Vorderleute.

Manfred Manglitz – ein sehr zuverlässiger Schlußmann. Keine genialen Züge.

Horst Wolter – gleiche Qualitäten wie Manglitz.

Klaus Fichtel – ein Spieler, der als Libero, Vorstopper, Verteidiger und im hinteren Mittelfeld einzusetzen war. Vielseitig und in seiner Leistung gleichbleibend.

Horst-Dieter Höttges – ein ganzer Kerl, auf den man sich

verlassen konnte, der von der ersten bis zur letzten Minute mit vollem Einsatz spielte, ein Kämpfertyp.

Max Lorenz – ein gutes Element in der Mannschaft. Ich machte ihn zum Kapitän der Ersatzleute, damit es nicht zwei Gruppen gab: die »Wir«-Gruppe, die spielte, und die »Die«-Gruppe, die zusehen mußte. Er war mein Vertrauensmann, entscheidend für das Betriebsklima.

Bernd Patzke – ein zuverlässiger Verteidiger, ohne die Dynamik eines Höttges oder später Vogts.

Karl-Heinz Schnellinger – ein äußerst erfahrener Mann, als Libero, Verteidiger, Vorstopper einzusetzen. Durch Italien und zwei Weltmeisterschaften mit allen Wassern gewaschen.

Willi Schulz – der große Ordnungshüter in der Hintermannschaft, absolute Cleverness im Abwehrbereich.

Klaus-Dieter Sieloff – ein guter Stopper, ein solider Mann, aber nicht erste Wahl.

Hans-Hubert Vogts – beliebt, zuverlässig, er sollte einer der besten Verteidiger der Weltmeisterschaft werden.

Wolfgang Weber – ein Spieler, der zeitlebens viel Pech mit Verletzungen und Erkrankungen hatte. Er gehörte immer zu jenen, auf die man sich verlassen konnte. Ohne die vielen Verletzungen wäre er ein Stopper und Außenläufer von ganz großem Format geworden.

Franz Beckenbauer – inzwischen zur Weltklasse gereift.

Jürgen Grabowski – ein brillanter Rechtsaußen, aber nicht konkurrenzlos, wechselte sich mit Reinhard Libuda ab.

Helmut Haller – bei all seinem großen Können lief er infolge einer Verletzung seiner besten Form hinterher. Er brachte – bei 1,78 m Körpergröße – für Mexiko 78 Kilo auf die Waage. Das hieß auch: Er war noch zu schwer, nicht voll austrainiert.

Siegfried Held – ein beständiger, beweglicher, schneller, einsatzfreudiger, torgefährlicher Stürmer.

Reinhard Libuda – ein Sonderfall: Man nannte ihn nicht umsonst »Stan«. Konnte mit glänzenden Körpertäuschungen den Gegner fabelhaft narren. Ließ sich aber als etwas labiler Typ leicht von anderen Dingen beeinflussen und aus dem Gleichgewicht bringen. Brachte über Wochen nie die gleichen Leistungen.

Wolfgang Overath – damals schon der Weltklassespieler wie dann auch 1974. Man konnte sich auf ihn vor allem in Turnieren absolut verlassen. Für ihn gab es keine Ablenkungen, nur volle Konzentration. Für eine Weltmeisterschaft ein idealer Spieler.

Uwe Seeler – ein wahres Wunder, daß er sich nach all seinen schweren Verletzungen wieder gefangen hatte und in voller Frische wieder zur Verfügung stand. Er wurde eine unserer tragenden Spielerpersönlichkeiten.

Gerd Müller – inzwischen »der Bomber der Nation«. Von den zwanzig Toren, die wir in den Qualifikationsspielen gegen Österreich, Schottland und Zypern geschossen hatten, gingen neun auf sein Konto – vier davon waren Einzeltore, also spielentscheidend.

Johannes Löhr – ein schneller, gewitzter Linksaußen, ein guter Kamerad.

## *Ein vorausgenommenes Finale*

Wir kamen in ein Paradies. Mitten in der mexikanischen Wüste, nach verdorrten Bachläufen, ausgebrannter Erde, staubergrauten Kakteen und Disteln blühte plötzlich eine Oase auf. Palmen fächelten milde im Wind, tropische Bäume streuten Schatten, Oleander entzückte uns in Rot und Weiß. Gummibäume standen da, so riesig, daß wir lachen mußten: »Die passen in kein Wohnzimmer ...«

Das war »Balneario de Comanjilla«, das Heilbad von Comanjilla, mitten in Mexiko, rund 400 Kilometer Luftlinie nordwestlich der Hauptstadt Mexico City, 1885 Meter über dem Meeresspiegel, nahe unserem Gruppen-Spiel-Platz Leon.

Vögel, die wir noch nie gesehen hatten, schwebten und schwirrten zwischen den Bäumen. Ein Thermalschwimmbekken, fünzig Meter lang, glänzte wie ein Smaragd. Der Hotelkomplex, in dem wir wohnen sollten, fügte sich in diese exotische Filmkulisse. Die Gebäude waren im Hazienda-Stil errichtet, mit schattigen Arkaden. Die Räume waren kühl, lagen oft zu ebener Erde, hatten Bäder, in die man ein paar Stufen hinabgehen mußte. Wer wollte, konnte sich das 35 Grad warme Thermalwasser schon in diese Becken im eigenen Zimmer laufen lassen. Aber noch schöner war es natürlich, sich draußen in die warmen Fluten zu hängen: Schwimmen konnte man da kaum, dafür war die Temperatur zu hoch, aber als »Entmüdungsbecken« war dieser Pool wohl unüberbietbar.

Ich hatte ein Jahr zuvor bereits die Betten geprüft. Dank meiner Größe bin ich ein idealer Ein-Schläfer. Natürlich mußte hier noch einiges auf deutschen Geschmack umgestellt werden: Die untergeschlagenen Bettücher der Südländer irritieren viele Deutsche ja im Urlaub. Da hatten wir genug Decken mitgebracht, wie unsere Spieler sie von zu Hause gewöhnt waren.

Solche kleinen Umstellungen machten freilich nicht die geringsten Schwierigkeiten. Wir waren hier quasi in einem deutschen Haus: Die Besitzer, Familie Gabriel, stammte aus dem Hessischen, hatte aber einst vor den Nazis fliehen müssen. In der reizendsten Weise wurde uns jeder Wunsch erfüllt.

Kaum waren wir angekommen, habe ich ein Training angesetzt. Die Spieler sollten nach dem Schaukelflug Mexico City – Leon, nach den Strapazen der Interkontinental-Reise so schnell wie möglich schwitzen – und an den Ball, das Allheilmittel. Es ging ja darum, drei große Umstellungsprobleme rasch zu meistern: die Hitze, die Höhenlage, den Zeitunterschied. Professor Hollmann von der Sporthochschule Köln hatte mir geraten: »Jeder Tag, den Sie länger dort verbringen, ist gut für Sie.«

Ich hatte dennoch auf eine allzu frühe Ankunft verzichtet und die Basis-Vorbereitung lieber wie gewohnt in Malente betrieben. Ich wurde von dem einen oder anderen Professor in Deutschland sogar öffentlich attackiert: Warum ich kein Höhenlager in Europa oder nicht wenigstens ein Quartier bei Mexico City gewählt hätte. Das läge höher als Leon und würde die Anpassung begünstigen.

Dagegen standen bei mir Menschenkenntnis und Lebenserfahrung. Die Spieler sollten nicht zu lange »kaserniert« sein und es so normal, so gewohnt wie möglich haben. Ein Quartier bei Mexiko City, mit strapaziösem Hin- und Hergefliege in kleinen Maschinen – das wäre wohl das letzte gewesen.

Ein Spieler wie Haller, der mit seiner Form im Rückstand war, brauchte an die vier Tage, um sich voll zu akklimatisieren und an den Zeitunterschied zu gewöhnen. Dabei arbeitete Haller mit viel Energie, um den Anschluß zu finden: Schon vor dem Frühstück machte er Steigerungsläufe.

Die Jüngeren waren wesentlich schneller voll da. Ich ließ sie mit dem Fußball die völlig veränderten Bedingungen einfach vergessen. Das Training war Therapie.

Auf dem Nebenplatz des Stadions von Leon, fünfundzwanzig Kilometer von Comanjilla entfernt, trainierten wir auch mittags in praller Sonne, wir wollten uns an das gewöhnen, was auf uns wartete: 50 Grad Hitze. Bestimmte Spiele waren für zwölf Uhr angesetzt, damit sie in den europäischen Fernsehsendern noch zu einer annehmbaren Zeit übertragen werden konnten Wenn wir auf dem Platz umherliefen, warfen wir keine Schatten mehr. Um die Füße jedes Spielers war nur noch ein dunkler Kreis.

In Comanjilla schien alles ideal. Und doch gab es Probleme. Das einfachste war noch, die Ruhe der Spieler zu garantieren. Die Gefahr bestand ja, daß jede freie Minute zu einem Exklusiv-Interview mit den reichlich angereisten deutschen Journalisten genutzt wurde.

Ich ließ die Journalisten zusammenkommen und deutete auf den Rasen vor den ebenerdigen Zimmern:

»Denkt euch hier eine Linie. Die darf niemand überschreiten. Das ist euer Strafraum, in den ihr nicht hineindürft.« Außerhalb der Linie durfte jeder mit jedem reden.

Ich muß den Journalisten ein großes Kompliment machen. Sie haben sich wirklich daran gehalten – mit einer Ausnahme. Ein junger Mann – Fotograf – wollte sich mit seiner Dame im Zimmer eines Spielers zum Baden umziehen.

»Kommt nicht in Frage«, sagte ich und komplimentierte die beiden hinaus. Dabei mochte ich den Fotografen.

Aber wir mußten Disziplin bewahren. Uns standen ja auch noch die mexikanischen Journalisten in hellen Scharen auf der Matte. Ich gewährte ihnen, um überhaupt noch Zeit für meine Arbeit zu behalten, immer nur Drei-Minuten-Interviews. Prompt bekam ich den Spitznamen »Mister Three Minutes«.

Eine wesentlich heiklere Sache war das, was man populär »Montezumas Rache« nennt. Ich erinnerte mich noch mit Schrecken unseres Mexiko-Gastspiels Ende 1968, wo Franz Beckenbauer auf dem Spielfeld plötzlich eine verzweifelte Geste zu mir machte, blitzartig vom Platz rannte und nicht mehr gesehen wurde.

Solche Ausfälle konnten wir uns bei der Weltmeisterschaft wirklich nicht erlauben. Die Spieler bekamen strikte Anweisung: Kein Wasser aus der Leitung, auch nicht beim Zähneputzen, keine Eisstücke in Getränken, kein ungeschältes Obst, kein rohes Gemüse. Die Spieler hielten sich so genau an die Anweisungen, daß während der ganzen Zeit keiner erkrankte. Einige Journalisten dagegen wurden Stammkunden bei Professor Schoberth, der mit allem versorgt war.

Chefkoch Hans Georg Damker war in Comanjilla am ärgsten dran. Bei der Einreise hatten die mexikanischen Behörden gemäß ihrer strengen Import-Bestimmungen unseren gesamten Fleischvorrat für die Weltmeisterschaft beschlagnahmt. So kam es zu einer abenteuerlichen Szene: Nachts schlachtete Damker im Freien nahe unserem Hotel eine dürre Kuh, die er billig von einem Bauern gekauft hatte. Was uns die Mexikaner offiziell lieferten, reichte einfach nicht.

Wenige Tage nach unserer Ankunft ereignete sich etwas Schreckliches. Die Mannschaft war gerade vom Training aus Leon gekommen und in den Zimmern verschwunden.

Ich hörte lautes Schreien vom Swimmingpool, der nicht zum Hotel gehörte, sondern einige fünfzig Meter entfernt lag und für die Bevölkerung des Dorfes Comanjilla bestimmt war.

Die Mexikaner gestikulierten wild. Professor Schoberth, Erich Deuser und ich rannten zum Bassin. Da zogen sie gerade einen kleinen, schwarzhaarigen Jungen aus dem warmen Wasser. Er hatte schon einige Minuten unter Wasser gelegen. Deuser und Schoberth begannen sofort – wirklich fachmännisch – mit den Wiederbelebungsversuchen. Sie arbeiteten insgesamt drei Stunden wie die Besessenen.

Unter den Leuten, die wie gebannt zusahen, stand auch der Vater des Jungen. Man zeigte mir: »El Papa...« Er sah so furchtbar traurig aus. Ich habe ihm ab und zu zugenickt, wenn die Finger seines Jungen durch die Massage wieder etwas rot wurden. Aber es war alles umsonst. Endlich gaben Professor Schoberth und Erich Deuser ihre Bemühungen auf. Ich blickte zum Vater. Er senkte nur den Kopf und ging weg.

Bei den Mexikanern brachte uns der hilfreiche, aber vergebliche Einsatz große Sympathien. Die Spieler sammelten für die Eltern. Als sich herausstellte, daß sie finanziell relativ gut gestellt waren, stifteten wir die 1500 Pesos, die zusammengekommen waren – etwa 500 Mark – dem Waisenhaus San Juan Bosco in Leon.

Eines Tages schnappte ich in Comanjilla einen seltsamen Satz auf: »Der Puma brummt schon wieder.« Es war ein Spieler, der das sagte und lachte.

Ich hielt es für einen Spaß, in den ich gerade nicht eingeweiht war.

Doch dann breitete es sich wie ein Lauffeuer aus. Es brummte, sozusagen, an allen Ecken. Die Spieler tuschelten, bildeten Grüppchen. Schließlich kam Uwe Seeler zu mir und sagte:

»Herr Schön, als Kapitän muß ich Ihnen erklären: Es ist Unruhe in der Mannschaft. Es geht um die Schuhe.«

Tatsächlich ging es um »zwei bekannte Schuh-Marken«, wie man immer so verschämt formulierte, also um die beiden großen deutschen Sportausstatter »adidas« und »Puma«. Und es ging um Geld. Einige Spieler erhofften sich einen Nebengewinn, wenn sie »Puma« trugen. Dabei hatte »adidas« die Ausrüstung der Nationalmannschaft besorgt und auch einen Vorbereitungsfilm für den DFB erstellt. Vom DFB aus gesehen, gab es keinen Zweifel: »adidas« war die Marke der Nationalmannschaft.

Nur galt es als offenes Geheimnis, daß einige Spieler von sich aus oder über ihren Verein mit »Puma« verbunden waren. Am bekanntesten als »Puma«-Träger war Günter Netzer. Darum meinte ich, er wäre verantwortlich für das ganze Gebrumm. Er befand sich ja in Mexiko, war sozusagen unser 23. Mann und genoß die Kameradschaft und das Vertrauen der Spieler.

Ich sprach Günter Netzer ziemlich scharf an: »Willst du mit der Schuh-Geschichte hier Unruhe in die Mannschaft tragen?«

Er antwortete, für mich absolut glaubwürdig: »Damit habe ich nicht das geringste zu tun.«

Die Affäre eskalierte zum sogenannten »Schuh-Krieg«, als in Deutschland Schlagzeilen wie diese erschienen: »Geld her – oder wir fahren nach Hause!« Das sollten Spieler gesagt haben.

Da wurde es mir zu bunt. So etwas hatte es in der Geschichte der Nationalmannschaft noch nie gegeben. Ich rief die Spieler zusammen. Ich stand im Garten unseres Hotels, die Spieler saßen auf Stühlen. Ich sagte: »Nun hört mal schön zu. Da drüben, zwanzig Meter von hier, ist das Büro von Herrn Joch. Der sitzt an seinem Schreibtisch bereit, die Flugscheine auszuschreiben für die Spieler, die jetzt nach Hause fahren wollen.«

Es gab ein Gemurmel. Keiner stand auf. Der Fall war ausgestanden.

Der »Schuh-Krieg« erscheint rückblickend doch bedeutsamer, als man damals meinen mochte. Es ging um mehr, als daß ein paar Spieler ein paar Mark zusätzlich herausholen wollten. Es zeigte sich hier in der Praxis, daß inzwischen das Zeitalter der Vermarktung von Spielern, Vereinen, dem Fußball überhaupt angebrochen war.

Wir hatten es mit einer Generation von Fußball-Profis zu tun, die wußten, was sie wert waren – und entsprechend kassieren wollten. Es waren Kinder unserer Zeit. Sie spiegelten die Anschauungen einer Gesellschaft, die auf Geld programmiert war. Jedermann in anderen Berufen war stolz darauf, viel – und mehr – zu verdienen. Gewinn machen zu wollen, galt als eine selbstverständliche, positive Aktivität, bei einzelnen wie bei Firmen. In einer Gesellschaft, die inzwischen auch psychologisch tief von der Marktwirtschaft geprägt war, konnte man es jungen Spielern nicht verübeln, wenn auch sie am möglichen Segen beteiligt sein wollten.

Ich jedenfalls hatte und habe nichts dagegen. Ich finde die Verhältnisse, wie sie spätestens seit Mexiko üblich geworden sind, sogar besser als jene Amateur-Zeiten, in denen ich aufwuchs.

Wie lächerlich verlogen war es doch, einen Richard Hofmann »lebenslänglich« zu sperren, nur weil er auf einem Foto eine Schachtel »Bulgaria« Zigaretten hochgehalten hatte! Er hat die dafür versprochenen paar Mark nicht einmal bekommen. Wie komisch mutet es uns heute an, daß nach der Weltmeisterschaft 1954 Spieler wie Jupp Posipal oder Toni Turek für eine Haarcreme Reklame machten und wenig mehr als hundert Mark kassierten.

Das heimliche Geld-Zustecken von einst, die krummen Touren mit der angeblich weißen Weste – das wirkt auf mich heute unangenehmer als die ehrlichen Profi-Verhältnisse. Einem Spieler bleibt nur eine kurze Zeit für seine Karriere. Außerdem ist sie täglich durch Verletzungen bedroht. Soll er also meinetwegen Werbeverträge abschließen – ich habe nichts dagegen, wenn das Sportliche nicht darunter leidet.

Leistung soll honoriert werden.

Naütrlich brachte das neue Geld-Zeitalter im Fußball auch Auswüchse mit sich – bis heute. Ich meine damit die völlig überhöhten Ablösesummen und die teilweise unzeitgemäßen, phantastischen Bezahlungen von Spielern und Trainern. Da werden manchmal für mittelmäßige Kräfte Vermögen ausgegeben.

Schuld daran sind ohne Zweifel auch manche Vereinsvorsitzende. Sie werden sich auf diesem Gebiet noch Gedanken machen müssen. Der Rütli-Schwur der Sparsamkeit und Zurückhaltung, den sie sich oftmals gegeben haben, ist Larifari gewesen.

Wir sind nach wie vor in der Gefahr, die italienische Krankheit zu bekommen: Millionen-Ablösen für künstlich hochgelobte Spieler, Millionen-Schulden bei den Vereinen, Enttäuschung und Neid gerade bei den armen Fans. Solange die Fußballvereine für bestimmte unsachkundige Personen ein Tummelplatz der Eitelkeiten bleiben, wird sich das kaum ändern. Wer Geschäfte machen will, muß auch Geschäftsmann sein.

Uns fehlt ein Profi-Fußball, der so organisch gewachsen ist wie der in England. Das heißt, ein selbstverständlich professionelles Verhalten bei den Vereinen – und bei den Spielern. Auf beiden Gebieten sind wir noch unterentwickelt. Aber wir haben immerhin schon die Pubertätskrise des Geschäfts-Fußballs, den Bundesliga-Skandal, hinter uns. Der war sicher für viele eine heilsame Lehre.

Ich habe nichts gegen den werbemäßigen Verbund von Vereinen und großen Firmen. Ich befürchte auch keine Eingriffe oder Manipulations-Versuche von seiten der Unternehmen. Die Vereine brauchen nun einmal Geld; hier bekommen sie es auf eine saubere Art.

Freilich, mich überkommt manchmal Nostalgie, daß man den traditionsreichen Dress manches großen Vereins kaum noch sieht. Wo ist es geblieben, das Weiß und Rot des ältesten deutschen Fußball-Vereins, des HSV? Mal altrosa, mal himmelblau – und dann auch noch ein Firmenname auf der Brust – wohin sind wir gekommen?! Das tut mir weh.

Aber das muß man wohl unter dem Begriff »gute alte Zeit« abbuchen. Sentimentalität ...

Das Geschäft der Vereine mit großen Firmen, das Geschäft der Firmen mit dem Fußball läßt sich keineswegs mit den heuchlerischen Amateur-Usancen im Ski-Geschäft vergleichen.

Wo mancher Ski-»Amateur« im Jahr 400 000 Mark und mehr verdient, wo es einige zehntausend Mark kostet, um überhaupt einen Läufer einmal vom Start ins Ziel zu schicken, geht es um einen brutalen Kampf:

Firmen verschiedener Nationalität wollen sich gegenseitig die Weltmärkte abjagen. Österreichische, deutsche, französische, amerikanische Firmen befehden sich mit allen Mitteln, nur um beispielsweise Japan als Absatzgebiet zu erobern.

Eine solche Situation kann es im Fußball kaum geben, da dieser gnadenlose, national angeheizte Existenzkampf um den Export fortfällt. Die beiden beherrschenden Sportartikel-Hersteller der Fußballwelt sind ohnehin deutsch ... Wir haben es ja in Mexiko gesehen.

Der Ball kam von links und konnte niemals ein Problem für Höttges sein. Er mußte ihn einfach zur Ecke köpfen, basta. Aber das tat er nicht. Er versuchte eine verkorkste Rückgabe zu Sepp

Maier. Der Ball schwebte über unseren Torwart hinweg und senkte sich an der linken Ecke des Fünf-Meter-Raumes auf den Fuß des Marokkaners Houmane Jarir. Tor...

Es war die 21. Minute unseres ersten WM-Spiels gegen Marokko, am 3. Juni 1970. Wir lagen 0 : 1 zurück. Schon das war eine Sensation erster Klasse. Und sie vergrößerte sich von Spielminute zu Spielminute. Gerd Müller schoß den Ball mit einem artistischen Scherenschlag an die Latte. Sigi Held traf kurz danach auch nur das Querholz. Berti Vogts schoß scharf – vergeblich. Bei Halbzeit führten die Marokkaner immer noch 1 : 0.

Dabei waren wir angetreten wie die Weltmeister, mit einer Mannschaft, bei deren Namen einem das Wasser im Mund zusammenlaufen konnte: Maier – Vogts, Schulz, Fichtel, Höttges – Haller, Beckenbauer, Overath – Seeler, Müller, Held. Und wir hatten, nach der Papierform und dem Urteil mancher »Experten«, ein »Glückslos« gezogen: Wir waren mit Marokko, Peru und Bulgarien in einer Gruppe.

Die sogenannten Experten vergaßen zumeist, daß es sich dabei um drei hitzegewohnte Mannschaften handelte. Die Peruaner waren zusätzlich durch ihre Gewöhnung an die Höhenlage, ihre geographische Nähe, die sprachliche Vertrautheit im Vorteil. Die Bulgaren haben an allen letzten Weltmeisterschaften teilgenommen (mit Ausnahme von 1978). Sie konnten jedem ein Bein stellen und waren ein unangenehmer Gegner: hart, aber spielerisch versiert. Dazu das unbeschriebene Blatt Marokko. Den Sieger der Afrika-Gruppe sollte man schon deswegen nie unterschätzen, weil er sich gegen eine Vielzahl von Gegnern hat durchsetzen müssen und nicht so ganz unbedarft sein kann.

Schließlich galt die alte Weisheit: Bei Weltmeisterschaften gibt es in der Praxis ohnehin keine »Glückslose« und leichten Gruppen. Zuviel hängt von der Hektik, vom Glück, von den Nerven ab.

Ich hatte vor den Marokkanern dringend gewarnt. Aber die Mannschaft ging dennoch in dieses Spiel nach der Devise: Naja

– laß sie mal kommen. Besonders am rechten Flügel wirkte sich die mangelnde Form von Helmut Haller negativ aus. Die Marokkaner legten es darauf an, uns nicht ins Spiel kommen zu lassen, das Tempo zu drosseln. Unsere Spieler merkten allmählich, daß das Spiel gut und gerne verlorengehen konnte.

In der Halbzeitpause mußte ich sehr deutlich werden. Ich haute sozusagen mit der Faust auf den Tisch.

»Spielt endlich schneller! So geht es nicht weiter! Ihr müßt das Heft in die Hand bekommen! Helmut Haller, du gehst raus. Jürgen Grabowski kommt jetzt rein. Seht euch vor: Die werden das Spiel zerhacken und verzögern. Jede Minute läuft jetzt für die!«

Als wir wieder auf den Platz kamen, waren nur acht Marokkaner da. Die nächsten trudelten ein, als der Schiedsrichter schon drauf und dran war anzupfeifen. Er gab schließlich das Spiel frei: Da war der marokkanische Torwart immer noch nicht zu sehen. Leider konnten wir daraus keinen Nutzen ziehen. Ehe noch ein Schuß auf das leere Tor abgegeben werden konnte, war er atemlos zwischen den Pfosten angelangt.

Uwe Seeler – diesmal von Gerd Müller in Szene gesetzt! – schoß schon nach elf Minuten den Ausgleich. Und Gerd Müller verwandelte schließlich einen Lattenabpraller von Löhr mit dem Kopf.

Wir waren noch einmal davongekommen. Die Spieler wirkten ausgesprochen deprimiert.

Zu Hause in Deutschland war der Teufel los. Man übergoß uns mit beißender Kritik. Dettmar Cramer – der den DFB inzwischen verlassen hatte – erläuterte von Mexiko aus im Zweiten Deutschen Fernsehen, was ich alles falsch gemacht hatte. An einer Wandtafel, so berichtete man mir jedenfalls, fertigte er mit Kreide Zeichnungen, wie wir hätten spielen müssen. Nicht nur meine Freunde empfanden das damals als unkollegial. Ich verzichtete eine ganze Weile darauf, mit ihm zu sprechen. Inzwischen ist auch das längst beigelegt.

Die Beinahe-Pleite gegen Marokko wirkte sich heilsam aus, als Schuß vor den Bug zur rechten Zeit. Für Helmut Haller freilich hätte ich mir einen besseren Abschied von der Nationalmannschaft gewünscht.

Unsere Mannschaft bekam noch einen letzten Anstoß aufzuwachen. Im zweiten Spiel gingen erst einmal die Bulgaren 1 : 0 in Führung. Von diesem Augenblick an lief es ausgezeichnet. Besonders Libuda brachte seinen Verteidiger zur Verzweiflung: Der bekam, wie man so sagt, einen Drehwurm angesichts der Tricks von »Stan«. Wir gewannen 5 : 2. Und das Gefühl der Sicherheit: Wir sind endlich da.

Es gab Diskussionen unter den Spielern. Und sie kamen dann zu mir: »Herr Schön, lassen Sie uns doch gegen Peru verlieren! Dann machen wir den Gruppenzweiten und kommen gegen Brasilien. Die liegen uns doch mehr als die Engländer.«

Tatsächlich war das die mutmaßliche Situation. Wurden wir Gruppensieger, durften wir zwar »zuhause«, in Leon, spielen, gegen den Gruppenzweiten von Guadalajara – aber das war eben England, der amtierende Weltmeister.

Ich weiß noch, daß ich richtig trotzig mit dem Fuß aufstampfte und wie ein störrisches kleines Kind sagte: »Ich will aber die Engländer haben!«

Ich wollte unbedingt die sportliche Revanche für 1966.

Darum mußten wir die Peruaner schlagen. Wir hatten sie gegen Bulgarien in einem Spielrausch gesehen. Wenn sie im Viereck fünf oder sechs Pässe machten, schrien die peruanischen Schlachtenbummler begeistert »Olé!« Das machte uns soviel Spaß, daß wir unsere Trainingsspielchen in dem Viereck zwischen Strafraum und Eckfahne seitdem nur noch »Olé!« nennen.

Wir empfanden gehörigen Respekt vor diesem Gegner. Doch da wir die Peruaner ernst genug nahmen, klappte es auch. Wir schafften ein sicheres 3 : 1, bei dem Gerd Müller alle drei Tore in schneller und beruhigender Folge schoß: in der 18., der 26. und der 38. Minute.

Jetzt hatten wir die Engländer!

Alf Ramsey war sehr ernst, als ich ihn vor dem Stadion in Leon traf. Wir gingen gemeinsam die Stufen hinauf zu unseren Plätzen. Es wäre interessant gewesen, jetzt den »inneren Dialog« zwischen uns aufzeichnen zu können.

Ramsey war ziemlich mürrisch, weil er als Weltmeister zu uns nach Leon kommen mußte. Seine Mannschaft hatte bereits einmal auf dieser Weltmeisterschaft verloren, gegen Brasilien, mit 0 : 1. Sie hatte in drei Spielen überhaupt nur zwei Tore fertig gebracht: eins gegen Rumänien, eins gegen die CSSR – und das war auch noch ein umstrittener Handelfmeter. Wir dagegen hatten zehn Tore geschossen ... Das englische Team war auch in anderer Beziehung angeschlagen: Gordon Banks, der Standardtorwart, litt an einer Magenverstimmung, Peter Bonetti mußte zwischen die Pfosten.

Und dann gab es inzwischen, seit dem Weltmeisterschafts-Triumph 1966, eine psychologische Hypothek für die Engländer: Am 1. Juni 1968 hatten wir sie in Hannover – zum erstenmal seit 1908! – geschlagen, mit 1 : 0.

Damals hatte ich zu meinen Spielern gesagt: »Ihr denkt immer, ihr habt gegen England nichts zu bestellen. Schon wenn ihr aus der Kabine kommt, senkt ihr die Köpfe und sagt euch: Werden wir wieder verlieren! Kommt doch auch mal mit geschwollener Brust auf den Platz! Schaut ihnen doch ganz selbstbewußt in die Augen! Denkt euch doch endlich mal: Wir sind auch wer!«

Die Psychokur hatte geholfen, und sie wirkte jetzt noch nach, als Alf Ramsey und ich unsere Plätze erreichten.

Er wirkte gedrückt, seine Stars waren schließlich vier Jahre älter geworden. Das mexikanische Publikum war aggressiv gegen die Engländer eingestellt: Alf Ramsey hatte den einheimischen Journalisten patzige Antworten gegeben, als sie nach der »Bobby Moore-Affäre« fragten – angeblich hatte Moore vor der WM in Bogotà einen Ladendiebstahl begangen. Eine ziemlich lächerliche Anschuldigung, aber sie verursachte in den lateinamerikanischen Ländern viel Wirbel.

Im Gegensatz zu Alf Ramsey sah ich wohl recht optimistisch

aus, mit meinem weißen Sonnen-Bibbi-Hut auf dem Kopf, der in Mexiko die karierte Mütze ersetzte. Im Schatten auf der Tribüne waren es 34, draußen in der Sonne wohl an die 50 Grad.

Uns beherrschte eine herausfordernde Stimmung: Alles oder nichts! Wir haben nichts mehr zu verlieren, wir spielen ja gegen den Weltmeister. Und wenn wir ihn rausboxen – dann sind wir unter den letzten Vier ... Wir waren motiviert wie noch nie.

Deutsche Schlachtenbummler sangen Schunkellieder. Sie tönten aus dem Lautsprecher. Einer unserer Schlachtenbummler lief mit einer deutschen Fahne um das Fußballfeld, zusammen mit einem einheimischen Jungen, der die mexikanische Fahne trug. Dreiviertel des Publikums, das sollten wir zu spüren bekommen, waren auf unserer Seite.

Als Gerd Müller um 11 Uhr 34 als erster den Platz betrat, schrien Tausende seinen Namen: »Müller ...!« Es hallte. Dann: Seeler – »Uwe, Uwe!« Franz Beckenbauer ... Mit ihm hatte ich vor dem Spiel noch einmal kurz gesprochen. Wieder, wie 1966 in Wembley, fiel ihm die Schlüsselrolle in unserem Spiel zu.

»Franz, du kümmerst dich wieder um Bobby Charlton. Aber du sollst ihn nicht wie ein Schießhund bewachen. Mach dein Spiel! Geh nach vorn! Zwinge ihn, dir nachzulaufen!«

Fichtel sollte den dreifachen Torschützen von Wembley, Geoffrey Hurst, neutralisieren. Overath mußte sich um Alan Ball kümmern. Höttges wurde auf Francis Lee angesetzt, die zweite Sturmspitze neben Hurst. Und Berti Vogts bekam eine Doppelaufgabe: Martin Peters kurz zu halten, aber auch auf den gefährlich vorstoßenden Verteidiger Terry Cooper zu achten.

Die Engländer trumpften sofort auf. Sie setzten uns energisch unter Druck. Sie wollten es wissen, das spürte man. Francis Lee foulte Torwart Sepp Maier bei der Ballannahme und verletzte ihn am Kinn. In dieser Partie war Pulver. Das Publikum schäumte über vor Protest und feuerte uns fanatisch an.

Nach europäischen Begriffen war es ein langsames Spiel. Jeder wollte seine Kräfte in dieser Hitze und Höhe haushälterisch einsetzen. Die Spieler liefen weniger, der Ball dafür um so mehr.

Die Engländer waren uns in der Anfangsphase überlegen. Und das drückte sich schließlich auch im Ergebnis aus. In der 31. Minute paßte Mullery lang zu dem vorpreschenden Verteidiger Newton, der spielte wieder Mullery an, und es hieß 0 : 1.

In der Halbzeit mußte ich bereits Reserven angreifen. Höttges war in diesem harten Match verletzt worden. Willi Schulz kam in die Mannschaft. Ich organisierte um: Fichtel sollte Lee bewachen, Schulz sich an Hurst halten.

»Jetzt haben wir aber wirklich nichts mehr zu verlieren. Denkt dran! Spielt euer Spiel! Greift an!«

Wir wurden offensiv. Das nutzten die Engländer kaltblütig aus. Schon fünf Minuten nach Wiederanpfiff geschah es: Flanke von Newton, Vogts bekommt Peters nicht unter Kontrolle, Schuß, Maier steht nicht glücklich . . .

0 : 2.

Da habe auch ich nicht mehr so richtig daran geglaubt, daß wir es noch schaffen könnten. Aber Resignation durfte nicht aufkommen, durfte ich vor allem nicht zeigen. »Hier kann es uns nur ein baldiges Anschlußtor helfen«, murmelte ich vor mich hin, wie eine Beschwörungsformel. »Wenn es eine Viertelstunde vor Schluß immer noch 0 : 2 steht, ist der Ofen aus«.

Acht Minuten nach dem zweiten Schlag der Engländer holte ich meinen letzten Trumpf aus dem Ärmel. Ich setzte den »Joker« ein, Jürgen Grabowski. Libuda hatte nicht versagt. Aber er hatte sich an Cooper verschlissen. Dieser Cooper war ein Mann mit gefährlichem Offensivdrang, und ich hatte »Stan« aufgetragen, ihm zu folgen, wenn er nach vorne ging. Angreifen und decken – das war auf die Dauer zu viel für Libuda. Aber auch Cooper war im Kampf mit unserem Zick-Zack-Dribbler müde geworden.

Jürgen Grabowski startete blitzartig ins Spiel, ohne jede Anlaufzeit. Er vernaschte nun Cooper nach Strich und Faden, legte ein fabelhaftes Solo hin, schoß gefährlich aufs Tor. Cooper, der über eine dreiviertel Stunde in glühender Hitze einen schnellen Mann wie Libuda niedergekämpft und auch noch selbst angegriffen hatte, kam nun mehr und mehr ins Schleudern. Grabowski erkannte das und bereitete von rechts viele Angriffe vor. Er zehrte die Kraft von Cooper völlig auf.

Das war einer der Punkte, an denen sich das labile Gleichgewicht dieser Partie zu unseren Gunsten änderte. Es gab noch andere: Willi Schulz hatte Ruhe und Ordnung in die Hintermannschaft gebracht. Und Franz Beckenbauer verwirklichte diesmal meinen taktischen Plan in glänzender Weise: Er legte Bobby Charlton nicht nur als Spiel-Gestalter der Engländer weitgehend lahm – er zwang ihn durch seine Vorstöße in die Defensive. Das erschöpfte Charlton.

So kam unser Anschlußtor wie aus dem Bilderbuch der Taktik zustande, obwohl es natürlich eine große, individuelle Leistung Beckenbauers war: In der 67. Minute führte er in unnachahmlicher Eleganz und Dynamik den Ball durchs Mittelfeld, beschleunigte plötzlich, so daß Bobby Charlton gleichsam stehen blieb, umspielte noch drei Engländer und schoß schräg ein:

1 : 2!

Das war mehr als ein Tor. Das war die Wende. Alf Ramsey wechselte Bobby Charlton – seinen großen Spielmacher, der sein 106. Länderspiel machte und damit Rekord-Internationaler war – aus. Man kann sich kaum ausmalen, was für ein Schock das für die Mannschaft sein mußte. Es war wie das Eingeständnis der kommenden Niederlage.

Aber die Engländer verteidigten verbissen ihren Vorsprung. Profis wie sie wissen, wie man zwanzig Minuten über die Runden bringen kann, auch gegen rollende Angriffe wie unsere. Die Minuten liefen uns davon.

Schnellinger erkämpfte sich den Ball, ging nach vorn. Es war die 82. Minute. Er flankte, Uwe Seeler sprang hoch, hart bedrängt, mit dem Rücken zum englischen Tor. Wieder einmal erwies sich sein phänomenales »timing« beim Springen, seine Übersicht – er hatte eben auch hinten Augen. Mit dem Hinterkopf erwischte er den Ball und hob ihn über Bonetti ins Netz – Ausgleich.

Manche Leute haben später behauptet, das wäre ein Glückstor gewesen. Ich bin anderer Meinung. Es war einer von Seelers originellsten Treffern. Er hat den Ball ja köpfen, lang anheben wollen. Er ließ ihn ja nicht nur abrutschen, um ihn zu verlängern. Er handelte also ganz bewußt. Dem englischen Torwart Bonetti hat man den Vorwurf gemacht, er hätte falsch gestanden. Aber in dieser Situation mußte Bonetti den Winkel verkürzen, die kurze Ecke nehmen – denn Seeler konnte ja tatsächlich den Ball nur abrutschen lassen.

Schlußpfiff. »Die packen wir!«, schrie Gerd Müller mit wildem Blick. Auf einmal waren, mit Jupp Derwall und mir, dreizehn Trainer auf dem Platz. Jeder rief dem anderen zu: »Du! Das schaffen wir! Die haben wir! Das machen wir!« Es war begeisternd, eine der schönsten Spielpausen, die ich je erlebt habe. Dabei hockten die Spieler auf dem Rasen und ließen sich kühlende Tücher oder Eiswürfel in den Nacken pressen. Helmut Haller schleppte in der glühenden Hitze Wasser heran.

Wieder wie in Wembley: Verlängerung. Diesmal hatten wir aber das psychische Übergewicht. Die Engländer waren angeschlagen, hatten wacklige Knie.

Die 108. Minute. Wieder spielt sich Jürgen Grabowski durch. Flanke vom rechten Flügel hinüber auf den linken. Hennes Löhr kommt an den Ball, serviert ihn unmittelbar vor das englische Tor, Gerd Müller ist wieder da, springt, schwebt – und haut aus zwei Metern Entfernung mit dem rechten Fuß den Ball in Kopfhöhe an Bonetti vorbei ins Netz.

In diesem Augenblick ereignete sich in der Küche unseres Hotels in Comanjilla folgendes: Chefkoch Hans Georg Damker wurde von den Indio-Köchinnen in wilder Begeisterung zu Boden gerissen ...

Bei mir zu Hause in Wiesbaden klingelte das Telefon, und eine Bekannte schrie meiner Frau ins Ohr: »Wir haben gewonnen! Wir haben gewonnen!«

»Phantastisch! Unglaublich! Wundervoll! Außergewöhnlich!« schrieb später die französische Sportzeitung »L'Equipe«. Ja – so war mir, so war uns allen zumute.

Ich freute mich auch für Hennes Löhr, der einen entscheidenden Teil der Vorarbeit geleistet hatte: ein lieber Kerl, ein guter Linksaußen und vor allem ein Mann, der sich nach einer schweren TB den Weg zurück in die erste Garnitur des deutschen Fußballs unsagbar schwer hatte erkämpfen müssen.

Alf Ramsey kam zu mir, und wir umarmten uns. Ich empfand die Tragik seiner Situation: Er hatte nicht mehr die Spieler für das System, das ihm vier Jahre zuvor immerhin die Weltmeisterschaft gebracht hatte.

Als ich nach der Pressekonferenz im Stadion »nach Hause«, nach Comanjilla kam, plätscherte die Mannschaft schon übermütig im Wasser. Höttges und Lorenz traten mit geheuchelter Ernsthaftigkeit an mich heran. »Herr Schön, würden Sie bitte mal Ihre Uhr ablegen?« Sie grinsten. Ich gehorchte. »Jetzt sind Sie dran!« Sie warfen mich kopfüber in den Pool. Die Spieler wußten schon, was in mir vorgegangen war. Jetzt war mir wohl. Was für eine überwältigende Genugtuung...

Die Italiener hatten das Kunststück fertig gebracht, ihre Gruppe mit einem Torverhältnis von 1 : 0 zu gewinnen – bei 4 : 2 Punkten! Gegen Uruguay und sogar gegen Israel hatten sie es bei einem 0 : 0 bewenden lassen und sich nur gegen Schweden zu einem 1 : 0 bequemt.

Das war kein Zeichen von Schwäche – es deutete an, wie die Stars aus Mailand, Turin, Cagliari mit allen Hunden gehetzt waren, wie professionell und rationell sie ihr Können verwalteten, wie sicher ihr Riegelsystem funktionierte, mit welcher Routine sie aus den Defensivschlachten der italienischen Liga nach Mexiko gekommen waren.

Denn als sie das erstemal unbedingt gewinnen mußten, da lüfteten sie kurz das Visier: Mexiko wurde in der Zwischenrunde 4 : 1 erledigt. Die nötigen drei Siegtore – nach dem 1 : 1 – fielen innerhalb von fünf Minuten, zwischen der 65. und 70. Spielminute.

Gegen uns mußten sie auch gewinnen, um ins Endspiel zu kommen. Da waren: Sandro Mazzola, ein rasanter, schlanker, beweglicher, gefährlicher Mann im Mittelfeld und in der Spitze.

Der noch brillantere Gianni Rivera, der dann für Mazzola in der zweiten Halbzeit spielten sollte, der eigentliche Spielgestalter, figürlich fast zierlich, aber wohl einer der größten Spieler, die die Italiener überhaupt hatten, vor allem begabt, die Mitspieler richtig einzusetzen. Dann »Gigi« Riva, der aussah wie ein bulliger römischer Gladiator, ein Spielentscheider, Gerd Müller ähnlich. Der große Abwehrstratege Facchetti, der noch bis vor kurzem Libero in der italienischen Nationalmannschaft spielte: hochgewachsen, durchtrainiert, schnell, als Verteidiger ein gefürchteter Torschütze – und mit jedem Trick, auch den unsauberen, vertraut ... Das konnte man den anderen ebenfalls nachsagen: dem torgefährlichen Boninsegna, der einst »Luggi« Müllers Bein zertreten hatte, dem Libero Cera, dem Defensiv-Routinier Burgnich. Wir kannten sie gut genug. Schnellinger, unser »Italiener«, konnte uns nützliche Tips geben.

Ich habe unsere Spieler freilich nicht auf die einzelnen italienischen Stars eingestellt. Ich habe unsere Leute darauf vorbereitet, unser Spiel durchzusetzen. Es ist ja der Sinn der Taktik, das gegnerische Spiel möglichst zur Erfolglosigkeit zu bringen und das eigene durchzusetzen.

Man darf sich mit der Beobachtung und Analyse des Gegners nicht verrückt machen. Es gibt Trainer, die ihre Spieler mit Wissen über ihre Gegenspieler vollpfropfen. Zu guter Letzt sehen sie dann in dem Gegenspieler einen Mann, den sie kaum packen können.

»A-le-ma-nia, A-le-ma-nia, he-he-he!« fegten die Sprechchöre durch das Aztekenstadion. 110 000 hatten in diesem gewaltigen Oval Platz, einem der schönsten und bei aller Größe intimsten Fußballstadien der Welt. 70 000 waren gekommen, um bei leichtem Regen das zu erleben, was später von nüchternen Kommentatoren »das Spiel des Jahrzehnts« und von leidenschaftlicheren Schreibern gleich als »Spiel des Jahrhunderts« bezeichnet wurde.

Beide Mannschaften waren vollkommen ausgeglichen. Beide Mannschaften kämpften mit allen Mitteln in einem bedingungslosen Schlagabtausch um den Eintritt ins Finale. Heldentaten wurden vollbracht, Schurkenstücke ebenfalls. Die Folge der Tore hätte vom tückischsten Krimiregisseur nicht besser erdacht werden können.

Dieses Spiel, das sich mit Worten kaum schildern läßt, hatte von Anfang an eine unwahrscheinliche Dramatik.

In der 2. Minute sind wir zum erstenmal in der Nähe des italienischen Tors. Overath verzieht eine Flanke. Wenige Augenblicke später muß Berti Vogts in unserer Hälfte Riva mit einem Foul bremsen. Im Gegenzug gibt Overath einen brandgefährlichen Steilpaß vor Albertosis Tor. Riva setzt sich fast wieder gegen Vogts durch. In der sechsten Minute muß Sepp Maier bei einem Schuß von Domenghini ins Parterre.

7. Minute: Schnellinger rettet vor Riva.

8. Minute: Ein Paß von Vogts landet vor den Füßen von Boninsegna. Niemand greift an, auch Willi Schulz nicht, Schuß – das 1 : 0, das wir unbedingt verhindern wollten.

Jetzt können die Italiener spielen, wie sie es von zu Hause gewohnt sind: mit Verzögerungen, aber Überlegung, zeitweise überlangsam, dann blitzschnell. Riva bricht plötzlich durch, Vogts grätscht ihm in die Beine ...

Von Beckenbauer gehen in den nächsten Minuten die meisten Impulse aus. In der 16. Minute spielt er sich mit einem phantastischen Solo bis in den Strafraum durch und wird umgesäbelt. Doch Schiedsrichter Yamasaki pfeift nicht.

Es ist die erste von serienweisen Fehlentscheidungen, mit denen dieser Mann in wohl einzigartiger Weise das Spielgeschehen nach seinem Willen bestimmt. Yamasaki ist Peruaner japanischer Abstammung und in Mexiko Angestellter des Verbandspräsidenten – der seinerseits aus Italien stammt. Vielleicht erklärt das manches, was man im Laufe des Spiels dem zwielichtigen Herrn Yamasaki vorwerfen mußte. Im Mittelfeld, bei belanglosen Regelwidrigkeiten ist er äußerst objektiv. Nur in entscheidenden Szenen benachteiligt er uns offensichtlich. Ich bin als Gegner von Schiedsrichter-Schelten bekannt. Hier ist sie nötig.

Beckenbauer wird von Mazzola in der 20. Minute umgelegt – nichts. Vogts wird gefoult – weiter. Die Italiener langen immer härter hin. Riva springt Uwe Seeler mit gestrecktem Bein in die Parade. Schon bis dahin hätten mindestens zwei Strafstöße für uns gegeben werden müssen.

Was die Chancen angeht, ist es ein fast unerträgliches Ping-Pong von Seite zu Seite: Eben knallt noch Gerd Müller, da schießt schon wieder Riva. Seeler rettet zur Ecke – Mazzola hetzt hinter Overath her.

In der zweiten Halbzeit attackieren wir die Italiener mit einer Leidenschaft, daß das Stadion rast. Beckenbauer wird so schwer gefoult, daß er eine Schulterprellung erleidet und den rechten Arm am Körper festbinden muß. Er kämpft weiter, wie wir es noch nie gesehen haben.

Der »Kicker« hat Minute für Minute dieser Schlacht dokumentiert. Ich darf das Protokoll der zweiten Halbzeit hier zitieren:

»Anstoß für uns, Vorlage zu Löhr. Der Kölner rutscht aus.

Die Italiener greifen an, und immer ist es gefährlich.

Beckenbauer sucht Müller – aber der Gerd hat keinen Zentimeter Spielraum.

48.: Die Chance für Uwe! Völlig frei im Torraum, der Beckenbauer-Paß kommt ihm genau auf den Fuß. Aber Uwe kullert den Ball Albertosi in die Arme.

50.: Der Gegenzug! Dimenghini-Flanke, Vogts ist zu klein, Riva schnellt mit dem Kopf hinein, Maier-Glanztat.

51.: Schade, Uwe! Fallrückzieher dicht am Tor vorbei.

52.: Schulz-Foul gegen Boninsegna. Wir tauschen aus. Libuda für Löhr.

55.: Overath-Knaller daneben. Freistoß nach Foul an Patzke.

57.: Rivera an seinem Klubkameraden Schnellinger vorbei, schießt plaziert. Aber der Sepp ist »da«.

60.: Zwei Mann um Riva, erst Schnellinger, dann Vogts – und nur der spitzelt den Ball weg.

62.: Rosato säbelt Müller um. Freistoß, wir spielen schnell ab. Grabowski zirkelt ihn aus acht Metern drei Meter daneben.

64.: Libuda-Flanke. Und viele Mühe für Albertosi. Grabowski-Paß zum freigelaufenen Overath. Toller Schuß – an die Latte. Es will nicht klappen!

65.: Beckenbauer sprintet durch, ist im Strafraum, wird gelegt – aber Yamasaki gibt nur Freistoß. Und Held kommt für Patzke... Overrath wird verwarnt, weil er mit der Entscheidung Yamasakis nicht einverstanden ist. Die Zeit verrinnt, verrinnt. Yamasaki pfeift die merkwürdigsten Dinge.

70.: Overath-Solo, herrlicher Schuß, Facchetti rettet auf der Linie. Uwe aber wird im Strafraum festgehalten. Kein Elfmeter.

72.: Foul an Held, an der Strafraumgrenze. Freistoß. Grabowski drüber.

75.: Angriff, Seeler, Ecke. Grabowski flankt, Uwe wird umgestoßen. Yamasaki sagt nichts.

77.: Vogts blockt Riva im Strafraum ab.

78.: Endlich mal Müller, aber Facchetti ist bei ihm. Ecke. Kopfball Uwe – zu hoch. Es will nichts klappen.

80.: Domenghini zeigt Yamasaki den Vogel. Nichts geschieht!

82.: Libuda-Flanke, Müller-Kopfball, aber zu schwach. Albertosi ist da.

84.: Torchance! Müller will den Ball ins Tor wegspitzeln. Albertosi schiebt Müller weg. Was gibt Yamasaki? – Freistoß für Italien. Noch fünf Minuten! Wir greifen an – die Italiener verteidigen. Es gelingt nichts, nichts. Die Italiener protestieren, lamentieren, schauspielern. Grabowski durch, de Sisti mit Untergriff von hinten. Ecke!

Jetzt spielt Burgnich den toten Mann. Grabowski-Ecke, Uwe-Kopfball. Albertosi fischt ihn.

90.: Grabowski flankt von links, Schnellinger ist da, schießt ein. 1 : 1! Kaum glaublich...«

Ich werde nie vergessen, wie Schnellinger mit gespreizten Beinen heranflog, den Ball ins Tor klatschte – und sich dann wie tot auf den Rücken zu Boden fallen ließ. Er streckte alle viere von sich, und Gerd Müller stürzte sich in unbeschreiblicher Freude auf ihn.

Wieder ein dramatischer Ausgleich, wie in Wembley. Was nun folgte, hat mich, übertrieben, Jahre meines Lebens gekostet.

In der 95. Minute flankt Grabowski, Seeler köpft, hat keinen Erfolg, der italienische Auswechselspieler Poletti spielt den Ball zu Torhüter Albertosi zurück – da taucht Gerd Müller mit seinem blitzschnellen Wackelgalopp auf, kommt an den Ball, drückt ihn in Richtung Tor. Müller fällt, Albertosi ist am Boden, beide krabbeln hinter dem Ball her – doch gemählich hoppelt der über die Linie. Wir führen 2 : 1!

Drei Minuten später die große Ernüchterung: Burgnich nützt einen Abwehrfehler aus. 2 : 2.

Aber es wurde noch schlimmer. Riva schießt kurz vor dem letzten Seitenwechsel aus der Drehung das 3 : 2.

Aber dann, die 110. Minute: Eckball durch Grabowski, zu Libuda, Kopfball von Seeler zu Müller – und der mit dem Kopf ins Tor. 3 : 3.

Wieder ist alles offen. Aber nur noch für Sekunden. Boninsegna überlistet Schulz, gibt zu Rivera – Tor, das 3 : 4. Dabei bleibt es.

Ich erspare mir die weiteren qualvollen Minuten und eine Schilderung meiner Gefühle. Natürlich war die Enttäuschung der Spieler grenzenlos. Für einen, der auf der Bank sitzen mußte, war diese Verlängerung die reinste Folter. Es ist ja nicht meine Art zu explodieren, ich fresse alles in mich hinein.

Nach dieser Weltmeisterschaft mußte ich mir wegen meiner Zwölffingerdarm-Geschwüre zwei Drittel des Magens entfernen lassen. Seitdem geht es mir blendend: Ich kann essen und trinken, was ich will. Aber ob ich noch solch ein Italien-Spiel ...? Vielen Dank!

Wir verabschiedeten uns ohne Zorn von Mexiko. Gegen Uruguay hatten wir noch den dritten Platz geschafft, mit 1 : 0 – und der Respekt der ganzen Fußballwelt war uns sicher.

Daß die Brasilianer im Endspiel dann Italien mit 4 : 1 auseinandernehmen konnten, war wohl auch ein bißchen unser Verdienst: Es hatte zuviel Substanz gekostet, uns zu schlagen.

Die ganze Zeit hatte meine Frau gewußt, wie es um mich stand: gesundheitlich – und beruflich. Die Vorbereitungen für Mexiko waren ja nicht gerade übermäßig ermutigend gewesen: die Probleme mit Haller, die Frage, ob die Kombination Seeler-Müller sich endgültig bewähren würde ... Ich weiß noch, wie ich vor der Abreise mit Annelies auf unsere Terrasse trat und sagte:

»Wir müssen uns ernstlich Gedanken machen, was wird, wenn es in Mexiko nicht so läuft.«

»Es wird auch weitergehen«, sagte sie.

Wie Annelies dann die Weltmeisterschaft erlebte, ist ein Kapitel für sich.

Nach dem Marokko-Spiel klingelte das Telefon bei uns zuhause Tag und Nacht. Wildfremde Menschen hatten sich eigens unsere Nummer herausgesucht, um meine Frau unflätig zu beschimpfen. Sie wußten ja, daß ich in Mexiko war.

Wenn die Nationalmannschaft schlecht spielt, gibt es in Deutschland immer nur einen Schuldigen ... Aber wenn sie gewinnt, hat der Sieg viele Väter.

Eine Kölner Zeitung erschien mit der Schlagzeile: »Morddrohung gegen Frau Schön und Sohn.« Ganz so wild war es nun auch wieder nicht. Annelies machte sich aber große Sorgen, wie ich auf eine solche Meldung reagieren würde, wenn man mir in Comanjilla die Zeitung zeigte. Damit Annelies nicht ein paar hundert Mark für ein Gespräch mit Mexiko bezahlen mußte, ließ der DFB sie auf seine Kosten telefonieren. Das beruhigte mich, und ich setzte mich abends hin und schrieb Annelies Briefe: Damit sie sich trotz der Entfernung nicht so vereinsamt fühlte.

Fußball regt sie ohnehin derart auf, daß sie nicht einmal eine Fernseh-Übertragung verkraften kann. Ausgerechnet Mexiko brachte aber die erste »totale« Fernseh-Weltmeisterschaft. Für meine Frau bedeuteten die Direktübertragungen eine qualvolle Mischung von Hochspannung, Hoffnung und Angst. Sie floh vor dem Fernsehapparat aus dem Haus. Sie machte sich im Garten zu schaffen. Sie ging mit unserem Pudel in der Nachbarschaft spazieren und blickte – sicher ebenso oft wie ich auf der Auswechselbank in Mexiko – auf die Uhr.

Wenn bei uns in Leon die Halbzeit nahe war, schlich sie zurück in unser Haus, das wir seit 1968 in Wiesbaden-Klarenthal bewohnen. Der Fernsehapparat blieb ausgeschaltet. Annelies stand auf dem Sprung neben dem Telefon: Gleich würde Stephan, unser Sohn, aus Mainz anrufen. Er studierte dort Physik. Und er sah sich alle Spiele an.

Dann klingelte es: »Mutti, es steht schon 3 : 1 gegen die Peruaner. Unsere Mannschaft spielt glänzend. Vati hat wieder diese weiße Mütze auf... Steht ihm ganz gut«.

Stephan war fußballbegeistert. Früher hatte er auch durchaus Talent gezeigt. Als ich ihn in seiner Schulmannschaft im Saarbrücker Ludwigs-Gymnasium spielen sah, habe ich gedacht: »Sieh mal an! Das kann was werden.« Aber er hatte Schwierigkeiten mit den Augen und mußte schließlich eine Brille tragen. Bei einem Schulspiel beobachtete ich: Bevor ein Eckball hereingetreten wurde, nahm er extra die Brille ab – damit sie bei einem Kopfball nicht etwa entzwei ging. Das tat mir sehr leid.

Der Junge hat mir, in den schwersten Zeiten, viel Freude gemacht. Er war ein sehr guter Schüler, obwohl ich ihm durch meine verschlungenen Fußballwege das Leben ziemlich schwer gemacht habe: In Berlin wurde er eingeschult, in Wiesbaden umgeschult, dann nach Saarbrücken verpflanzt, und wieder zurück nach Wiesbaden... Dennoch hat er ein ausgezeichnetes Abitur geschafft. Inzwischen ist er Doktor der Physik und Studienrat in Mainz. Unter all den Umständen hat er sich glänzend geschlagen.

Seine sportlichen Ambitionen übertrug er auf die Leichtathletik. Er wurde immerhin einmal Zweiter über 400 Meter Hürden bei den Süddeutschen Meisterschaften, war ein guter Zehnkämpfer und engagierte sich beim Sport-Verein Wiesbaden für das Jugendtraining.

Daß er nie im Verein Fußball spielte, machte mir keinen Kummer: »Ein Fußballer in der Familie genügt«, sagte ich immer. Annelies nickte dann vielsagend.

»Balneario de Comanjilla«, unweit von unserem Gruppen-Spiel-Platz, war ein Paradies. Der Hotelkomplex hatte etwas von einer exotischen Film-Kulisse.

Als »Entmüdungsbecken« war das Thermalbad unersetzbar. Zum Schwimmen waren die Temperaturen aber doch zu hoch.

ß die brasilianische Elf
er der Favoriten in
xiko war, lag nicht zu-
t an Teamchef Zagallo.

Jürgen Grabowski, der brillante Rechtsaußen, war in Mexiko nicht konkurrenzlos. Der »beste Auswechselspieler der Welt« wechselte sich mit Reinhard Libuda ab.

Der »Schuhkrieg« sorgte bereits vor Beginn der Spiele in Mexiko für einige Aufregung. Hier zeigte

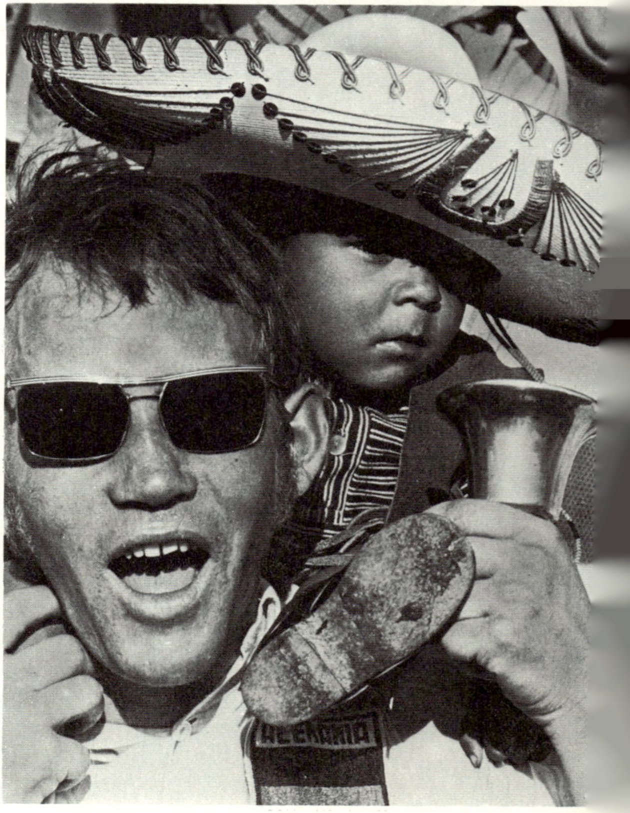

sich, daß inzwischen das Zeitalter der Vermarktung von Spielern, Vereinen, des Fußballs überhaupt angebrochen war. Wir hatten es mit Fußball-Profis zu tun, die wußten, was sie wert waren. Es waren Kinder unserer Zeit, Spiegel einer Gesellschaft, in der man mit Geld fast alles erreichen konnte.

Die Eingangsterrasse unse-
es Hotels wurde abends zu
iner Art Plauderforum:
pieler, Schlachtenbumm-
r, Journalisten und »Offi-
elle« gaben sich ein Stell-
chein. Und morgens
berschwemmten biswei-
n schon vor dem Früh-
ück deutsche Schlach-
nbummler den Speise-
al des Hotels, und die
pieler – in Gedanken be-
its beim nächsten Spiel –
ußten durch die Auto-
ammjäger hindurch
ießruten laufen.

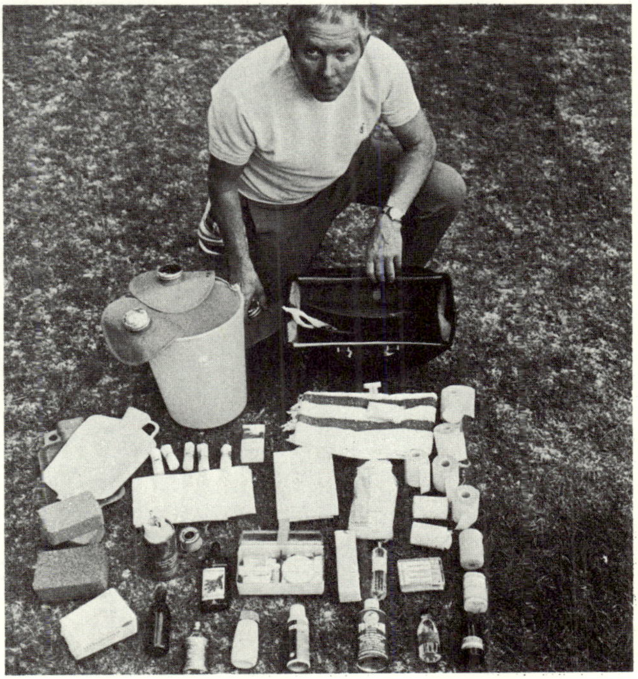

ehr als ein Masseur:
ch Deuser, der Physio-
erapeut der deutschen
tionalmannschaft. In
ner schwarzen Lederta-
e befinden sich über
nfzig Mittel für die »So-
forthilfe« an verletzten
Spielern. Deuser sagt: »In
meinem Koffer kenne ich
mich blind aus.«

Wieder gegen England ... Im Schatten auf der Tribüne waren es 34 Grad, draußen in der Sonne waren es wohl 50. Wir spielten gegen den Weltmeister.

Wir hatten nichts zu verlieren. Und wenn wir die Engländer rausboxten, wä ren wir unter den letzten Vier. Die Spieler waren u geheuer motiviert. Aber die Engländer trumpften sofort auf, setzten uns un ter Druck. Fünf Minuten nach der Halbzeit lagen wir mit 0:2 in Rückstand

ɔer dann, in der 67. Mi-
te, brachte das An-
nlußtor Franz Becken-
uers die Wende. Die
ieler und das mexikani-
ɪe Publikum bejubelten
n Treffer. Und Alf Ram-
y wechselte Bobby
arlton, den Spielma-
er, aus.

Die »stärkste Mittelfeldachse der Welt«: Beckenbauer und Overath

Die Engländer verteidigten verbissen ihren Vorsprung. Dann gelang Uwe Seeler ein Kopfballtor, das in der 82. Minute den Ausgleich und die Verlängerung brachte. Im Gefühl, das schier Unmögliche doch noch möglich zu machen, mobilisierten unsere Spieler ungeahnte Kraftreserven. In der 108. Minute schoß Torjäger Gerd Müller den Ball am Torwart vorbei ins Netz. 3 : 2 gegen England!

Gegen die Marokkaner, die vom Jugoslawen Blagojew Vidinic gecoacht wurden, war der deutschen Elf nichts gelungen. Unser 2 : 1-Sieg war kein geglückter Auftakt gewesen.

Auch Max Schmeling, der uns nach diesem ersten Spiel in Comanjilla besuchte, zeigte sich von der Leistung der deutschen Elf nicht sehr begeistert.

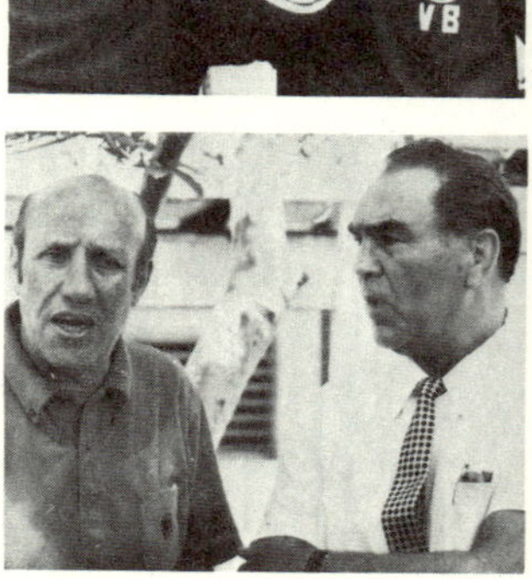

Rasseln, Megaphone, Luftballons und lautes Anfeuerungsgeschrei: Im Spiel gegen die englische Mannschaft standen die mexikanischen Zuschauer auf unserer Seite.

Der Tag des Semifinales: Die Italiener waren mit einem Tor von Boninsegna bereits in der 8. Minute in Führung gegangen. Bis zum Ende der regulären Spielzeit gelang es unserer Mannschaft nicht, das Gegentor zu schießen. Der Schiedsrichter ließ jedoch zwei Minuten nachspielen. Schnellinger stürmte nach vorne und lenkt den Ball zum 1 : 1 ins Netz.

Über die Verlängerung, die darauf folgte, spricht man noch heute. Die dreißig Minuten wurden zum dramatischsten Spiel, das je eine deutsche Nationalelf erlebt hat. Nur selten wu
den zwei Mannschaften
durch ein solches Wechs
bad von Jubel und Betrof-
fenheit gejagt.

Noch einmal schaffte Gerd Müller mit einem Kopfballtor den Gleichstand, noch einmal drohte das Aztekenstadion zu bersten vor Begeisterung über die

ungeheuerliche Dramatik dieses Spiels. Doch Sekunden später setzte sich Boninsegna durch, gab den Ball an Rivera, der in der 114. Minute das Siegestor für Italien einschoß.

benmal schlug der Ball
Netz. Siebenmal gab es
laß zur Feude auf der ei-
und zu Niedergeschla-
heit auf der anderen
te.

Ich bedankte mich bei den mexikanischen Zuschauern, die während des ganzen Turniers unsere Mannschaft begeistert angefeuert hatten.

1972 spielte die deutsche Elf so, wie ich es mir seit 1964 immer erträumt hatte: originell, modern, mit eigenem, bis dahin nicht gekannten Stil. Nie zuvor hatte es eine größere Harmonie in unserer Mannschaft gegeben. Ich sah mein Konzept bestätigt, den Spielern zwar eine taktische Marschroute vorzuzeigen, es ihnen aber zu überlassen, eigene Ideen zu entwickeln.

Im Europameisterschafts
Rückspiel gegen die Türk
in Istanbul schoß Gerd Müller wieder zwei von drei Toren.

Um eine Nationalmannschaft zu formen und zu führen, bedarf es einer starken Hand. Spitzenspieler von heute sind weniger autoritätsgläubig als zu den Zeiten Sepp Herbergers.

Ich wollte immer Individualisten in der Mannschaft haben, die ihr Können in den Dienst des Teams stellen.
Während der Europameisterschaftskämpfe 1972 wurde Günter Netzer mehr als Franz Beckenbauer oder Gerd Müller als die Wertmarke des deutschen Profi-Fußballs angesehen.

Die Begegnung gegen England war Netzers bestes Spiel. Noch heute schnalzen Engländer, die ihn damals in Wembley gesehen haben, mit der Zunge.

Was im Wembley-Stadion geschah, war eines der größten Spiele unserer Nationalmannschaft.

In der Pressekonferenz hatte ich gesagt: »Wir wollen uns eine möglichst gute Ausgangsposition für das Rückspiel in Berlin schaffen.« Daraus schloß die Presse – und wohl auch Alf Ramsey –, daß wir defensiv spielen würden.

Unsere Mannschaftsaufstellung hätte eines Besseren belehren müssen. Von den Spielern, die im Mittelfeld operieren sollten – Wimmer, Netzer, Hoeneß –, war keiner ein Defensiv-Typ. In der 27. Minute hieß es 1 : 0 für Deutschland.

In der 77. Minute gelang den Engländern der Ausgleich; doch sieben Minuten später schoß Netzer einen Elfmeter ein, und kurze Zeit darauf setzte Gerd Müller sich gegen fünf Engländer durch – 3 : 1.

»Funeral at Berlin« – das sagten die englischen Zeitungen ihrem Team nach dem großartigen 3 : 1 Erfolg der deutschen Mannschaft in der ersten Begegnung für das Rückspiel voraus. Es bestand nirgends ein Zweifel darüber, daß diese deutsche Mannschaft den schönsten und besten Fußball der Welt spielte.
Aber die traumwandlerische Harmonie von Wembley ließ sich nicht wieder zum Leben erwecken.

Es gab ein sogenanntes »Arbeitsunentschieden«, ein 0:0. Grabowski hatte sich im Training verletzt, die Mannschaft war auseinandergerissen. Und der Endspielgegner in Brüssel war Rußland.

Im Endspiel gegen die Russen lief alles wie am Schnürchen. Wimmer schoß zwei Tore und Gerd Müller eines. Ich hätte diese Traummannschaft am liebsten für die Weltmeisterschaft eingeweckt. Aber bald darauf ging es bergab.

Als die Spieler auf die Tribüne gingen, um sich den Pokal zu holen, drängten sie mich, mitzukommen. Ich wollte nicht. Schließlich ist die Ehrung eine Sache der Spieler. Aber Franz Beckenbauer zog mich fast hinauf.

Meine Frau behauptet noch heute, es sei einer ihrer schönsten Augenblicke gewesen, als sie unsere Maschine aus Mexiko in Frankfurt auf der Rollbahn aufsetzen sah. Für mich war es ebenfalls bewegend. Mit Sicherheit mußten wir uns keine Sorgen um unsere berufliche Zukunft machen – die Mannschaft wurde ja gefeiert, als wäre sie Weltmeister geworden.

Der Empfang zu Hause war überwältigend. Nachbarn hatten vor der Tür unseres Hauses ein riesiges Blumenarrangement aufgestellt. Die Diele war ein Blütendschungel ... Himmel und Leute kamen und gratulierten.

Gegen neun Uhr abends, es war ja noch Sommer und lange hell, hörten wir rings um das Haus merkwürdige Geräusche. Man spürt so etwas ja. Irgendwie wurden wir umzingelt. Wir gingen hinaus auf die Terrasse. Und dann brach es los:

Die »Roten Herolde«, die Kapelle einer Faschingsgesellschaft in Wiesbaden, legte los, mit Blech und Pauken, daß es schmetterte und krachte, ein Ständchen mit Schmiß.

Es war geschafft. Ab morgen konnte ich endlich ... an die Europameisterschaft 1972 denken. Die Termine drängten.

## *Höhepunkte einer Fußball-Karriere*

Der Mannschaftsbus fuhr durch Kopenhagen. Wir wollten zur «Meerjungfrau«, dem Wahrzeichen der Stadt. Ich saß wie immer vorne im Bus. Hinter mir begann ein ziemlich lauter Wortwechsel. Ich hörte genauer hin: Die Spieler stritten sich über die Todesstrafe. Ich weiß nicht mehr, was die Ursache dafür war, bekam auch Einzelheiten nicht so genau mit – aber so viel war unüberhörbar: Paul Breitner vom FC Bayern, der gerade eine Woche vorher sein erstes Länderspiel gegen Norwegen gemacht hatte, vertrat besonders massiv seine Meinung.

Ich beteiligte mich auch ein wenig an der Diskussion, sagte dann aber: »Jetzt Schluß damit, ihr bekommt euch ja noch in die Haare ... Konzentrieren wir uns auf die Meerjungfrau.«

Das war Ende Juni 1971, vor unserem Länderspiel gegen Dänemark.

Zum erstenmal in der Geschichte der Nationalmannschaft hatte es im Mannschaftsbus eine Art politischer Diskussion gegeben. Das spiegelte die Zustände in der Bundesrepublik wider. Seit Bildung der sozialliberalen Koalition unter Willy Brandt war die Bevölkerung in weiten Kreisen so stark wie noch nie politisiert: pro und contra »innere Reformen« und, vor allem, »Ostpolitik«. Man engagierte sich frei heraus – und das fand nun plötzlich auch in der Nationalmannschaft statt.

Ich hatte im Prinzip nichts dagegen, mußte allerdings als der Sachwalter und Treuhänder der Nationalmannschaft darauf achten, daß hier immer eine Große Koalition aller Kräfte erhalten blieb und es nicht zu Polarisierungen, zu Fraktionsbildungen kam.

Ich erinnere mich an eine Szene vor einem anderen Länderspiel. In der Abenddämmerung hatte sich ein halbes Dutzend Spieler vor unserem Hotel zusammengefunden. Die Diskussion drehte sich um Für und Wider zu den verschiedenen Parteien. Siegfried Held war dabei, Breitner, Hoeneß, Höttges – an andere erinnere ich mich nicht mehr. In den Themen ging es quer durch den politischen Garten, und natürlich konnte man sich nicht einigen.

Schließlich sagte ich: »Bevor es hier zu einer Abstimmung zwischen Koalition und Opposition kommt, laßt uns reingehen und essen.«

Die Stimmung war auch in dieser Hinsicht keineswegs verkrampft. Wie hätten sonst zwei Spieler wie Paul Breitner und Berti Vogts, die politisch sicher weit auseinanderstanden, gemeinsam ein so gutes Verteidigerpaar abgeben können? ...

Ich hatte es nun mal mit neuen Typen von Nationalspielern zu tun.

Zum Beispiel Hoeneß oder Breitner hatten wohl von Anfang an eine gemeinsame Liebe: das Geld. Sollte man es ihnen verdenken? Sie waren Kinder des Wirtschaftswunders. Beide sahen im Fußball eine Möglichkeit, sich eine Existenz aufzubauen. Man hat Uli Hoeneß später den Satz nachgesagt: »Wenn wir Weltmeister werden, haben wir ausgesorgt!« Auch wenn das jemand nur erfunden haben mag – als Charakterisierung war es gut erfunden. Besonders Hoeneß verstand es, sich für Werbung, Autogrammstunden und ähnliches optimal zu »verkaufen«.

Er war, in Beziehung zu seinem Freund Breitner, ohnehin derjenige, der im Hintergrund die Pfeile spitzte, die Breitner dann abschoß. Mir erschien Hoeneß immer etwas cleverer, schlitzohriger. Er blieb im Hintergrund, bei allem Ehrgeiz. Breitner dagegen machte schnell mal eine Bemerkung, die ihm bei reiflicher Überlegung später hätte leid tun müssen.

So gab es eine – vielleicht bezeichnende – Auseinandersetzung zwischen Paul Breitner und mir, als wir Anfang September 1971 in Hannover gegen Mexiko spielen wollten. Breitner hatte angeblich gesagt: »Diese Nationalhymne vor den Länderspielen stört mich.« Das paßte natürlich zu der ihm zugeschanzten politischen Einstellung.

Ich sprach ihn darauf an. Wir gingen in einem Park in der Nähe unseres Hotels zusammen spazieren.

»Was stört dich denn nun an der Nationalhymne?« fragte ich ihn.

Er antwortete sinngemäß: »Ich habe nichts gegen die Nationalhymne als solche. Sie stört mich nur so kurz vor Beginn des Spieles.«

Ich habe versucht, dafür Verständnis zu finden. Nicht jeder verträgt diesen bedeutsamen Augenblick, der symbolisiert, daß der Spieler sein Land vor so vielen Menschen – und Millionen am Fernseher – vertritt. Ich hatte selber als Spieler erlebt, wie sehr es mir unter die Haut ging, wenn ich die Nationalhymne hörte. Es machte mich kribblig, das Herz schlug schneller. Darum habe ich von meinen Spielern auch nie verlangt, daß sie stramm da standen, sondern locker, aber in angemessen würdiger Haltung. Und die Kaugummis – die vor allem Breitner und Bonhof in ihrer Nervosität sichtbar zwischen den Kiefern kneteten – wurden erst nach den Hymnen ausgeteilt.

Es war in dieser Zeit Mode geworden, daß Spieler wie Günter Netzer und Franz Beckenbauer in Interviews sagten: »Wir spielen doch nicht für den Adler auf der Brust! Wir spielen für uns, sonst nichts.« Mögen sie das auch gesagt haben, ich glaube die wirkliche Einstellung der neuen Generation von Nationalspielern besser einschätzen zu können.

Die Nationalmannschaft reizte sie aus drei Gründen.

Erstens verlieh sie ihnen einen höheren Marktwert.

Zweitens war es ihnen doch und immer noch eine Ehre, zu den Besten des Landes zu gehören.

Drittens gab es natürlich einen nationalen Stolz, Repräsentant der Bundesrepublik zu sein.

Diese Motive gelten, glaube ich, bis heute – und sie sind wohl kein Anlaß, an dieser neuen Generation zu verzweifeln.

Es war ein Aufmarsch der langen Gesichter. Wir hatten uns auf dem Frankfurter Flughafen verabredet. Die einzelnen Spieler trafen in kurzen Abständen aus den verschiedenen Richtungen ein. Ja, das war die Mannschaft, von der Journalisten nach unserem 2 : 0 in Budapest gegen Ungarn gesagt hatten: »Haben Sie wirklich die Absicht, mit diesen Leuten gegen England anzutreten? Mit denen haben wir doch keine Chance!«

Die »Bayern« – und das bedeutete für die Nationalmannschaft: Maier, Breitner, Schwarzenbeck, Beckenbauer, Hoeneß und Müller – waren im Halbfinale des Europapokals der Pokalsieger gegen die »Glasgow Rangers« ausgeschieden. Außerdem hatten sie mal wieder ein Punktspiel gegen Duisburg verloren. Netzer, ohnehin immer ein bißchen wehleidig, war gegen Schalke unglücklich gegen den Torpfosten gestürzt und hatte sich verletzt. Höttges kam mit einer schweren Erkältung.

Es sah ziemlich trostlos aus.

Hier mußte ich wieder den heimlichen Helfer zu Rate ziehen: den Ball. Ich ließ alle Sportsachen insgeheim ins Frankfurter Waldstadion schaffen. Und dann fuhr der Bus mit den griesgrämigen Spielern auch dorthin – nicht ins Hotel, wie vorgesehen.

Sofort umziehen und auf den Platz, ohne daß sie sich besinnen konnten... Die Herrschaften waren die personifizierte schlechte Laune.

Ich dachte mir, in der Woche, die uns bevorsteht, mußt du mehr denn je Seelendoktor sein. Schließlich hatten wir England vor uns, im Viertelfinale der Europameisterschaft 1972. In Wembley.

Es wurde eine der interessantesten Wochen, die ich jemals mit der Vorbereitung einer Mannschaft verbracht habe. Schon nach dem ersten Balltraining sahen die Spieler weniger bedrückt aus. Von Tag zu Tag bemerkte ich, wie mehr gelacht wurde, wie die Stimmung stieg.

Ich führte die Spieler in ein Lustspiel ins Theater, was ich gerne tat und was die Spieler schätzten. Zuhause war wohl selten Zeit für so etwas. Gerd Müller fragte immer schon: »Herr Schön, gehen wir wieder ins Theater?«

Im Training verordnete ich ein ganz normales Programm, natürlich mit besonders viel Ballberührung. Vor allem mußten sie das Zusammenspiel üben. Sie hatten ja wochenlang in einer anderen Umgebung trainiert und gespielt. Das gegenseitige Verständnis mußte sich – ganz spielerisch – wieder einschleifen. Man kann bei solchen Könnern nicht einfach aufs Knöpfchen drücken und sagen: »Nun siegt mal schön!«

Die Laune stieg und stieg. Plötzlich war wieder Spiellust und Selbstvertrauen in der Truppe. Vielleicht empfanden es alle geradezu als Erholung, in der Nationalmannschaft zu sein, weg vom Berufsalltag im Club, der Knochenmühle der Bundesliga. Die Nationalmannschaft war wirklich »was besonderes«, eine Abwechslung erster Klasse.

Die Spieler, die dann in Frankfurt die Maschine nach London betraten, waren nicht mehr mit denen zu vergleichen, die ein paar Tage vorher durch den Airport geschlichen kamen.

Am Tag vor dem Spiel trainierten wir im Wembley-Stadion. Ich rutschte etwas aus, geriet ins Stolpern und fiel wie in Zeitlupe lang hin. Ich vergesse den Lacher von Günter Netzer nicht: Das kam ganz unbefangen, eben wie unter Freunden. Ich habe mich nicht gescheut, den Spielern auch einmal Stoff zu bieten, über mich zu lachen. Nichts hat sie mehr gefreut, als wenn sie mich bei einem Trainingsspiel, bei dem ich mitmachte, verkohlen konnten. Sie wußten, der war auch mal Nationalspieler. Ich vergab mir nichts. Da konnte ich großzügig sein, wenn sie mich reinlegten.

So kam eine unwahrscheinlich gelöste Stimmung auf. Sie erreichte schließlich einen Höhepunkt, der mich heute noch beschäftigt und staunen läßt.

Es war am Vormittag vor diesem so außerordentlich schweren Spiel gegen England, regnerisch, naßkalt, wir hatten schließlich erst Ende April.

So gegen elf Uhr, nach dem Frühstück, bildeten sich unerwartet, ohne Anordnung, Gruppen von Spielern auf den Rasenstükken nahe unserem Hotel in Welwyn Garden City. Sie wollten nicht etwa spazierengehen, wie ich das erwartet hätte. Sie kamen im Trainingsanzug. Sie hatten die Bälle dabei. Und sie begannen, sie zu lupfen, mit ihnen zu jonglieren, sie sich zuzuschieben. Freiwillig, nur von einer besonderen Spiellust getrieben, legten sie sich richtig ins Zeug, schossen, paßten, köpften, lachten – bis sie total verschmutzt und verschwitzt waren. Sie mußten alle unter die Duschen.

Ich fragte mich nur: Wie ist das entstanden? Hast du das unbewußt, aber folgerichtig eingeleitet? Hat es sich aus einer gemeinsamen Übereinstimmung ergeben? Die Antwort weiß ich bis heute nicht.

Wir waren vom größten Tief in die vollkommene Unbekümmertheit gelangt. Um diesen rätselhaften Vorgang in einem Bild zu schildern, fällt mir nur die Lunte ein, die glimmt. Die Glut frißt sich immer weiter vor – bis das Feuerwerk hochgeht.

Was dann tatsächlich im Wembley-Stadion geschah – ich muß es gleich vorweg nehmen –, war eines der größten Spiele unserer Nationalmannschaft, sicher vergleichbar mit dem Finale von 1966.

Ich besitze eine Videoaufzeichnung davon. Wenn ich mal ausgesprochen nostalgisch bin und wirklich guten Fußball sehen will – dann lege ich die Kassette »England 72« ein, setze mich auf mein Sofa und schwelge in Erinnerungen.

Uns kam ein Mißverständnis der Engländer zustatten. In der üblichen Pressekonferenz vor dem Spiel hatte ich geäußert: »Wir wollen uns eine möglichst gute Ausgangsposition für das Rückspiel in Berlin schaffen.« Daraus schloß die englische Presse – und wohl auch Alf Ramsey –, daß wir mit einer Defensivtaktik auf den Platz kommen und versuchen würden, nur ein Unentschieden zu erreichen.

»Wir müssen die Siegfried-Linie stürmen«, lautete eine Schlagzeile in den Zeitungen. Ich wurde mit Feldmarschall Rommel verglichen, Ramsey mit Feldmarschall Montgomery – der bekanntlich die Deutschen bei El Alamein geschlagen hatte. So wurde aus Fußball ein Wortkrieg unter völlig falschen Voraussetzungen.

Denn wenn sich jemand unsere Mannschaftsaufstellung ansah, konnte er niemals auf eine Defensivstrategie schließen. Maier im Tor, in der Hintermannschaft Höttges, Schwarzenbeck, Beckenbauer, Breitner, im Mittelfeld und Angriff Grabowski, Hoeneß, Wimmer und Müller, Netzer, Held. Das deutete eher auf Offensive. Denn gerade von den Spielern, die im Mittelfeld operieren sollten – Wimmer, Netzer, Hoeneß –, war keiner ein Defensivtyp.

Noch in der Kabine wiederholte ich die Parole: »Wir stellen uns nicht hinten rein. Wir machen unser Spiel. Die werden sich wundern!«

Und sie wunderten sich sehr. Voller Selbstbewußtsein kamen unsere Spieler – diesmal im grünen Trikot – auf den grünen Platz, souverän legten sie los. Es war von Anfang an ein Genuß. In der 27. Minute gab Held den Ball scharf nach innen, Müller paßte ihn zurück zu Held, der setzte Hoeneß ein – ein Mordsschuß, 1 : 0.

Aber bei diesem Spiel erinnere ich mich sonst kaum noch an solche Details. Es sind mehr große Eindrücke, Szenen, Bilder von Persönlichkeiten, Bewegungen. Ich will das ruhig so schildern, wie ich es im Kopf habe und wie ein Sportreporter nie über ein Spiel berichten dürfte.

Es war Günter Netzers größtes Spiel. Noch heute schnalzen Engländer, die ihn damals in Wembley gesehen haben, mit der Zunge. Da war nichts mehr von »Kinderstubenfehlern«. Er führte alles vor, was ein Weltklassemann nur beherrschen kann. Er war in seinem Element. Er konnte es meisterhaft, dem Spiel verschiedene Tempi zu geben. Er machte es langsam, trat mit dem Fuß auf den Ball, wie um zu signalisieren: »Leute, jetzt müssen wir uns mal was anderes einfallen lassen!« Oder er machte das Spiel schnell, ließ lange Pässe über vierzig Meter fegen, spielte direkt, kurz oder lang, mit einem phänomenalen Gefühl für die Entfernung. Manchmal ließ er sich den Ball von einem Mitspieler bringen, übernahm ihn und spielte dann den anderen mit einem gescheiten Paß frei. In dieser Spielweise erinnerte er sehr an Fritz Szepan in seinen allerbesten Zeiten.

Netzer gelang in diesem Spiel fast alles. Ich werde es mein

Leben lang nicht vergessen, dieses Bild: Wie er unter dem Flutlicht mit wehendem langen blonden Haar durch das Mittelfeld stürmte, den Ball am Fuß – das war einfach ein herrlicher Anblick.

Auch das englische Publikum machte immer wieder »Aaaaaah!«, wenn Netzer loszog. Selten wohl ist eine Mannschaft im Wembley-Stadion mit so viel Szenenbeifall bedacht worden wie unsere.

Daß Netzer so gut aussah, hatte natürlich seine Gründe auch bei den Mitspielern. Da klappte das Abwechseln mit Franz Beckenbauer phantastisch – ich muß hier Superlative gebrauchen. Ging Franz vor, ließ sich Günter zurückfallen, und umgekehrt. Es war die vollkommene Harmonie.

Und da zog ein Wimmer unermüdlich laufend seine Kreise über das Feld, wie ein Planet im Sonnensystem. Er war immer frei und anspielbar. Netzer, aus dem Verein mit ihm völlig vertraut, kam nie in die Verlegenheit, den Ball nicht los zu werden. Es bot sich immer jemand an, es gab immer wieder Entlastungen: durch die Sturmläufe von Sigi Held, durch Breitners Offensivdrang.

In der 77. Minute gelang Francis Lee der Ausgleich. Doch schon sieben Minuten später war die Welt wieder in Ordnung. Held drang mit dem Ball am Fuß in den englischen Strafraum ein, er zwang die Gegner geradezu, ihn zu legen. Das taten sie dann auch: Elfmeter.

Wir hatten ausgemacht: Elfmeter-Schützen sind Netzer und Müller. Schießen sollte der, der sich im Augenblick am besten fühlte. Auf keinen Fall der, der gelegt worden war.

Ich lief an den Spielfeldrand und wollte gerade reinrufen: »Günter!« Der sollte ihn schießen. Aber da sah ich, wie sich Netzer bereits den Ball zurechtlegte.

Ich ging zurück zur Bank. Um nichts zu verpassen, lief ich rückwärts, das Gesicht zum Spielfeld. Netzer legte den Ball noch einmal um. Ich setzte mich – und fiel ins Leere. Ich hatte die Bank verfehlt. Durch den Schwung machte ich eine halbe Rolle rückwärts. Lachen auf der Bank ... Als ich gerade wieder zurückkippte in eine normale Sitzhaltung, sah ich noch, wie der Ball an den Pfosten und von dort ins Tor ging.

Es war einer der angenehmsten Stürze meines Lebens.

Fünf Minuten nach diesem Elfmeter kam der Schlußakkord unseres Traumspiels. Held hatte sich an der Strafraumgrenze den Ball erobert und zu Hoeneß weitergeleitet. Der spielte Müller an, der mit dem Rücken zum Tor stand. Insgesamt fünf Engländer hatten sich hinter Müller wie eine Mauer aufgebaut, um diesen gefährlichen Mann abzublocken. Doch der Gerd drehte sich kurz und schoß, diesmal wirklich eine Bombe, in die rechte untere Ecke – das war das 3 : 1.

»Funeral at Berlin«, Beerdigung in Berlin – das sagten die englischen Zeitungen ihrem Team für das Rückspiel voraus. Es bestand nirgends ein Zweifel darüber, daß diese deutsche Mannschaft den schönsten und besten Fußball auf der Welt spielte.

Aber es folgte ein sogenanntes »Arbeits-Unentschieden«, ein 0 : 0 – Grabowski hatte sich mit dem letzten Schuß im Training verletzt, die Mannschaft war auseinandergerissen.

Noch einige Male lebte die traumwandlerische Harmonie von Wembley auf: Als wir die Russen – in einem Freundschaftsspiel zur Einweihung des Olympiastadions in München – 4 : 1 schlugen und dann die schwierigen Belgier in Antwerpen 2 : 1 besiegten.

Das Endspiel um die Europameisterschaft brachte uns gleich wieder gegen die Russen: in Brüssel.

Berti Vogts hatte eine Knieoperation hinter sich und konnte nicht spielen. Er kam in unsere Kabine – und ich mußte ihn dann fast hinausweisen. Er saß da, weinte, weil er nicht dabei war und er Angst hatte, daß sein Knie vielleicht nie wieder richtig in Ordnung kommen würde. Da habe ich ihn in den Waschraum gezogen und gesagt:

»Berti, du kannst jetzt nicht vor einem Endspiel um die Europameisterschaft mit Tränen in den Augen in der Kabine sitzen. Das ist nicht gerade eine Stimulans für die anderen!«

Er nickte. Ich verstand ihn ja so gut. Ich konnte mich wirklich in ihn hineinversetzen. Er faßte sich dann auch, und wir gingen wieder in die Kabine.

Dieses Endspiel lief wie geschmiert. Müller schoß zwei Tore, Wimmer eines. Die einzige Gefahr für uns ging eigentlich von den deutschen Schlachtenbummlern aus, die in Massen nach Brüssel gereist waren. Einige von ihnen drängten schon Minuten vor Spielschluß im Siegestaumel an den Spielfeldrand. Der österreichische Schiedsrichter Marschall war – wie er mir später bestätigte – nahe daran, das Spiel abzubrechen. Sepp Maier und ich fingen einen besonders »Begeisterten«, der quer über den Platz rannte, eigenhändig ein. Maier schleppte ihn mit Gewalt über die Linie. Die Schlachtenbummler verstanden gar nicht, daß der Sepp uns damit den Sieg gerettet hat.

Als die Spieler auf die Tribüne gingen, um sich den Pokal für die Europameisterschaft zu holen, fragte mich Franz Beckenbauer: »Kommen Sie mit?«

Ich wollte eigentlich nicht. Eine solche Ehrung ist Sache der Spieler. Schließlich haben sie ja gewonnen. Aber der Franz zog mich fast hinauf. Da bin ich mitgegangen. Die Spieler haben mir dann den Pokal auch einmal in die Hand gedrückt, und ich konnte zum erstenmal ein Küßchen auf einen so wertvollen Pott drücken.

Nach diesem Spiel dachte ich mir: »In zwei Jahren ist Weltmeisterschaft. Da heißt es, den Helm fest binden. Du mußt versuchen, diese Mannschaft bis dahin zusammenzuhalten.«

Der schöne Traum schien sich verwirklichen zu lassen. Wir spielten im November 1972 in Düsseldorf gegen die Schweiz im Wembley-Stil – 5 : 1. In der zweiten Halbzeit kam auch Berti Vogts wieder herein ...

Aber von da an ging's bergab. Man kann Traummannschaften nicht einwecken. Es kamen Zeiten, da las ich nach Spielen unserer Nationalmannschaft fette Schlagzeilen wie: »So ein Sch ... spiel!«

Die Ouvertüre zur Weltmeisterschaft im eigenen Land hatte

ein Leitmotiv: Netzer oder Overath? Wer soll das deutsche Spiel machen?

Overath hatte es bei zwei Weltmeisterschaften hervorragend getan, Netzer nun bei der Europameisterschaft. Weil es so einfach ist, ein Freund-Feind-Schema, ein Schwarz-Weiß-Muster zu begreifen, hieß es überall: Entweder – oder. Vor allem in der Presse ließ sich das am besten verkaufen.

Ich aber bin, ob im Fußball, im Privatleben oder in meinen politischen Anschauungen, nie ein Mann der Freund-Feind-Verhältnisse gewesen. Ich suchte den Konsensus, wie man heute sagt. Ich wollte das Miteinander – auch bei Netzer und Overath. Ich glaubte daran, daß zwei solche Spieler zusammengespannt werden konnten. Natürlich ließen sich ihre Qualitäten nicht einfach addieren – das war auch bei Uwe Seeler und Gerd Müller nicht gelungen. Der eine oder der andere würde zurückstecken müssen. Beide in Höchstform – das war sowieso unwahrscheinlich.

Netzer und Overath machten mir das »Miteinander« nicht gerade leicht. Netzer war – ziemlich plötzlich – zu Real Madrid gegangen. Ich erfuhr es in einer Theaterpause vor unserem Berliner Brasilien-Spiel und wollte es erst nicht glauben. Er befand sich nun weitgehend außerhalb meiner Kontrolle und des ständigen Leistungswettbewerbs in der Bundesliga. Dann zog er sich einen Muskelfaserriß zu und lief lange seiner Form und Kondition hinterher. Er kämpfte sich mit einem speziellen Krafttraining zäh wieder heran. Und er lenkte auch ein, als ich ihm eine ausgedehnte Autogrammtour schlichtweg verbot: »Günter, du mußt jetzt wählen zwischen diesem Geldmachen und der Nationalmannschaft.« Er wählte uns.

Bei Wolfgang Overath lagen die Dinge eigentlich komplizierter. Kein Fachmann hat je an seiner Weltklasse gezweifelt. Aber das Publikum nahm ihm gewisse Impulsivitäten und Formschwankungen heftiger übel als sonst einem Spieler. Er hat über seine Probleme nach der Weltmeisterschaft 1974 sehr ausführlich gesprochen – und ich nehme ihn hier beim Wort, weil er für mich ein so überaus wichtiger Spieler war.

Wolfgang Overath erzählte damals:

»Es fing alles 1971 an, unmittelbar vor dem Spiel gegen England im Wembley-Stadion. Vor allem mit Günter Netzer klappte im Training alles gut. Schön sagte: ›Versuchen wir es doch mal mit euch beiden.‹

Plötzlich bekam ich Schmerzen im Unterleib, und zwar so stark, daß ich zum Arzt ging. Ich hatte einen Leistenbruch und mußte operiert werden. Mit dem Länderspiel war's vorbei.

Günter Netzer aber lieferte beim 3 : 1 in Wembley ein phantastisches Spiel. Und auf einmal hieß es: Es geht auch ohne Overath. Das hatte es vorher noch nie gegeben ...

Nach dem phantastischen 3 : 0 über die Russen redete fast niemand mehr von mir. Günter Netzer – das war jetzt der große Mann. Ich war nicht neidisch auf ihn. Wir hatten ja privat immer sehr guten Kontakt gehabt, miteinander telefoniert und geredet, wenn irgend etwas war.

Wenn wir jetzt mit unserem 1. FC Köln irgendwo auf kleinen Dörfern spielten, dann standen selbst dort ein paar Bauern am Spielfeldrand und riefen: ›Netzer! Netzer!‹

Ich war einfach nicht stark genug, um das zu verkraften.

Man trainiert wie ein Stier. Man merkt: Du kannst ja alles, du marschierst, du schlägst lange Pässe, du schießt Tore. Und dann kommst du auf den Platz zu einem richtigen Spiel. Auf einmal hast du das Gefühl, daß deine Beine ganz dick sind, du fängst an zu grübeln und zu denken.

Wer aber anfängt beim Fußball nachzudenken, hat schon verloren. Normalerweise geht's so: rechts antäuschen, links vorbeigehen, oder: Da hinten steht einer frei – jetzt kommt der 30-Meter-Paß. Das geht ganz instinktiv.

In der Krise aber hast du Angst vor jedem Ball, der zu dir kommt. Du denkst: Hoffentlich springt er dir nicht über den Fuß! Dann hast du ihn tatsächlich. Aber dein Paß kommt nicht – weil du ja am Denken bist. Du drehst dich um, du spielst nach hinten, und die Leute pfeifen.

Fußball hängt mehr von der seelischen Verfassung als von irgendwelchen Muskeln ab. Innere Sicherheit ist das Wichtigste. Dadurch, daß du alles falsch machst, verlierst du immer mehr Selbstvertrauen, und alles geht dann noch schlechter. Die Katze beißt sich in den Schwanz.

Es gab Spiele, in denen ich schon in den ersten Minuten keinen Paß mehr spielen, kein Dribbling mehr machen konnte.

Früher hatte ich mich nach solchen Tiefs immer wieder gefangen. Jetzt aber kamen mir zum erstenmal im Leben merkwürdige Gedanken: Verdammt noch mal, du kannst vielleicht überhaupt nicht mehr mit den Jungen mithalten. Du bist ja schon neunundzwanzig. Es ist aus mit Overath.

Wenn ich auf den Platz kam, wurde ich ausgepfiffen. Wenn mich ein Gegenspieler umhaute, haben die Leute applaudiert. Mir ist das sehr nahegegangen.

Wie das oft im Leben ist, wollte ich es dann besonders gut machen. Und wenn man es besonders gut machen will, verliert man den Mut, Fehler zu begehen. Wenn man aber diesen Mut nicht mehr hat, macht man auch nichts mehr gut. Es gab Zeiten, in denen ich aus lauter Angst vor Kritik keine Zeitungen mehr gelesen habe.

Nun aber ging es auf die Weltmeisterschaft zu. Die entscheidenden Vorbereitungsspiele standen an: gegen Brasilien, Jugoslawien und Argentinien. Seit der Europameisterschaft waren wir Deutschen ja Kaiser.

Ich spielte wieder mit. Ich spielte schlecht, und alle drei Spiele gingen verloren – auf eigenem Platz!

Dann kam Spanien. Netzer wurde nicht freigegeben. Ich war doch wieder dabei. In Barcelona haben wir alle schlecht gespielt. Aber ich war ganz schlimm. Die Sache ging 0 : 1 verloren.

Mit Katastrophenstimmung flogen wir weiter nach Rom, wo wir gegen Italien spielen sollten, den hohen Weltmeisterschaftsfavoriten. Im Flugzeug kam Schön und sagte: ›Du spielst – zusammen mit Günter Netzer.‹

Kaum war ich auf dem Platz, war wieder meine Angst da. Wenn ich den Ball hatte, habe ich ihn schnell abgespielt – bloß nichts falsch machen! Aber ich bin wie verrückt gerannt. Und als wir mit einem 0 : 0 vom Platz gingen, hat der Bundestrainer gesagt: ›Also, das Experiment mit Netzer und Overath ist wenigstens nicht schiefgegangen. Es war ganz gut.‹

Helmut Schön nahm mich ins WM-Aufgebot – Gott sei Dank.

Ich erinnere mich genau: Unser letzter Test in Malente war ein Spiel gegen die Amateur-Auswahl von Schleswig-Holstein. In den ersten dreißig Minuten sollte das Mittelfeld der Europameisterschaft zusammen sein, also Netzer – Wimmer – Hoeneß.

Jetzt mußte sich alles entscheiden.

Ich habe mir diese erste halbe Stunde nicht angesehen. Ich bin hinter eine Hecke gegangen, habe vor mich hingedöst und immer darauf gehorcht, wie die Leute brüllten, wenn ein Tor fiel. Fünf Stück haben sie gemacht in dieser halben Stunde...

Aber – dann sagten mir Zuschauer, das Spiel sei ziemlich an Günter Netzer vorbeigelaufen. Manche meinten: Er sei ein Fremdkörper in der Mannschaft gewesen.

Da bin ich dann doch frisch, frech und frei auf den Platz gelaufen, habe völlig ohne Nerven gespielt – wie in alten Tagen. Ich hatte Kraft. Ich konnte marschieren. Ich schoß Tore. Mir ist alles gelungen.

Einen Tag nach diesem Test sagte mir Helmut Schön: ›Du spielst gegen Chile!‹«

Soweit Wolfgang Overath. Ja, ich hatte das »Miteinander« nicht durchsetzen können. Günter Netzer schaffte den Anschluß nicht rechtzeitig.

Wenn das die einzige bittere Erfahrung von Malente gewesen wäre – ach wie schön! Aber das idyllische Trainingslager mitten in der Schleswig-Holsteinischen Schweiz wurde leider zur Nervenmühle dieser Weltmeisterschaft 1974.

Ich traf in der Sportschule zufällig Berti Vogts. Es war einen Tag vor der endgültigen Nominierung des Aufgebots der Zweiundzwanzig. Ich hatte Unruhe in der Mannschaft gespürt und fragte ihn:

»Du, Berti, was ist denn los?«

»Ach, es geht um die Prämien.«

»Na, das werden wir doch wohl leicht aus der Welt schaffen!«

»Nein«, sagte er mit Nachdruck, »das ist ernster, als Sie denken.«

Das war es tatsächlich. Die Spieler forderten – für mich aus heiterem Himmel – im Fall eines Sieges in der Weltmeisterschaft eine Prämie von 100 000 Mark.

Ich hielt diese Forderung für unangemessen. Daß sie zustande gekommen war, mag ein wenig auch meine Schuld gewesen sein. Die Frage etwaiger Prämien hätte – so klug bin ich heute längst – vor Malente geklärt werden müssen. Denn das Thema war längst von außen an die Spieler herangetragen worden. Sie lasen in den Zeitungen, daß die Holländer 100 000 Mark, die Italiener gar 120 00 Mark beim Titelgewinn bekommen sollten. In Deutschland aber war noch nichts im Gespräch. Das machte die Spieler verständlicherweise aufmüpfig.

Für mich galt der Grundsatz: Halte dich aus den Geldangelegenheiten der Spieler heraus, sie gehen dich nichts an. Ich hatte nur immer darauf hingewirkt, in England, in Mexiko, auch nach der Europameisterschaft 1972, daß die Prämien in gleicher Höhe für alle Zweiundzwanzig bezahlt wurden – denn die auf der Bank saßen, konnten ja nichts dafür.

Vor Malente hatte ich einfach den Kopf zu voll mit den Problemen der Mannschaft, um der Prämienfrage besondere Bedeutung beizumessen. Hermann Neuberger, der ja der Organisator der ganzen WM war und entsprechend gefordert wurde, hatte schon mal danach gefragt. Aber ich hatte gesagt:

»Das hat doch noch Zeit! Laß die Mannschaft doch erstmal zusammenkommen! In Malente können wir ja dann darüber reden.«

Da Geld für mich persönlich immer zweitrangig war, habe ich das Problem bagatellisiert. Ich habe sozusagen meinen alten Idealismus bei der neuen Generation von Spielern unterstellt. Es wäre mir nie und nimmer in den Kopf gekommen, daß Spieler wegen Geld meutern könnten, wenn es um die Weltmeisterschaft ging. Ich glaube, diese Einstellung sagt mehr über mich als über die Spieler. Ich sah eben immer als erstes den Ball, das Spiel, die Mannschaft. Aber die Zeiten hatten sich nun mal ein wenig geändert. Der »Schuh-Krieg« von Mexiko hätte mir ein Signal dafür sein sollen.

So kam es zu jenem Zusammenstoß, der dann in vielen Variationen geschildert worden ist. Hans Deckert, DFB-Delegations-Chef in Malente, antwortete auf die 100000-Mark-Forderung mit folgendem Prämien-Vorschlag: 30000 Mark für den ersten Platz, 25000 für den zweiten, 20000 für den dritten.

Zu mir ist niemand gekommen. Entweder hatten die Spieler Angst, bei mir, dem DFB-Angestellten, abzublitzen. Oder sie hielten mich in Geldfragen nicht für zuständig, womit sie recht hatten.

Das Angebot des DFB wurde von den Spielern mit Empörung zurückgewiesen. Sie wollten verhandeln. »Allein schon die Tatsache, daß wir verhandeln wollten, machte ihn (Deckert) verlegen«, schreibt Franz Beckenbauer in seinem Buch. »Er schaute mich an, als habe er mich bei einem Bankeinbruch ertappt ...«

Ich war nicht dabei. Aber ich kenne Hans Deckert lange genug: ein gerader, außerordentlich tüchtiger Mann, ein Franke mit der sprichwörtlich rauhen Schale und dem weichen Kern. Es war inzwischen Mode geworden, auf »Funktionäre« wie Hans Deckert zu schimpfen. Aber ohne »Funktionäre« würde eben nichts funktionieren. Gerade Breitner ließ keine Gelegenheit aus, um auf die »Funktionäre« zu schimpfen. Ich habe ihm mehrfach gesagt, daß sein Vater auch ein Funktionär im Sport sei – wenn auch nur Jugendleiter.

Natürlich konnte Deckert bei einer Forderung von 100000 Mark pro Mann – also 2,2 Millionen Mark – nicht wohlgefällig mit dem Kopf nicken. Für Entscheidungen solcher Größenordnung war die oberste Instanz, das DFB-Präsidium zuständig – und dem gehörte er nicht an. Also hing er, wie ich merkte, stundenlang am Telefon und sprach mit Hermann Neuberger. Deckert tat mir leid in dieser Pendler- und Vermittlerrolle.

Laut Beckenbauer haben die Spieler Hermann Neuberger den

Vorwurf gemacht, er habe sich aus taktischem Kalkül von Malente ferngehalten, um sich anderswo als der große WM-Organisator »feiern« zu lassen. Das ist schlicht naiv. Eine WM wie die von 1974 läßt kurz vor Beginn der Spiele wirklich keine Minute zum Feiern. Das ist eine gigantische Organisationsaufgabe. Hier wurde sie noch dadurch kompliziert, daß sich ein Attentat wie 1972 bei den Olympischen Spielen, eine Geiselnahme und ein Fürstenfeldbruck nicht wiederholen sollten.

Hätte Neuberger bei der Mannschaft wohnen können, wäre alles ganz ruhig verlaufen. Ich kenne diesen Mann seit Anfang der fünfziger Jahre aus dem Saarland. Er ist ein ausgesprochener Realist und schaffte Hindernisse mit größter Energie möglichst schnell beiseite. Aber er konnte eben nicht in Malente sein.

Es begann ein großes Gefeilsche. Angebot wurde gegen Forderung gesetzt. Ich nahm nicht daran teil. Doch dann wollte ich endlich Ruhe in der Mannschaft haben und setzte mich für eine Prämie von 60 000 Mark ein. Der DFB akzeptierte das.

Beckenbauer, Höttges, Netzer und Overath vertraten die Spieler, ich wurde zur Delegation des DFB hinzugezogen. Es war ein äußerst unangenehmes Treffen. Natürlich ist kein Tonband mitgelaufen, aber der Dialog entwickelte sich, nach meiner Erinnerung, etwa so:

»Die Mannschaft wäre bereit, 75 000 Mark zu akzeptieren«, sagte Franz Beckenbauer.

»Das ist völlig unmöglich. Herr Schön hat sich für euch eingesetzt, der DFB genehmigt 60 000 – mehr ist einfach nicht drin.« So Deckert.

Die Spieler schüttelten die Köpfe.

Da platzte mir der Kragen. Ich habe Beckenbauer richtig angefahren: »Franz! Du verdienst so viel Geld! Wollt ihr jetzt unsere Weltmeisterschaft kaputtmachen, das Betriebsklima aufs Spiel setzen wegen Summen, die ihr doch alle mit euren Werbeverträgen im Nu wieder hereinholt?! Irgendwann müßt ihr doch auch mal einen Kompromiß schließen, damit wieder Ruhe einkehrt. In fünf Tagen spielen wir gegen Chile! Was soll denn dieses Theater!«

Ich muß es hier noch einmal sagen: Nie im Leben habe ich jemanden deswegen beneidet, weil er mehr als ich verdiente. Im Gegenteil, als Gehaltsempfänger mit Versorgungsanspruch besaß ich – so seltsam das klingen mag – ungleich mehr Freiheit als die Spieler. Ich konnte reden, wie es gut für die allgemeine Sache – und nicht für die private Schatulle – war.

»Gerade von dir hätte ich das nicht erwartet!« sagte ich zu Franz Beckenbauer. »Ihr müßt doch mal auf 5000 Mark mehr oder weniger verzichten können! Ihr könnt doch nicht mit einem Schlag so viel Geld verdienen wollen, wo ihr noch gar nichts geleistet habt!«

Höttges meinte, die Spieler wollten nur ihren »Anteil«. Sicher, die Weltmeisterschaft war ein Geschäft mit Riesenumsätzen – aber auch äußerst hohen Unkosten. Da lagen nicht über zwei Millionen Mark netto irgendwo in der Portokasse bereit.

Ich hatte die Nase voll. Beckenbauer hat mir nachgesagt, ich hätte mit der Abreise gedroht. Das stimmt in dieser Form nicht. Aber ich war innerlich sicher in einer Verfassung, in der ich mich fragte, was ich bei einer solchen Mannschaft überhaupt noch sollte. »Hier hast du nichts mehr zu suchen«, sagte ich – wohlgemerkt innerlich.

Ich soll auch in meinem Zorn Paul Breitner als »Maoisten« beschimpft und als Rädelsführer bezeichnet haben. Die Wirklichkeit sah etwas anders aus. Als ich in meiner Erregung und Enttäuschung hinauf auf mein Zimmer gehen wollte, sagte mir Jupp Derwall:

»Da oben ist auch dicke Luft.«

Die anderen Spieler hatten sich versammelt und diskutierten laut. Besonders deutlich ließ sich Paul Breitner vernehmen.

Da habe ich ihn direkt angenommen und richtig zusammengestaucht. »So geht es nicht weiter! Sie unterminieren hier alles.«

Sehr bald mußte ich erkennen: Ich habe Paul Breitner an diesem Abend Unrecht getan. Breitner war jedenfalls zu Tode gekränkt. Zweimal packte er in dieser Nacht die Koffer, zweimal konnten Beckenbauer und Müller ihn überreden, doch zu bleiben. Netzer, Overath, Hoeneß bemühten sich ebenfalls.

In dieser Nacht konnte ich natürlich nicht schlafen. Ich telefonierte mit Hermann Neuberger und ließ mir freie Hand für eine Maßnahme geben, die in Deutschland wie eine Bombe eingeschlagen hätte. In meinem Kämmerlein stellte ich aus den verbliebenen Spielern des Aufgebots der Vierzig, also aus achtzehn Mann, eine neue Nationalmannschaft auf. Das hätte bedeutet: Alle zweiundzwanzig von Malente, die ja mit Abreise drohten, wären nach Hause gefahren. Ich war dazu entschlossen. Und ich bin noch heute davon überzeugt: Die deutsche Öffentlichkeit hätte mir dabei zugestimmt. Hier war einmal der Punkt erreicht, an dem der angeblich so weiche Schön hart wurde. Alles zu seiner Zeit.

Die Zweiundzwanzig waren ja noch nicht endgültig nominiert. Hermann Neuberger hatte vorsichtshalber bei der FIFA eine Nachmeldung angekündigt.

Am nächsten Morgen hatte sich alles ein wenig beruhigt. Besonnene Spieler erklärten mir, daß Breitner keineswegs wie ein »Aufrührer« geredet hatte. Franz Beckenbauer vermittelte nach dem Frühstück sogar ein Gespräch zwischen uns.

Ich weiß noch, wie ich mit Paul Breitner auf dem Trainingsplatz ein langes Gespräch führte. Es verlief äußerst vernünftig. Dazu muß ich sagen: Meine Gespräche mit Paul Breitner sind immer sachlich und vernünftig gewesen. Er hat sich mir gegenüber stets völlig korrekt benommen – niemals aufsässig; das gilt auch für die Aufregungen vor der Europameisterschaft 1976. Vorzuwerfen hatte ich ihm später die Mißachtung der Institution der Nationalmannschaft. Aber das ist ein anderes Kapitel. Breitner redete bisweilen vorschnell und hitzig – da hatte er nicht die Eleganz, die er auf dem Spielfeld zeigte.

Breitner und ich bereinigten die Affäre der vorausgegangenen Nacht. Es blieb kein Stachel zurück. Und es kam endlich auch zu einer Einigung über die Spesen: Man traf sich bei 65 000 Mark.

Übrigens, kein Spieler ist auf die Idee gekommen zu fragen: »Was ist denn mit Ihnen, Herr Schön?« Aber mir war das ganz recht. Darüber sollten sie sich keine Gedanken machen. Die Geschichte meiner eigenen Prämie wurde schließlich ein Kapitel für sich – nach der WM. Erst einmal stand überhaupt nichts zur Debatte.

Kaum war der »Prämien-Krieg« aus den Schlagzeilen, bekamen wir – von außen infiziert – den »Lagerkoller«.

Franz Beckenbauer macht heimlich einen Abstecher zu Heidi Brühl, die in der Nähe filmt ... Sepp Maier und Uli Hoeneß brechen in einem bremsenlosen Wagen aus, um ihre Frauen zu treffen ...

Dieses und einiges mehr waren die Blüten, die der »Lagerkoller« von Malente trieb, wie alle Deutschen inzwischen dank der Gesprächigkeit der Betroffenen wissen.

In Chile, in Schweden, in England, in Mexiko hatte es keinen »Lagerkoller« gegeben. Franz Beckenbauer meint: Weil sich in Mexiko einige Spieler im Taxi davonmachen und »amüsieren« konnten. Ich meine: Es war doch wohl etwas anderes, Malente war ein besonderer Fall.

Die Spieler hörten, daß die Holländer teilweise ihre Frauen oder Bräute mit dabei hatten. Sie befanden sich selber in ständigem Telefonkontakt mit ihren Frauen oder Freundinnen und merkten um so mehr, was ihnen fehlte.

Als es über die Prämien nichts mehr zu reden gab, wurde ihnen der »Lagerkoller« auch von den Journalisten in Malente eingeredet. Wir dürfen doch nicht vergessen: Viele Spieler hatten Exklusivverträge mit Zeitungen oder Zeitschriften, sie waren »eingekauft« oder »eingekloppt«, wie das Fachwort hieß, und irgend etwas mußten sie ja schließlich für das vereinbarte Geld liefern. Schlagzeilen wie »Helmut ist wieder nett« hätten sich kaum bezahlt gemacht. »Lagerkoller« ging schon besser. Um des Knüllers willen wurde das Betriebsklima gestört.

Wir waren zehn Tage vor der endgültigen Nominierung der Mannschaft nach Malente gekommen. Das ist in der Praxis nicht zu lange, um die letzten Verletzungen auszuheilen, die

Mannschaftsteile einzuspielen. Ich selber bin ein Gegner allzu ausgedehnter »Lager«.

Auch diesmal haben wir uns Mühe gegeben, den Spielern soviel Abwechslung wie möglich zu bieten. Wir haben eine Fünf-Seen-Fahrt gemacht. Wir waren in Lübeck im Kabarett. Am Timmendorfer Strand haben wir Kaffee getrunken. Sepp Maier konnte sogar Tennis spielen. Und in der Nähe von Timmendorf haben wir einen Vergnügungspark besucht.

Aber – all das fand unter strengen Sicherheitsvorkehrungen statt. Ein »Olympisches Dorf 72« sollte sich eben nicht wiederholen. Ich meinte, daß jeder Spieler das begreifen konnte.

Sepp Maier hat, wie ich weiß, durch seinen Autoausflug die verantwortlichen Sicherheitsbeamten in große Schwierigkeiten gebracht. Ich selber durfte nicht einmal ohne Begleitschutz zur Kirche gehen. Als ich in Malente zu einer Pressekonferenz ein paar hundert Meter zu Fuß laufen wollte, sagte man mir: »Kommt nicht in Frage!« Ich wurde gefahren.

In Timmendorf – das wissen die Spieler vielleicht bis heute nicht – sagte mir einer der Beamten: »Es ist gerade eine Meldung über den Ticker gegangen, in englischer Sprache aus Paris über Bonn. Dringende Warnung, daß ein Anschlag auf den deutschen Mannschaftsbus geplant ist. Auch andere Mannschaften sind bedroht.«

Wir mußten wegen dieser Bedrohung sogar auf Umwegen zu einem Spiel nach Hamburg fahren. Niemand durfte sich absondern.

Ich sage es ganz radikal: An einem »Lagerkoller«, wie er in Malente herrschte, ist noch niemand gestorben. Ich finde es außerdem nicht richtig, die Ehefrauen oder Freundinnen zeitweise ins Trainingslager kommen zu lassen oder in der Nähe einzuquartieren: Sie werden dann, so meine ich, in einer würdelosen Form öffentlich zu Sexualobjekten gemacht. Die Holländer, argumentierten einige Spieler, haben es mit den Frauen viel freier gehalten. Sicherlich. Nur gab es da auch Krach hinter den Kulissen, Eifersüchteleien. Und die Holländer sind nicht Weltmeister geworden.

Daß diese Weltmeisterschaft so erfolgreich verlaufen sollte, ist sicher der hervorragenden Rolle zu verdanken, die unser Präsident Hermann Neuberger bei der Organisation und Durchführung gespielt hat. Das ist auf der ganzen Welt in höchstem Maße anerkannt worden.

Gleichermaßen aber – ich muß das mit sehr schmerzlichen Gefühlen sagen – darf man einen Mann nicht vergessen, der gestorben ist, während ich dieses Buch schrieb: Hermann Joch. Er war erst dreiundfünfzig Jahre alt, als er nach einer Herzoperation in München starb.

Hermann Joch hatte als Organisationsleiter des Deutschen Fußball-Bundes maßgeblichen Anteil am Erfolg der WM 74 und an der Vorbereitung für die WM 78 in Argentinien. Ich habe in Hermann Joch einen hervorragenden Mitarbeiter und Helfer bei allen meinen Aufgaben verloren, in ganz besonderem Maße aber auch einen liebenswerten, hochanständigen Freund, auf den ich mich in allen Lebenslagen verlassen konnte. Seit 1956 hatten wir zusammengearbeitet, und seitdem gab es oft Momente, in denen ich ihm mein Herz ausschütten konnte. Er hat mir dann in seiner ruhigen, angenehmen Art Trost zugesprochen.

Hermann Joch war das, was man im guten Sinne einen Perfektionisten nennt: Er hat alles bis zum i-Tüpfelchen ausgeklügelt. Vielleicht war diese für uns alle so positive Eigenschaft mit ein Grund dafür, daß wir ihn so frühzeitig verlieren mußten. Er hat sich im Dienst für den Sport und seine Freunde übernommen. Hermann Joch bleibt mir unvergessen, und ich verdanke ihm viele meiner Erfolge.

# *Endlich Weltmeister*

Mir lag das Spiel schon die ganze Zeit im Magen. Als wir im Bus von Malente nach Hamburg fuhren, war mir gar nicht wohl zumute. Ich ahnte etwas, wollte aber den Spielern nicht zeigen, wie skeptisch ich war.

Die Mannschaft selber schien ganz gelassen – vielleicht zu gelassen.

Als wir in die Kabine des Volksparkstadions kamen, ergriff Franz Beckenbauer das Wort.

»Heute spielen wir nicht gegen irgendeinen Gegner. Heute spielen wir gegen die DDR! Das bedeutet: Wir müssen auch für unseren Bundestrainer spielen. Versteht ihr?«

Die Spieler nickten. Ich freute mich sehr über diese Worte von Franz. Aber meine Unruhe blieb. Das hatte viele Gründe.

Unser Start in diese Weltmeisterschaft, bei der 85 Prozent der Bevölkerung von uns den Titelgewinn erwarteten, war nicht gerade berauschend ausgefallen. Aus dem kühlen Malente waren wir in die Tropenhitze von Berlin gefahren, hatten Chile deutlich unterschätzt und nur durch einen sagenhaften 25-Meter-Schuß von Paul Breitner 1 : 0 geschlagen. Eine Sonntagszeitung erschien mit der Schlagzeile: »Jetzt muß Helmut Schön umbauen!« Ein feiner Anfang.

Danach hatten wir die liebenswürdigen Fast-Amateure aus Australien in Hamburg abermals auf die leichte Schulter genommen und ein glanzloses 3 : 0 geschafft. Wir benahmen uns wie Leute, die wußten: Auch unsere halbe Kraft genügt. Das beunruhigte mich sehr.

Obwohl wir uns bisher nicht mit Ruhm bekleckert hatten, waren wir schon in der zweiten Finalrunde, unter den letzten

Acht. Einen Sieg über die DDR »brauchten« wir nur, wenn wir Gruppenerster werden wollten. Weiter kamen wir so oder so. Und da gab es Stimmen, die meinten: »Laßt uns doch verlieren!« Die andere Gruppe – wie sich später herausstellte: mit Holland, Brasilien, Argentinien – wäre leichter ...

Ich wollte gewinnen, ganz egal, was danach kam. Es wäre für mich persönlich peinlich gewesen zu verlieren. Taktische Gründe dafür vorzuschieben, hätte ich einfach für zu billig gefunden.

In einer großen Zeitung wurden vor dem DDR-Spiel auf der Titelseite die Gründe aufgeführt, warum wir die DDR einfach schlagen mußten. Das war natürlich die beste Motivation, die man den DDR-Spielern liefern konnte. Sie waren ohnehin so »heiß« wie noch nie: Sie, die bisher eine vergleichsweise stiefmütterliche Rolle im internationalen Fußball gespielt hatten, durften endlich an den großen, reichen, allseits bewunderten, von ihnen aber kaum geliebten Bruder aus dem Westen heran, den Weltmeister von 1954, Finalisten von 1966, Dritten von 1970, den hohen Favoriten.

Ich selber sah gar nicht so viele Gründe, die uns sozusagen automatisch den Sieg schenken mußten. Der 1. FC Magdeburg hatte gerade – am 8. Mai 1974 – den Europapokal der Pokalsieger gegen den AC Mailand 2 : 0 gewonnen.

Der DDR-Fußball besaß – und besitzt – seine Vorzüge und Nachteile. Die Spieler von drüben sind Deutsche, wie bekannt. Das bedeutet: Disziplin und Kampfkraft sind auf jeden Fall vorhanden. Wichtige Spieler kommen aus Städten wie Dresden und Magdeburg, wo schon immer guter Fußball gespielt worden ist, besonders in Dresden.

Unsere Club-Mannschaften hatten genug mit DDR-Mannschaften zu tun gehabt im Europacup: Die Spiele des FC Bayern gegen Dynamo Dresden und den 1. FC Magdeburg waren hochdramatische Schlachten, die lange auf des Messers Schneide standen und nur mit einem Quentchen Glück gewonnen werden konnten. Von einer Überlegenheit konnte wirklich keine Rede sein. Diese Club-Mannschaften der DDR waren unseren

Spitzen-Teams absolut ebenbürtig. In der DDR verfügte man zwar nicht über einen Ausnahmespieler wie Franz Beckenbauer, aber es gab ein paar Spielerpersönlichkeiten von europäischem Format.

Ich denke da vor allem an den hervorragenden Torwart Croy aus Zwickau, der unserem Sepp Maier kaum nachstand. Bransch aus Jena war ein ausgezeichneter Libero, Kreische aus Dresden ein erstklassiger Mittelfeldspieler. Stürmer Sparwasser aus Magdeburg, ein wendiger, schneller, höchst torgefährlicher Mann, hätte zu jedem europäischen Spitzenclub gepaßt. Und der gefährliche, kraftvolle Flügelmann Hoffmann aus Magdeburg war auch nicht zu verachten.

Bei uns in der Bundesrepublik hatte sich seit langem die Meinung festgefressen: Die DDR spielt Roboter- oder Kollektiv-Fußball. Zum letztenmal war das auf die ödeste Weise im Spiel um die olympische Bronzemedaille zwischen der DDR und der Sowjetunion in München bestätigt worden.

Sicher hatte sich der DDR-Fußball in den ersten Jahren zu sehr nach dem Osten orientiert und dem Westen verschlossen. Es wurde nach russischen Lehrbüchern gelehrt. Kollektives Denken und Spielen galt als Weisheit letzter Schluß. Man spielte nach Schablonen. Vielleicht stand die Wissenschaft lange zu sehr im Vordergrund; es fehlte das Fingerspitzengefühl. Individuelles Können wurde unterdrückt. Man verpaßte für eine Weile den Anschluß – bis sie, gerade durch die Europacup-Wettbewerbe, andere Luft zu schnuppern bekamen. Ähnlich wie die Ungarn, Tschechoslowaken und Polen vor ihnen, fanden sie allmählich zu einer Spielart, die ihnen gemäß war. Bis heute sind sie noch nicht am Ziel; das beweist ihr Ausscheiden in der WM-Qualifikation 1977 gegen Österreich. Aber die Erstarrung hat sich seit langem gelöst.

Eines war sicher: An Trainingsfleiß hat es »drüben« nie gemangelt. Und: DDR-Trainer Buschner war ein erfahrener Mann. Objektiv eingeschätzt, hatten wir es mit einem Gegner zu tun, der topfit und optimal motiviert war. Auch ich meinte: Die müssen wir schlagen ... Aber natürlich nur, wenn wir alle unsere kämpferischen und spielerischen Vorzüge aktivierten.

Das Gegenteil war der Fall. Unkonzentration, Wurstigkeit waren Trumpf. Schon in der ersten Minute schoß Schwarzenbeck in unserem Strafraum einen kapitalen Bock, und Sparwasser hätte um ein Haar das 0 : 1 abgestaubt.

Dann kamen wir, überlegen wie erwartet. Das war kein Kunststück, denn bei der DDR spielte eigentlich nur Sparwasser Spitze, im Bedarfsfall kam Hoffmann dazu. Das Publikum der 61 000 im Rücken, holten wir Chance um Chance heraus. Sie wurden vergeben. Aber das regte niemanden auf dem Platz besonders auf. »Kommst du heut' nicht, kommst du morgen«, schien die Devise der Mannschaft zu sein, die sich hier ja so heimisch, so sicher fühlte.

In der Halbzeit gab es schon »Netzer, Netzer«-Sprechchöre. Sie waren ungerecht gegen Wolfgang Overath, der auch nicht schlechter spielte als die anderen.

Aber als sich immer länger nichts tat, mußte ich auswechseln: Für Schwarzenbeck nahm ich Höttges hinein, für den leicht angeschlagenen Overath dann Netzer. Netzer hatte bei der ersten Ballberührung eine Chance, die an sein sensationelles Siegestor im Pokalfinale 1973 in Mönchengladbach gegen Köln erinnerte. Aber der Ball wurde abgeblockt, und Netzer versank sehr bald in einer Mannschaft, in der gar nichts lief. Allgemeine Lethargie lähmte die Aktionen. Es kam kein Aufbäumen. In dieser Mannschaft fehlte die Moral.

Die DDR spielte unbeirrt und fleißig aus einer starken Defensive heraus. Wir dagegen entblößten unsere Abwehr, und es kam hin und wieder zu gefährlichen Kontern. In der 77. Minute geschah es dann: Sparwasser wurde mit einem langen Paß bedient, überspielte Höttges und Vogts und haute den Ball aus nächster Nähe hoch ins Netz.

Wie ein Besessener versuchte Franz Beckenbauer auf eigene Faust, das Spiel noch zu wenden. Nur bei ihm hatte ich den Eindruck, daß er an die Worte dachte: »Heute müssen wir auch für unseren Bundestrainer spielen.«

Es nützte nichts. Es war gelaufen.

Ich hatte mich über einige Spieler besonders geärgert, weil sie nicht gut genug gekämpft hatten. Hoeneß und Grabowski gehörten vor allem dazu, aber ich hatte auch Breitner auf dem Kieker. Ich bin nur kurz in die Kabine hineingegangen. Es herrschte betretenes Schweigen. Ich hatte den Bauch voller Wut. Aber ich konnte die Mannschaft jetzt nicht in die Pfanne hauen. Das war nicht meine Art. Darum sagte ich nur einen Satz:

»Wir haben uns morgen über allerhand zu unterhalten!«

Sie konnten und sollten sich selber denken, worum es ging.

Dann mußte ich zu der üblichen Pressekonferenz. Es war ein langer Gang, von der Kabine bis unter die Tribüne. Eines schien mir klar: Ganz Deutschland würde mir diese Niederlage persönlich übelnehmen.

Sonderbarerweise klopften mir ein paar Zuschauer unterwegs auf die Schulter: »Kopf hoch, Helmut! Wir schaffen das noch!« Ich sammelte mich.

Es wurde die schwerste Pressekonferenz meines Lebens. Alle drei Medien, Presse, Rundfunk, Fernsehen, waren in voller Besetzung vertreten. Unter den Journalisten gab es, das wußte ich, eine Menge heimlicher Bundestrainer, die es von vorneherein besser gewußt hatten.

Aber ich glaube, daß ich diese Prüfung ganz gut bestanden habe – weil ich nichts beschönigte. Ich stellte das Spiel so dar, wie es wohl alle gesehen hatten. An dem Sieg der DDR war nicht zu deuteln, sagte ich. Schließlich hatte sie das eine Tor geschossen, auf das es nun mal ankam.

Später, nach dem WM-Sieg, gratulierte mir Bundesjustizminister Vogel: »Wissen Sie, Herr Schön, Ihr Fernseh-Interview nach dem DDR-Spiel war eine große sportliche Leistung!«

Es kam mir sehr gelegen, daß ich wegen der Pressekonferenz nicht zusammen mit der Mannschaft nach Malente zurückfahren mußte. Die Spieler waren im Bus unterwegs, ich fuhr, von einem Sicherheitsbeamten chauffiert, alleine ins Trainingslager zurück.

Auf dieser Fahrt habe ich nichts von den liebenswürdigen Dörfern, der milden, beruhigenden Landschaft gesehen. Ich grübelte und tüftelte. Wie sollte es weitergehen? Am liebsten hätte ich fast die ganze Mannschaft ausgewechselt.

Die Spieler saßen mit bedrückten Gesichtern im Speiseraum, tranken ihr Bier und diskutierten. Ich hielt den Mund und verschwand schnell. Sie sollten merken: Es ist Qualm in der Küche.

Ich wollte die Niederlage erst einmal überschlafen. Aber ich fand einfach keine Ruhe. Darum ging ich über den Gang ins Zimmer von Gerd Müller und Franz Beckenbauer. Auch sie waren noch wach, regten sich über die Niederlage auf.

Wir redeten offen über alles. Ich empfand es als sehr wertvoll, zwei so erfahrene Spieler in dieser Situation als Partner zu haben, mich in vollem Vertrauen aussprechen, ihren Rat bedenken und überhaupt die Zukunft planen zu können. Das war das psychologisch Entscheidende an unserer nächtlichen Dreierrunde: Wir ärgerten uns nicht so sehr im Blick zurück – wir waren bereits dabei, uns wie Münchhausen am Schopf zu greifen und aus dem Dreck zu ziehen.

Breitner, meinten beide, hätte keine Schuld an dem Desaster. Er verdiene keine Verbannung aus der Mannschaft. Ich akzeptierte das.

Aber ich sagte nun auch mal dem Franz meine Meinung:

»Franz, du bist Kapitän. Und ich erwarte jetzt endlich von dir, daß du auch mal gegenüber deinen Kameraden das Wort ergreifst! Jetzt ist der Augenblick gekommen, wo du den Kapitän herausstellen mußt.«

Er versprach, das zu tun.

Die Fußball-Legende in Deutschland hat in dieser Nacht ein Wunder geschehen lassen: Franz Beckenbauer soll da zum Kapitän gereift sein. Als Schön nicht mehr weiter wußte, erzählte man sich dann, habe Kaiser Franz wirklich das Zepter ergriffen und regiert. Beckenbauer – der eigentliche Chef und Bundestrainer.

Ganz so war es eben nicht.

Für den nächsten Vormittag hatte ich eine Mannschaftssitzung angesetzt. »Bild am Sonntag« erschien mit der Schlagzeile: »So nicht, Herr Schön!« Ja – auch so etwas muß man als Bundestrainer hinnehmen können. Die Nation war beleidigt.

In dieser Mannschaftssitzung habe ich losgelegt. Kein Kampfgeist, Spiel ohne Einsatz, sich aus den Latschen kippen lassen. »Bei den Prämien habt ihr gezeigt, wie stark ihr gemeinsam sein könnt! Aber wenn es um die DDR geht, seid ihr weg vom Fenster.«

Es war ein Generalanpfiff. Franz Beckenbauer hat während dieser Mannschaftssitzung kein Wort gesagt.

In meiner Rage schickte ich die Spieler dann mit den Worten auf den Trainingsplatz hinunter: »So, und nun geht und weint euch am Busen eurer Lieblingsreporter aus! Erzählt ihnen, wie ich euch zusammengestaucht habe. Das könnt ihr doch wenigstens noch: Interviews geben!«

Ich dachte dabei an die Prämien-Affäre, bei der sämtliche Ereignisse der dramatischen Nacht am nächsten Morgen bei allen Journalisten in Malente haarklein bekannt waren.

Franz Beckenbauer wurde von Journalisten abgefangen. Da hat er dann zum ersten Mal den Mund aufgemacht. Später verstreute er auch in einem Fernsehgespräch jenen Pfeffer, den ich ihm in die Hand gedrückt hatte ... Es war gut so. Aber es stimmt eben nicht, daß Beckenbauer in der Nacht vom 22. auf den 23. Juni 1974 auf wunderbare Weise von der Jungfrau zum ganzen Kerl gereift ist.

Wir trainierten. Ich schliff die Mannschaft nun gerade nicht. Die Spieler, die ich im Visier hatte, merkten von selbst, daß ihre Stammplätze wackelten – allein an der Trainings-Aufteilung.

Es ging so etwas wie ein Ruck durch die Mannschaft.

Auf der Autobahn von Dortmund nach Düsseldorf überholten wir Kolonnen von Bussen, aus denen die blau-weiß-roten Fahnen der Jugoslawen flatterten. Die Gastarbeiter waren unterwegs.

»Na, hoffentlich macht unser deutsches Publikum auch mit, nach der Niederlage gegen die DDR«, meinte ich. »Nicht, daß mehr Jugoslawen im Stadion sitzen als Deutsche ...«

Ich wußte nur zu gut, daß die Jugoslawen gegen uns eigentlich immer eine Bomben-Mannschaft ins Spiel gebracht hatten. Die Länderspiel-Bilanz war bis dahin nicht gerade überwältigend: neun Siege, ein Unentschieden, sieben Niederlagen. Und wie schwer waren uns gerade die Weltmeisterschaftsspiele gefallen: das 2 : 0 von Genf 1954, das 1 : 0 von Malmö 1958 – nicht zu reden vom 0 : 1 in Chile 1962.

Aber wir mußten uns wegen des Publikums in Düsseldorf keine Sorgen machen. Es ist vielleicht das leidenschaftlichste und witzigste zugleich in Deutschland. Dank des jahrelangen »Trainings« bei großen Eishockey-Schlachten der DEG verfügt es über einen unerschöpflichen Vorrat an Zwischenrufen, Sprechchören und Liedern.

An diesem 26. Juni peitschte das kurze, messerscharfe »Deutsch-land! Deutsch-land!« durch das herrliche Oval des Rheinstadions; es lief mir kalt den Rücken hinunter. Das war die Stimmung, die jetzt auch in der Mannschaft steckte. Sie war hungrig. Sie wollte es wissen. Vergessen war die Lähmung gegen die DDR. Jetzt ging es ran – und wir waren ja auch rein geographisch München, dem Endspielort, einen gewaltigen Schritt nähergekommen.

Der Tapetenwechsel von Malente nach Kaiserau, der Sportschule am Kamener Kreuz bei Dortmund, hatte eine völlige Klimaveränderung gebracht. Ich habe die Mannschaft umgekrempelt. Cullmann mußte Bonhof weichen, Grabowski seinem Mannschaftskameraden Hölzenbein, statt Hoeneß spielte Wimmer, und für Flohe kam der Düsseldorfer Herzog ins Team.

Es war kein Zufall, daß das Spiel gegen Jugoslawien zuerst von einem unserer energiereichsten Spieler bestimmt wurde, von Rainer Bonhof.

In der dritten Minute schießt er nach einer Kombination Hölzenbein-Overath aus acht Metern knapp am Tor vorbei.

In der 21. Minute schließt er einen Doppelpaß mit Herzog blitzschnell ab, doch Buljan – heute beim HSV – lenkt zur Ecke.

In der 26. Minute nimmt er einen Freistoß von Overath mit dem Kopf. Der Ball rasiert den linken Torpfosten.

Dann aber ist es Breitner, der alle Querelen der letzten Tage mit einem wunderbaren Schuß auslöscht. Aus zwanzig Metern hämmert er – wie in Berlin gegen Chile – aufs Tor und trifft hoch in den linken Winkel. Ein Glück, daß ich »Paule« nicht draußen gelassen habe...

In der 66. Minute nehme ich Hoeneß für Wimmer hinein, der sich in phänomenaler Laufarbeit erschöpft hat. Sieben Minuten später kommt Flohe für Hölzenbein: Er sollte den Ball halten. Schon damals war »Flocke« ein ausgezeichneter Spieler, freilich nicht von heutiger Klasse. Er ist inzwischen selbständiger und mannschaftsdienlicher geworden – eine späte, schöne Reife.

Man kann an diesen Einwechslungen erkennen, wie wenig nachtragend ich bin: Beide, Hoeneß vor allem, aber auch Flohe, gehörten ja zu den »Sündenböcken« des DDR-Spiels.

Der Einsatz von Hoeneß zahlte sich sehr bald aus. In der 77. Minute – also nach nur elf Minuten Spiel – ging er voller Kraft mit einem herrlichen Paß von Overath auf und davon, flankte im letzten Augenblick flach vor das jugoslawische Tor, Gerd Müller rutschte in den Ball, schien ihn zu verfehlen, holte ihn sich im Fallen, schob ihn ein ... Wieder ein Müller-Tor, bei dem man vor Begeisterung und Staunen nur mit dem Kopf schütteln konnte. Da hatte er innerhalb einer Zehntelsekunde sicher wieder drei volle Aktionen zielgerecht ausgeführt.

Wir hatten noch eine Handvoll Chancen. Aber es reichte. Dieser Sieg paßte wie die Faust aufs Auge.

Ich konnte glücklich sein. Doch als ich zu Hause in Wiesbaden anrief, hörte ich: Eine Familientragödie war im Gange. Unser Pudel »Dickie«, mit dem wir vierzehn Jahre lang zusammengelebt hatten, lag im Sterben. Mein Sohn und der Tierarzt wurden mobilisiert – es half nichts. Ich telefonierte oft mit

Veltmeisterschaft 1974 in
Deutschland ... In unserer
Gruppe waren Chile,
ustralien und die DDR.
Chile war der erste Gegner.

um drittenmal führte ich
ie deutsche National-
iannschaft bei einer Welt-
ieisterschaft.

Dauerregen eröffnete
ndespräsident Gustav
nemann in Frankfurt
Spiele der X. Fußball-
Weltmeisterschaft. Ein
jugoslawisches Ensemble
eröffnete den Folklorerei-
gen. 60 000 Menschen be-
obachteten im Waldsta-
dion die Zeremonie. 2000
Kinder bildeten ein leben-
des WM-Signet.

Alle Welt hatte der deutschen Nationalmannschaft vor diesem Weltturnier die Favoritenrolle zugespielt. Ich war nicht sehr glücklich darüber. Aber natürlich wollten wir im eigenen Lande so gut wie möglich abschneiden.

ıs erste Tor der Fußball-
ıltmeisterschaft 1974:
ıer nicht Gerd Müller
öffnete den Torreigen,
ıdern Paul Breitner, des-
ı Aufgabe eigentlich
hr darin bestand, Tore
zu verhindern. Chiles Torhüter Vallejos konnte den Ball zwar noch mit den Fingerspitzen berühren, vermochte ihn aber nicht mehr abzulenken.

Bei der denkenswerten Begegnung der beiden deutschen Mannschaften am

22. Juni 1974 konnte Overath seiner Rolle als Mittelfeld-Regisseur nicht gerecht werden. Aber auch der für ihn eingewechselte Günter Netzer gab dem Spiel unserer Elf keine entscheidenden Impulse mehr.

Im Kampf gegen Brasilien zeigten die Spieler aus Zaire, daß sie der südamerikanischen Mannschaft zumindest in der Ballbehandlung um nichts nachstanden. Brasiliens Faktotum Americo hatte keine Mühe mit dem Abtransport verletzter Spieler.

Das Spiel gegen die DDR lag mir schon die ganze Zeit im Magen. Als wir im Bus von Malente nach Hamburg fuhren, war mir gar nicht wohl zumute. Ich ahnte etwas, wollte aber den Spielern nicht zeigen, wie skeptisch ich war. Die Mannschaft selber schien ganz gelassen.

Wir hatten es mit Gegnern zu tun, die sehr motiviert und körperlich fit waren. Ich meinte, wir würden sie schlagen, aber nur, wenn wir alle unsere kämpferischen und spielerischen Vorzüge aktivierten ... Aber es kam anders. Wir spielten unkonzentriert. Schon in der ersten Minute hätte Sparwasser um ein Haar den Führungstreffer erzielt.

In der 77. Minute schoß Sparwasser das 1:0. Ich wußte, ganz Deutschland nahm mir diese Niederlage übel.

Die DDR spielte unbeirrt und fleißig aus einer starken Defensive heraus. Wir dagegen entblößten unsere Abwehr. So kam es zu den gefährlichen Kontern. An dem Sieg der DDR-Mannschaft war nichts mehr zu ändern. Auf dem Weg zurück nach Malente grübelte und tüftelte ich.

Die Fußball-Legende hat in der auf das DDR-Spiel folgenden Nacht ein Wunder geschehen lassen. Franz Beckenbauer, so hieß es, sei in dieser Nacht zum Kapitän herangereift. Jedenfalls gewannen wir das Spiel gegen Jugoslawien 2:0.

Vor dem leidenschaftlichen Publikum im Düsseldorfer Rheinstadion vergißt unsere Mannschaft die Lähmung gegen die DDR. Paul Breitner löscht dann alle Querelen der vorangegangenen Tage aus – 1:0. In der 77. Minute besiegelt dann Gerd Müller nach einer Vorlage von Hoeneß unseren Sieg.

Am 7. Juli standen wir im Endspiel. Nach wenigen Sekunden fällt Spielführer Cruyff – Elfmeter, das 0 : 1. Aber noch vor der Halbzeitpause verwandelt Breitner einen Elfmeter für unsere Mannschaft und Gerd Müller schießt das 2 : 1. Wir sind Weltmeister!

Wir hatten die Holländer niedergekämpft, und unser Jubel kannte keine Grenzen. Und es war die Krönung des besten Fußballspielers der letzten Jahre: Franz Beckenbauer. Für mich selber war es der Höhepunkt meiner Laufbahn als Trainer der deutschen Nationalelf.

Angesichts meiner Erfolgs-bilanz spielte ich einen Moment lang mit dem Ge-danken, nach diesem größ-ten Triumph abzutreten. Aber dann reizte mich doch die Herausforderung, noch einmal eine neue Mannschaft für eine neue Weltmeisterschaft aufzu-bauen, für Argentinien 1978.

Bei den Spielen der Welt-meisterschaft 1974 hatte sich ein Spieler hervorge-tan, der einer der Garanten unseres Erfolges wurde: Rainer Bonhof. Von da ab war er aus der National-mannschaft nicht mehr herauszudenken. Er und sein Mönchengladbacher Mannschaftskamerad Berti Vogts stellen das kämpferi-sche Element in einer Elf dar, das ebenso wichtig ist wie die Ideengebung durch die Spielmacher, die Krea-tiven. Ihr Einsatzwille, die Bereitschaft zur Leistung und das Nachsetzen sind für das Ganze unentbehr-lich.

Die Elf von 1974 ging bald auseinander. Bei der Europameisterschaft schoß dann ein neuer Müller die entscheidenden Tore für die deutsche Mannschaft.

Meine Frau hatte das Endspiel in wohl einmaliger Weise erlebt: Den Fernseher ausgeschaltet, saß sie auf dem Sofa, las ein Buch und drückte, während sie es in der Hand hielt, beide Daumen. Nach Spielende hat dann Gott und die Welt angerufen, um zu gratulieren.

Der größte Schlag aber stand mir noch bevor: Franz Beckenbauer ging zu Cosmos New York. 1977 mußten wir ohne ihn antreten.

Im Spiel gegen die italienische Mannschaft im Oktober 1977 gewannen wir durch Tore von Kaltz und Rummenigge mit 2 : 1.

e Vorbereitungsspiele
: die Fußballwelt-
eisterschaft 1978, insbe-
ndere die Begegnungen
t Brasilien (0 : 1) und
hweden (1 : 3), waren
in Ruhmesblatt für un-
e Nationalelf. Ein Gutes
tten diese Spiele aber
nnoch: Die deutsche
nnschaft war mit einem
l die lästige Favoriten-
lle los.

Dennoch meinten die Fachleute, daß unsere Mannschaft sich im Laufe des Turniers steigern würde und aufgrund ihrer Kampfkraft einen der vorderen Plätze erreichen könnte.

Im Trainingslager mußte Masseur Erich Deuser helfen, die nach der schweren Bundesligasaison ausgemergelten Spieler für Argentinien fit zu bekommen.

) Derwall wird seine gabe als Bundestrainer er gut erfüllen. Er war st ein sehr guter Spie- er weiß, wovon die Rede ist. Allerdings kann er in Zukunft Schwierigkeiten bekommen, wenn der Fußball, wie es sich heute bereits andeutet, mehr und mehr sportfremden Einflüssen ausgesetzt wird. Darunter hätte natürlich auch die Nationalmannschaft zu leiden.

Seit langem habe ich mich auf meinen Rücktritt gefreut. Jetzt wird endlich einmal Zeit sein, mit meiner Frau alle jene Städte richtig kennenzulernen, die ich als Bundestrainer nur nach dem Schema »Flughafen – Bus – Hotel – Kabine – Stadion« erlebt habe. Athen wäre schön, Madrid … Endlich werde ich ohne den vom Terminkalender diktierten Streß leben können – und mir meinen eigenen Streß bereiten. Ich werde sonntags später aufstehen können, weil ich nicht die Aufzeichnungen der Sportsendungen vom Sonnabend unbedingt sehen muß. Vo nun an kann ich mich selbst organisieren und ganz allein bestimmen, was ich tue … Es wird ab mit Sicherheit keine Langeweile aufkommen. Ich bleibe am Ball.

Annelies. Man mag das lächerlich finden. Aber wenn man so lange mit einem Tier zusammen gewesen ist, hat man eine ganz persönliche Bindung entwickelt. Wir hatten ihn von klein an, es war ein süßer Hund. Als »Dickie« schließlich starb, war ich sehr traurig.

Prompt las ich am nächsten Tag: »Helmut Schön weint um seinen Pudel!« Solch ein Waschlappen war also der Bundestrainer, daß er mitten in der entscheidenden Phase der Weltmeisterschaft wegen seines Hundes heulte!

In Wirklichkeit habe ich mich nur mit Sepp Maier unterhalten, dem auch einmal ein ihm sehr lieber Hund weggestorben war. Und ich habe nur zu dem einen oder anderen Spieler gesagt: »Menschenskind, jetzt ist mein Pudelchen gestorben.«

Die Schlagzeilen verrieten wesentlich mehr über den Zustand der öffentlichen – oder der veröffentlichten – Hysterie in Sachen Weltmeisterschaft, als über meine Gefühle für »Dickie«.

Wieder die Schweden! Sie haben mich in meinem Fußballer-Leben geradezu verfolgt. Sie verschafften mir ein Schlüsselerlebnis nach dem anderen. Darum muß ich auch immer wieder über sie schreiben. Mein erstes Länderspiel – Schweden. Mein letztes Länderspiel – Schweden. Das Drama von Göteborg, als Assistent von Seppl Herberger ... Mein erstes Länderspiel als Bundestrainer ... Mein erster Durchbruch in eine WM-Endrunde 1966 ... immer wieder Schweden.

Jetzt gehörten sie, mit den Jugoslawen und den Polen, in jene Gruppe B der zweiten Finalrunde, die von manchem Neunmalklugen als »die leichtere« angesehen wurde. In Gruppe A waren Holland, Brasilien, Argentinien und die DDR versammelt.

Dabei mußte man bedenken: Die Schweden hatten Uruguay 3 : 0 geschlagen und als einzige nicht gegen den hohen Favoriten Holland verloren, sondern ein 0 : 0 erzwungen. Polen hatte Italien hinausgeworfen und auch Argentinien geschlagen. Die Jugoslawen waren mit Brasilien und Schottland unentschieden auseinandergegangen.

Wer da von »leichter Gruppe« redete, hatte einfach keine Ahnung von Fußball. In einer Weltmeisterschaft gibt es unter den letzten Acht wirklich keine »leichten Gruppen« oder Gegner mehr.

Wir legten gegen die Schweden los wie die Feuerwehr. Es war ein großartiger Elan in der Mannschaft. Wir spielten Powerplay, und Hellström im schwedischen Tor – jetzt bei Kaiserslautern – segelte kreuz und quer durch seinen Kasten, um die deutschen Schüsse abzuwehren.

Doch dann kam die kalte Dusche. »Katsche« Schwarzenbeck versuchte, einen hohen Ball mit dem Kopf wegzubefördern, schaffte es nicht ganz und versuchte es ein zweites Mal. Der Ball kam unglücklicherweise zu Schwedens Torjäger Ralf Edström – und der knallte das Ding volley von der Strafraumgrenze schräg unter die Latte. Sepp Maier rührte sich erst, als der Ball schon hinten im Netz lag.

Die Gespenster des DDR-Spiels standen wieder auf.

Doch das Publikum hier in Düsseldorf dachte gar nicht daran, nun zu pfeifen oder auch nur betroffen zu schweigen. Mit einer unwahrscheinlichen Lautstärke und Energie schrien die Massen nun: »Deutsch-land! Deutsch-land!« Das war ein ganz neues WM-Gefühl.

In der Pause ergab sich eine paradoxe Situation. Ich sagte zu der Mannschaft: »Jungs, ihr habt gut gespielt.« Und das bei einem 0 : 1 ... »Laßt nicht locker! Wir müssen jetzt möglichst bald den Ausgleich schießen.« Ich hatte das Gefühl, daß es in der Kabine knisterte.

Und so kamen sie auch auf den Platz. Sie explodierten vor Energie. In der 50. Minute startete Hoeneß eines seiner langen, kraftraubenden Soli über das halbe Feld. Er legte Overath vor, und der jagte den Ball in die äußerste rechte Ecke – Ausgleich!

Sekunden später bediente Gerd Müller den vorwärtsdrängenden Bonhof. Der zog ab, einem Schweden durch die Beine, Hellström faustete, der Ball prallte an den einen Innenpfosten, flitzte die ganze Torlinie entlang, prallte an den anderen Innenpfosten und von dort ins Netz. Ein unwahrscheinliches 2 : 1.

Wieder einige Augenblicke später verfehlte Berti Vogts eine Flanke, und der in Deutschland hinreichend gefürchtete Sandberg (damals bei Kaiserslautern) verwandelte zum 2 : 2.

Diese wahnwitzige Torfolge spielte sich in einem Zeitraum von vielleicht 100 Sekunden ab. Man kann sich vorstellen, was im Düsseldorfer Stadion los war. Und ich möchte nicht wissen, welches Geschrei und Gestöhne von Millionen deutscher Männer in den Wohnzimmern die Frauen verschreckte.

In der 66. Minute wechselte ich Grabowski für Herzog ein: abermals die Rückkehr eines »Sündenbocks«. Zu diesem Zeitpunkt ist er auch in Mexiko immer höchst effektvoll in die Spiele gestartet, wurde zum »Joker«, zum »besten zwölften Mann der Welt«.

Jürgen Grabowski enttäuschte mich nicht. Nur zwölf Minuten nach seinem Einsatz knallte er den Schweden aus spitzem Winkel das 3 : 2 ins Tor.

Die Rechnung war beglichen. Noch zwei Minuten ... Breitner brach durch, zwei Schweden legten ihn im Strafraum. Elfmeter.

Uli Hoeneß schoß ihn in die rechte Ecke. 4 : 2.

Das war ein Spiel!

Jetzt mußten wir noch die Polen schaffen – in Frankfurt. Wieder ein Stückchen näher an München heran ...

Die Polen freilich machten mir angst. Sie hatten sich, durch ihren begeisternden, offensiven Fußball als die große Überraschung dieser Weltmeisterschaft etabliert. Daß sie in der Qualifikation England eliminiert hatten, das bestätigte sich jetzt in den Turnierspielen.

Natürlich sahen wir uns Video-Aufzeichnungen der Polen-Spiele an. Da waren außerordentlich starke Leute: die enorm schnellen, brandgefährlichen Spitzen Lato und Gadocha, der exzellente Mittelfeldspieler Deyna, der großartige Torwart Tomaszewski.

Diese Leute hatten dem deutschen Publikum derart imponiert, daß ein Sieg unserer Mannschaft keineswegs sicher erschien. Endlich waren die Maßstäbe zurechtgerückt. Der Titel wurde nicht mehr im voraus verteilt.

Immerhin, etwas hatten wir sicher: die Reise nach München. Denn wenn wir verloren, blieb uns immer noch das Spiel um den dritten Platz.

Wenn wir gewannen, waren wir im Endspiel.

Von der Sportschule Hofheim im Taunus, wo wir vor dem Polenspiel wohnten, fuhr ich die paar Kilometer schnell mal nach Hause, um die Wäsche zu wechseln. Nicht einmal das ging ohne Sicherheitsbeamten. Ich hatte versucht, ihn zu überreden: »Lassen Sie doch, das ist doch nicht so wichtig, ich schaffe das schon alleine ...«

Er hatte geantwortet: »Ich bin in München beim Attentat auf die Israelis dabeigewesen. Es steckt mir noch heute in den Knochen, so schrecklich war das. So etwas will ich nie wieder erleben.« Er fuhr hinter mir her, und er begleitete mich auch brav zurück ins Trainingslager.

Das Spielfeld war ein einziger Sumpf. Das Wasser stand handbreit über dem Rasen. Die Feuerwehr saugte aus allen Rohren ab, Helfer schoben und walzten die Wassermassen auf die Laufbahn. Die Drainage unter dem neu angelegten Rasen des Frankfurter Waldstadions funktionierte nicht. Das entscheidende Spiel gegen die Polen war in Gefahr. Ausgerechnet mein 100. Länderspiel als Bundestrainer ... Der polnische Trainer Gorski und einige seiner Spieler überreichten mir einen großen Blumenstrauß.

Schiedsrichter Linemayer aus Österreich pfiff die Mannschaften auf den Platz. Dann traf er seine Entscheidung: kein Anstoß. In zwanzig Minuten würde er noch einmal prüfen, ob ein Spiel möglich wäre.

Die Spieler waren massiert, warm, brannten darauf zu beginnen. Ich machte mir Sorgen: Eine Absage konnte den schönen Rhythmus stören, in dem sich unsere Mannschaft gerade befand. Wir wollten unbedingt spielen.

Endlich, mit rund einer halben Stunde Verspätung, begann die Wasserschlacht. Fast jeder Paß blieb stecken. Der Ball wirbelte Fontänen auf, wenn er sich über den Morast drehte. Selbst ein Spieler wie Franz Beckenbauer hatte Schwierigkeiten. Jetzt konnte er den Ball nicht wie gewohnt anlupfen und dann spielen. Viele mußten den Ball buchstäblich zweimal mit aller Kraft treten, damit sie ihn wegbekamen.

In diesem Spiel übertraf sich Sepp Maier selber. Er wurde einer der Väter des Sieges. In der 8. Minute lenkte er einen raffiniert angeschnittenen Hochschuß von Gadocha über die Latte. In der 20. Minute hechtete er nach einem 25-Meter-Freistoß von Gadocha und drehte ihn mit letzter Streckung um den Pfosten. In der 26. Minute schlug Beckenbauer über den Ball, Lato kam acht Meter vor dem Tor frei zum Schuß – aber Sepp Maier verkürzte den Winkel. Augenblicke später parierte er genauso einen »Todsicheren« von Gadocha.

Es war einfach unwahrscheinlich, was Maier alles herausholte.

Dank seiner Großtaten hatten wir die Kraft, uns vom polnischen Druck allmählich zu befreien. Was bei einem 0 : 1 geschehen wäre – ich wage nicht, mir das vorzustellen.

In der 54. Minute dann schien alles auf rechtem Weg: Bernd Hölzenbein drang mit dem Ball am Fuß in den polnischen Strafraum ein, kam bis zehn Meter vor das Tor – und wurde gelegt. Elfmeter!

Man hat oft behauptet, Hölzenbein sei ein raffinierter Elfmeter-Schinder. Ich sehe das etwas anders. Er hat die Fähigkeit, den Ball ganz kurz am Fuß zu führen. Er ist auf engstem Raum außerordentlich wendig. Und er besitzt die Frechheit – wie einst die großen englischen Mittelstürmer – mit dem Ball schnurstracks aufs Tor zuzusteuern. Irgendwann kommt dann unweigerlich der Zeitpunkt, wo die gegnerischen Deckungsspieler zum letzten Mittel greifen müssen. Daß Hölzenbein dann bisweilen attraktiver hinfällt, als es nötig ist, will ich gar nicht bestreiten.

Hoeneß, erprobter Elfmeter-Schütze des Schweden-Spiels, trat an. Sein Schuß ging in die linke Ecke. Doch Tomaszewski hielt – bereits den zweiten Elfmeter der WM.

Das hätte unserer Mannschaft einen Knacks geben können. Doch die Moral war intakt. Das Nervenspiel bewegte sich weiter auf der Kippe.

Wir überlegten auf der Bank, ob wir auswechseln sollten. Jupp Derwall schlug vor, Grabowski herauszunehmen. Aber ich fand, der Jürgen hatte endlich sein kämpferisches Herz entdeckt. Er sollte weiterspielen.

Gerade bei ihm draußen auf rechtsaußen wurde der Platz in der zweiten Halbzeit trockener – das heißt: weniger naß. Immer mehr Aktionen konnten über Grabowski laufen.

Eine Viertelstunde vor Schluß wurden wir endlich erlöst: Hölzenbein zu Bonhof, der zu Müller – Schuß aus zehn Metern, Tor!

Sepp Maier »kratzte« danach noch zwei Unhaltbare heraus – wir waren im Endspiel: eine Mannschaft, die kämpfen und spielen konnte.

Wir fuhren vom Frankfurter Stadion sofort zum Flughafen und wurden von der »Lufthansa« ins VIP-Restaurant zum Abendessen gebeten. Es waren auch Fernsehapparate aufgestellt, damit wir uns das andere entscheidende Gruppenspiel, Holland – Brasilien, ansehen konnten.

Die Spieler waren wirklich glücklich.

Nur einer saß da, als befände er sich auf einer Beerdigung: Berti Vogts. Er hatte das Gefühl, schlecht gespielt zu haben – und das bekümmerte ihn unendlich. So ist er nun einmal.

Die VIP-Stewardess Monika Müller kümmerte sich um ihn fürsorglich und fragte, ob er etwas trinken wolle. Berti schüttelte nur den Kopf und starrte weiter auf den Fernseher.

Wie ich später erfahren habe, ergab sich zwischen der Stewardess und Berti Vogts folgender Wortwechsel:

»Der Hölzenbein und der Grabowski sind so vergnügt – und Sie gar nicht. Wollen Sie nicht etwas essen?«

»Also gut. Ein Steak.«

Berti aß, lächelte endlich wieder ein bißchen, und dann bat er kurz vor dem Abflug Monika Müller um Adresse und Telefonnummer.

Gut gelaunt – wie wir alle – flog er nach München. Er vergaß die Stewardess nicht, schrieb ihr einen Brief, verabredete sich später mit ihr ... So wurde Monika Müller die Braut von Berti Vogts.

Ich finde: Ein besseres Omen für den Einzug ins Finale konnte es gar nicht geben.

Das größte Problem war Johan Cruyff. Er war die Schlüsselfigur der holländischen Mannschaft. Wie er spielte, wußten wir längst. Ein Rätsel blieb er dennoch. Ein Weltklassemann selbstverständlich. Als Mittelstürmer wurde er aufgestellt. Aber sein Arbeitsgebiet war das ganze Spielfeld. Während andere Spitzenspieler oftmals nur einen begrenzten Raum haben, in dem sie optimal operieren, nutzte der Spielmacher von Ajax Amsterdam jeden Quadratmeter Boden. Er ließ sich weit zurückhängen, schlug lange Pässe. Er dribbelte. Er ging im Höchsttempo in die Spitze. Er rochierte nach außen, hob raffiniert angeschnittene Flanken herein. Hakenschlagend entzog er sich seinen Bewachern. Er schoß aus jeder Lebenslage.

Wer konnte das verhindern? Wer sollte diesen Irrwisch festnageln?

In der Sportschule München-Grünwald nahm ich mir Berti Vogts beiseite.

»Berti, es geht um Cruyff. Wenn wir ihn nicht unter Kontrolle bringen, machen die Holländer ihr Spiel, wie sie wollen, und dann sieht es schlecht für uns aus. Katsche ist zwar für den Mittelstürmer zuständig. Aber das ist ein besonderer Fall. Ich will unseren besten Deckungsspieler gegen Cruyff stellen. Den, der seine Aufgabe am gewissenhaftesten erfüllt. Das bist du. Du sollst Cruyff beschatten.«

»In Ordnung, Herr Schön.«

Ich wußte: Berti Vogts war ein Mann, der sich so total konzentrieren konnte, daß er tatsächlich in keiner Sekunde seine Aufgabe vergaß. Und: Er war explosiv. Das brauchten wir gegen Cruyff. Der schien oft mit dem Ball am Fuß auf dem Platz herumzustehen – doch dann kam der Ausbruch, das Durchreißen, der Ansatz zum Doppelpaß, der Schuß. Die Gefahr bestand nicht so sehr darin, daß der schnelle Cruyff uns davonlief, sondern in seinen blitzartigen Handlungen.

»Er läßt sich ja oft schon am eigenen Strafraum anspielen und ist dann kaum noch vom Ball zu trennen«, sagte ich zu Berti Vogts. »Aber ich glaube, es wäre falsch, wenn du ihm überallhin nachläufst. Damit zieht er dich auch aus unserer Abwehr. Vielleicht ist es am besten, wenn du an der Mittellinie auf ihn wartest und von da an bekämpfst.«

Berti Vogts war einverstanden.

»Aber wir proben das alles mal in einem Übungsspiel, damit ich mir vorstellen kann, wie das aussieht«, meinte ich.

Es war schon eine merkwürdige Aufgabe: Zwei Tage vor dem Endspiel stellte ich – mit den deutschen Reserve-Spielern – eine holländische Nationalmannschaft auf.

Günter Netzer sollte die Rolle von Cruyff spielen. Er war jetzt in großartiger Verfassung – leider zu spät. Ich wollte unsere eingespielte Mannschaft nicht auseinanderreißen. Aber hier im Training leistete er uns einen großen Dienst. Netzer konnte, von seiner eigenen Spielweise her, Cruyff hervorragend kopieren. Auch er ließ sich gerne weit zurückfallen, war am Ball genauso perfekt, liebte die Tempowechsel.

Jupp Heynckes kopierte Neeskens, diesen athletischen Stürmer, der aus dem Mittelfeld vorzustoßen pflegte und voller Vitalität das vollendete, was Cruyff vorbereitet hatte. Es war die Tragödie von Jupp Heynckes, daß auch er jetzt – nach seiner Verletzung im Chile-Spiel – wieder topfit war und doch keinen Platz in der Mannschaft fand: Er, der jahrelang in der Nationalmannschaft nicht so recht hatte Fuß fassen können, sich durchbiß und schließlich 1973 gegen Spanien mit zwei Toren den Durchbruch schaffte.

Heynckes alias Neeskens wurde von Rainer Bonhof bekämpft: ein ebenso kraftvoller Spielertyp und auch kein Kind von Traurigkeit.

Ich weiß nicht mehr, wen ich als Double für den gefährlichen Linksaußen Rensenbrink einsetzte. Auf jeden Fall war das der

Mann für Schwarzenbeck. »Katsche« mußte eine durchaus ungewohnte Partie spielen: eine Mischung von rechtem Verteidiger und Vorstopper. Denn Rensenbrink kam rasant von außen – er ging aber auch innen durch, wenn Cruyff dort Platz für ihn machte.

Das Übungsspiel begann. Es bewies die Disziplin auch unserer Reserveleute, daß sie ihre ungewohnten Rollen perfekt meisterten und so wirklich die Generalprobe für den Ernstfall möglich machten. Sie konnten diese »Kopien« ja nicht mit hündischer Ergebenheit gestalten, sondern mußten Phantasie, Kreativität haben und zeigen, wie genau sie beobachtet hatten.

Natürlich gab es weitere, möglicherweise spielentscheidende Probleme: Breitner mußte Rep, den schnellen Rechtsaußen binden, Hoeneß sollte mit Van Hanegem fertigwerden, einem glänzenden Mannschaftsspieler und Mittelfeldmann, der vorbereitete, sich aber auch mit Cruyff abwechselte und in den Angriff ging. Ich war dann sehr froh darüber, daß Van Hanegem auf Hoeneß angesetzt war: Der Uli war einfach schneller.

Netzer alias Cruyff trieb sich am eigenen Strafraum herum, zog mit dem Ball los. Berti Vogts wartete auf ihn an der Mittellinie... Und es klappte nicht.

Hier zeigte sich: Was immer man sich vorstellt, was man von draußen plant, sieht auf dem Feld, mit dem heißen Atem des Gegners im Nacken, unter Umständen ganz anders aus.

Berti Vogts rief mir etwas zu. Ich unterbrach das Manöver. Berti kam und sagte: »Herr Schön, ich kriege den nicht mehr in den Griff, wenn der so weit zurückfällt und ich auf ihn warte, dann habe ich den menschlichen Kontakt verloren.«

Wir lachten.

»Gut, Berti, dann geh' mit, häng' dich ran.« Bei einem Spieler wie Vogts mußte man nicht mehr sagen.

Ich meine, daß wir in diesen Augenblicken da draußen in Grünwald die Grundlagen zu unserem Sieg gelegt haben.

Franz Beckenbauer und Jupp Derwall kamen an diesem Freitag zu mir und fragten: »Soll Jürgen Grabowski wirklich spielen?« Sie meinten, daß vielleicht ein Mann besser wäre, der auch defensive Aufgaben erfüllen konnte. Sie hatten wohl leise Zweifel an den kämpferischen Qualitäten Grabowskis. Aber für mich stand fest, Jürgen spielt. Er war, nach seinem Einbruch gegen die DDR, in ausgezeichneter Verfassung. Und ich brauchte ihn, mit seiner Schnelligkeit und seinen Dribbelkünsten. Damit sollte er den gefährlich offensiven Verteidiger Krol in vollem Maße fordern und binden.

Nun war es nicht nur wichtig zu wissen, wer wen bewacht, also was die Mannschaft in der Defensive zu tun hatte. Die andere Seite der Medaille war: Wie verhalten wir uns im Angriff?

Im Prinzip war da alles klar, aus den Spielen davor. Es gab nur ein besonderes Problem: die perfekt funktionierende Abseitsfalle der Holländer. Um sie unschädlich zu machen, brauchte ich Leute, die ihre Gegner auch umspielen konnten. Grabowski gehörte dazu. Er sollte mit dem Ball am Fuß von Rechtsaußen nach innen ziehen, um dann den in den freien Raum nach außen stoßenden Hoeneß einzusetzen. Auch Hölzenbein war eine meiner »Waffen« gegen die Abseitsfalle: »Geh allein in den Strafraum, auf Torerfolg, riskiere etwas ...«

Das war ohnehin die Devise für alle: Habt Mut! Was soll schon passieren! Wir haben nichts mehr zu verlieren!

Die Stimmung in der Mannschaft bestand aus einer Mischung von Konzentration, guter Laune und Wurstigkeit.

Ich glaube, die Mannschaftsbesprechung am Mittag vor dem Endspiel war die kürzeste, die ich jemals gehalten habe. Die Rollen waren verteilt. Und die Motivation – wenn es derer noch bedurfte – hatte der Gegner geliefert. Einige holländische Blätter waren durch die glänzenden Spiele von Cruyff und Co. in Euphorie geraten und verteilten den Weltmeistertitel, wie man mir erzählte, schon im voraus. Darum mußte ich nicht mehr viel sagen. Nur das:

»Ihr seid also nur Außenseiter. Das wißt ihr ja nun. Nach allem, was man in der ausländischen Presse liest, sind die

Holländer schon Weltmeister. Nun zeigt doch mal, daß ein Außenseiter den Favoriten schlagen kann ...«

Ich selber fühlte mich verblüffend ruhig. In den letzten Tagen hatte mein Herz ein wenig geflattert. Ich war zu Professor Hess, unserem Mannschaftsarzt gegangen. Der hatte mich abgehorcht und gesagt: »Es ist nur der Stress. Leg' dich nachmittags etwas hin. Du brauchst kein Medikament.«

Die Siesta half. Ich hatte nun das Gefühl: Es ist alles vorbereitet, nach bestem Wissen und Gewissen. Jetzt sprechen die spielerischen Waffen. So merkwürdig es klingt: Ich war vor diesem Endspiel weit weniger aufgeregt als vor der Premiere gegen Chile oder dem DDR-Spiel.

Im Bus, auf der Fahrt zum Münchner Olympia-Stadion, fragte ich noch: »Hat jeder seine Schuhe dabei?« Es ist schon vorgekommen, gerade vor besonders wichtigen Spielen, daß jemand in der Aufregung ausgerechnet das Handwerkszeug, die Schuhe, liegenließ.

Vor den Kabinen traf ich Rinus Michels, Hollands Trainer. Beide wünschten wir uns alles Gute – und beide meinten wir es nicht so.

Sonntag, 7. Juli 1974, 16.00 Uhr. Die Fischer-Chöre haben gesungen, das Stadion ist in Hochstimmung. Anpfiff durch Schiedsrichter J. K. Taylor.

Die Holländer stoßen an. Sie wollen sofort ihre Spielweise und Überlegenheit demonstrieren, ähnlich, wie es Muhammad Ali machte: zurückweichen, mit dem Gegner spielen ... Sie lassen den Ball über mehrere Stationen laufen, sicher, souverän. Sie bekommen dadurch Selbstgefühl. Und vielleicht können sie uns verunsichern oder herauslocken.

Es sind erst wenige Sekunden gespielt. Ich habe mich gerade auf die Bank gesetzt, noch etwas zurechtgerückt – da kommt Johan Cruyff an den Ball, nahe dem eigenen Strafraum. Vogts kann ihn bei der Ballannahme nicht stören, er ist noch zu weit entfernt. Cruyff demonstriert sofort, daß er ein Feldherr ist. Langsam dribbelt er mit dem Ball am Fuß vor, orientiert sich auf den linken Flügel. Dann zeigt er wieder einmal, daß er auch ein Meister des Tempowechsels ist. Plötzlich kommt die Explosion, die höchste Beschleunigung. Vogts verfolgt ihn verzweifelt, Hoeneß hat sich ebenfalls angehängt.

Auf der Strafraumlinie kommt die Attacke unserer beiden Spieler. Cruyff, im höchsten Spurt-Tempo, fällt ... Schiedsrichter Taylor pfeift sofort: Elfmeter.

Von meinem Blickpunkt aus konnte ich ihm keinen Vorwurf machen. Auch mir schien es ein Elfmeter zu sein. Und ich bewunderte den Mut Taylors, in einem Endspiel, gegen die Heim-Mannschaft, in der ersten Minute einen Elfmeter zu pfeifen.

Als ich den Pfiff hörte, bin ich nicht etwa vor Verzweiflung zusammengebrochen. Ich dachte nur: »Ohje. Das ist ja ein schöner Anfang!« Komisch, wie gleichmütig man in solchen Augenblicken der Katastrophe bleibt.

Ich sagte gleich: »Paßt mal auf, wir bekommen auch noch einen Elfer. Nicht als Konzession von Taylor. Aber wenn der es so genau nimmt ... wartet ab.«

Neeskens trat an: ein unerbittlicher Elfmeter-Schütze. Das hatte er mehrfach bei dieser Weltmeisterschaft bewiesen. Ich hatte keine Hoffnung, daß Maier halten könnte.

Aber ich wußte: Der Sepp kannte die Ecke, in die Neeskens meistens seine Elfmeter schoß – links halbhoch.

Schuß, Maier fliegt in die »richtige« Ecke – doch Neeskens hat ausgerechnet in diesem Spiel vor Aufregung in die Erde gehauen. Der Ball geht mitten ins Tor. Genau dort hat Sepp Maier eben noch gestanden ...

1 : 0, nach der ersten Angriffsaktion überhaupt: eine Kuriosität. Die holländischen Schlachtenbummler auf den Rängen kannten sich kaum wieder in ihrem Jubel.

Ich will es nicht als Tatsache hinstellen, aber mir schien, daß dieses frühe Tor für die Holländer ein kleiner Giftbecher war. Die Blitz-Führung stärkte nicht etwa ihre kämpferische Energie. Jetzt demonstrierten sie Klasse, ohne zum Abschluß zu finden. Sie wurden durch den leichten Erfolg verführt, den Chef zu spielen. Die Selbstsicherheit der Holländer wurde für sie psychologisch zur Gefahr.

Unsere Spieler wurden durch das 0 : 1 zu einer Trotzreaktion provoziert: Das Elfmeter-Tor wirkte als Stimulans. Noch waren neunundachtzig Minuten Zeit, um es aufzuholen. Ich sagte auf der Bank: »Wenn schon, dann ist es gut, daß dieses Tor so früh gefallen ist. Kurz vor der Pause wäre es schlimmer gewesen.«

Die Mannschaft hatte keinen Schock erlitten. Sie fing sich sehr schnell. Da spürte man einen enormen Willen zum Kampf. Wir hatten die Zukunft noch vor uns.

Der Ball begann zu laufen. Es gelangen einige schöne Direktpassagen. Overath und Beckenbauer bekamen Gelegenheit, ihre Klasse zu zeigen. Wir merkten, daß unser Konzept stimmte. Berti Vogts nahm sich Johan Cruyff wie besprochen vor und machte seine Sache brillant. Berti ist nun mal kein angenehmer Gegner, schon gar nicht, wenn er jemanden mit totaler Konzentration bearbeitet. Cruyff verlor dank dieser Behandlung mehr und mehr die Haltung.

Auch an den anderen entscheidenden Punkten wurde hervorragende Deckungsarbeit geleistet. Schwarzenbeck kam gut mit Rensenbrink zurecht, Breitner beherrschte Rep. Bonhof fesselte Neeskens – und Beckenbauer lieferte eine große Partie als Libero. Er war der dominierende Mann. Und Sepp Maier schien unschlagbar.

Mehr und mehr konnten wir auf dieser Basis unser eigenes Spiel entwickeln. Beckenbauer ging auch nach vorn, allerdings mit Maßen. Breitner, Bonhof wurden offensiv.

Es lief. Ich brauchte kaum einen Zwischenruf zu machen.

In der 25. Minute kommt Hölzenbein an den Ball. Er dribbelt von halblinks schräg in den Strafraum, immer weiter... Die Holländer nehmen ihn in die Mangel. Gelegt – Elfmeter. Ich hatte es prophezeit.

Als Elfmeterschützen sind bestimmt: Müller, Breitner, Hoeneß. Wer sich am besten fühlt, soll schießen.

Breitner tut etwas, was ich voll billige: Er greift sich resolut den Ball. Das zeugt von Selbstvertrauen. Es steht immerhin 0 : 1, und es ist das Endspiel um die Weltmeisterschaft. Normaler wäre es, bei dieser Nervenbelastung, daß sich ein Spieler drückt. Ich begrüße Breitners Mut. Wenn er sich so stark fühlt, soll er schießen. Geht es schief, wird der Elfmeter gehalten, würde ich ihm keine Vorwürfe machen.

Paul Breitner verwandelt so sicher, wie er sich den Ball geholt hat.

Das war der Umbruch des Spieles. Nun stand es pari – aber wir waren am Drücker, und das Publikum tobte. Aus dem jetzt gewonnenen Selbstvertrauen mußten wir nun den nötigen Nutzen ziehen.

Es zeugte vom Unternehmungsgeist unserer Spieler, wie Bonhof dann in der 43. Minute in einem Sturmlauf rechts durchging und den Ball nach innen zu Müller spielte.

Der scheint ihn schon zu verfehlen, angelt ihn sich von hinten, schießt aus einer im Grunde unmöglichen Situation flach ins linke Eck – wir führen 2 : 1.

Es war der ideale Zeitpunkt für die Führung: Zwei Minuten vor der Pause. Man sah die psychologische Wirkung dieses Treffers gleich nach dem Abpfiff. Während wir alle vom Feld gingen, legte sich Johan Cruyff mit Schiedsrichter Taylor an. Ich sah es, verstand aber nicht, was Cruyff sagte. Möglicherweise war es ein Sammelsurium von Vorwürfen. Taylor zog auf der Laufbahn die gelbe Karte: Verwarnung! Was vielleicht mancher Fußballfan nicht weiß: Die Halbzeitpause gehört nach den Regeln zum Spiel. Man kann also in der Halbzeit verwarnt, sogar »vom Platz gestellt« werden.

Für die Holländer bedeutete Cruyffs Unbeherrschtheit eine zusätzliche Belastung. Noch eine Disziplinlosigkeit, und er war ganz draußen.

In unserer Kabine herrschte konzentrierte Ruhe. »Ist jemand verletzt? Alles in Ordnung mit den Schuhen?« Das waren die ersten Routinefragen.

Dann sagte ich: »Leute – jetzt laßt euch die Weltmeisterschaft nicht mehr wegnehmen! Die Holländer werden mit der

Brechstange kommen. Aber ihr kämpft wunderbar. Macht weiter so!«

Wir besprachen noch Einzelheiten, wie wir die Abseitsfalle überwinden konnten: »Hebt euren Gegenspielern auch mal den Ball über den Kopf, und dann startet der andere rein ...«

Horst Schmidt vom DFB, Leiter für den Spielbetrieb, kam gegen Ende der Pause zu mir. »Helmut«, sagte er leise, »ich kümmere mich schon mal um den Sekt.«

»Bist du verrückt! Kommt nicht in Frage! Mach das bloß nicht!« Ich hatte ihn angefahren, mußte aber lächeln. Ich war in diesem Augenblick etwas abergläubisch. »Ist nachher auch noch Zeit ...«, meinte ich. Wir sahen uns an wie Verschwörer.

Die zweite Halbzeit wurde zu einer nervenaufreibenden Abwehrschlacht. Die Holländer drückten uns mit aller Gewalt in die Defensive. Wir wollten das weiß Gott nicht.

Aber wir konterten hin und wieder gefährlich. Fast hätte Bonhof das 3 : 1 geköpft. Zweimal zog Hoeneß in seiner damals typischen kraftvollen Art davon, konnte aber nicht verwandeln. Hölzenbein spielte sich wieder in den Strafraum, wurde wieder gelegt – für mein Gefühl ein noch klarerer Elfmeter als der erste. Aber Taylor pfiff nicht. Dann wurde Müller von Grabowski bedient – und schoß ein! Taylor annullierte das Tor, wegen angeblichen Abseits. Später haben sich die holländischen Spieler und der Schiedsrichter in Amsterdam eine Aufzeichnung des Spiels angesehen und gesagt:

»Eigentlich haben wir 3 : 1 verloren.«

Aber ich fand – und habe das dann auch in der Pressekonferenz betont –, daß Taylor trotz des nicht gegebenen zweiten Elfmeters und dritten Tores eine ausgezeichnete Leistung geboten hat.

Was sich in dieser zweiten Halbzeit vor unserem Tor abspielte, ließ einem die Haare zu Berge stehen. Bonhof, Breitner, Vogts, Beckenbauer warfen sich mit ihren Körpern in die Schüsse, Müller, Overath kämpften im eigenen Strafraum. Bälle wurden von der Linie geköpft. Maier hielt sagenhaft, ein halbes Dutzend »Unhaltbare« bestimmt.

Ich sehe nur noch, wie Neeskens sechs Meter vor unserem Tor den Ball volley nimmt und auf die kurze Ecke knallt – Maier ist da!

Wie bei einer langen Reise die letzte Stunde immer die längste ist, so dehnten sich die Schlußminuten bis zur Unerträglichkeit. Immer wieder signalisierten wir: Noch drei Minuten, noch zwei, noch eine ...

Beim Schlußpfiff sank Gerd Müller in die Knie ... Im Stadion detonierte der Jubel ... Neben mir sprangen alle von der Bank auf. Wie erschlagen, völlig benommen blieb ich für ein paar Augenblicke sitzen. Das war es also. Der Lohn der Arbeit in all den Wochen. Kein überschwengliches Gefühl, keine wilde Begeisterung, kein: »Der Traum meines Lebens ist in Erfüllung gegangen«. Nein – das ist das merkwürdige an der menschlichen Natur –, es war nur, als wenn man abschließend sagt: »So.«

So. Wir waren Weltmeister. Die Zuschauer überschwemmten den Platz. Ich wollte meine Spieler umarmen, ihnen danken – aber ich fand sie gar nicht. Irgendwo im Getümmel erwischte ich wohl als ersten Franz Beckenbauer.

In Gedanken hatte ich den Triumpf schon oft durchgespielt. Aber ich habe nie gedacht: Dann hast du ausgesorgt. Oder dann wird sich dein Leben für immer verändern. Ich hatte mir auch vorgestellt, wie eine Niederlage wäre.

In der Kabine war die Hölle los. Die Spieler tobten nackt im Entmüdungsbecken herum. Es gab eine Riesenplanscherei. Und wohl jeder hielt eine Flasche Sekt in der Hand. Horst Schmidt hatte doch kräftig zugeschlagen.

»Horst, du bist doch ein Himmelhund«, sagte ich lachend zu ihm. »Haste richtig gemacht!«

Unsere Spieler sangen laut den Schlachtgesang unserer Gegner: »Holland went de Wereld-Cup«. Holland wird Weltmeister ...

Ich mußte leider schnell weg, zur großen Pressekonferenz. Schnell kämmte ich, was bei mir noch zu kämmen ist.

Wolfgang Overath und Gerd Müller kamen mit qualmenden Zigarren auf mich zu. Das Bankett zur Feier der Weltmeisterschaft ging allmählich zu Ende.

»Herr Schön, wir wollten Ihnen sagen: Das war unser letztes Spiel in der Nationalmannschaft. Wir machen Schluß.«

Beide hatten mir gegenüber schon vor dem Polen-Spiel solche Andeutungen gemacht. Aber ich hatte das erstmal ignoriert.

»Sie wissen doch, wir haben es Ihnen schon in Düsseldorf gesagt.«

Ich tat so, als könnte ich mich nicht richtig erinnern.

»Hört mal auf mit dem Kokolores«, sagte ich.

»Neeneenee, das ist kein Kokolores«, antwortete Müller. »Wir meinen es ernst.«

Bei Wolfgang Overath konnte ich mir einen Rücktritt am ehesten vorstellen: Er hatte drei Weltmeisterschaften mitgemacht und alles erreicht, was möglich war. Er hatte sich durch eine bittere Zeit kämpfen müssen. Jetzt wollte er einfach nicht mehr.

Aber bei Gerd Müller konnte ich es nicht glauben. Er brachte viele Argumente: mehr Zeit für die Familie, nicht mehr so viel fliegen, wo er das Fliegen doch so haßt, die Frau, die Tochter ... Es war ein Katalog von Gründen, den ich nie so recht akzeptieren wollte.

In jener Weltmeisterschaftsnacht spielte ich noch auf Zeit. Denn ich dachte: Es wird nichts so heiß gegessen. Müller ist jetzt nur verärgert ...

Es hatte Krach gegeben, weil die Frauen der Münchner Spieler nicht am FIFA-Bankett hatten teilnehmen dürfen. Das war noch nie erlaubt gewesen, weder bei den Weltmeisterschaften in Chile, noch in England oder Mexiko. Dieses Bankett war für die Veranstalter, also die FIFA, ihre Funktionäre und für die vier besten Mannschaften da. Ich hatte noch den Vorschlag gemacht, die Spielerfrauen in einem Nebenraum im »Sheraton« zu plazieren, damit sie nach dem Bankett gleich bei ihren Männern sein konnten. Das war abgelehnt worden. Was dann folgte, ist schon so oft durchgekaut worden, daß ich es nicht wiederholen möchte. Das Ergebnis war jedenfalls: großer Knatsch, Empörung vor allem bei Hoeneß, Breitner, Müller.

Der Triumpf hatte einen bitteren Beigeschmack bekommen, der lange anhalten sollte. Dabei hätte alles so schön, so bewegend sein können. Hans Deckert hatte bei der Fahrt zum Bankett vor Freude geweint . . . Bundespräsident Scheel gratulierte uns . . . Franz Beckenbauer dankte mir mit sehr lieben Worten . . . Hermann Neuberger tat, was er in Malente schon angedeutet hatte: Er stockte die Prämie um je 10000 Mark auf und verkündete es den Spielern.

Was meine eigene Prämie betraf, so war an diesem Abend davon noch nicht die Rede.

Einige Zeit nach der Weltmeisterschaft schrieb man mir: Ich sollte 30000 Mark bekommen – weniger als die Hälfte dessen, was der letzte Reservespieler bekommen hatte. Ich verzichtete. Zu dieser Zeit lag ich mit einer weiteren Knieoperation in Wildbad. Meine Meinung war: Entweder hätte ich das gleiche wie die Spieler erhalten sollen – oder gar nichts, weil ich schließlich Angestellter des DFB war. Aber so stimmten die Relationen nicht.

Ich wurde sogar noch zu einer Präsidiumssitzung in den »Frankfurter Hof« geladen. Dort erklärte ich: »Sie brauchen sich überhaupt keine Gedanken zu machen. Ich will gar nichts.«

Der Präsident eines Bundesligaclubs, der dafür bekannt ist, daß er für Spieler bisweilen das Geld mit der großen Forke aus dem Fenster schaufelt, belehrte mich noch eindrucksvoll: »Wenn eine große Firma etwas Besonderes erfindet«, so sagte er mir, »und es macht ein Mann aus dem eigenen Betrieb, dann bekommt der vielleicht dreitausend Mark. Wenn die sich aber extra einen dafür holen, bekommt der hunderttausend . . .«

Es war Hermann Neuberger, der die Angelegenheit dann immer wieder aus der Welt schaffen wollte. Die Prämie wurde aufgestockt, blieb aber weitaus niedriger als die für die Spieler. Um des lieben Friedens willen und weil ich schließlich kein Geld zu verschenken hatte, nahm ich dann an.

Allmählich ebbte das Getümmel dieses Weltmeisterschaftstages ab. Um halb zehn Uhr sagte ich plötzlich: »Um Gottes Willen, ich muß sofort meine Frau anrufen. Die weiß sicher noch gar nicht, daß wir Weltmeister geworden sind!«

Annelies hatte das Endspiel in wohl einmaliger Weise erlebt: Den Fernseher ausgeschaltet, saß sie auf dem Sofa, las ein Buch und drückte, während sie es in den Händen hielt, beide Daumen. Nach Schluß des Spieles hatten dann Gott und die Welt angerufen.

Irgendwann an diesem Abend war der Zeitpunkt gekommen, da wollten die Spieler mich nicht mehr sehen und ich die Spieler nicht mehr. Ich saß im »Sheraton« noch mit einem Dutzend Bekannten an einem großen runden Tisch zusammen.

Wir tranken einige Bierchen. Jetzt fiel langsam alles von mir ab: der Stress, die Konzentration. Es kam die große Entspannung. Es war eine sehr glückliche Stimmung: So, jetzt will ich nichts mehr sehen und hören. Jetzt könnt ihr mich alle gerne haben.

Die Ober brachten immer wieder etwas zu trinken: eine Lage Sekt, noch ein Bier. Ich fühlte mich richtig wohl. Dabei merkte ich gar nicht, daß sich hinter meinem Rücken alles verflüchtigt hatte: nicht nur die Spieler, auch die Kollegen vom DFB.

Es war schon tief in der Nacht, da dachte ich unvermittelt: »Herrgottsakrament, in welchem Hotel schläfst du eigentlich? Wo ist dein Gepäck?« Aus der Sportschule Grünwald waren wir schon ausgezogen, weil sie zu weit draußen lag. Wo ich nun gebucht war, hatte mir niemand gesagt.

Jetzt stand ich da.

Einer aus unserer Runde sagte: »Hier ist ja nun niemand mehr. Ich fahre Sie! Wir werden das Hotel schon finden.«

Wir klapperten einige große Hotels ab, die mir als offizielle DFB-Hotels bekannt waren. Es ging inzwischen schon heftig gegen Morgen. Die Portiers sahen mich entgeistert an, wenn ich sagte: »Guten Morgen. Ich möchte meinen Zimmerschlüssel.«

»Welches Zimmer?«

»Das weiß ich nicht. Mein Name ist Schön. Helmut Schön.«

»Schön? Haben wir nicht.«

»Das kann doch nur ein Irrtum sein! Geben Sie mir wenigstens meinen Koffer.«

»Ihren Koffer haben wir auch nicht, mein Herr.«

»So. Danke. Dann wird es wohl woanders sein.«

»Sehr wohl, mein Herr.«

Beim nächsten Hotel hatte ich eine geniale Idee. Weil auch da für einen gewissen Schön, Helmut nichts gebucht war, fragte ich: »Ja, wohnt denn hier niemand vom DFB?«

»Es wohnt ein Herr Horst Schmidt hier ...«

»Geben Sie mir den mal!« Das Telefon klingelte ziemlich lange. Dann wurde abgehoben.

»Ja, hier Schmidt«, sagte eine verschlafene Stimme.

»Ja, was ist denn nun?« rief ich putzmunter in den Apparat. »Was macht ihr denn mit mir?«

»Wer ist denn da überhaupt? Was wollen Sie denn?« fragte die Stimme am anderen Ende ziemlich unwirsch.

Es handelte sich zwar um Horst Schmidt – aber nicht um den vom DFB, sondern um den damaligen Sozialminister von Hessen ...

Im »Holiday Inn« nahm ich mir ein Zimmer. Jetzt war es mir erst einmal wurscht, wo das Gepäck gelandet war. Ich zog mich aus. Ich hatte nichts dabei: keinen Schlafanzug, keine Zahnbürste. So habe ich mich hingelegt: ein Weltmeister ohne alles.

Zum erstenmal während dieser Weltmeisterschaft konnte ich nicht schlafen. Die letzten Tage und Wochen zogen wie ein Film an mir vorüber.

Am nächsten Morgen ging ich hinunter und borgte mir hinten in der Loge vom Portier Rasierzeug: Pinsel, Seife, Apparat. Ich rasierte mich da unten. Dann konnte ich wenigstens in den Frühstücksraum.

Da saßen sie: die Spieler aus Mönchengladbach, Frankfurt, Köln. Ich hatte wenigstens wieder Anschluß gefunden. Aber mein Gepäck war weg, schon am Flughafen, sagte man mir.

Am Flughafen fragte ich nach meinem Koffer. »Schon in der Maschine.« Unterwegs mußte ich immer wieder denken: »Was ist bloß mit deinen Sachen!« Es waren wertvolle Dinge darunter, auch Souvenirs aus den letzten Tagen der WM.

In Frankfurt mußten wir an der Maschine warten. Unser Gepäck wurde separat ausgeladen. Es kam über ein Laufband aus dem Flugzeug. Wir mußten es identifizieren. Ich starrte in den Bauch der Maschine, lag richtig auf der Lauer.

Ein Journalist trat an mich heran: »Herr Schön, Sie warten doch sicher auf den Weltpokal, was?«

»Ach, der ist längst in einem Safe in München. Ich warte schlicht und einfach auf meinen Koffer.«

Endlich kam er ... Jetzt war die Weltmeisterschaft wirklich zu Ende.

## *Abschiede*

»Was willst du eigentlich noch mehr?« habe ich mich nach der Weltmeisterschaft gefragt. Einmal Erster, einmal Zweiter, einmal Dritter bei einer WM, dazu die Europameisterschaft, insgesamt 67 Länderspiele gewonnen, 18 unentschieden, 16 verloren...

Ja, auch ich dachte an Rücktritt. Mancher gute Freund riet mir dazu.

Aber es sprach auch einiges dagegen – zuerst einmal: meine Frau. Als ich ihr sagte, daß ich aufhören wollte, fragte sie ganz sachlich zurück: »Und wovon sollen wir leben?«

Ich mußte noch Geld verdienen. So profan war das. Und ich wollte eigentlich nicht mit dem gleichen Argument aufhören wie die anderen:Es ist alles erreicht...

Schwer ins Gewicht fiel auch der freundschaftliche Druck, den DFB-Präsident Hermann Neuberger auf mich ausübte. In seiner geschickten Art überredete er mich dann weiterzumachen.

Bundespräsident Scheel empfing die Mannschaft in der Villa Hammerschmidt. Ich bekam das große Bundesverdienstkreuz. Die Stimmung war fröhlich und feierlich zugleich. Ich fühlte mich wohl: Endlich war ich mal wieder mit der ganzen Mannschaft zusammen. Bundespräsident Scheel stand nur ein paar Schritte von mir entfernt...

Da fragten einige Journalisten Hermann Neuberger (oder besser: Er ließ sich fragen): »Wie ist das nun eigentlich mit Herrn Schön?« Meine Rücktrittsabsichten waren »durchgesickert«.

Neuberger trat an mich heran und sagte: »Helmut, ich werde

schon wieder bedrängt! Du mußt dich jetzt entscheiden!«

Die Wahl des Zeitpunktes und des Ortes für die Gretchenfrage war eine taktische Meisterleistung. Was sollte ich machen? Nein sagen? Dann hätte Neuberger womöglich den Bundespräsidenten herangebeten, ein Wort einzulegen.

»Also gut«, sagte ich, »bis 1978.«

Sofort versuchte ich die gleiche Taktik bei Gerd Müller. Aber der blieb hart.

Mit der Amtsverlängerung hatte ich mir einiges aufgehalst. Es kam jetzt knüppeldick, Schlag auf Schlag.

Zuerst Jürgen Grabowski. Auch um ihn gab es Rücktritts-Gerüchte. Ich aber brauchte ihn, wollte ihn unbedingt halten: für die Europameisterschaft 1976, deren Qualifikationsspiele schon vor der Tür standen und die WM 1978.

Nach dem Pokal-Finale Eintracht Frankfurt gegen HSV am 17. August 1974 in Düsseldorf – die »Eintracht« gewann 3 : 1 – sprach ich ihn an:

»Jürgen, einige Leute erzählen, daß du auch gehen willst?«

»Ja, Herr Schön. Das wollte ich Ihnen noch sagen. Ich möchte auch nicht mehr.«

»Jürgen, da schläfst du noch mal drüber!«

»Ja, nein ...« Er schien sich doch noch nicht hundertprozentig entschieden zu haben. Darum habe ich es immer wieder versucht, Jürgen Grabowski in die Nationalmannschaft zurückzuführen. Bei jeder günstigen Gelegenheit sprach ich ihn an, bestimmt ein halbes Dutzend Mal. Zuletzt versuchte ich es noch vor der Südamerikareise der Nationalmannschaft 1977 und vor den letzten Länderspielen im Frühjahr 1978.

Ich rief Grabowski an und sagte: »Jürgen, wir haben noch ein Ticket frei. Fährst Du mit?«

Es kam nicht etwa wie aus der Pistole geschossen: »Nein!« Er wollte es sich überlegen... Am nächsten Tag rief er an und sagte, er bleibe nun doch bei seinem Rücktritt.

Durch die Rangelei um die WM-Prämien und den Krach beim Bankett hatte sich Paul Breitner auf sein Lieblingsthema eingeschossen: die Funktionäre. Er verbreitete sich in durchaus beleidigender Form über die Leute vom DFB, denen er selber schließlich viel verdankte. Ohne die »Funktionäre« hätte es kaum einen deutschen Sieg bei der Weltmeisterschaft gegeben, und ohne den frischen Ruhm des Titelgewinns hätte Paul Breitner kaum den lukrativen Vertrag bei Real Madrid bekommen, wohin er nun ging.

Wenn Paul Breitner auf dem Spielfeld war, hat er sein Bestes gegeben und hervorragend gekämpft. Wenn er sich aber außerhalb des Spielfeldes befand, gab es zwei Breitner: einen, mit dem man sachlich, vernünftig, nett, auch amüsant reden konnte – und einen, der viele, für das Betriebsklima der Mannschaft negative Seiten zeigte.

Mit einigen radikalen Rundumschlägen hatte sich Breitner von Deutschland verabschiedet. Beim DFB war man auf Grund verschiedener Äußerungen verstimmt. Ich aber wollte Paul Breitner nicht fallen lassen. Er hatte bei der Weltmeisterschaft viel für uns geleistet.

So befand ich mich zwischen Baum und Borke. Ich verstand die Einstellung des DFB-Vorstandes, sah aber auch den Wert von Paul Breitner.

Ich besuchte ihn in Madrid. Und ich fuhr, mit Genehmigung des DFB, zu einem Europacup-Spiel von Real Madrid nach Belgrad. Es war Mitte März 1975. Ich wollte Netzer beobachten, um seine Form für die Nationalmannschaft zu überprüfen und unter Umständen wegen seiner Freigabe zu verhandeln. Außerdem hatte ich vor – und der DFB wußte das –, mit Paul Breitner »wegen einer eventuellen Entschuldigung« zu sprechen.

Ich unterhielt mich vor und nach dem Spiel intensiv mit ihm. In der Nacht setzte ich mich dann hin und verfaßte ein Schreiben an den DFB, das den Konflikt aus der Welt schaffen sollte. Darin hieß es:

»Nach einem langen, in aller Offenheit geführten Gespräch zwischen Paul Breitner und mir bin ich zu der Überzeugung gekommen, daß er seine in Worten an den Tag gelegte Handlungsweise bedauert. Nachdem er inzwischen von diesen Dingen Abstand gewonnen hat, tut es ihm leid, daß er in einigen Fällen Mitglieder des DFB in unpassender Weise attackiert hat, und er ist fair genug, sich dafür zu entschuldigen. Dazu hat er allerdings auch betont, daß nicht alle seine Äußerungen in korrekter Weise wiedergegeben worden sind und er außerdem zu anderen Aussagen von gewissen Fragestellern provoziert worden ist. Paul Breitner hat schließlich mir gegenüber mit allem Nachdruck betont, daß er nach wie vor bereit ist, mit vollem Einsatz für die deutsche Nationalmannschaft zu spielen, wenn er von seinem Club die Freigabe erhält und er die entsprechenden Leistungen bringt.«

Er las es sich durch, faltete es zusammen und sagte: »Einverstanden.«

Ich hatte einen »Friedensvertrag«, meinte ich.

Doch beim DFB fand man das ungenügend. Breitner sollte das Schreiben – und damit seine Entschuldigung – bestätigen. Ich telefonierte ihn in Madrid an. Darauf schrieb er mir:

»Lieber Herr Schön, wunschgemäß bestätige ich Ihnen heute das zwischen uns in Belgrad geführte Gespräch und versichere Ihnen, daß ich nach wie vor zu unserer Vereinbarung stehe.«

Der DFB-Vorstand akzeptierte. Ich hatte Breitner für die Nationalmannschaft wiedergewonnen. Leider zahlte es sich nicht aus, daß ich ihm mit so großem persönlichem Engagement eine Brücke gebaut hatte.

Für die Europameisterschaftsspiele gegen Bulgarien und Griechenland berief ich Netzer und Breitner in die Nationalmannschaft. Dadurch kam Unruhe ins Team: Die Presse kümmerte sich weitgehend nur noch um Breitner und Netzer.

»Herr Schön, sind die Spanier da?«

»Wann kommen die Spanier?«

So ging es in einem fort. Und als sie dann da waren, rasselte das Telefon im Speiseraum ununterbrochen. Alle wollten Interviews mit den »Spaniern«.

Die Leistungen von Breitner und Netzer im Spiel entsprachen keineswegs ihrer Publicity. So gab ich nach dem unbefriedigenden 1 : 1 gegen Griechenland in Duisburg eine Absichtserklärung ab: »Wir werden in Zukunft ohne die Spieler auskommen, die im Ausland beschäftigt sind. Es bringt zu viele Schwierigkeiten.«

Günter Netzer meinte daraufhin, daß für ihn damit das Thema Nationalmannschaft wohl erledigt sei. Paul Breitner erklärte sich solidarisch. Er sagte es aber weitaus krasser als Netzer: »Die Nationalmannschaft ist für mich gestorben!« Er schob – unter anderem im Fernsehen – noch einige Bemerkungen über den DFB nach.

Nun mußte ich mich schließlich doch der Meinung des Vorstandes anschließen: Wer den Dress der Nationalmannschaft wie einen schmutzigen Lappen wegwirft, kann nicht angebettelt werden, ihn doch bitte wieder – von uns gereinigt – anzuziehen. Noch einmal konnte ich Breitner keinen Entschuldigungszettel besorgen.

Aber ich fühlte mich durch ihn nicht etwa persönlich beleidigt. Ich war nur in der Sache betroffen, als Treuhänder der Nationalmannschaft. Wäre Paul Breitner so souverän gewesen, sich mit Hermann Neuberger – gar nicht einmal mit mir – auszusprechen, sein Bedauern zu zeigen, er hätte auf jeden Fall nach Argentinien mitfahren können.

Es ging also mit der Weltmeister-Mannschaft etwa so wie im Lied von den kleinen Negerlein: Plötzlich waren es nur noch sieben, als wir die nächsten großen Schlachten schlugen.

In einer hochdramatischen Partie besiegten wir im Halbfinale der Europameisterschaft Jugoslawien. Schon nach einer guten halben Stunde hatten wir 0:2 zurückgelegen. Flohe schaffte dann den Anschluß – aber das Spiel schien gelaufen. Da wechselte ich in der 79. Minute Dieter Müller, den jungen Mittelstürmer vom 1. FC Köln, ein. Seine erste Ballberührung war ein Kopfball, nach einer Ecke von Bonhof – und wurde ein Tor, 2 : 2!

Es ging in die Verlängerung. Wieder schlug Dieter Müller zu. Innerhalb von vier Minuten schoß er das 3 : 2 und 4 : 2.

Deutschland, so schien es, hatte wieder einen Müller als neuen Bomber der Nation. Diese Hoffnung freilich sollte auf lange Sicht trügen: Müller erwies sich leider als labil in seinen Leistungen – und er wurde schließlich durch Verletzungen zurückgeworfen.

Im Endspiel gegen die ČSSR schaffte Müller damals, 1976, wiederum ein höchst wichtiges Tor. Abermals lagen wir 0 : 2 zurück, nach nur fünfundzwanzig Minuten. Müller erzielte schon in der 28. Minute den Anschluß. Es gab wieder ein Unentschieden, eine Verlängerung – und dann jenes im Grunde unsportliche Elfmeterschießen, das wohl Millionen Fernsehzuschauern Herzschmerzen verursachte. Ich finde es grausam, daß in einem Mannschaftsspiel, nach einer Mannschaftsleistung einzelnen Spielern die ganze Verantwortung für Sieg oder Niederlage aufgebürdet wird. Damals war es Uli Hoeneß, der dieser Last nicht gewachsen war und den Ball in die Wolken schoß. Ich habe ihm deswegen keinen Vorwurf gemacht. Wenn überhaupt, hätte man eines kritisieren können: Daß er den Elfmeter nicht wie gewohnt flach geschossen hat.

Manche Beobachter meinen, dieser Fehlschuß sei der Knacks in der Karriere des Uli Hoeneß gewesen. Ich glaube das nicht. Seine schweren Verletzungen waren eher schuld daran. Nur ein Hoeneß in bester körperlicher Verfassung war in der Nationalmannschaft von Nutzen.

So verschwand damals ein »Weltmeister« nach dem anderen.

Die größte Überraschung – und Enttäuschung – auf diesem Gebiet aber stand mir noch bevor.

Zuerst hörte ich das Gerücht: Franz Beckenbauer verhandelt mit Monaco. Wann genau ich davon erfuhr, weiß ich nicht mehr. Jedenfalls sprach ich Beckenbauer beim nächsten Länderspiel sofort darauf an. Er war ja für mich die Schlüsselfigur für die WM-Elf 78.

»Franz, da ist doch nichts dran?!« sagte ich.

»Ach, da ist schon was dran!« antwortete er.

»Du wirst doch nicht so einen Fehler machen! Bleib doch in Deutschland ...« Er lächelte.

Die Monaco-Affäre erledigte sich. Aber ich behielt den Satz

»Da ist schon was dran« im Gedächtnis. Und ich sollte ihn noch einmal hören.

Im Winter 1976 machten mich mehrere Freunde aus München und auch Journalisten aufmerksam: »Da läuft was mit Robert Schwan und Amerika. Franz Beckenbauer soll zu Cosmos New York.«

Ich habe das überhaupt nicht ernst genommen. Aber ich wußte nicht, unter welchem persönlichen Druck Beckenbauer stand.

Am 28. März 1977, beim Geburtstag von Seppl Herberger, sprach ich mit ihm in Mannheim.

»Franz, was ist denn da los? Da ist doch nichts dran?« Es war eine Kopie unseres »Monaco-Gesprächs«.

Doch, es war wieder etwas dran, und er lächelte auch diesmal vielsagend. Aber er verriet nichts Näheres. Ich machte aus meiner Meinung keinen Hehl: »Franz, das wirst du doch nicht machen! Du bist hier in Deutschland ein großer und geachteter Sportsmann. Ich weiß nicht, ob du in Amerika glücklich wirst. Franz – du bist doch keiner fürs Ausland! Ebenso wenig, wie Fritz Walter oder ich dafür geeignet gewesen wären...«

Nach diesem Gespräch glaubte ich: Es wird schon alles in Ordnung gehen. Was wollte der Franz im amerikanischen Fußball? Das war ein Tummelplatz alternder Stars. »Soccer« made in USA konnte sich keineswegs mit der Bundesliga oder anderen Nationalligen vergleichen. Ich glaube nicht einmal, daß eine Mannschaft wie Cosmos New York auf Dauer in der unteren Hälfte der Bundesliga mitmischen könnte. Die Spieler sind einfach nicht mehr in der Lage und auch nicht entsprechend trainiert, eine lange, harte Saison unserer Art durchzustehen. Der amerikanische Fußball wird erst dann groß werden, wenn er von amerikanischen Jungs gespielt wird. Bisher aber hat man dort das Haus vom Dach her aufgebaut.

Inzwischen wissen wir: Beckenbauer ging dann doch, und zwar ziemlich eilig. Es ist das Bedauerliche, daß er in seinem Leben nie so recht selbständig gewesen ist. Er hat sehr zeitig geheiratet, hat sehr früh einen Manager gehabt, eben Robert

Schwan, der alles für ihn erledigte (und sich auch selbst dabei nicht vergaß).

Plötzlich ergab sich bei ihm eine Torschlußpanik: Probleme mit der Steuer und der Familie... Das und die Pläne seines Managers trieben ihn dann nach Amerika.

Damit hat er einen völlig anderen Weg eingeschlagen als der, der ihm vorgezeichnet schien. Wir hatten einmal davon geträumt, gemeinsam aufzuhören. Von Seiten des DFB wollte man Franz Beckenbauer auch nach seinem Rücktritt vom aktiven Fußball halten. Es stimmt nicht, daß man ihm, sozusagen, meine Nachfolge auf einem silbernen Tablett präsentiert hat. Aber er hätte, nach entsprechender Ausbildung, die Trainerlaufbahn einschlagen und hätte mit Jupp Derwall zusammenarbeiten können. Es war nicht ausgeschlossen, daß er dann einmal Derwalls Nachfolger geworden wäre.

Die Probleme, die auf Franz Beckenbauer einströmten, waren stärker als diese Zukunfts-Projektionen. Ich hatte die Realität klar zu sehen und mich entsprechend zu verhalten. Ab sofort mußte ich so tun, als gäbe es den Spieler Franz Beckenbauer für uns nicht mehr. Es mußte auch ohne diesen überragenden Aktivposten weitergehen. Ich sagte ihm das, und er hatte Verständnis dafür. Schon gegen Nordirland in Köln und gegen Jugoslawien in Belgrad ließ ich ihn aus der Mannschaft.

Ich fragte damals auch Seppl Herberger nach seiner Meinung. Er sagte: »Helmut, ich hätte an Ihrer Stelle genauso gehandelt.«

Eine WM 78 mit Franz Beckenbauer war nur denkbar, wenn er die volle Vorbereitung mitgemacht hätte. Aber die Wirklichkeit sah so aus: Beckenbauer hielt sich etwa ein halbes Jahr ohne Spielpraxis und ernsthaftes Training in Deutschland auf. Zur gleichen Zeit absolvierten die Nationalspieler die Südamerikareise, standen im permanenten Leistungstest der Bundesliga, hatten die schweren Vorbereitungsspiele. Da führte kein Weg zueinander.

Ende 1977 habe ich mich mit Franz Beckenbauer in München getroffen und mit ihm die Möglichkeiten durchgesprochen, unter denen er für uns zur Weltmeisterschaft mitkommen könnte. Er war auch der Meinung, man sollte es mit einem freundlichen Brief an seinen Verein versuchen. Wir haben das getan, uns schriftlich an »Cosmos« gewandt – über einen Mittelsmann, den Generalsekretär des US-Fußballverbandes, damit alles auch korrekt lief.

Uns wurde beschieden: Franz Beckenbauer kann nur zu den eigentlichen WM-Spielen in Argentinien zur Verfügung stehen. Wir aber sagten uns: Es ist doch sehr wichtig, daß der Franz Vorbereitungsspiele mitmacht – immerhin hat er seit Februar 1977 nicht mehr in der Nationalmannschaft gespielt. Die Mannschaft hat inzwischen ein anderes Gesicht bekommen.

Ich habe Beckenbauer noch öfter getroffen. Aber wir sind nicht vorangekommen. Es wurden immer wieder Stimmen laut: Man sollte Beckenbauer auf jeden Fall holen, auch wenn er direkt auf den Platz in Argentinien laufen müßte. So weltbekannte Spieler wie Pelé – Beckenbauers Mannschaftskamerad bei »Cosmos« – haben im Fernsehen allerdings ausdrücklich erklärt: Das wäre sicher völlig falsch, ohne Vorbereitung wäre da kein Weg.

Als schließlich Gerüchte auftauchten, daß »Cosmos« doch bereit sein könnte, ihn eher frei zu geben, hat der DFB nochmals über den amerikanischen Verband einen Versuch unternommen, Franz Beckenbauer für den Mai und die Spiele in Argentinien freizubekommen. Das ist aber endgültig ablehnend beschieden worden.

Ich habe Franz Beckenbauer vor einem Spiel, das er mit »Cosmos« in San Francisco bestritten hat, nochmals nachts angerufen, und wir haben uns abermals unterhalten. Franz hat mir wieder, ebenso wie in München, bedeutet, daß auch er nicht mit einer Freigabe rechne, besonders auf Grund der Tatsache, daß Pelé aufgehört habe und er nun die Hauptzugnummer sei; seinetwegen seien viele tausend Dauerkarten verkauft worden und man könne diesen Zuschauern einen Verzicht auf ihn nicht zumuten.

Niemand hat das mehr bedauert als ich. Franz Beckenbauer

hat meine Zeit als Bundestrainer wesentlich mitgeprägt. Und ich hatte immer ein ausgezeichnetes persönliches Verhältnis zu ihm. Das ist auch heute noch so ... mit einem Hauch von Schmerz.

»Darf ich denn noch jeden Sonnabend zum Fußball gehen, wenn ich nicht mehr Bundestrainer bin?«

Das fragte ich meine Frau in einer stillen Stunde. Sie sicherte es mir zu. Allerdings – schriftlich habe ich es nicht.

Im Ernst: Mir war schon lange vor meinem Rücktritt klar, wie sehr mir alles fehlen würde, was mein Leben so lange bestimmt hat. Beim DFB machte ich plötzlich lange Ohren, wenn ich die Leute untereinander über Dinge reden hörte, mit denen sie sonst als erstes zu mir gekommen wären: Termin-Planung Europameisterschaft 1980 ... Das ging mich nun schon nichts mehr an. Ich kam mir manchmal wie der Lauscher an der Wand vor. Schnell habe ich dann immer meinen Senf dazu gegeben, damit die merkten: Der Schön ist noch da!

Natürlich habe ich mich seit langem auf diesen Rücktritt auch gefreut. Jetzt wird endlich Zeit sein, mit meiner Frau Städte zu besuchen und richtig kennenzulernen, die ich sonst nur nach dem Schema »Flughafen-Bus-Hotel-Kabine-Stadion« erlebt hatte. Athen wäre schön, Madrid ...

Endlich werde ich ohne den vom Terminkalender diktierten Stress leben können – und mir meinen eigenen Stress bereiten. Ich werde sonntags später aufstehen können, weil ich nicht die Aufzeichnungen der Sportsendungen vom Sonnabend unbedingt sehen muß. Von nun an kann ich mich selbst organisieren und ganz allein bestimmen, was ich tue, wie ich etwas Geld dazu verdiene, wann ich arbeite ...

Es wird mit Sicherheit keine Langeweile aufkommen. Ich bleibe am Ball.

Ich bin überzeugt, daß Jupp Derwall seine Aufgabe erfüllen wird. Er war selbst ein sehr guter Spieler, hat auch Länderspiele gemacht – er weiß also, wovon die Rede ist. Er hat eine gute Trainerausbildung, ist ein beredter Mann, der es versteht, die

Spieler einzustellen. Er hat einen guten Blick für Begabungen. Ich hatte keine Bedenken, daß er in Mexiko mein Assistent wurde – und ich habe keine Bedenken, daß er meine Nachfolge antritt.

Allerdings könnte er in Zukunft Schwierigkeiten bekommen. Das hängt von der Entwicklung des Fußballs ab. Meine große Sorge ist, daß mehr und mehr sportfremde Einflüsse auf den Fußball einwirken. Darunter hätte dann auch die Nationalmannschaft zu leiden. Die Kommerzialisierung ist weit genug fortgeschritten. Je mehr der Fußball durch Attraktionen aufgepäppelt wird, die mit dem Sport nichts mehr zu tun haben, um so bedenklicher wird es. Der Weg ins totale Show-Business könnte uns Zustände wie bei den »Harlem Globetrotters« bringen. Ich hoffe, daß die Jugend nicht in dieser Richtung erzogen wird.

Ich bin davon überzeugt, daß die überwältigende Mehrheit der treuen Fußballzuschauer vor allem eines sehen will: guten, echten, spannenden, sportlichen Fußball – und keinen Firlefanz.

Warum gehen denn die Leute immer weiter zu den Spielen – auch wenn es im Fernsehen genug Fußball zu sehen gibt?! Die Faszination dieses Spiels, das Gemeinschaftserlebnis auf den Tribünen sind geblieben, wie zu den Zeiten, als meine Leidenschaft für den Fußball begann.

Da hört man die Spieler keuchen. Da kann man schreien. Da ist man begeistert – oder verzweifelt. Wo sonst bekommt man das geboten? In keiner Kneipe. Vor keinem Fernseher.

Je näher man am Ball ist, um so besser.